|全国会计学术领军人才|组编教材
"十四五"规划应用型系列教材
国家级一流本科专业（会计学）建设点配套教材
立信会计特色教材系列

国家自然科学基金项目（71372070）
教育部人文社科项目（12YJA790197）

企业财务会计案例分析

（第三版）

主　编　张奇峰

副主编　冯　琪　韩维芳　戴佳君

图书在版编目(CIP)数据

企业财务会计案例分析 / 张奇峰主编. —3版. —上海：立信会计出版社，2021.6(2025.7重印)
"十四五"规划应用型系列教材　上海市应用型本科试点专业系列教材
ISBN 978-7-5429-6860-9

Ⅰ.①企… Ⅱ.①张… Ⅲ.①企业管理-财务会计-案例-高等学校-教材 Ⅳ.①F275.2

中国版本图书馆 CIP 数据核字(2021)第 114140 号

策划编辑　孙　勇
责任编辑　孙　勇
封面设计　南房间

企业财务会计案例分析(第三版)
QIYE CAIWU KUAIJI ANLI FENXI

出版发行	立信会计出版社				
地　　址	上海市中山西路 2230 号		邮政编码	200235	
电　　话	(021)64411389		传　真	(021)64411325	
网　　址	www.lixinaph.com		电子邮箱	lixinaph2019@126.com	
网上书店	http://lixin.jd.com		http://lxkjcbs.tmall.com		
经　　销	各地新华书店				
印　　刷	上海万卷印刷股份有限公司				
开　　本	787 毫米×1092 毫米	1/16			
印　　张	19.25				
字　　数	457 千字				
版　　次	2021 年 6 月第 3 版				
印　　次	2025 年 7 月第 9 次				
书　　号	ISBN 978-7-5429-6860-9/F				
定　　价	46.00 元				

如有印订差错，请与本社联系调换

第三版前言

本书出版以来,受到了广大读者的欢迎,本次根据部分教师和读者的意见、建议作了改版。主要对第二至第十五章各个案例公司的后续发展作了更新并提出相应的分析问题。

企业财务会计是以货币为主要计量单位,反映与监督一个企业经济活动的一种经济管理工作。目前我国企业实务的发展与创新、会计准则的不断修订与国际趋同对企业会计核算与教育提出了严峻的挑战。本书立足于我国新兴与高度管制的资本市场,从企业会计准则执行的视角,分析与讨论企业财务会计的确认、计量与信息披露问题,揭示会计准则制定者、企业管理层以及投资者之间就会计信息的生成与使用而进行的博弈,试图为资本市场会计监管人员、会计理论研究者、实务人员与投资者提供一个分析框架来理解财务会计在企业与资本市场中的作用。

本书适用于会计专业高年级本专科学生、会计专业硕士MPAcc、审计专业硕士MAud以及工商管理硕士MBA的《财务会计理论与实务》的课程教学以及企事业单位的会计人员的后续培训。

财务会计的案例教学有利于激发学生学习专业知识的求知欲和积极性,有利于培养学生收集信息、发现问题和研究问题的能力,有利于培养学生自主学习的能力、理论联系实际的能力和创新思维能力,有利于培养学生团队合作、交流与沟通的能力。但是目前财务会计的国际案例大多未考虑我国资本市场的新兴、高度管制的特征,也未关注我国会计准则以及企业实务与会计实践的独特性;而国内大多数财务会计案例主要聚焦于会计准则的讲解,一方面对于会计核算所依据的会计理论与争论缺乏深入的讨论;另一方面与企业会计实务的联系不够紧密。为此,我们邀请了一批对我国会计研究、会计教学与会计实务感兴趣的一线老师与同学参与了本书案例的讨论与分析,其中多数案例资料来自于我们指导的本科生与硕士生的毕业论文与课程论文。

本书具有如下特点。

(1) 本书聚焦于我国企业会计准则执行中的盈余管理问题。通过剖析企业管理层在会计准则执行中所面临的会计政策选择与交易设计问题,本书试图在会计理论与实务之间架起一座桥梁,描述出企业管理层在会计准则执行中所面临的约束、机会、压力与挑战,阐明不同会计政策选择对企业价值与利益相关者的影响。

(2) 本书案例具有真实性、新颖性以及趣味性。真实性是指本书所有案例素材都来自于上市公司的公开信息披露。新颖性是指案例所运用的原则或原理依托于目前最新的会计准则与规范,包括2014年修订的"长期股权投资"与"合并财务报表"等准则。趣味性是指本书每个案例都提供了一些我国独特的制度背景、披露要求以及一系列案例思考题,阐明了企业交易或事项所面临的主要会计问题,以激发读者的兴趣、帮助读者更好地理解其中的会计问题,引导读者设身处地从不同的角度对相关会计问题与原理进行深入的思考。

(3) 本书案例注重实务与理论相结合。本书案例教学的目的在于通过引入企业在会计准则执行中所面临的会计确认、计量与信息披露问题,提高读者分析与解决问题的能力。我们不仅试图让读者明白企业相关交易或事项的会计核算与信息披露应该"怎么做",而且试图引导读者探索"为什么"要这么做。

需要特别指出的是,由于本书的大多数案例是探索性的,我们所提供的分析思路并非标准答案,本书案例教学的目的更多在于激发与引导读者的思考。由于案例资料的完备性、我们的认知水平以及我国会计规范在不断变化中,会计实务也在不断的发展中,不少案例在当时没有相关会计规范,我们不能用后颁布的会计规范去处理当时的业务,以免成为"事后诸葛亮";同时案例本身的特殊性意味着它不可能在未来的工作中完全重复出现,但是案例中所运用基本的原理为我们未来实务的开展提供了思路与借鉴。

本书配有较完备的教学辅导资料,便于教师在课堂教学与培训中使用。每个案例具有一定的独立性,我们基本按照我国企业盈余管理的常见性来编排,教师可以根据需要单独讲授,不必依次讲解。我们为每个案例配备讲义(PPT)以及教学建议,供教师与同学参考。本书每个案例均在作者团队内部进行了深入的讨论,其中一些案例已经使用与修订过多次,取得了较好的教学效果。

本书由张奇峰担任主编,负责拟订编写大纲,设计体例,并负责总纂、修改与定稿;由冯琪、韩维芳与戴佳君担任副主编,协助主编审校与复核。本书写作分工如表1所示。

表1 本书写作分工

名称	主笔	审校
第一章 导论	张奇峰、戴佳君	冯琪、韩维芳
第二章 收入确认:航天长峰的案例	张奇峰、吴含、冯琪	韩维芳、戴佳君
第三章 关联方交易:*ST鲁北的案例	张奇峰、高旭、陈珏敏	冯琪、韩维芳
第四章 资产减值:兖州煤业的案例	张奇峰、倪诗怡、冯琪	韩维芳、戴佳君
第五章 债务重组:S*ST聚友的案例	张奇峰、龚燕燕、施叶馨、曾思齐	冯琪、韩维芳
第六章 政府补助:海螺水泥的案例	张奇峰、黄嘉伟	冯琪、戴佳君
第七章 股权投资:福建水泥的案例	张奇峰、冯琪、桂思韵	戴佳君、韩维芳
第八章 无形资产:中兴通讯的案例	张奇峰、蒋颖、冯琪	韩维芳、戴佳君
第九章 非货币性资产交换:广钢股份的案例	张奇峰、吴烁华、冯琪	戴佳君、韩维芳
第十章 或有事项:深南电的案例	张奇峰、李颖杰、岑艰茹	冯琪、戴佳君
第十一章 投资性房地产:中航地产的案例	张奇峰、刘小珍、冯琪、戴佳君	韩维芳、戴佳君
第十二章 企业合并:新希望的案例	张奇峰、张艺哲、薛乔	冯琪、戴佳君
第十三章 存货:森马服饰与美邦服饰的案例	张奇峰、张梦帆、冯琪	戴佳君
第十四章 固定资产:南方航空的案例	张奇峰、黄丽君、冯琪	戴佳君
第十五章 股权激励:勤上光电和茂硕电源的案例	张奇峰、翁明星、冯琪	戴佳君

本书部分内容来自我在上海立信会计金融学院给高年级本科生与审计专业硕士讲授财务会计理论与实务、会计理论专题、中级财务会计、高级财务会计等课程的讲义和笔记。感谢我的同事张维宾教授、柳青博士以及相关课程的学员

在我写作过程中提供许多宝贵的意见。

  由于作者本身的水平与能力有限，书中的不足与遗漏在所难免，恳请各位专家、同学批评指正和提出改进意见，以便我在本书再版时进行更新与修订。

张奇峰

2021 年 6 月 10 日

目 录

第一章 导论 ··· 1
  一、案例教学目标与教学操作说明 ······························· 1
  二、我国会计规范与会计准则 ··································· 2
  三、盈余管理 ··· 7
  四、会计准则与盈余管理 ······································ 19
  本章附录 ·· 23

第二章 收入确认:航天长峰的案例 ·································· 25
  一、案例教学目标与教学操作说明 ······························ 25
  二、公司背景及案例介绍 ······································ 26
  三、案例思考题 ·· 30
  四、案例分析参考与提示 ······································ 30
  五、分析题 ·· 35
  六、案例公司的后续发展 ······································ 38
  本章附录 ·· 39

第三章 关联方交易:*ST鲁北的案例 ································· 42
  一、案例教学目标与教学操作说明 ······························ 42
  二、公司背景及案例介绍 ······································ 42
  三、案例思考题 ·· 48
  四、案例分析参考与提示 ······································ 48
  五、分析题 ·· 59
  六、案例公司的后续发展 ······································ 62
  本章附录1 ··· 65
  本章附录2 ··· 65

第四章 资产减值:兖州煤业的案例 ·································· 67
  一、案例教学目标与教学操作说明 ······························ 67
  二、公司背景及案例介绍 ······································ 68

三、案例思考题 ………………………………………………………………… 78
四、案例分析参考与提示 ……………………………………………………… 78
五、分析题 ……………………………………………………………………… 80
六、案例公司的后续发展 ……………………………………………………… 81
本章附录 ………………………………………………………………………… 83

第五章　债务重组：S*ST 聚友的案例 ……………………………………… 86
一、案例教学目标与教学操作说明 …………………………………………… 86
二、公司背景及案例介绍 ……………………………………………………… 86
三、案例思考题 ………………………………………………………………… 92
四、案例分析参考与提示 ……………………………………………………… 93
五、分析题 ……………………………………………………………………… 98
六、案例公司的后续发展 ……………………………………………………… 102

第六章　政府补助：海螺水泥的案例 ………………………………………… 106
一、案例教学目标与教学操作说明 …………………………………………… 106
二、公司背景及案例介绍 ……………………………………………………… 106
三、案例思考题 ………………………………………………………………… 116
四、案例分析参考与提示 ……………………………………………………… 116
五、分析题 ……………………………………………………………………… 119
六、案例公司的后续发展 ……………………………………………………… 121

第七章　股权投资：福建水泥的案例 ………………………………………… 123
一、案例教学目标与教学操作说明 …………………………………………… 123
二、公司背景及案例介绍 ……………………………………………………… 124
三、案例思考题 ………………………………………………………………… 131
四、案例分析参考与提示 ……………………………………………………… 132
五、分析题 ……………………………………………………………………… 136
六、案例公司的后续发展 ……………………………………………………… 138
本章附录1 ……………………………………………………………………… 140
本章附录2 ……………………………………………………………………… 141
本章附录3 ……………………………………………………………………… 143
本章附录4 ……………………………………………………………………… 146
本章附录5 ……………………………………………………………………… 148

第八章　无形资产：中兴通讯的案例 ………………………………………… 149
一、案例教学目标与教学操作说明 …………………………………………… 149

二、公司背景及案例介绍 ……………………………………………………… 149
　　三、案例思考题 ………………………………………………………………… 155
　　四、案例分析参考与提示 ……………………………………………………… 155
　　五、分析题 ……………………………………………………………………… 161
　　六、案例公司的后续发展 ……………………………………………………… 162

第九章　非货币性资产交换：广钢股份的案例 ……………………………………… 165
　　一、案例教学目标与教学操作说明 …………………………………………… 165
　　二、公司背景及案例介绍 ……………………………………………………… 166
　　三、案例思考题 ………………………………………………………………… 168
　　四、案例分析参考与提示 ……………………………………………………… 168
　　五、分析题 ……………………………………………………………………… 175
　　六、案例公司的后续发展 ……………………………………………………… 177
　　本章附录 1 ……………………………………………………………………… 179
　　本章附录 2 ……………………………………………………………………… 181

第十章　或有事项：深南电的案例 ……………………………………………………… 183
　　一、案例教学目标与教学操作说明 …………………………………………… 183
　　二、公司背景及案例介绍 ……………………………………………………… 184
　　三、案例思考题 ………………………………………………………………… 185
　　四、案例分析参考与提示 ……………………………………………………… 185
　　五、分析题 ……………………………………………………………………… 193
　　六、案例公司的后续发展 ……………………………………………………… 196
　　本章附录 1 ……………………………………………………………………… 198
　　本章附录 2 ……………………………………………………………………… 199
　　本章附录 3 ……………………………………………………………………… 200

第十一章　投资性房地产：中航地产的案例 …………………………………………… 202
　　一、案例教学目标与教学操作说明 …………………………………………… 202
　　二、公司背景及案例介绍 ……………………………………………………… 203
　　三、案例思考题 ………………………………………………………………… 206
　　四、案例分析参考与提示 ……………………………………………………… 206
　　五、分析题 ……………………………………………………………………… 216
　　六、案例公司的后续发展 ……………………………………………………… 217

第十二章　企业合并：新希望的案例 …………………………………………………… 221
　　一、案例教学目标与教学操作说明 …………………………………………… 221

二、公司背景及案例介绍 ································· 221
　　三、案例思考题 ····································· 227
　　四、案例分析参考与提示 ····························· 227
　　五、分析题 ··· 238
　　六、案例公司的后续发展 ····························· 242

第十三章　存货:森马服饰与美邦服饰的案例 ················ 244
　　一、案例教学目标与教学操作说明 ····················· 244
　　二、公司背景及案例介绍 ····························· 244
　　三、案例思考题 ····································· 249
　　四、案例分析参考与提示 ····························· 249
　　五、分析题 ··· 253
　　六、案例公司的后续发展 ····························· 257
　　本章附录 ··· 260

第十四章　固定资产:南方航空的案例 ······················ 262
　　一、案例教学目标与教学操作说明 ····················· 262
　　二、公司背景及案例介绍 ····························· 262
　　三、案例思考题 ····································· 266
　　四、案例分析参考与提示 ····························· 267
　　五、分析题 ··· 270
　　六、案例公司的后续发展 ····························· 271

第十五章　股权激励:勤上光电和茂硕电源的案例 ············ 274
　　一、案例教学目标与教学操作说明 ····················· 274
　　二、公司背景及案例介绍 ····························· 275
　　三、案例思考题 ····································· 279
　　四、案例分析参考与提示 ····························· 279
　　五、分析题 ··· 289
　　六、案例公司的后续发展 ····························· 291

第一章 导 论

财务会计报告的目标是向财务会计报告使用者提供与企业财务状况、经营成果和现金流量等有关的会计信息,反映企业管理层受托责任履行情况,有助于财务会计报告使用者作出经济决策。财务会计报告使用者包括投资者、债权人、政府及其有关部门和社会公众等。

企业管理层在编制财务会计报告的过程中,一方面需要遵循现有的国家会计规范,真实公允地反映企业的财务状况;另一方面也需要根据企业的发展战略以及外部环境来选择会计政策,即盈余管理,以实现企业的价值最大化或自身利益的最大化。在某种程度上,这两者之间存在着持久的冲突。过度的盈余管理会扭曲企业的真实财务状况、误导报告使用者,因而企业管理层可能受到法律的制裁。

投资者、债权人、政府及其有关部门和社会公众在使用财务会计报告作出经济决策时,不仅需要了解企业财务会计报告中资产、负债、所有者权益、收入、费用与利润这些经济要素所反映的经济意义,而且需要理解企业管理层在编制财务会计报告中所面临的压力、诱惑、约束与动机,才能避免被财务会计报告所误导,从而作出科学、合理的经济决策。

本章首先阐述企业管理层在编制财务会计报告中需遵循的会计规范,其次分析管理层在财务会计报告编制中的盈余管理动机、手段与后果,最后总结企业会计准则与盈余管理之间的互动关系。

一、案例教学目标与教学操作说明

(一)教学的目标

通过阅读与讨论,达到以下教学目的:①掌握我国会计准则体系的构成;②掌握盈余管理的概念;③掌握盈余管理和舞弊的区别;④了解常见的盈余管理的动机;⑤了解盈余管理的类型和手段;⑥了解盈余管理的制约因素;⑦了解会计准则和盈余管理的关系。

(二)教学操作说明

表 1-1 教学操作说明

内容	主角	组织与要求	时间
阅读教材	学生	阅读教材,熟悉教学内容,查找相关资料	课前
课堂讲授	老师	讲授我国会计准则体系的构成、盈余管理的概念、类型和手段;并引导学生思考盈余管理的动机、盈余管理和舞弊的区别,以及会计准则和盈余管理的关系等	90~100分钟

（续表）

内　容	主角	组织与要求	时　间
讨论	学生	以本章所附的案例思考题展开讨论，每个小组推选1名同学作为代表发言	35～45分钟
点评	老师	点评案例小组讨论情况并引导其对问题的正确理解和深入分析	15～25分钟

二、我国会计规范与会计准则

（一）我国会计规范体系

会计规范是人们在长期的会计实践活动中，以会计活动为对象所形成的一系列的约定俗成或明文规定的标准，是一套用于规定和约束会计信息系统的数据加工、处理与信息生成等行为的法律、标准制度和惯例的总称。

《中华人民共和国立法法》规定，我国的法规体系通常由四个部分构成：一是法律；二是行政法规；三是部门规章；四是规范性文件。其中，法律由全国人民代表大会或其常务委员会制定通过，由国家主席签署颁布；行政法规由国务院常务委员会制定通过，以国务院总理令公布；部门规章由国务院主管部门以部长令公布；规范性文件由国务院主管部门以部门文件形式印发。因此，我国现行企业会计规范体系包括四个层次。

第一层次是会计法律，即《中华人民共和国会计法》（以下简称《会计法》）。《会计法》是我国最高权力机关——全国人民代表大会通过一定的立法程序制定发布的，也是制定其他一切会计法规制度的"母法"。《会计法》于1985年制定，为了适应新形势的发展要求，已历经1993年和1999年两次修订。《会计法》是规范我国会计工作的根本大法，是从事会计工作、制定其他各种会计法规的依据。《会计法》的制定与修订，对规范企业的会计行为，保证会计资料真实、完整，加强企业的会计工作，维护社会经济秩序，都发挥了积极作用。重新修订的《会计法》体现了社会主义市场经济对会计的需求，突出了会计在单位经济活动中的规范作用，强调了会计的核算职能和监督职能，明确了会计机构和会计人员的基本职责，强化了单位负责人和会计人员在会计工作中的法律责任，加大了对违法会计行为的惩治力度。

第二层次是会计行政法规，主要包括《企业财务会计报告条例》，它的制定与实施受到《会计法》的约束。2000年6月21日，国务院发布了第287号令，即《企业财务会计报告条例》，它于2001年1月1日起施行。《企业财务会计报告条例》系统规范了企业财务会计报告的构成、编制、对外提供及法律责任。

第三层次是会计部门规章，这一层次是企业会计规范体系中的基础性的主体法规，主要包括财政部颁布的《企业会计准则——基本准则》。我国基本会计准则规范了财务报告的目标、会计基本假设、会计信息质量要求、会计要素的定义及其确认与计量原则、财务报告等在内的基本指导性原则。

第四层次是会计规范性文件，包括财政部制定并颁布的《企业会计准则——具体准则》及其应用指南、解释公告等。

从上述会计规范体系可以看出，在我国企业会计准则体系中，基本准则属于部门规章，是财政部前部长金人庆签署公布的;具体准则及其应用指南属于规范性文件,是财政部以财会字文件印发的。会计准则作为法规体系,具有强制性的特点,要求企业必须执行,否则就属于违规行为①。

(二)我国企业会计准则体系

企业会计准则是企业处理会计对象的标准,是进行会计工作的规范,是评价会计工作质量的准绳,由财政部负责制定与修订。作为技术规范,会计准则体系有着严密的结构和层次。我国企业会计准则体系,由三部分内容构成。

一是基本准则。基本准则在整个准则体系中起统驭作用,主要规范会计目标、会计假设、会计信息质量要求、会计要素的确认、计量和报告原则等。基本准则的作用是指导具体准则的制定和为尚未有具体准则规范的会计实务问题提供处理原则,相当于国际会计准则理事会编报财务报表的框架和美国财务会计准则委员会的概念框架。

二是具体准则。具体准则主要规范企业发生的具体交易或事项的会计处理,分为一般业务准则、特殊行业的特定业务准则和报告准则三类,从而基本涵盖了我国各类企业各类经济业务的会计处理。其中一般业务准则主要规范各类企业普遍适用的一般经济业务的确认和计量要求,包括存货、长期股权投资、会计估计变更和会计差错更正,资产负债表日后事项等准则项目,是各行业共同经济业务的准则,这些准则适用于普通的行业和企业;特殊行业的特定业务准则主要规范特殊行业的特定业务的确认和计量要求,如石油天然气开采、生物资产、金融工具确认和计量、金融资产转移、原保险合同、再保险合同等准则项目。报告准则主要规范普遍适用于各类企业通用的报告类的准则,如财务报表列报、现金流量表、分部报告、关联方关系及其交易的披露等准则项目。此外,为了给首次执行企业会计准则体系等企业提供规范和指导,准则体系中还包括了《企业会计准则第38号——首次执行企业会计准则》,相当于新旧会计标准等衔接办法。

三是会计准则应用指南。会计准则应用指南主要包括具体准则解释和会计科目、主要账务处理等,针对具体准则中的难点和关键点所作的操作性规定,为企业执行会计准则提供操作性规范。这三项内容既相对独立,又互为关联,构成统一整体。

(三)会计准则的性质

有关会计准则的性质目前主要有以下三种观点②。

1. 会计准则是一种技术性手段

这是早期对会计准则的一种理解。早在20世纪30年代,美国各界在批评当时放任自流的会计实务时,认为实务泛滥的原因在于缺乏有效的约束,因此,要建立一套规范或标准,能够约束放任自流的实务。在这一总体思想背景下,当时的学者普遍倾向于将会计原则视为"检验实务的标准和未来实务改良的指针"。为了能作为检验实务的标准和未来实务改良

---

① 与我国会计准则不同的是,国际财务报告准则并不是法规体系,但某个国家或地区如果宣布采用国际财务报告准则就应当全面地执行;如果是借鉴国际财务报告准则,就应当在会计确认、计量和报告方面实现与国际财务报告准则的趋同。我国属于借鉴国际财务报告准则的国家,以法规形式制定和发布会计准则,更有利于准则的贯彻实施。

② 本节主要参考:葛家澍,刘峰,《从会计准则的性质看会计准则的制订》,载于《会计研究》,1996(2);孙铮主编:《财务会计理论》,中国财政经济出版社2007年版。

的指针,会计原则本身必须是"有序、系统、内在一致,应能与可观察的客观现实相吻合;它们应该是不受个人所左右的(impersonal)、无偏见的(impartial)。

在这种思想指导下,人们倾向于将会计准则作为一种纯客观的约束机制,一种技术性的规范手段,它所存在的目的在于使会计实务处理达到科学、合理、内在一致。既然会计准则是一种技术,它的有效性应该能经得起检验,如:①会计原则是否能打破国界,普遍运用于全球各国;②各个不同行业的会计原则是否完全相同;③不同组织形式企业的会计原则是否完全一致。

尽管会计准则能够做到内在一致,但它必须以一个清晰明了的会计目标为目标,由于人们对会计目标有不同的认识,因此,作为纯技术性的会计准则远未完善,这也是各国在会计准则制定过程中开始强调会计的目标的原因所在,也成为我国制定会计准则过程中面临的问题。

2. 会计准则具有经济后果

会计信息并不是抽象的数字,这些数字还代表了一定的经济意义。不同的数字将会有不同的影响。Zeff(1978)在《"经济后果"学说的兴起》一文中认为,从20世纪60年代起,美国会计界开始意识到会计信息的经济影响。而所谓经济后果,是指财务会计报告将影响企业、政府、工会、投资人和债权人的决策行为,受影响的决策行为反过来又会损害其他相关方的利益(Zeff,1978)。这样,会计准则不再是一种纯粹的技术手段,不同的准则将生成不同的会计信息,从而影响不同主体的利益,它将使一部分人受益,而使另一部分人受损。正由于会计准则具有"经济后果",单纯地从理论上寻求最完美的准则是不现实的。恰当的思路应该是寻求一种能达到帕累托最优的会计准则,即,使会计准则的经济后果最公平、合理。

会计准则对经济的影响,体现在三个方面:①对公司财务报告的接受者如股东和其他投资者的影响;②对"搭便车者"的影响,即,在公司财务报告公开后,那些并不是公司法定财务报告的接受者,可以无代价地取得公司报告信息,如公司竞争对手、供应商、顾客、劳工等;③对报告公司自身的影响,即,报告公司为了取得市场的正面评价,而选择使财务报告更"漂亮"的经济行为。

在这种思想的支配下,会计准则的制定就不再有一种整体的、内在一致的观念,而是先设定一些可能的结果,然后就事论事地讨论某一具体的会计准则,并且由于强势集团的游说,所颁布的会计准则未必能导致最公允的经济后果。

3. 会计准则的制定是一个政治程序

将会计准则制定过程视为一项政治程序,是"经济后果"观的自然延伸。会计准则具有经济后果,使人们要求所颁布的会计准则应当体现公平、公允,不应当使一方受益而使另一方受损,能体现各方面的要求。早期的会计准则制定是一种职业界的自发行为,或者说,当时的准则是非强制性的,人们认为会计准则制定机构自身有可能实现利益公平化;而会计准则制定的"政治程序"观则更多地强调了准则的强制性一面。这时的准则被认为是一种能实现政府既定目的的手段,政府及其他权力机构往往干预准则的制定过程,通过权力强制某一准则的通过与执行。

最早导致准则制定受到政治干预，实际上与准则的经济后果是分不开的。如20世纪二三十年代美国不当的会计原则（准则），导致不良的社会经济后果，引起美国国会的重视。在美国国会所通过的《证券法》与《证券交易法》中，就明确要求按照《证券交易法》成立的"证券交易委员会"，负责上市公司财务报表规则的制定。美国证券交易委员会将准则的制定权授予美国注册会计师协会的同时，仍然保留了最终的监督权与否决权。在美国"公认会计原则"的制定过程中，出现过多起证券交易委员会直接干预制定的现象，包括否定已订立的准则。而随着投资贷项会计处理及石油天然气行业勘探成本①的处理，关于会计准则的政治化问题，受到普遍关注。

在我国是由财政部制定与颁布会计准则，在会计准则的制定过程中多多少少地也体现了政治程序的痕迹。

（四）我国会计准则的发展变迁历程

1978年，中共十一届三中全会制定了对外开放的基本国策。从那以后，我国的经济体制改革在摸索中前进，逐渐深入，随之而来的企业会计准则改革也逐步展开。我国会计准则变迁的历程可划分为四个阶段②。

1. 会计准则的探索阶段（1978—1992年）

我国改革开放以前，在高度集中的计划经济体制下，政府通过指令性计划全面控制国有经济的生产经营活动，以行政手段调配社会资源。统收统支体制下的资金平衡会计模式没有动力去提高会计信息的质量，会计制度的作用甚微。改革开放促使外资企业大量涌现，统收统支体制下的资金平衡会计模式难以满足和适应其会计核算和经营方式的要求。1985年3月和4月，财政部分别发布了《中外合资经营企业会计制度》和《中外合资经营工业企业会计科目和会计报表（试行草案）》，这套合资企业会计制度体系是"新中国成立以来第一部借鉴国际会计惯例制定的全新的会计制度"（杨纪琬，1992），完全打破了原来的三段平衡论，适应了投资主体多元化的要求，改进了原来投资主体一元化资金形态的会计制度，它是现在的资产、负债、所有者权益这套体系的雏形，是对社会主义商品经济乃至于社会主义市场经济中会计制度模式进行的一次积极探索。

2. 会计准则的产生阶段（1992—2000年）

进入20世纪90年代，传统的计划经济体制开始向以市场为导向的社会主义市场经济体制转变。这一根本性的变革不仅涉及基本的制度结构，也涉及具体的制度安排，其中就包括会计准则的变迁。为适应社会主义市场经济的要求，财政部进行了一系列会计改革，陆续发布实施了符合国际惯例的会计标准。1992年财政部发布《企业会计准则》和《企业财务通则》、13项行业会计制度和10项行业财务制度（简称"两则""两制"），《企业会计准则》于

---

① 较为著名的例子是财务会计准则委员会在制定关于石油、天然气行业会计处理准则（第19号准则公告）时，对废井成本采用"成功法"进行一次摊销。显然，这样使一些小企业早期的财务报表不太"美观"，从而影响到这些中小企业在资本市场上寻求资本。为此，石油、天然气行业的中小企业家们通过游说，借助国会的力量，使美国证券交易委员会否决了这一准则，从而迫使财务会计准则委员会最后允许采用"成功法""递延法"等多样化的处理方法。

② 本节主要参考了罗宏，邢广彦：《会计生态优化与中国会计准则改革——改革开放三十年的回顾与展望》，载于南京财经大学学报，2008(12)。

1993年7月1日起实施。"两则""两制"的发布结束了我国40多年（至1993年）来在计划经济基础上建立起来的会计模式，确立了与市场经济相适应并与国际惯例初步协调的新的会计模式。

随着我国经济体制改革的全面展开，股份制悄然出现。一批企业陆续在深、沪证券交易所挂牌上市，还有一些国有企业先后在中国香港、纽约等地的证券交易所实现了境外上市。国内投资者，尤其是香港投资者对上市公司的财务报告、使用的会计政策比较关注。1992年，原国家体改委与财政部联合发布了《股份制试点企业会计制度》，专门用于改组上市的企业。这一会计制度开创了我国内资企业实行适合市场经济需要的会计制度的先河，并被誉为我国市场经济体制下企业会计制度全面改革的前奏。1997年，为了规范当时极度混乱的上市公司关联交易业务，财政部针对"琼民源"等案例，首次发布实施了《企业会计准则——关联方关系及其交易的披露》，此后，陆续发布了投资、收入、债务重组、非货币性交易、建造合同、会计政策及会计估计变更和会计差错更正、资产负债表日后事项、现金流量表、或有事项、借款费用、无形资产、租赁、中期财务报告、存货、固定资产等具体会计准则，构架出包括1项基本准则和16项具体准则的体系。

3. 会计准则的发展阶段（2000—2006年）

我国加入WTO以后，外商直接投资及外资并购迅猛增加。2001年4月，国际财务报告准则委员会完成了改组，开始在全球实施趋同计划，对我国会计准则制定特别是国际化产生了现实影响。在争取加入WTO的进程中，我国的会计制度改革已经逐步实施。2000年，财政部出台了《企业会计制度》，2001年先在股份公司执行，2002年在所有外商投资企业执行，同时鼓励国有企业执行，至2005年年底之前，国资委监管的所有中央企业全面执行《企业会计制度》；2001年为金融企业专门制定《金融企业会计制度》，并于2002年开始施行；2005年发布执行《小企业会计制度》。最终，会计体系从原来的13个行业会计制度转变成《企业会计制度》《金融企业会计制度》《小企业会计制度》三个制度，基本涵盖了全国各类企业。会计准则的国际趋同也随着经济全球化的加剧在逐步酝酿。

4. 会计准则的完善阶段（2006年至今）

为了全面适应我国市场经济发展和深入对外开放的需要，财政部加快了全面构建和推行新会计准则体系的步伐。2006年，财政部在原来17项会计准则修订的基础上，通过制定20余项新准则，建立起了由1项基本准则和38项具体准则组成的企业会计准则体系。本次会计准则体系的构建最显著的特征是立足国情、国际趋同，关注的焦点从利润表转向资产负债表。这些会计理念的变化将对我国大部分企业增长理念的变化起到积极的推动作用。至此，我国企业会计准则体系在整体框架、内涵和实质上实现了国际趋同，并得到了有效实施，将我国会计提升到了国际先进水平的行列，从而促进企业实现精细化管理、建立健全内部控制制度、改进信息系统、全面提升会计信息质量和企业形象，有助于企业可持续健康发展。同时为实现中国会计准则与其他国家或者地区会计准则等效奠定了基础（刘玉廷，2007）。

为进一步完善我国企业会计准则体系，提高财务报表列报质量和会计信息透明度，保持我国企业会计准则与国际财务报告准则的持续趋同，2014年，财政部发布了《企业会计准则第39号——公允价值计量》《企业会计准则第40号——合营安排》《企业会计准则第41

号——在其他主体中权益的披露》3项具体会计准则,修订了财务报表列报、职工薪酬、合并财务报表、长期股权投资等4项具体会计准则,并对《企业会计准则——基本准则》中公允价值进行了重新界定。

2004年,我国出台了《小企业会计制度》。但由于其实施效果不佳,财政部于2011年10月18日正式颁布专门适用于全国小企业使用的《小企业会计准则》。《小企业会计准则》从2013年1月1日起正式执行,这一准则的出台也是我国企业会计准则体系形成的重要里程碑。实施《小企业会计准则》迎合了会计国际化的潮流趋势,也对提高小企业会计信息的可理解性、满足外部信息使用者的需要、降低小企业纳税成本、规范小企业内部机构设置方面起到了积极作用。

三、盈余管理

(一)盈余管理的概念

盈余管理(earnings management)也称利润管理,其定义有两种比较广为采用,即Schipper(1989)、Healy和Wahlen(1999)的定义。

Schipper(1989)认为,盈余管理是旨在有目的地干预对外财务报告过程,以获取某些私人利益的披露管理。该定义有以下几层涵义:

首先,把盈余管理限定在对外报告领域,而把管理会计报告以及那些意在影响或改变公认会计原则的活动(如游说财务会计准则委员会)等排除在其讨论之外。

其次,盈余管理的主要目的是获取某些私人利益(private gain)。这里所说的获取某些私人利益是与对外财务报告过程的中立性运作相对立的。因为,现代财务报告的核心思想之一就是中立性原则以及由此而来的财务报告的不偏不倚。盈余管理实质上是背离了中立性原则,由此造成对外财务报告有所偏重、有所倚靠。盈余管理的出发点在局部利益、部分利益或某些人的利益,它可能会损害公众利益。

最后,盈余管理并没有依赖某一特定的盈利概念,而是基于"会计数据,是一种信息"的观点展开讨论的[1]。在这个定义中,盈余管理在会计系统内,经理可以通过在公认会计原则范围内的会计方法选择和将某些给定的方法用特别的方式加以运用(如改变折旧资产的服务年限)来控制盈利。但事实上,盈余管理可以存在于对外披露过程的任何一个环节,也可以采用多种多样的形式。例如,融资决策、投资决策或生产决策(如研发费和广告费投放百分比的确定、生产线的增减、收购另一家公司)等都会影响企业某一期间的盈利。这些可看作"实际的"盈余管理。

Healy和Wahlen(1999)认为,盈余管理是指管理当局在财务报告与交易设计中运用判

---

[1] 传统上,人们认为盈余管理是与经济收益(有时也叫真实收益)有关的一个概念。在经济收益观下,有一些数据(譬如经济收益)被盈余管理故意地歪曲了。经济收益之所以会被歪曲而成为会计的报告收益,除了盈余管理外,另一个影响因素是应计制会计和公认会计原则。在信息观下,盈利仅仅是许多用作决策和判断的信号中的一个。信息观意味着会计数据的重要属性是其"信息含量"。盈余管理的信息观还假定公司经理拥有私人信息。在一套既定的委托代理契约下,公司经理不仅可以就会计程序作出选择,而且还可以据此程序作出不同的估计。但在信息观下,人们并不需要作为真实价值的盈利概念,与真实收益基准有关的计量偏差问题也不复存在。

断来改变财务报告以误导利害相关者决策或影响合同结果的过程。该定义与 Schipper(1989)相似。首先,两者都强调盈余管理的目的是为了获取私人收益;其次,两者都认为会计选择和经济交易均可作为盈余管理的手段。不同的是,Healy 和 Wahlen(1999)更强调盈余管理对契约的影响,指出管理当局可通过盈余管理来影响那些依赖会计信息的契约的执行,以从中获利。因此,Healy 和 Wahlen(1999)的定义同时基于财务报告的信息观与契约观两个角度。

在会计实务中,一个常被与盈余管理相联系的概念是舞弊、财务舞弊(financial fraud)、财务欺诈或者利润操纵。根据《中国注册会计师审计准则第1141号——财务报表审计中对舞弊的考虑》,舞弊是指被审计单位的管理层、治理层、员工或第三方使用欺骗手段获取不当或非法利益的故意行为。舞弊行为主要包括:伪造、变造记录或凭证;侵占资产;隐瞒或删除交易或事项;记录虚假的交易或事项;蓄意使用不当的会计政策。美国注册舞弊审核协会(National Association of Certified Fraud Examiners,1993)把财务舞弊定义为"有意地、故意地错报或遗漏重要事实,或者误导性会计数据,使读者在与其他所有可获得信息一起考虑时,会改变和调整其判断和决定"。《特拉德维委员会报告》(Treadway Commission Report)将财务舞弊定义为"通过行为或遗漏造成的故意或鲁莽行为,其结果是具有重大误导性的财务报表"。

可以看出,财务舞弊与盈余管理无论从目的,还是方式来说,都非常相似。两者的目的都旨在获取私人收益;方式都可以采用会计政策选择与经济交易构造两种。但是两者也存在着显著的差异。

第一,主体不同。盈余管理的主体通常是管理当局,而财务舞弊的主体则更为广泛,不仅包括管理层,还包括治理层以及员工与第三方。

第二,客体不同。盈余管理通常针对公认的会计原则、会计方法或会计估计而言;而财务舞弊则会触犯国家法律、法规、政策、制度和规章规范,包括制造虚假单据、越权行为和盗窃资产。

第三,程度与合法性不同。盈余管理行为通常在会计准则的允许范围内,并没有违法行为;而财务舞弊行为则超出了会计准则或规范的允许范围,属于违法行为。

第四,承担的责任不同。正因为盈余管理并非违法行为,通常不会受到法律制裁;而财务舞弊行为属于违法行为,一旦被查实将承担法律责任。

第五,两者的后果不同。盈余管理的经济后果具有不确定性,既可能是避免契约刚性的一种有效手段,也可能是管理当局为了获取私利的机会主义行为;而财务舞弊则会损害组织以及利益相关者的利益。

在实务中,管理层的会计行为属于盈余管理,还是财务舞弊,具有不确定性,其性质的裁决取决于审计师、监管人员的判断。

(二)盈余管理的动机

现代企业理论把公司看成一个契约的集合,它的组织形式可以由它所涉及的一系列契约来描述。例如,与雇员(包括经理)、供应商及出资者的契约构成了公司经营活动的核心内容。与各种契约相关的契约成本有:谈判成本、契约履行监督成本、重新谈判的潜在成本以及因各种原因而未履行契约的预期成本等。公司的目的是力求契约成本最小化。这些契约大多数都与会计变量有关。例如，雇员升职和报酬的业绩计量是以会计指标（如净利润）为基础的；供应商的契约可能以公司流动性比率及其他销售指标为基础；债权人为了寻求自身利益的保护，会对公司的一些财务比率作出一定的限制。实证会计理论认为，为了达到公司有效管理的目标，公司会计政策的选择是契约成本最小化问题的扩展和延续。因此，管理当局可以通过控制和采用适当的会计方法，使盈余数字有利于自己。

早期对盈余管理动机的研究主要围绕着 Watts 和 Zimmerman(1986)从契约角度提出的三大假设：奖金薪酬假设、债务契约假设以及政治成本假设，而后陆续扩展到资本市场等其他方面的会计行为(Dechow 和 Skinner，2000)。

1. 基于契约的盈余管理动机

1) 奖金薪酬假设

当企业投资者与内部管理人签订奖金薪酬方案（bonus plan）时，一方面，企业的业绩好坏影响内部管理人的利益；另一方面，内部管理人作为企业经营的代理人，拥有各种操纵盈余的权力。这两方面结合的唯一结果是管理人员有很强的动机去修饰公司业绩指标，以尽可能地获取更多的奖金。无论上市公司还是非上市公司的管理人员都有这种盈余管理的动机。

Healy(1985)发现，当经理人员的奖金上限和下限是固定的，则经理人员更可能是选择降低收入的应计项目，而当奖金没有限制时，他们倾向于选择增加收入的应计项目。相对于有可比经营业绩但是没有设置奖金上限的企业，设置了管理人员奖金上限的公司在盈余达到上限的情况下更可能通过递延收益的方法来向下进行盈余管理。Holthausen 等(1995)则发现，当企业盈余高于经理人员奖金所规定的上限时，经理人员将向下管理盈余，但是与 Healy(1985)的发现不同，当盈余低于奖金所规定的下限时，并没有发现向下的盈余管理。

DeAngelo(1988)考察了公司高层经理人员的职位受到威胁或者所预期的任期很短的期间，盈余管理的频率是否增加。她发现，在挑选下一任经理人员的考察期间，现任经理人员将采用各种增加盈余的会计政策、会计估计以达到增加盈余的目的，存在向上的盈余管理。

而 Dechow 和 Sloan(1991)则从研发费用的角度研究了高层经理人员在任期即将到期时是否利用减少研发费用来操纵盈余。高层管理人员在接近退休年龄时，他们往往减少有价值的研发项目和投资，其原因在于其报酬是基于本年度或上一年度的会计数据，而会计数据本期只记录这些长期投资的支出，由于这些项目发挥效益需要一定的周期，因此高层管理人员有减少研发费用（R & D）的动机。而他们确实发现了 CEO 在其任期的最后几年存在通过削减研发费用来达到增加报告盈余的目的，这种情形与 CEO 的报酬契约的短期性和聘任期限短的情形一致。

2) 债务契约假设

企业进行投资及日常经营所需的大量资金，除投资者投入以及自身积累外，主要依赖于金融机构的信贷资金。金融机构在向企业贷款的同时，一般与企业签订协议，其中包括各种要求遵循的条款，如流动比率、净资产收益率等指标的变动范围。一旦企业相关指标超出这些条款所允许的变动范围,就会相应地提出一些惩罚措施。因此,当企业注意到本年度的一些财务指标有偏离债务条款的趋势或已经偏离时,也会有很强的动机进行盈余管理。

许多实证研究则对企业接近债务契约临界点时的盈余管理情况进行了分析。Sweeney(1994)对 22 家违反债务契约,具有强烈的盈余管理动机的公司进行案例分析后发现,仅仅有 5 家企业通过盈余增加的会计变更达到推迟一个或几个季度的技术性违规目的,频率相当低(仅仅为 23%)[①]。

Healy,Palepu(1990)和 DeAngelo 等(1994)对接近股利限制契约临界点的上市公司是否改变会计方法、会计估计或者应计项目以避免降低股利或者重组进行了分析。他们发现,这些企业极少进行盈余管理,而是通过减少股利支付或者重新缔结契约。这不完全符合债务契约假设。

对于支付股利的契约,企业经理人员可以通过改变股利契约或者直接减少股利的支付,从而避免违反契约。但是对于其他债务契约,如利息担保限制性条款或者负债权益比率,企业经理人员的会计选择的范围则极小。Defond 和 Jiambalvo(1994)、Sweeney(1994)对违反债务契约的样本企业进行了考察,发现样本企业在违反契约的前 1 年进行了盈余管理。

对于受到债务契约限制而可能从事盈余管理的实证研究,目前的结果还不令人满意,关于存在盈余管理假设的证据还非常有限,尽管有少量的实证研究证实了这种盈余管理的存在,但是这些研究结果,无论是程度还是频率都还较小,并没有完全吻合假设。

3) 政治成本假设

政治成本假设是指在其他条件相同的情况下,公司的政治成本越大,其经理人员就越有可能选择将报告收益从当期递延到以后各期的会计程序。该假说隐含的一个前提是,较高的会计盈余会提高公司的政治成本。

基于上述政治动机假设,Zimmerman(1983)提出了规模可作为政治成本的替代变量,认为大企业比小企业的政治敏感性更强,同样是利润增加 1 倍,大企业比小企业更引人注目,因此大企业更可能采用递延报告期收益的会计程序。Zimmerman 验证了这一假设。此外,他还发现,企业规模作为衡量政治敏感性指标是随着商业周期的变化而变化的。

目前,在实证研究中,基于政治成本动机的盈余管理主要集中在反垄断调查和金融行业管制方面。

Jones(1991)发现申请进口减免税行业的公司趋向于在申请当年递延收益。在美国,当政府决定对某一个受到外来进口冲击的公司进行援助前,要对公司进行调查,即进口减免调查。Jones(1991)对处于这种调查中的公司调低报告净收益的行为进行了研究,发现存在显著的负应计利润,这表明企业在进口减免期间存在显著的向下盈余管理,与政治成本假设相一致。Cahan(1992)考察了受到反垄断调查企业的盈余管理,他通过对 1970—1983 年受到反垄断调查的 48 个企业的研究,发现受到反垄断调查的公司在被调查当年存在向下的盈余管理。而 Key(1997)考察了当国会召开听证会考虑是否对有线电视行业进行管制时有线电视公司的盈余管理,他通过对 22 家美国有线电视公司的考察,发现有 20% 的有线电视公司

[①] 但由于她的样本企业只包括实际违反债务契约的公司,而没有包括那些成功地进行了盈余管理从而没有违规的公司,因此,她可能低估了基于债务契约而进行盈余管理的频率。

存在向下的盈余管理。Maker 等(1998)对 1974—1992 年违反了 Clayton 法案第 7 章关于反垄断收购而遭受司法部和联邦贸易委员会调查的美国 86 家企业在调查期间的盈余管理进行了研究。接受调查的企业为了避免超常收益和反竞争行为被发现,在调查期间有选择调低收益的动机,实证结果支持了他们的预测,接受调查的企业在调查期间确实利用操纵性应计利润调低了收入。

由于金融行业在经济系统中处于十分重要的地位,金融行业如果出现问题,往往会给本国、本地区的经济带来巨大的影响,甚至波及整个世界。20 世纪 90 年代以来世界各国发生了多次局部的金融危机,1994 年墨西哥比索危机、1998 年东南亚金融危机、2002 年阿根廷金融危机都给所在地区经济造成了巨大影响。因此对金融行业各国都存在一定程度的监管,而且这种监管往往直接与会计数据挂钩。银行监管部门要求银行必须满足借助会计数字表达的一定资本充足率、保险监管部门要求保险公司符合财务质量标准。由于存在这种监管,企业经理人员产生了盈余管理的动机,对此,研究人员进行了大量的实证研究。Moyor(1990)、Scholes 等(1990)、Beatty 等(1995)、Collins 等(1995)的研究也证实了这一点。他们发现邻近最低资本要求时银行低报贷款损失准备、低报贷款注销额,并且确认非正常的已实现证券投资组合利得。Petroni(1992)和 Adiel(1996)则对保险公司的盈余管理进行了实证分析,Petroni 发现因财力不足且具有监管风险的财产保险公司通过减少提取理赔损失准备,以达到尽量满足监管要求。而 Adiel 对 1980—1990 年间 1 294 个保险公司年度的数据进行检验,发现在这些年度数据中有1.5%的保险公司存在通过财务再保险来规避违反行业监管。Collins 等发现近一半的银行在 7 项可供选择的盈余管理手段中选择了 5 项以上的方法来操纵行业规定的资本;同时,他还考察了采用两项可供选择的盈余管理手段的盈余管理情况,对 60 个样本分析表明,超过 75%的银行至少采用一种方法进行盈余管理,接近 20%的银行同时采用两种方法进行盈余管理。

总体来看,基于契约的盈余管理行为在国外研究中得到系统的证据支持,在国内限于非上市公司的数据较难以获取,并没有被学者进行充分的检验;国内研究大多采用上市公司为样本,关于盈余管理动机的研究更多的是围绕资本市场监管规则而展开。

2. 资本市场中的盈余管理的动机

从 20 世纪 90 年代后期以来,资本市场上盈余管理行为逐渐受到研究者的关注。因为投资者和财务分析师们广泛地利用会计信息来评估股价,这就为公司管理当局操纵盈余以影响短期股票价格提供了动机。关于资本市场驱动盈余管理的研究主要集中在股票市场驱动盈余管理的高发时期。股票市场驱动盈余管理的高发时期是指将要进行股票交易的期间和当公司的业绩与分析师或投资者的预期存在差异的时候。

1) 股票融资中的盈余管理

首次公开发行(initial pubic offerings, IPO)的企业的股票通常没有一个已确定的价格、缺少充分可靠的信息,因此在招股说明书中披露的会计盈余是确定股票价格的重要依据。可以预期,IPO 公司为了获得较高的发行价格,具有强烈的动机来提高招股说明书中的会计盈余。Teoh、Welch 和 Wong(1998)与 Teoh、Wong 和 Rao(1998)发现企业在 IPO 前 1 年存在向上的盈余管理,而在 IPO 之后,管理当局转回了原来进行的盈余管理,即转回了非预期应计项目。Teoh、Wong 和 Rao(1998)还进一步发现,进行 IPO 的公司在 IPO 年份和随后几年更可能采用使盈余增加的折旧政策和坏账准备计提比率政策。Aharony 等(2000)通过中国国有企业对外国投资者发行 B 股和 H 股前后 6 年总资产收益率的变化验证了 IPO 中盈余管理的存在。

同样,在股票增发(seasoned equity offerings,SEO)或配股前,管理层有动机管理会计盈余来影响投资者对股票增发的定价。Rangan(1998)和 Teoh 等(1998)都均发现了股票 SEO 前 1 年盈余管理和发行后股票收益下降的证据。鉴于我国在 1996—1997 年上市公司增发配股的条件是净资产收益率不低于 10%,陈小悦等(2000)对 1996 年和 1997 年我国上市公司的净资产收益率(ROE)进行分析,发现净资产收益率处于 10%～12%的上市公司存在显著的盈余管理行为。

2) 亏损公司避免退市的盈余管理

根据我国的相关上市规则,公司连续 2 年亏损将列入 ST 板块,连续 3 年亏损将暂停上市。上市公司一旦戴上 ST 的帽子,就很难再从证券市场筹集资金;而一旦被摘牌退出股市,则不仅难以筹资,而且有损公司与当地政府的形象。但并非所有上市公司都能够一直保持盈利,于是难以扭亏的公司具有强烈的动机来管理盈余以避免被 ST 或摘牌。陆建桥(1999)对我国亏损上市公司的盈余管理进行了实证研究,发现在亏损上市公司首次出现亏损年份,公司存在显著的非正常调减盈余的应计会计处理,在首次出现亏损前 1 年度和扭亏为盈年度,又明显地存在着调增收益的盈余管理行为,表明为了避免公司出现连续 3 年亏损而受到证券监管部门的管制,亏损上市公司在亏损及其前后年度普遍采取了相应的调减或调增收益的盈余管理行为,而且这些盈余管理行为主要是通过管理应计利润项目来达到的。

3) 迎合证券分析师和企业经理人员预测的盈余管理

公司的报告盈余可反映管理当局对未来盈余的预期。当真实盈余与预期盈余的差距愈大时,管理当局受到惩罚的可能性愈大。因此,为了避免失去职位或受到惩罚,管理当局可能采取操纵损益之措施,使报告盈余与预期盈余相符(Ronea 和 Sadan,1980)。

Burgstahler 和 Eames(1998)发现,上市公司为了迎合证券分析师的预测而从事盈余管理的行为,特别是,如果实际盈余低于证券分析师的预测时,企业经理人员通过向上的盈余管理来迎合证券分析师的预测。更进一步,Abarbanell 和 Lehavy(1998)对利用证券分析师的投资建议(买、持有或卖)预期盈余管理的方向进行了研究,他们发现得到证券分析师"买"的建议的上市公司有进行向上的盈余管理行为,而得到"卖"的建议的上市公司有进行向下的盈余管理,因此他们发现上市公司有迎合证券分析师的行为。此外,Kasznik(1999)对企业经理人员的盈余预测进行了研究,发现当期业绩无法达到管理当局预测的公司,有高估盈余以达到其预测的行为。

根据中国证监会的有关要求,上市公司应当公布会计预测数据。公布盈利预测指标对上市公司而言无异于向投资者承诺其目标利润,如果完不成盈利预测中的目标利润,上市公司将面临重大压力,因为根据制度要求,上市公司增发完成后,凡不属于公司管理层事前无法预测且事后无法控制的原因造成利润实现数未达到盈利预测数的,上市公司董事长、负责审计的 CPA、担任主承销商的证券公司法定代表人、业务负责人和项目负责人应当在股东大会和指定刊物上公开作出解释;利润实现数未达到盈利预测数80%的,如无合理解释,上述人员应当在指定刊物上公开道歉;利润实现数未达到盈利预测数50%的,中国证监会对有关上市公司给予公开批评,自作出公开批评之日起2年内,不再受理该公司发行新股的申请。因此,上市公司为了完成盈利预测目标有很强的盈余管理动机。

3. 盈余管理的其他动机

1) 节税动机

所得税可能是最明显的一个盈余管理动机。然而,由于税务部门是采用税务会计的规定来计算应纳税款,在一定程度上缩小了企业可操作的空间。然而,存货发出成本的计价方法可以说是一个例外。当价格上涨时,相对于先进先出法,采用后进先出法通常可以降低报告利润、减少税负和增加现金流。

Dopuch和Pincus(1988)发现,对于采用后进先出法的企业,其节约的税负是可观的,而对于保持先进先出法的企业,由于存货数量少、存货变动大、存货周转率高、实际税率低,他们并没有承担巨额的税负。

2) 管理层收购和企业并购中的盈余管理

盈余信息在管理层收购(management buyouts, MBO)的估计中很重要,因此DeAngelo(1988)假定,经理人员为了以较低价格收购公司,会在提出了管理层收购前夕调低会计盈余。虽然她对应计利润的实证检验并没有找到有力的证据,但是对主营业务收入和可折旧资产的增量进行控制后,Perry和Williams(1994)的研究发现,发生管理层收购的上市公司,在收购前非预期应计项目为负,即这类上市公司在收购前存在向下的盈余管理行为。

此外,Erickson和Wang(1999)对换股合并中收购企业的盈余管理进行了研究。发现在收购之前,收购企业为了提高自身的换股比例,有向上盈余管理的动机,实证检验发现确实存在这种盈余管理,在换股合并时期,收购企业的非预期应计项目即被管理的盈余占总资产的2%左右;同时他们还发现在收购以后,收购企业将转回被管理的盈余。

3) 高管人员的变动

在主要高级管理人员发生变动的时期,盈余管理的各种动因会纷纷出现。例如,主要高级管理人员即将退休时,会特别愿意采取使会计报告收益最大化的策略,以增加他们的奖金。同样,效益差的企业的主要管理人员也会使盈利最大化,以防止或推迟被解雇。

总的来看,国内外关于盈余管理的动机的研究主要集中在两个方面:契约动机和资本市场动机。而在我国,盈余管理动机主要还是基于资本市场监管规则的动机,包括上市公司在IPO时、在增发配股时的盈余管理动机,以及亏损的上市公司避免被特殊处理及退市的盈余管理动机。

(三) 盈余管理的类型

根据盈余调整的方向,可以把盈余管理分为利润最大化盈余管理、利润最小化盈余管理与利润平滑盈余管理三类。

1. 利润最大化盈余管理

当企业管理当局倾向于提高当期的利润时,提前确认收入,推迟结转成本,将长期借款费用资本化挂在递延资产账上,通过资产置换、股权转让、出售资产等方式进行资产重组以获得巨额利润,通过与关联方之间的高价出售产品、低价收购材料等关联交易调节利润等,都是上市公司常常采取的方法。

2. 利润最小化盈余管理

公用事业企业为了避免较高的利润率,就会通过各种会计方法多确认损失,少确认利润。另外,上市公司为了降低上缴税款,也会采取措施降低当期利润。当企业达不到经营目标,或上市公司可能出现连续3年亏损而面临被摘牌时,也可能采用先在当期降低利润然后在未来期间抬高利润的方式,实现企业的未来经营目标或避免被摘牌。在这种类型的盈余管理中,其典型做法是推迟确认收入,提前结转成本,通过转移价格向关联方转出利润,预提利息费用、固定资产修理费用等。

在利润最小化的盈余管理方式中,存在着一种极端形式,即亏损清洗或巨额冲销(take a big bath)。这种行为多出现在上市公司更换总经理,或企业已有1年亏损时。新更换的总经理会尽可能地在更换当期确认各项费用成本,以便在以后的经营中易于取得较高利润。同样,当上市公司将出现亏损时,就可能采取巨额亏损的方式,将次年的费用项目纳入当期,递延确认当期收入,从而在次年扭亏为盈,避免滑入ST板块或PT板块后带来的不良后果。在这种盈余管理方式中,其典型做法是将坏账、积压存货、长期投资损失、待处理流动资产和固定资产等一次性处理为损失。

3. 利润平滑盈余管理

一般而言,股东总是期望企业能够获得稳定的增长,并且将此与管理人员的奖金挂钩。而一个规避风险的管理当局为了获得稳定的奖金,就会通过选择会计政策或其他措施来塑造一种稳定发展的企业形象。另外,银企之间订立的契约也要求企业的各项财务指标保持在一定的范围之内。为了不至于偏离既定的范围,导致银企之间的关系紧张,管理当局也会努力采取各种措施使企业利润呈现出一种平稳的态势,借以获得良好的信用等级。除此之外,管理当局为了塑造良好的市场形象,会在披露年度财务报告时调节盈余,使各年度的变动幅度不致过大。企业管理人员会通过选择会计方法或改变企业筹资、投资、经营决策方案,使各期收益保持稳定增长。

在这种类型的盈余管理方式中,企业将会利用其他应收款、其他应付款、应收账款、应付账款等往来账项,以及待摊费用、预提费用、递延资产等账户调节利润,精心策划利润稳步增长的趋势。

综上所述,盈余管理的动机决定盈余管理的类型,基于业绩考核、获取信贷资金、发行股票和政治目的的盈余管理,其表现形式一般为利润最大化或利润平滑;基于纳税、更换总经理等原因的盈余管理,一般以利润最小化和巨额冲销的形式出现。然而,当盈余管理的几种动机交织在一起时,如新更换的总经理期望获得巨额贷款时,就会出现在不同的盈余管理类型中的选择问题。因此,几种类型的盈余管理是相互关联的。

(四) 盈余管理的手段

根据盈余管理是否影响企业的现金流量,可以将盈余管理手段分为应计利润管理与真实经济交易的操纵。前者不影响企业的现金流量,因此,成本较低,而更被广泛使用。

1. 应计利润管理

应计利润管理早已受到实务界与研究者的关注(如 Healy,1985;Jones,1991;McNichols 和 Wilson,1988;Rangan,1998;Teoh 等,1998;Phillips 等,2003)。一般来说,一个管理者为了改善当期的盈余可以通过收入的加速确认和费用的减缓确认从未来期间借取盈余。这个盈余管理的方法带给企业未来盈余呈比例减少的成本;未来期间的盈余会相应地较低,因为净收入被加速确认到当期盈余中,但是在企业存续期间,该方法并没有增加或减少企业的利润总额。

2. 操纵真实经济交易

另一种盈余管理的类型可能是通过操纵真实的交易,如利用非经常损益调节利润,利用关联方交易调节利润,提供价格折扣来增加销售和减少可操纵的费用如 R&D 来管理盈余,等等(如 Baber 等,1991;Dechow 和 Sloan,1991;Bushee,1998)。一方面,这种活动可能增加收入或者净收入,但是他们也是花费成本的。例如,削减 R&D 支出来管理盈余可能导致与放弃 R&D 机会相关的未来收入的损失。另一方面,操纵真实经济交易没有违反会计准则,比起应计利润盈余管理,人们认为它的检查成本更低一些。

(五)盈余管理的计量方式

现有的盈余管理计量方法主要有三种类型,包括应计利润分离法、具体项目法和分布检测法[①]。

应计利润分离法是指用回归模型将应计利润分离为正常性应计利润和非正常性应计利润,并用非正常性应计利润来衡量盈余管理的大小和程度的方法。所谓应计利润是指不直接形成当期现金流入或流出,但按照权责发生制和配比原则应计入当期损益的那些收入或费用(或者是净资产的增加或减少部分),比如折旧费用、摊销费用、应收账款增加额等。根据应计利润的被操纵程度,可以将应计利润区分为正常性应计利润和非正常性应计利润。应计利润分离法要解决的便是如何将应计利润分离为正常性应计利润和非正常性应计利润的问题。尽管应计利润分离法在盈余管理的计量中得到广泛的应用,但是这种方法依赖于一些主观的假设。例如,企业的经营周期在行业内基本相似,同行业企业采用相似的赊销政策、具有相似的固定资产使用效率等,这些主观假设如难以满足将大大削弱计量模型的可靠性。

为了克服应计利润分离法中主观假设多的局限性,一种替代的方法是具体项目法,这种方法专门针对具体的应计利润项目进行研究。例如,对坏账准备的研究(McNichols 和 Wilson,1988),针对保险行业的索赔损失准备的研究(Beaver 和 McNichols,1998)。该方法的一个优点是研究者可以根据对公认会计原则的理解获得对影响应计利润的关键因素的直觉,另一个优点是它可以应用于那些业务活动会导致大量容易被操纵的应计利润的行业。而该方法的缺点是应用这种方法需要研究者对制度背景有深刻的认识,而且由于具体的应计利润项目研究往往局限于小样本或具体的行业和部门,因此研究结果难以推广。

还有一种非常实用的盈余管理计量方法是分布检测法。这种方法通过检查报告盈余在

---

① 本节主要参考了夏立军:《盈余管理计量模型在中国股票市场的应用研究》,载于《中国会计与财务研究》,2003(2),第 94 页至第 122 页;对计量模型的具体介绍可参见本章附录。

特定水平周围的不连续分布来计量盈余管理,这些特定的盈余水平一般是:盈余为零;上年盈余;本年度分析师预测的盈余。我们将这种方法称为分布检测法。已有的研究发现,在上述特定的盈余水平周围,往往出现比预期更少(或更多)的观察值,这表明在这些特定的盈余水平附近存在着盈余管理行为。这种方法的突出优点是仅仅通过检查盈余的分布就可以鉴别出哪些公司有盈余管理的行为。但是其缺点也非常明显,因为应用这种方法来计量盈余管理并不能获得关于公司进行盈余管理的手段或者程度的信息,并且它只能用于特定的盈余管理动机。

（六）盈余管理的制约因素

现代公司制企业的重要特征是公司的所有权与控制权相分离。作为受托人,管理层与股东之间存在着信息不对称,即管理层比股东更了解企业的经营情况与财务状况。为了减少管理层的偷懒,有必要把管理层的报酬与其绩效挂钩,但是这使管理层具有了盈余管理的动机。为了缓解经理与股东之间的代理冲突,包括限制管理层的盈余管理行为,企业的公司治理机制就不可或缺。

根据经济合作与发展组织(OECD)的定义,公司治理就是指导和控制公司的制度。公司治理结构规定公司不同参与者的权利和责任,这些参与者包括所有者、董事会、经理和其他利益相关者。股东会、董事会、监事会和经理相互制衡共同实施对公司的治理,称为内部治理。内部治理是《公司法》所确认的一种正式制度安排,它构成公司治理的基础。在企业外部,股票市场、借贷市场、经理市场、劳动力市场和产品市场直接影响公司治理的绩效。而政府可以利用其掌握的经济计划、产业政策、财政金融等手段直接或间接干预企业的战略选择。这些权益主体的治理活动,构成了公司的外部治理。外部治理是内部治理的补充,其作用在于使经营行为受到外界评价,迫使经营者自律和自我控制。

如前所述,合理的盈余管理能有效降低企业的代理成本与交易费用;但是过分的盈余管理或者财务舞弊,将会降低财务报告可靠性或误导投资者、读者的决策,损害投资者的利益。目前对经理人员过分的盈余管理的主要制约来自于两个方面:①内部治理,主要包括董事会与监事会的监督;②外部治理,主要包括外部审计以及法律惩处。

1. 内部治理

董事会处于监督管理者的控制机制的核心,对监控财务报告中的财务信息的质量负责。而影响董事会监督效率的三个因素是:董事会规模、董事会构成和董事会领导结构。国外对财务舞弊的研究发现(瑞扎伊,2005):①董事会中外部独立董事的比例越高,公司舞弊的概率越小;②董事会中外部独立董事的质量越高,公司舞弊的概率越小;③舞弊公司董事会成员比非舞弊公司董事拥有更大的股东权益;④舞弊公司的内部董事拥有更高的股东权益;⑤公司董事长与CEO两职合一增大了公司舞弊的概率;⑥舞弊公司的首席执行官的任期更长;⑦非舞弊公司外部董事的平均任期更长。

在我国,监事会也是公司治理的重要组成部分。一个机警、独立、有效的监事会是制约公司过分的盈余管理行为,确保公司的财务报告质量的重要机制。

2. 外部治理

财务报告在对外公布之前将由外部审计师审计。独立审计师执行控制测试和实质性测试,以收集充分和有力的证据为财务报告没有重大错报包括舞弊性活动提供合理的确信。当财务报告舞弊或过分的盈余管理被独立审计师发现,审计师被要求向管理层申请更正。如果管理层进行了更正,审计师将出具标准的无保留意见,以增进财务报告的可靠性;一旦管理层拒绝更正财务报告中的重大错报漏报与舞弊,审计师应根据情况出具非标准的无保留意见以提醒投资者或报告使用者关注。因此,高质量的外部审计不仅对盈余管理以及财务舞弊具有事后监督与核查的作用,而且具有事前的威慑作用。

最后制约管理层过分的盈余管理或者财务舞弊行为的是法律惩处,即让违法的管理层承担法律责任。管理层是否选择过分的盈余管理或者财务舞弊取决于其成本与收益的比较。在我国,对财务报告真实合法性进行监管的机构包括财政部、证监会与证券交易所。根据我国《会计法》的相关法规,单位负责人对本单位的会计工作和会计资料的真实性和完善性负责。毫无疑问,一旦被发现财务舞弊或过分盈余管理,管理人员面临的法律惩处越大,对管理层财务舞弊或过分盈余管理的威慑作用就越大。

(七)盈余管理的作用

目前关于盈余管理的作用的讨论主要有三种观点:机会主义观、有效契约观与信息观。

1. 机会主义观

机会主义观认为,经理人员选择会计政策或进行盈余管理是出于理性人的自利的目的。

只要让经理人员自由选择会计政策,就给机会主义行为打开了方便之门。假定经理人员是理性的(像投资者那样),他们会尽可能按自身利益最大化的原则来选择会计政策。因此,报酬契约以报告净收益为基础的石油勘探公司经理可能会采取完全成本法而舍去成效成本法来计算其勘探成本,这样可以平滑收益同时增加他们奖金收入的现值;而且,成效成本法使以后各期产生较高的报告净收益,会导致税收增加,其他公司也可能因此进入本行业,造成不必要的竞争。当然,公司在订立这种经理人员报酬契约时,就已预料到这种机会主义行为的发生,并从经理人员的正常报酬中扣除预期投机金额以获得自身的价格保护。也就是说,由于经理市场存在着竞争,如果能够通过机会主义行为来扩大他们的个人效用,经理们还是愿意为低报酬的公司工作的。因此,签订了这种报酬契约,经理人员有了选择会计政策的权力,也就有了采取机会主义行为的动机。

如果经理人员进行盈余管理仅仅是一种机会主义行为,那么会导致投资者财富被转移至经理层手中,这只可能在单一时期的情形下存在,难以在现实中持续地存在。

2. 有效契约观

有效契约观认为,公司会计政策的选择或盈余管理是契约成本最小化问题的扩展。

盈余管理要符合会计准则的规定,同时盈余管理的范围还受到契约的进一步限制。Mian 和 Smith(1990)对是否进行子公司合并的会计政策选择问题进行了研究。他们认为母、子公司之间的相互依存程度越高,编制合并财务报表的效益就越高(即契约成本越低)。原因是依存程度越高,就越有必要评估母、子公司的合并经营成果。而合并财务报表就为合并评估提供了一个基础。当依存程度很高时,用以合并财务报表为基础的业绩计量来监督经理人员行为比单独用母、子公司财务报表更为有效。因此,梅恩和史密斯预测:母子公司间的整合程度越高,母公司就越有可能编制合并财务报表。还由此进一步预测:如果公司为经理人员业绩的内部监控已编制了合并财务报表,那么,再编一张对外报告的合并报表的成本就没那么高了。Mian 和 Smith(1990)的实证研究结果与预测一致。

若假定公司内控系统包括董事会监控,限制了机会主义行为,经理人员只能按照契约成本最小化来选择会计政策或管理盈余,此时我们就可以从有效契约观的角度来分析这些假设。

一般来说,这两种观点可以得出相同的预测结果。例如,从机会主义观分析奖金薪酬假设,一个经理可能选择直线折旧法而不是余额递减法来增加报酬。而从有效契约观分析奖金薪酬假设,经理人员也会作出同样的选择。假设直线折旧法能最好地计量公司使用固定资产的机会主义成本,那么直线折旧法下的报告利润能更好地衡量经理的业绩。因此,这种政策比其他折旧政策更能激励经理人员(以奖金为第一目标)。正如 Sweeney(1994)指出的,如果一个公司在面临违反债务限制条款的危险时,减少后进先出法的使用,就会有损害债权人利益来增加利润的机会主义嫌疑。相反地,如果违约风险是由公司业务减少引起的,那么减少存货将是增加公司现金流量的一种有效的经营战略,特别是当公司税务负担很重的时候。

因此,很难判定公司会计政策选择是符合机会主义观还是有效契约观。少数研究试图区分这两种不同的作用。例如,有学者以几家已经成为兼并对象的公司为样本,对其增加收益的会计政策选择进行了调查。他们的推理是:在将被兼并的公司中,机会主义的会计政策选择最易蔓延。因为此时管理人员为了保住自己的饭碗和维持其声誉,将努力使报告利润和财务状况最优化,操纵会计政策选择的机会主义行为应该有很多。但是即使在这样的样本中,增加收益的会计选择现象都很少。据此,他们推断在一般性公司中存在这种机会主义行为的可能性会更小。

机会主义观与有效契约观都是基于契约理论,所以可以统称为契约观。

3. 信息观

由于在有效契约观下无法解决什么是代理成本最小的会计政策,因而对于有效契约观的检验也变得模棱两可。会计政策的选择在无法找到真正的代理成本最小的情况下,转向了以信息来评判选择的方向。Holthause 和 Leftwich(1983)指出,如果经理人员在提供企业信息上有比较优势,我们就可期望他们将部分地以盈余管理方式来揭示其对企业未来现金流量的预期。Subramanyam(1996)以 1973—1993 年 2 808 家公司为样本,利用 Jones 模型分离操纵性应计项目和非操纵性应计项目。在控制了经营性现金流量与非操纵性应计项目的影响后,市场对操纵性应计项目发生积极反应,这与信息观的预测一致,即管理人员负责任地运用盈余管理向市场传递公司未来盈利能力的信息。

对比契约观和信息观,可以看出,两者都承认会计政策和企业现金流、企业价值之间有联系,但不同的是,两者对这种联系的认识迥异。契约观认为,盈余管理会直接影响企业的现金流量,即要么转移财富以减少企业价值,要么使代理成本最小而增加企业价值。而信息观认为,会计政策选择只是提供了有关企业未来现金流的信息,而不是直接影响现金流量。

值得注意的是,本书把盈余管理定义为一个中性词,它是企业在会计准则允许的空间内使得契约成本最小化、管理层利益最大化或者传递管理层内部信息的一种方式,或者说,企业盈余管理是管理层应对企业的契约与外部会计规范的一种会计行为。

四、会计准则与盈余管理

1. 会计准则为企业盈余管理提供了空间

首先,会计准则中会计政策的可选择性和会计估计的存在,如存货的计价方法、资产减值准备的计提、预计负债的估计、资本化与费用化的分摊、收入的确认等,赋予了会计人员充分的自由裁量权,需要他们根据具体情况和以往经验作出专业判断,以选择符合企业经济现实情况的核算与披露方式,这为企业盈余管理提供了空间。

其次,会计准则采用权责发生制为基础,这虽然较好地解决了收入与费用的配比问题,但是交易或事项所反映的权利与责任在报表上的确认时点实际上需要会计人员的职业判断,这为企业盈余管理提供了空间。

再次,会计准则要求企业核算中应遵循重要性原则,即允许企业对不重要的项目可以合并或简略处理,但是对于哪些项目属于重要或不重要,准则中仅有原则性的描述,需要会计人员结合具体情况作出选择,这为企业盈余管理提供了空间。

最后,会计准则要求企业核算中应遵循谨慎性原则,即当会计核算可采用多种处理方法时企业可选择一种使当期收益较小、资产较小的一种方式,这实际上为企业平滑利润或大冲销的盈余管理提供了空间。

2. 企业盈余管理推动了会计准则的不断完善

早期我国每个具体会计准则的颁布都与企业的盈余管理或财务舞弊行为密不可分。1997年5月,财政部发布的我国第一个具体会计准则《企业会计准则——关联方关系及其交易的披露》,就有"琼民源"利用关联交易进行盈余管理的背景因素;1998年发布的《企业会计准则——资产负债表日后事项》准则,就与"四川国际合作股份有限公司乌干达电站工程"事件有关。1996年2月,四川国际合作股份有限公司在乌干达承包的欧文电站工程遇到了严重困难,被迫终止合同,面临违约诉讼,公司遭受重大损失。然而在1996年4月月底公布的1995年年报中,公司对如此重要的资产负债表日后事项只字不提。年报称1995年公司每股收益0.54元。在1996年8月公布的中报中称,1996年上半年公司遭受重大损失,上半年每股亏损0.77元。中期报告公布当天,股票价格下跌一半,投资者损失惨重,造成的社会影响极为不好[1]。另外,世纪星源于1995—1997年数次诡异的债务重组促成了《企业会计准则——债务重组》准则的出台。企业盈余管理行为推动着会计准则的不断完善。

阅读文献

[1] 蔡祥,李志文,张为国.中国实证会计研究述评[J].中国会计与财务研究,2003(2):155-183.
[2] 陈小悦,肖星,过晓艳.配股权与上市公司利润操纵[J].经济研究,2000(1):30-36.
[3] 陈小悦,肖星,过晓艳.配股权与上市公司利润操纵[J].经济研究,2000(1):30-36.
[4] 傅蕴英.盈余管理与公司治理——基于审计意见的研究[D].重庆大学博士论文,2004.
[5] 葛家澍,刘峰.从会计准则的性质看会计准则的制订[J].会计研究,1996(2).
[6] 蒋义宏,魏刚.中国上市公司会计与财务问题研究[M].上海:上海财经大学出版社,2001.

---

① 蒋义宏,魏刚:《中国上市公司会计与财务问题研究》,上海财经大学出版社2001年版。

[7] 刘玉廷.架构、趋同与等效——中国企业会计准则体系[J].中国农业会计,2007(5):4-7.
[8] 陆建桥.中国亏损上市公司盈余管理实证研究[J].会计研究,1999(9):25-35.
[9] 罗宏,邢广彦.会计生态优化与中国会计准则改革——改革开放三十年的回顾与展望[J].南京财经大学学报,2008(12).
[10] 孙铮,财务会计理论[J].北京:中国财政经济出版社,2007.
[11] 孙铮,王跃堂.资源配置与盈余操纵之实证研究[J].财经研究,1999(4):3-9.
[12] 孙铮.财务会计理论[M].北京:中国财政经济出版社,2007.
[13] 王跃堂.会计政策选择的经济动机[J].会计研究,2000(12):31-40.
[14] 夏立军.盈余管理计量模型在中国股票市场的应用研究[J].中国会计与财务研究,2003(2):94-122.
[15] 杨纪琬.谈会计改革[J].财会通讯(综合版),1992,12.
[16] 扎比霍拉哈·瑞扎伊.财务报表舞弊:预防与发现[M].朱国泓,译.北京:中国人民大学出版社,2005.
[17] Abarbanell J, Lebavy R. Can stock recommendations predict earnings management and analysts' earnings forecast errors? [R]. Working paper, 1998. University of California at Berkeley.
[18] Adiel R. Reinsurance and the management of regulatory ratios and taxes in the property—casualty insurance industry[J]. Journal of Accounting and Economics. 1996, 22(1-3):207-24
[19] Aharony J, Lee C J, Wong T J. Financial packaging of IPO firms in China[J]. Journal of Accounting Research, 2000, 38:103-126.
[20] Beatty A, Chamberlain S, Magliolo J. Managing financial reports of commercial banks: the influence of taxes, regulatory capital and earnings[J]. Journal of Accounting Research, 1995, 33(2): 231-261.
[21] Beaver W, McNicbols M. The characteristics and valuation of loss reserves of property casualty insurers[R]. Working paper, 1998. Stanford University.
[22] Burgstahler D, Eames M. Management of earnings and analysts forecasts[R]. Working paper, 1998. University of Washington.
[23] Bushee B. The influence of institutional investors on myopic R&D investment behavior [J]. The Accounting Review, 1998, 73(3):305-333.
[24] Cahan S. The effect of antitrust investigations on discretionary accruals: A refined test of the political cost hypothesis[J]. The Accounting Review,1992, 67:77-95.
[25] Collins J, Shackelford D, Wahlen J. Bank differences in the coordination of regulatory capital, earnings and taxes[J]. Journal of Accounting Research,1995, 33(2):263-291.
[26] DeAngelo E, DeAngelo H, Skinner D. Accounting choices of troubled companies[J]. Journal of Accounting and Economics,1994, 17(January):113-143.
[27] DeAngelo L E. Managerial competition, information costs, and corporate governance: The use of accounting performance measures in proxy contests[J]. Journal of Accounting and Economics,1988, 10:3-36.
[28] Dechow P M, Skinner D J. Earnings management: Reconciling the views of accounting academics, practitioners,and regulators. Accounting Horizons, 2000(6):235-250.
[29] Dechow P, Sloan R G. Executive incentives and the horizon problem: An empirical investigation[J]. Journal of Accounting and Economics,1991, 14:51-89.
[30] DeFond M L, Jiambalvo J. Debt covenant effects and the manipulation of accruals[J]. Journal of Accounting and Economics,1994, 17(January):145-176.
[31] Dopuch N, Holthausen R, Leftwich R. Abnormal stock returns associated with media disclosures of

'subject' to qualified audit opinions[J]. Journal of Accounting and Economics,1986, 8:93-118.

[32] Erickson M, Wang S-W. Earnings management by acquiring firms in stock for stock mergers[J]. Journal of Accounting and Economics,1999,(April)27:149-176.

[33] Healy M P, Wahlen M J. A review of the earnings management literature and its implications for standards setting[J]. Accounting Horizons, 1999, 13: 365-383.

[34] Healy P M. The effect of bonus schemes on accounting decision[J]. Journal of Accounting and Economics, 1985, 7(3):85-107.

[35] Healy P, Palepu K G. Effectiveness of accounting-based dividend covenants[J]. Journal of Accounting and Economics,1990, 12(1-3): 97-124.

[36] Healy P. The effect of bonus schemes on accounting decisions[J]. Journal of Accounting and Economics,1985, 7: 85-107.

[37] Holthausen R, Larcker D, Sloan R. Annual bonus schemes and the manipulation of earnings[J]. Journal of Accounting and Economics,1995, 19:29-74.

[38] Holthausen R, Leftwich R. The economic consequences of accounting choice: implications of costly contracting and monitoring[J]. Journal of Accounting and Economics,1983, 5: 77-117.

[39] Jones J J. Earnings management during import relief investigations[J]. Journal of Accounting Research,1991, 29: 193-228.

[40] Kasznik R. On the association between voluntary disclosure and earnings management[J]. Journal of Accounting Research(Spring),1999, 37:57-82.

[41] Key K G. Political cost incentives for earnings management in the cable television industry[J]. Journal of Accounting and Economics,1997,(23)3: 309-337.

[42] McNichols M, Wilson P. Evidence of earnings management from the provision for bad debts[J]. Journal of Accounting Research,1988, 26(Supplement): 1-31.

[43] Perry S, Williams T. Earnings management preceding management buyout offers[J]. Journal of Accounting and Economics,1994, 18: 157-179.

[44] Petroni K R. Optimistic reporting in the property casualty insurance industry[J]. Journal of Accounting and Economics,1992, 15: 485-508.

[45] Rangan S. Earnings management and the performance of seasoned equity offerings[J]. Journal of Financial Economics,1998, 50: 101-122.

[46] Roychowdhury S. Earnings management through real activities manipulation[J]. Journal of Accounting and Economics, 2006, 42(3):335-370.

[47] Schipper K. Commentary on earnings management[J]. Accounting Horizons, 1989, 3(4):91-102.

[48] Scholes M, Wilson G P, Wolfson M. Tax planning, regulatory capital planning, and financial reporting strategy for commercial banks[J]. Review of Financial Studies,1990, 3: 625-650.

[49] Scott William R. Financial accounting theory, Fifth Edition[M]. New Jersey: Prentice-Hall,Inc.大连: 东北财经大学出版社,2011.

[50] Subramanyam K R. The pricing of discretionary accruals[J]. Journal of Accounting and Economics, 1996, 22: 249-281.

[51] Sweeney A P. Debt-covenant violations and managers' accounting responses[J]. Journal of Accounting and Economics,1994,(5): 281-308.

[52] Teoh S H, Welch I, Wong T J. Earnings management and the long-term market performance of initial

public offerings[J]. Journal of Finance,1998,(12)53:1935-1974.
[53] Teoh S H, Welch I, Wong T J. Earnings management and the underperformance of seasoned equity offerings[J]. Journal of Financial Economics,1998,50:63-99.
[54] Teoh S H, Wong T J, Rao G. Are accruals during initial public offerings opportunistic?[J]. Review of Accounting Studies,1998,3:175-208.
[55] Watts R L, Zimmerman J L. Positive accounting theory[M]. First Edition. New Jersey:Prentice-Hall,Inc. 1986.
[56] Zeff S A. The Rise of Economic Consequences[J]. The Journal of Accountancy, 1978, December:56-63.

思考题

1. 我国会计规范体系包括哪些内容？
2. 什么是盈余管理？盈余管理与财务舞弊有何区别与联系？
3. 盈余管理的动机有哪些？
4. 盈余管理的方式与手段有哪些？
5. 盈余管理的制约因素有哪些？
6. 盈余管理有什么作用？
7. 会计准则与盈余管理有何关系？

案例 上市公司业绩变脸

2012年年报披露大幕即将拉开时，截至2013年1月17日，两市共有62家公司修正业绩。

值得注意的是，在95家披露业绩预告的2012年登陆A股的"新军"中，有18家预计全年业绩下滑，占比为19%。媒体分析认为，18家新公司披露业绩下滑仅仅是"冰山一角"。如果从三季度业绩表现看，已有56家新股公司在上市数月后出现业绩下滑。

针对上述现象，监管层加大了对新股公司业绩变脸的打击力度。

2013年1月2日，科恒股份、南大光电被采取监管措施。7天之后，证监会宣布，东吴证券及保荐机构IPO信息披露违规，被出具警示函。对中信证券保荐代表人邵向辉、周继卫采取了9个月不受理与行政许可有关文件的监管措施。这是2013年年初第三家上市公司因业绩变脸、信息披露违规被采取监管措施。

短短几天，有3家企业被警示，证监会打击信息披露违规力度之大可见一斑。

深交所在2011年4月1日出台了《深圳证券交易所创业板上市公司公开谴责标准》（以下简称《标准》）。在《标准》中，深交所规定，如果上市公司触犯了信息披露违规、财务会计报告违规、违反运作违规等事项，就会被交易所公开谴责。

而对证券公司来说，根据《证券公司分类监管规定》，证券公司被采取出具警示函等监管措施的，分类评价时将给予相应扣分，分类级别降低将增加证券公司缴纳证券投资者保护基金的比例,对其申请增加业务种类、新设营业网点、新业务新产品试点等均会产生一定影响。

证监会创业板部主任冯鹤年表示"由于经济环境变化和激烈的市场竞争,部分企业报告期内出现业绩波动是正常的"。但他认为发审会后对发行之前业绩下滑隐瞒不报的要予以监管,"今年以后若还有此类问题出现,监管措施将更严厉"。

2012年5月11日,珈伟股份在深交所上市。上市仅两个月,业绩大降9成。这一业绩在2012年上半年新上市公司发布的业绩预告中下降幅度最大,珈伟股份成为"当之无愧"的新股业绩"变脸王"。

珈伟股份随即被指"有刻意隐瞒亏损嫌疑"。

招股书披露,珈伟股份2011年上半年净利润为5 780万元,而全年净利润为5 731.55万元,珈伟股份一季度实现净利润1 800万元,由此可推断,自2011年下半年开始,珈伟股份业绩已经出现大幅下滑,甚至亏损。而珈伟股份此前披露的招股说明书和上市公告书,对于上半年业绩大幅变脸未作任何风险提示。与此背道而驰的是,珈伟股份甚至还在其招股说明书中"大表决心"称,未来3年提高持续盈利能力,实现主营业务收入与利润年均增长30%以上。

对此信息披露违规行为,2012年10月9日,证监会通报对深圳珈伟光伏照明股份有限公司首发项目相关责任主体采取监管措施的有关情况。

21世纪网了解到2012年10月10日证监会下达文件,对珈伟股份采取了监管谈话并出具警示函的监管措施。保荐人国泰君安被出具警示函,对签字保荐代表人也采取了"3个月内不受理其出具文件"的措施。

摘自:史秋实:IPO财务核查系列:这一次,给说谎者发"红牌",21世纪网,2013-01-18, http://www.21cbh.com/HTML/2013-1-18/0NMzA3XzYwNzI0Ng.html。

案例思考题
1. 对于文中19%的新上市公司的业绩变脸,你认为可能的原因有哪些?
2. 下载两三家业绩变脸的新上市公司的年报,试分析其业绩变脸的可能原因。

本章附录 盈余管理常见的应计利润计量模型

1. 基本Jones模型[①]

Jones(1991)在估计正常性应计利润时成功地控制了公司经济环境的变化对正常性应计利润的影响,模型如下:

$$NDA_i = a_1(1/A_i) + a_2(\triangle REV_i/A_i) + a_3(PPE_i/A_i) \tag{1}$$

其中:NDA_i是经过上期期末总资产调整后的公司i的正常性应计利润,$\triangle REV_i$是公司i当期主营业务收入和上期主营业务收入的差额,$PPEi$是公司i当期期末厂场、设备等固定资产价值,A_i是公司i上期期末总资产,a_1,a_2,a_3是行业特征参数。这些行业特征参数a_1,a_2,a_3的估计值根据以下模型,并运用

[①] 本节参考:夏立军,《盈余管理计量模型在中国股票市场的应用研究》,载于《中国会计与财务研究》2003年第2期。

经过不同行业分组的数据进行回归取得：

$$ETA_i/A_i = a_1(1/A_i) + a_2(\triangle REV_i/A_i) + a_3(PPE_i/A_i) + \square_i \qquad (2)$$

其中：a_1, a_2, a_3 是 a_1, a_2, a_3 的 OLS 估计值，ETA_i 是公司 i 的总应计利润。$\square_i$ 为剩余项，代表各公司总应计利润中的非正常性应计利润部分。其他变量含义和方程(1)相同。

2. 修正 Jones 模型

当收入确认受到操纵时，基本 Jones 模型在估量非正常性应计利润时会出现误差。修正的 Jones 模型考虑了针对收入确认的盈余管理，模型如下：

$$NDA_i = a_1(1/A_i) + a_2(\triangle REV_i - \triangle REC_i/A_i) + a_3(PPE_i/A_i) \qquad (3)$$

其中：$\triangle REC_i$ 是公司 i 当期期末应收账款和上期期末应收账款的差额，其他变量的含义和方程(1)相同。需要注意的是，a_1, a_2, a_3 的估计值是从基本 Jones 模型中得到的，即是使用方程(2)估计的，而不是从修正 Jones 模型中得到的。修正 Jones 模型相对基本 Jones 模型的调整仅仅是模型中主营业务收入变化量经过了当期应收账款变化量的调整。

3. 带无形资产和其他长期资产基本 Jones 模型

在基本 Jones 模型中加进主导变量无形资产和其他长期资产，以观察带无形资产和其他长期资产的 Jones 模型揭示盈余管理的能力是否增强。陆建桥(1999)，章永奎和刘峰(2002)的研究中使用了这样的调整。模型如下：

$$NDA_i = a_1(1/A_i) + a_2(\triangle REV_i - \triangle REC_i/A_i) + a_3(PPE_i/A_i) + a_4(LnAsset_i/A_i) \qquad (4)$$

其中：$LnAsset_i$ 表示公司 i 当期期末无形资产和其他长期资产余额，其他变量含义和方程(1)相同。a_1, a_2, a_3, a_4 的估计值根据以下模型，并运用经过不同行业分组的数据进行回归取得：

$$ETA_i/A_i = a_1(1/A_i) + a_2(\triangle REV_i/A_i) + a_3(PPE_i/A_i) + a_4(LnAsset_i/A_i) + \square_i \qquad (5)$$

其中：$LnAssets_i$ 表示第 i 个公司当期期末无形资产和其他长期资产余额，其他变量含义和方程(2)相同。

第二章 收入确认:航天长峰的案例

收入是企业盈利的主要组成部分,一项销售能否确认为收入需要主观的判断,这为企业进行盈余管理提供了空间。提前确认收入与推迟确认成本是企业最常见的向上盈余管理手段。近年来我国航天业蓬勃发展,2005年神舟六号的成功发射,2008年神舟七号的成功发射,以及2011年"神八"与"天宫"的完美对接,相应的航天军工板块行业的营业收入与利润均大幅增长。但是,航天军工企业航天长峰的发展却与行业发展态势相悖,出现了一系列的异常迹象。首先,2007—2010年航天长峰主业收入逐年萎缩,扣除非经常性损益后的利润年年为负,但是总能保持盈利与亏损交替,避免被ST。其次,2010年航天长峰公司高管更换,在营业收入增长将近50%的情况下,公司利润仍然为负。本章通过剖析航天长峰的收入确认与盈余管理迹象,探究公司在收入准则执行中面临的问题与挑战。

2017年7月,我国财政部颁布了新修订的《企业会计准则第14号——收入》,要求新准则在境内外同时上市的企业以及在境外上市并采用国际财务报告准则或企业会计准则编制财务报表的企业,自2018年1月1日起施行;其他境内上市企业,自2020年1月1日起施行;执行企业会计准则的非上市企业,自2021年1月1日起施行。同时,允许企业提前执行。执行新准则的企业,不再执行财政部于2006年2月15日印发的《财政部关于印发〈企业会计准则第1号——存货〉等38项具体准则的通知》(财会〔2006〕3号)中的《企业会计准则第14号——收入》和《企业会计准则第15号——建造合同》,以及财政部于2006年10月30日印发的《财政部关于印发〈企业会计准则——应用指南〉的通知》(财会〔2006〕18号)中的《〈企业会计准则第14号——收入〉应用指南》。

一、案例教学目标与教学操作说明

(一)案例教学目标

通过案例讨论与分析,达到以下教学目标:①识别上市公司收入确认中盈余管理迹象;②了解公司收入确认中盈余管理的手段;③理解公司收入确认中盈余管理的动机及其影响;④掌握识别收入确认中盈余管理的基本思路;⑤理解收入确认"五步法"模型的含义。

(二)教学操作说明

本章教学操作说明如表2-1所示。

表 2-1 教学操作说明

内　容	主角	组织与要求	时间
阅读案例的背景资料	学生	熟悉案例资料,补充并收集相关资料	课前
案例讨论	学生	每个案例小组围绕案例思考题,分析讨论案例公司在收入确认中盈余管理的迹象、动机及其手段	20～30 分钟
演讲	学生	每个案例小组推荐一名学生演讲其小组讨论的情况及其小组达成的共识、产生的分歧	35～45 分钟
点评	老师	点评案例小组讨论情况并引导其对问题的正确理解和深入分析	15～25 分钟

二、公司背景及案例介绍

（一）航天长峰公司背景

北京航天长峰股份有限公司(以下简称"航天长峰")原名北京旅行车股份有限公司,成立于1985年12月25日,是经北京市政府批准的股份有限公司。主要经营范围为电子信息产品、机床数控系统、医疗器械及制药机械、环保产业相关项目。1994年4月25日公司股票在上海证券交易所挂牌上市。从2002年4月18日起公司股票简称变更为"航天长峰",股票代码为600855。2006年4月股权分置改革相关股东会议通过了股权分置改革方案。航天长峰最终控制人为国务院国资委。航天长峰下设计算机技术分公司、医疗器械分公司、长峰弘华环保设备分公司、弘华机电技术分公司等四个分公司。航天长峰股权结构如图2-1所示。

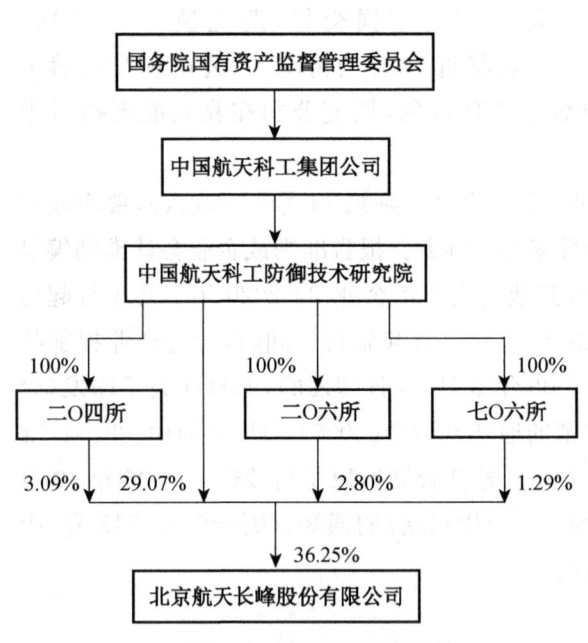

图 2-1　航天长峰股权结构

资料来源:2011年公司年报。

（二）航天长峰财务状况

航天长峰2007—2011年主要财务指标如表2-2所示。

表 2-2　2007—2011 年航天长峰主要财务指标　　　单位:元

年份	2007	2008	2009	2010	2011
营业收入	375 855 988.46	362 927 126.41	353 928 762.34	530 095 816.69	1 111 957 101.13
利润总额	8 077 780.94	−19 244 853.38	3 818 691.09	1 077 027.31	46 480 606.91

(续表)

年份	2007	2008	2009	2010	2011
归属于上市公司股东的净利润	3 059 056.31	−22 761 758.36	3 056 277.34	−6 292 563.16	32 549 929.58
归属于上市公司股东的扣除非经常性损益的净利润	−806 342.67	−23 438 815.55	−23 187 889.00	−16 318 609.14	2 736 734.27
基本每股收益（元/股）	0.010 5	−0.08	0.010 4	−0.02	0.098 2
扣除非经常性损益后的基本每股收益(元/股)	−0.003	−0.08	−0.08	−0.06	0.009 4
加权平均净资产收益率	0.493 0%	−3.74%	0.521 0%	−1.08%	4.420 0%
扣除非经常性损益后全面摊薄净资产收益率	−0.13%	−3.85%	−3.96%	−2.80%	0.480 0%

资料来源：公司年报。

（三）2007—2009年航天长峰收入披露情况

1. 收入确认原则

（1）销售商品收入的确认方法。销售商品收入同时满足下列条件时，才能予以确认：①本公司已将商品所有权上的主要风险和报酬转移给购货方；②本公司既没有保留通常与所有权相联系的继续管理权，也没有对已售出的商品实施有效控制；③收入的金额能够可靠地计量；④相关经济利益很可能流入本公司；⑤相关的、已发生的或将发生的成本能够可靠地计量。

（2）提供劳务收入的确认方法。本公司在资产负债表日提供劳务交易的结果能够可靠估计的，按照完工百分比法确认提供劳务收入。本公司按照已完工作的计量确定提供劳务交易的完工进度。

本公司在资产负债表日提供劳务交易结果不能够可靠估计的，分别下列情况处理：①已发生的劳务成本预计能够得到补偿，应按已经发生的劳务成本金额确认提供劳务收入，并按相同金额结转劳务成本；②已发生的劳务成本预计不能够得到补偿的，将已经发生的劳务成本计入当期损益，不确认提供劳务收入。

（3）让渡资产使用权收入的确认方法。①让渡资产使用权收入的确认原则：让渡资产使用权收入包括利息收入、使用费收入等，在同时满足以下条件时，才能予以确认：(a)与交易相关的经济利益能够流入公司；(b)收入的金额能够可靠地计量。②具体确认方法：(a)利息收入金额，按照他人使用本公司货币资金的时间和实际利率计算确定；(b)使用费收入金额,按照有关合同或协议约定的收费时间和方法计算确定。

2. 2007—2011年年报收入披露情况

航天长峰2007—2011年营业收入情况如表2-3所示。

表2-3 航天长峰2007—2011年营业收入情况　　　　单位:元

年份	2007	2008	2009	2010	2011
安保	—	—	—	—	482 615 944.64
电子信息业	156 119 800.00	148 900 910.00	141 000 650.00	139 826 800.00	152 275 678.74
医疗器械及相关技术服务	94 851 623.30	93 242 045.28	119 365 452.74	85 046 252.20	128 440 691.78
机床及数控系统	61 650 989.53	58 048 843.47	42 181 222.05	37 496 538.48	35 009 572.69
商品销售	—	—	—	233 608 700.32	—
贸易	—	—	—	—	266 976 541.39
其他	53 693 713.82	54 260 039.28	42 515 410.23	24 991 469.27	36 379 878.99
合计	366 316 126.65	354 451 838.03	345 062 735.02	520 969 760.27	1 101 698 308.23

资料来源:公司年报。

3. 2007—2011年年报成本披露情况

航天长峰2007—2011年营业成本情况如表2-4所示。

表2-4 航天长峰2007—2011年营业成本情况　　　　单位:元

年份	2007	2008	2009	2010	2011
安保					401 518 713.68
电子信息业	101 795 911.79	102 946 905.65	101 820 246.13	98 881 353.43	108 297 067.89
医疗器械及相关技术服务	83 937 302.87	68 521 201.92	90 718 117.13	53 045 594.32	79 289 892.34
机床及数控系统	42 527 588.25	52 964 591.03	37 642 062.52	32 147 013.53	29 464 422.12
商品销售				232 091 162.74	
贸易					261 601 387.81
其他	45 898 969.71	49 062 430.57	38 038 106.26	20 812 640.83	27 353 684.18
合计	274 159 772.62	273 495 129.17	268 218 532.04	436 977 764.85	907 525 168.02

资料来源:公司年报。

4. 营业收入和营业成本主要变动原因

2008年,随着以手术室整体解决方案牵引的产品线的逐步推出,医疗器械相关业务的销售收入有大幅增长,但集中招投标比重的加大和原材料价格的上升,加大了总的销售成本。数控机床业务则因受全球金融危机的影响较大,导致销售大幅下降,收入和成本降低较多。

2010年,公司医疗产品和工程较上期减少,主要是多个工程招标项目延后结算所致;商品销售较上期增长,主要是公司在年内开拓了电子产品渠道销售业务。

(四)航天长峰管理层对于2007—2010年业绩变化原因的解释

2007年公司实现销售收入3.76亿元,较去年同比增长12.1%;但由于竞争加剧使产品毛利水平下降,新业务拓展引起相关费用的增加使利润出现较大幅度下降。

2008年公司实现销售收入3.63亿元,比上年减少3.44%。由于市场竞争加剧导致产品毛利水平下滑,加之全球金融危机对公司业务产生的影响,公司重组后首次出现了亏损。

2009年公司实现销售收入35 393万元,比上年同期36 293万元减少900万元,同比下降2.48%。收入减少的主要原因是由于宏观经济形势的影响,装备制造业需求尚未完全复苏,公司数控系统及机床业务销售收入在本年度继续下滑。2009年,公司利润总额382万元,实现了盈利。

2010年公司合并实现销售收入5.3亿元,实现利润总额108万元,实现净利润-300万元。2010年公司销售收入同比上年增长近50%。增长的主要原因:除了环保和数控机床业务有所增长外,公司在本年度开展了国外贷款项目投标和电子产品渠道销售业务。公司本年度净利润出现亏损,比上年同期有一定程度的下滑,主要原因是,虽然公司主营业务盈利水平较上年基本相当,但上年度的盈利主要依靠处置金融资产带来的投资收益。

(五)2010年航天长峰董事、监事、高级管理人员变动情况

2010年航天长峰包括董事长、总工程师在内的14位高管发生了变更,变更情况如表2-5所示。

表2-5 2010年航天长峰高管变动情况表

姓 名	担任的职务	主动情形	变动原因
任洪江	总工程师	离任	工作原因
敖 刚	董事长	聘任	董事会换届
李东峰	董事	聘任	董事会换届
张世溪	董事	聘任	董事会换届
吕 英	董事	聘任	董事会换届
丁旭昶	董事	聘任	董事会换届
王瑞华	独立董事	聘任	董事会换届
苗润生	独立董事	聘任	董事会换届
罗 辑	独立董事	聘任	董事会换届
孙 俭	监事会主席	聘任	监事会换届
崔晓华	副总经理	聘任	工作原因

(续表)

姓　名	担任的职务	主动情形	变动原因
曾爱军	副总经理	聘任	工作原因
袁　茵	副总经理	聘任	工作原因
王　瑛	总工程师	聘任	工作原因

资料来源：公司年报。

三、案例思考题

1. 下载2006—2011年间航天长峰上市公司年报，假设你是航天长峰的审计师，你认为航天长峰管理层对2008年以及2010年利润亏损的解释合理吗？并说明你判断的理由。
2. 结合本案例，从关键财务指标中分析2007—2011年间盈余管理的迹象与类型。
3. 结合本案例，分析2007—2011年间航天长峰盈余管理可能的动机是什么？
4. 如果你是审计师，应如何识别案例公司收入确认中的盈余管理？
5. 结合本案例，总结收入确认中盈余管理的主要手段有哪些？

四、案例分析参考与提示①

1. 下载2006—2011年间航天长峰公司年报，假设你是航天长峰的审计师，认为航天长峰管理层对2008年以及2010年利润亏损的解释合理吗？并说明你判断的理由。

航天长峰管理层把2008年的亏损主要归结为市场竞争的加剧以及金融危机的影响，把2010年盈利情况和上年的落差原因则归结为"虽然公司主营业务盈利水平较上年基本相当，但上一年度的盈利主要依靠处置金融资产带来的投资收益"。可以通过分析企业所在行业板块——航天军工板块企业在此期间的收入与盈利情况来判断该解释的合理性，如表2-6所示。

表2-6　航天军工板块收入与盈利情况　　　　单位：千万元

年份	2006	2007	2008	2009	2010	2011
营业收入（中值）	132.47	168.94	223.53	228.19	343.14	408.02
销售毛利（中值）	24.89	26.08	25.60	26.38	26.76	24.80
净利润（中值）	8.90	17.94	19.34	17.90	26.31	25.71
每股收益EPS（中值）	0.31	0.53	0.46	0.45	0.47	0.34
净资产收益率（中值）	14.87%	29.71%	25.02%	23.24%	21.61%	14.17%
扣除非经常损益后的净资产收益率	5.70%	10.80%	14.76%	9.63%	8.34%	7.68%

① 部分资料来自于张奇峰指导的上海立信会计学院2009级审计专业本科生吴含的毕业论文。

从表2-6中航天军工板块企业的收入与盈利情况可以看出,2006—2011年间行业蓬勃发展,收入逐年增长,平均毛利率比较平稳,2007—2010年间行业企业的平均净资产收益率均在20%以上,并没有受到金融危机的负面影响。表2-7列出了航天长峰2006—2011年收入与盈利情况。

表2-7 航天长峰2006—2011年收入与盈利情况　　金额单位:百万元

年份	2006	2007	2008	2009	2010	2011
营业收入	335.31	375.86	362.93	353.93	530.10	1 111.96
收入增长率	39.97%	12.09%	−3.44%	−2.48%	49.77%	109.77%
毛利率	0.29%	0.26%	0.23%	0.23%	0.17%	0.18%
净利润	22.70	5.02	−22.67	1.41	−3.00	37.36
每股收益	0.08	0.01	−0.08	0.01	−0.02	0.10
净资产收益率ROE	3.76%	0.49%	−3.74%	0.52%	−1.08%	4.42%
扣除非经常性损益之后的净资产收益率ROE	3.76%	−0.13%	−3.85%	−3.96%	−2.80%	0.48%

资料来源:公司年报。

比较表2-6与表2-7,可以看出,航天长峰收入远小于行业中值,毛利率与净资产收益率也远小于行业平均水平,而且扣除非经常性损益的ROE在2007—2010年为负,低于行业平均盈利水平。

表2-8 航天长峰营业收入分行业情况　　金额单位:百万元

	年份	2006	2007	2008	2009	2010	2011
安保	营业收入金额	—	—	—	—	—	48.26
	营业收入占比	—	—	—	—	—	43.81%
	收入增长率	—	—	—	—	—	—
电子信息类	营业收入金额	14.14	15.61	14.89	14.1	13.98	15.23
	营业收入占比	43.90%	42.62%	42.01%	40.86%	26.84%	13.82%
	收入增长率	—	10.40%	−4.61%	−5.31%	−0.83%	8.90%
医疗器械及医疗工程	营业收入金额	5.08	6.17	9.32	11.94	8.50	12.84
	营业收入占比	15.78%	16.83%	26.30%	34.59%	16.32%	11.66%
	收入增长率	—	21.46%	51.05%	28.11%	−28.81%	51.11%
机床及数控系统	营业收入金额	8.21	9.49	5.80	9.49	3.75	3.50
	营业收入占比	25.48%	25.89%	16.38%	25.89%	7.20%	3.18%
	收入增长率	—	15.59%	−38.88%	63.62%	−60.48%	−6.64%

(续表)

	年份	2006	2007	2008	2009	2010	2011
贸易	营业收入金额	—	—	—	—	23.36	26.70
	营业收入占比	—	—	—	—	44.84%	24.23%
	收入增长率	—	—	—	—	—	14.28%
其他	营业收入金额	4.78	5.37	5.43	4.25	2.50	3.64
	营业收入占比	13.84%	14.66	15.31	12.32%	4.80%	3.30%
	收入增长率	—	12.34%	1.12%	−21.73%	−41.20%	45.65%

资料来源：公司年报。

表2-8列示了航天长峰营业收入分行业情况。由表2-8可以看出，电子信息类产品一直占营业收入较大的比重，但是呈递减趋势，并没有随营业收入呈现同一增长趋势，说明公司在逐渐地改变"以军品业务为重心，军品业务、民品业务相结合的道路"的经营方针，医疗器械及工程的利润率呈大幅增长趋势，逐渐变成另一个重心。

表2-9 航天长峰营业收入分地区情况　　金额单位：百万元

	年份	2006	2007	2008	2009	2010	2011
国内	营业收入金额	30.41	34.4	33.03	31.68	50.4	104.83
	营业收入占比	94.39%	93.93%	93.18%	91.81%	96.74%	95.16%
	收入增长率	—	13.12%	−3.98%	−4.09%	59.09%	108.00%
国外	营业收入金额	1.81	2.22	2.42	2.82	1.7	5.34
	营业收入占比	5.61%	6.07%	6.82%	8.19%	3.26%	4.84%
	收入增长率	—	22.65%	9.01%	16.53%	−39.72%	214.12%

资料来源：公司年报。

表2-9列示了航天长峰营业收入分地区情况，从表2-9可以看出，航天长峰在国内的业务收入占了绝大部分，在金融危机的影响下，2008年与2009年的国外收入不但没有因此减少，占收入的比例反而稳步上升。

从总体来看，根据行业整体以及航天长峰营业收入国内外分布状况的情况，航天长峰管理层对2008年业绩变化"由于市场竞争加剧导致产品毛利水平下滑，加之全球金融危机对公司业务产生的影响"的解释不合理；且2009年的盈利解释避重就轻，并未提及通过非经常性损益扭亏的关键影响；2010年对亏损的解释也没有涉及公司在扣除非经常性损益后已经连续4年亏损的实质。结合2007—2010年的收入与盈利状况，航天长峰的盈利状况持续在盈利、亏损中交替，因此，推测：公司有通过盈余管理以避免公司被ST的可能性。

2. 结合本案例，从关键财务指标中分析2007—2011年间盈余管理的迹象与类型。

表2-10 航天长峰2006—2011年度盈利情况　　金额单位：百万元

年份	2006	2007	2008	2009	2010	2011
营业利润	23.55	2.08	−21.81	−5.57	−4.33	42.94
利润总额	24.81	8.08	−19.24	3.82	1.08	46.48
净利润	21.35	5.02	−22.67	1.41	−3.00	37.36
营业外收支净额	1.26	6.00	2.56	9.39	5.40	3.54
营业外收支净额/净利润	5.90%	119.52%	−11.29%	665.96%	−180.00%	9.48%

资料来源：公司年报。

表2-10列示了航天长峰2006—2011年度盈利情况，将表2-6同行业收入与表2-10的盈利情况相比，航天长峰的收入与盈利情况与行业发展趋势迥异。从表2-6可以看出，公司2007—2010年期间营业收入逐年增长，但是利润却逐年下滑；在2007—2010年间，航天长峰主业收入占比持续萎缩，但是净利润则在微利与亏损之间交替，每股收益分别为0.01、−0.08、0.01元与−0.02元，2007年与2009年的微利表明航天长峰公司进行向上调整盈余的迹象，而2008年与2010年的每股收益为−0.07元与−0.02元则表明公司进行向下调整盈余管理的迹象。

另一个可观察的公司盈余管理迹象在于企业在微利年度2007年与2009年，非经常性盈利在净利润中的比重显著地高于其他年份，2009年高达665.96%。

3. 结合本案例，分析2007年至2011年间航天长峰盈余管理可能的动机是什么

2007—2011年，航天长峰主业萎缩，利润在微利与亏损中交替，表明公司具有强烈的避免ST的动机，因为一旦被ST，既会给公司进一步融资与发展带来不利，又会给公司高管带来负面评价。

2010年企业亏损，一方面可能的原因在于公司2009年微利的盈余管理之后的反转；另一个值得注意的现象是，2010年发生高管变更以及2011年企业业绩大幅反转。因此可推测存在这样的原因：后任高管通过2010年向下盈余管理以撇清责任，轻装上阵。

4. 如果你是审计师，应如何识别案例公司收入确认中的盈余管理

审计师在识别收入确认的盈余管理中应考虑以下因素：①比较每月份或每季度的收入情况，考查公司是否存在年末突击"创造"收入的行为；②计算与比较应收账款占收入的比重以及应收账款周转率，过高应收账款占比与过低的应收账款周转率表明企业可能存在虚构交易来夸大收入的行为。除此之外，还可以分析第一季度公司的退货情形，过多的退货表明企业可能在上年年末突击"创造收入"的盈余管理；或计算与比较公司的毛利率情况，异常的毛利率表明可能的盈余管理行为。

表 2-11　航天长峰 2006—2011 年第四季度销售情况分析表　金额单位：百万元

年份	2006	2007	2008	2009	2010	2011
四季度收入	1.29	1.69	1.21	1.24	3.44	8.20
营业收入	3.35	3.76	3.63	3.54	5.30	11.11
占比	38.53%	45.07%	33.33%	34.98%	64.98%	73.75%
行业占比	30.83%	28.92%	29.73%	31.70%	32.03%	29.43%

资料来源：公司公告。

表 2-12　航天长峰 2006—2011 年第一季度销售情况分析表

年份	2006	2007	2008	2009	2010	2011
一季度收入（十万元）	6.20	6.40	7.16	5.35	4.27	6.60
营业收入（百万元）	3.35	3.76	3.63	3.54	5.30	10.12
一季度收入占营业收入比重	18.48%	17.03%	19.72%	15.11%	8.06%	6.52%
年均季度收入（十万元）	8.38	9.40	9.07	8.85	13.25	27.80
一季度收入/上年度年均季度收入	73.93%	68.13%	78.88%	60.44%	32.24%	23.74%

资料来源：公司公告。

表 2-11 与表 2-12 年列示航天长峰 2006—2011 年第四季度与第一季度的销售情况。可以看出，2007 年第四季度的收入占全年收入的 45.07%，远高于同行业情况与前后年度的情况，表明 2007 年存在着年度期末突击销售来进行盈余管理的行为；2008 年度第一季度的营业收入显著减少，更证实了 2007 年年末的营收增长可能部分从 2008 年度第一季度的销售"借出"；类似地，2009 年度也存在着年末突击销售，并从 2010 年第一季度"借"销售业绩的迹象，但是程度弱于 2007 年度。

表 2-13　航天长峰 2006—2011 年应收账款情况表　金额单位：千万元

年份	2006	2007	2008	2009	2010	2011
应收账款净额	8.72	13.01	11.58	9.72	11.80	18.31
计提坏账	1.19	2.05	2.95	3.03	3.83	5.10
应收账款总额	9.92	15.05	14.53	12.75	15.63	23.42
营业收入	33.53	37.59	36.29	35.39	53.00	111.20
应收账款总额/营业收入	29.58%	40.05%	40.03%	36.03%	29.49%	21.06%

资料来源：公司年报。

表 2-14　2006—2011 年坏账情况表

年份	2006	2007	2008	2009	2010	2011
计提坏账(百万元)	1.19	2.05	2.95	3.03	3.83	5.10
应收账款总额(百万元)	9.92	15.05	14.53	12.75	15.63	23.42
坏账占总额	12.04%	13.60%	20.30%	23.79%	24.53%	21.80%
主营业务收入(千万元)	3.22	3.66	3.54	3.45	5.21	11.02
坏账计提减值损失(十万元)	4.04	13.57	14.08	6.67	10.07	9.16
坏账计提减值/主营业务收入	1.25%	3.70%	3.97%	1.93%	1.93%	0.83%

资料来源：公司年报。

从表 2-13 与表 2-14 可以看出航天长峰 2006—2011 年应收账款与坏账的情况可以看出，2007—2009 年应收账款占收入的比重远高于其他年份，说明 2007—2009 年公司的收入质量显著下降，存在着通过夸大收入来管理盈余的迹象；2008 年坏账计提减值损失远高于 2009 年，一方面由于 2007 年收入质量的下降；另一方面可能的目的在于通过大冲洗来向下盈余管理，为下一年度进行向上盈余管理留下空间。

5. 结合本案例，总结收入确认中盈余管理的主要手段有哪些

综上，收入确认中公司向上调整盈余管理的手段主要有：把下期收入提前确认至当期、推迟确认营业成本等（此外还有虚构交易增大收入、增加存货摊薄成本）；向下调整盈余的手段主要有：把本期收入推迟到下期确认，提前确认营业成本等。

五、分析题

IFRS 15 和 ASC 606 的核心原则是，当商品或服务被转移至客户时，按照交易价格确认收入。根据该核心原则，收入的确认通过应用五步法模型来实现。

第 1 步：识别与客户之间的合同。合同产生可强制执行的权利和义务，其可以是书面的、口头的或由商业惯例默示的。在满足下列条件时，需要将合同予以合并：各项合同同时或几乎同时订立且作为一揽子进行谈判、在一项合同中所支付的对价取决于另外一项合同，以及合同承诺的商品或服务属于单一履行义务。新准则为合同的修改提供了具体指引，合同修改可能作为单独合同予以处理，或作为原始合同的延续而采用未来适用法或累计追补调整的方式予以处理。

第 2 步：识别合同中的单独履行义务。履行义务是指为转移商品或服务，包括可向其客户转售或提供的商品或服务，而在合同中作出的承诺。如果商品或服务能够被明显区分以及就该合同而言已经被明显区分，则需要用新模型的指标对不同的履行义务进行划分。

第 3 步：确定交易价格。交易价格可以基于期望值或最可能发生的金额，但仅限于在未来极可能不会发生重大转回的金额。满足此条件的最小金额应当包含在交易价格中。在做这个判断时需评估类似履行义务的过往经验。

第4步:分配交易价格。交易价格应基于相对独立售价分配至各项可明显区分的单独履行义务。独立售价可能是在类似情形下单独向一个客户或向类似客户出售商品或服务的独立售价。如果独立售价无法通过直接观察而获得,则需通过考虑可合理获得的所有信息(比如市场条件、特殊因素及客户类别)后估算得出。

第5步:在履行义务得以满足时确认收入。在承诺的商品或服务被转移至客户且客户取得对商品或服务的控制权时确认收入。这可能是在一段时间内或在某一时点得以满足。新准则描述了控制权被转移的若干迹象。而且,新准则引入了新概念,要求当被创建的资产对于公司没有替代用途及公司有权就截至目前所完成的工作取得报酬时,收入应当在一段时间内予以逐步确认。

应用新的五步法模型带来的最重要的改变是:

任何捆绑在一起的商品或服务,如果能够被明显区分,则必须单独确认,并且,合同价格的任何折扣或返利一般而言必须分配至单独的要素。

在对价因任何原因(例如,激励、返利、业绩奖金、特许权使用费、成功实现某种结果等)可能被改变的情况下,收入确认的时点可能早于现行准则,新准则要求必须确认不存在重大转回风险的最小金额。

收入被确认的时点可能发生改变。现行实务中一些在合同期末的某一时点确认的收入在新准则下可能应当在合同期间内予以确认;反之,亦然。

……

那么,在转向运用新的模型确认收入之后,哪些行业的公司可能会面临比较大的影响呢?受到影响最大的行业:

资产管理行业。资产管理公司收取的管理费和业绩奖金可能都属于可变对价。在新的收入准则下,管理层需要判断以及估计这些可变对价是否符合未来极可能不会重大转回的条件,从而把这些因素包括在交易价格之中。某些公司的收入确认状况可能会因此而改变。

汽车行业。汽车供货商通常生产仅适用于特定汽车制造厂的独特零件。在某些安排下,如果汽车供货商在生产过程中创建了一项对于供货商而言除了卖给汽车制造厂之外没有其他替代用途的资产,且供货商有权就截至目前完成的工作获取报酬,则应当随着零件的生产,在一段时间内确认收入。生产零件前发生的模具成本是否能够资本化以及模具合同和长期生产合同是否需要合并作为一个合同处理,也可能会导致收入确认的改变。某些包含服务要素的产品质量保证,可能导致更多的履行义务被识别,并影响收入确认的时间。企业也需要判断在向客户销售汽车的合同安排中包含的回购权和补偿权是否会导致合同的实质是租赁,从而将这些合同作为租赁处理。对销售收入和最低转售价之间的差额进行补偿时,也应该考虑该补偿将作为收入的扣减处理。

工程建筑行业。大多数工程建筑行业的公司在新准则下将继续在一段时间内确认收入并按照投入/产出法来衡量进度,但是这些公司需要详细评估以确保满足在一段时间内确认收入的条件。此外,合同变更及修改、奖励或激励性付款、客户提供的物料、索赔、货币时间价值以及未安装物料对于衡量进度的影响等,也会对建筑行业的公司的收入确认产生影响。

娱乐与媒体行业。提供音乐或电影等知识产权许可的公司需要确定其提供的权利是知识产权的使用权还是访问权,从而判断收入是在某一时点还是一段时间内确认。公司在确定所提供的许可属于哪种类型时可能面临挑战,需要对每一个合同进行分析。

工业产品及制造行业。在某些安排下,制造商如果创建了对其没有替代用途的资产,并且具有就目前已经完成的工作收取报酬的权利,则可能因满足履行义务在一段时间转移而较现行实务提前确认收入。此外,某些合同相关的前期工程费用以及长期合同中是否包含重大的融资成分等问题,也需要重新考虑。

医药和生命科学行业。很多医药和生命科学行业的企业为研制新药展开协作和签订许可安排。对于协作安排,需要确定与合作方之间的安排是否属于收入准则的范围。在与客户之间的安排中,应注意识别是否存在多个单独的履行义务需要单独进行会计处理。此外,对于常见的按照关键节点付款以及基于销售额的特许权使用费的安排,在新模型下的处理也可能会发生改变。

房地产行业。房地产行业的企业需要关注建造工程形成的资产对于开发商而言是否有替代用途,以及开发商是否就截至目前所完成的工作拥有获取报酬的权利,从而满足在一段时间内确认收入的条件,这可能会导致收入确认时间的重大变化。此外,当住宅销售合同包括大修服务及邻近配套设施时,还可能导致更多的履行义务,如果这些项目仅当客户收房时才完工,收入确认的时间也可能受到影响。

零售和消费品行业。新模型基于控制权的转移确认收入,风险和报酬的转移时点并非总和控制权的转移时点保持一致,因此,对于合同中的运输条款和附带退货权的销售安排需要在新模型下重新评估。如果公司有提供折让的历史,则必须就其预期在控制权转移时有资格取得的且极可能在未来不会发生重大转回的最小金额确认收入。对于零售行业常见的礼品券、礼品卡以及客户未执行的权利等,新准则也提供了具体的指引。

科技行业。科技公司常常在一项单独安排中为客户提供多项产品或服务,如软件许可、合同期后客户支持以及维护等。新准则很可能对目前采用 US GAAP(美国现行会计准则)行业指引的软件公司产生更重大的影响。当前,如果未交付要素的公允价值缺乏卖方特定客观证据(VSOE)时,收入予以递延。在新准则下,即使 VSOE 不存在,企业也需要估计每个单独履行义务的独立售价,这可能导致收入确认的时间和现行准则相比有重大不同。此外,科技公司可能签订复杂的许可安排,在确定该许可是否是一项可明显区分的履行义务时,需要运用重大判断。对于该许可在某一时点还是一段时间内确认收入,新准则也提供了大量指引。

电信行业。电信行业常常为客户提供多种产品(如"免费"手机)和电信服务的捆绑合同。新准则要求按照所提供的每一商品和服务的相对独立售价之间的比例来分配收入,这可能导致电信公司手机和服务安排的收入确认金额出现重大变化,并且收入金额不再等同于账单金额。此外,电信行业还常常为客户提供计划升级服务,并且为销售团队提供激励以鼓励其获得新的客户合同。新准则对于合同条款变更和合同获取成本提供了具体指引,可能也会导致其会计处理和现行实务不同。

(资料来源:普华永道中国。)

阅读以上材料,回答下列问题:

1. 阅读材料并查找相关资料,总结 IASB 和 FASB 对现行收入准则作出修订的原因有哪些?

2. 下载并阅读我国 2017 年修订的《企业会计准则第 14 号——收入》,讨论它与现行收入准则最大的差异是什么?

六、案例公司的后续发展

表 2-15 列示了航天长峰 2012—2019 年主要会计数据,图 2-2 展示了航天长峰 2012—2019 年收入与利润情况。

表 2-15　航天长峰 2012—2019 年主要会计数据

主要会计数据	2012 年	2013 年	2014 年	2015 年	2016 年	2017 年	2018 年	2019 年
营业收入（万元）	87 899.00	98 105.07	68 846.10	87 893.47	113 325.34	150 404.22	211 026.45	259 227.37
归属于上市公司股东的净利润（万元）	2 193.95	3 145.91	2 307.80	2 926.89	5 774.49	1 031.70	7 587.63	4 269.38
归属于上市公司股东的扣除非经常性损益的净利润（万元）	659.11	2 242.07	894.60	615.20	3 144.89	657.62	6 232.87	−3 658.92
扣除非经常性损益后的基本每股收益（元/股）	0.019 9	0.067 6	0.027	0.018 6	0.094 8	0.019 8	0.180 5	−0.103 9
扣除非经常性损益后的加权平均净资产收益率	0.86%	2.84%	1.09%	0.73%	3.58%	0.74%	5.77%	−3.07%

图 2-2　航天长峰 2012—2019 年收入与利润情况

关于案例后续发展的思考题：
1. 根据表2-15与图2-2，试分析航天长峰哪些年度存在着盈余管理的迹象与性质。
2. 试分析航天长峰可能的盈余管理动机与手段。

本章附录　背景资料：2007—2009年航天长峰公司董事会报告

1. 2007年董事会报告：管理层讨论与分析

2007年，公司实现销售收入3.76亿元，较去年同比增长12.1%；但由于竞争加剧使产品毛利水平下降，新业务拓展引起相关费用的增加使利润出现较大幅度下降。2007年公司实现出口创汇300多万美元，较去年同期增长23.2%。

公司主要面向国防装备的电子信息类产品共实现销售收入1.56亿元，较去年同比增长10.64%。该部分为公司的核心业务，近年保持了持续稳定的增长。2007年公司医疗器械业务加快了新产品及新业务的开发和推进速度，在原有麻醉机和呼吸机产品的基础上，手术灯、手术床等产品开始批量生产和销售，洁净手术室工程签约额也突破了2 000万元。公司医疗业务年内实现销售收入6 465万元，较去年同比增长21.23%，但由于在转型期内各项业务尚处于前期投入阶段，同时由于用户集中招标采购的增加，使得公司单台设备价格下降幅度较大，造成报告期内盈利水平下滑。机械行业市场竞争日趋激烈，公司在销售上采取重点配套的方式，机床和数控系统收入较去年同期增长15.54%，达到了9 485万元。在努力提高机床配套数控系统业务的同时，公司不断尝试将数控技术向其他应用领域推广，2007年成功开发出了陶瓷整形专机和国内第一条陶瓷灌浆生产线，将会促进国内众多陶瓷企业从半机械半手工生产方式向自动化生产方式的转变。

2. 2008年度，董事会报告：管理层讨论与分析

2008年，公司实现销售收入3.63亿元，比上年减少3.44%。由于市场竞争加剧导致产品毛利水平下滑，加之全球金融危机对公司业务产生的影响，公司重组后首次出现了亏损。

2008年，公司的电子信息类产品业务发展稳定，实现销售收入1.49亿元，销售量基本维持与上年度持平，同时依然保持较高的盈利能力，是公司的核心盈利业务。公司2008年扩大了光电产品的科研生产面积，增加了研发生产能力，同时加大了预先研究的投入，为光电产品今后的长远发展奠定基础。

公司的医疗业务全年实现销售收入0.93亿元，与上年相比增长50%以上。经过3年的业务转型，以手术室整体解决方案牵引的产品线初步形成，麻醉机、呼吸机、手术灯、床、手术室洁净工程等业务全面展开，但是随着竞争加剧，产品销售价格不断降低，加上国内集中招标采购所占比例加大，导致产品的销售毛利水平有所降低。同时，公司对医疗业务的投入与亟须快速发展的要求存在一定差距，医疗销售体系建设有待进一步加强，新产品的市场推进还不够快速。

公司的数控机床业务形势严峻，金融危机对加工业的影响较大，因此公司的数控业务受到明显的冲击，销售急剧下降，出现大幅亏损。而公司前2年在产品研发和销售渠道建设上投入的募集资金，也没有能产生预期的经营效果。

2008年，公司加大了自主创新的研发投入，全年申报专利52项，已获批11项，其余项也进入实质审查阶段；公司顺利通过了北京市科委的高新技术企业审核，是首批获得高新技术企业资质认证的企业。公司军品业务完成了5项背景型号的工程预研，医疗业务取得了10多个型号的产品注册，数控业务推出2000TD数控系统，新产品陶瓷自动灌装设备10台全部按期交付；这些项目的完成将有力地支持公司下一

阶段的产业发展。

汶川发生地震后,公司及时反应,与相关主管部门联系后,实施应急预案,在震后一周内交付了300多台急救呼吸机,并派出10多人在震区进行售后服务,忠实履行了企业的社会责任。

2008年,公司的出口销售收入同比增长了15%,由于人民币的升值,产品综合毛利水平下降了390万元。国家贷款利率的上调,使公司2008年的利息支出增加了69.4万元。随着劳动保障制度的不断推出,公司社保费用比上年增加了192.5万元。预计未来2年,人民币升值预期会对公司的经营业绩产生持续负面影响,汇兑损失使得出口产品的毛利率继续下滑。国内原材料价格的稳步回落,在未来2年会使公司的产品毛利率下降的压力有一定缓解。人力资源成本在目前的水平将基本保持稳定。

(1) 主营业务分行业、产品情况,见附表1。

附表1 主营业务分行业、产品情况　　　　　　　　金额单位:元

分行业或 分产品	营业收入	营业成本	营业利润率(%)	营业收入比上年增减(%)	营业成本比上年增减(%)	营业利润率比上年增减(%)
分行业						
电子信息业	148 900 910.00	102 946 905.65	30.86	−4.62	1.13	减少3.93个百分点
医疗器械及相关技术服务	93 242 045.28	68 521 201.92	26.51	51.24	61.12	减少4.51个百分点
机床及数控系统	58 048 843.47	52 964 591.03	8.76	−38.80	−36.90	减少2.75个百分点
其他	54 260 039.28	49 062 430.57	9.58	1.05	6.89	减少4.94个百分点

随着以手术室整体解决方案牵引的产品线的逐步使用,医疗器械相关业务的销售收入有大幅增长,但集中招投标比重的加大和原材料价格的上升,加大了总的销售成本。数控机床业务则因受全球金融危机的影响较大,导致销售大幅下降,收入和成本降低较多。

(2) 主营业务分地区情况,见附表2。

附表2 主营业务分地区情况

地区	营业收入(元)	营业收入比上年增减
境内	330 276 783.28	−4.01%
境外	24 175 054.75	8.68%

3. 2009年,董事会报告:管理层讨论与分析

公司总体经营情况:2009年公司实现销售收入35 393万元,比上年同期36 293万元减少900万元,同比下降2.48%。收入减少的主要原因是由于宏观经济形势的影响,装备制造业需求尚未完全复苏,公司数控系统及机床业务销售收入在本年度继续下滑。2009年,公司利润总额382万元,实现了盈利。

2009年,公司业务仍由电子信息业、医疗器械及相关技术服务、机床及数控系统等构成。2009年下半年公司调整了部分业务结构,出售了经营状况持续低迷的数控系统业务,使各项资源进一步向电子信息和医疗器械两项业务集中。

2009年,公司电子信息业务实现销售收入1.4亿元,承担的各项指令性任务均按计划完成。在新技术新产品方面继续加大投入力度,多项新产品进入系统配套验证阶段,为公司保持技术领先水平和持续发展奠定了基础。医疗业务2009年实现销售收入1.2亿元,较上年增长了28%。其中,医疗洁净工程项目合同签约取得较大幅度增长,在工程项目规模、技术水平、工程质量、项目控制能力等方面有了整体的突破,有效

带动了公司相关产品的销售。2009年,公司在立足于自主研发的同时,与大学、知名医院等单位开展广泛合作,逐步形成了"产、学、研、用"一体化的研发体系,多个项目得到政府有关部门的支持并被列入专项资助计划,有力地推动了公司医疗新产品的研发工作。

(1) 主营业务分行业、产品情况,见附表3。

附表3　主营业务分行业、产品情况　　　　　　金额单位:元

分行业或 分产品	营业收入	营业成本	营业利润率	营业收入比上年增减	营业成本比上年增减	营业利润率比上年增减
分行业						
电子信息类	141 000 650.00	101 820 246.13	27.79%	−5.31%	−1.09%	减少3.07个百分点
医疗器械及相关技术服务	119 365 452.74	90 718 117.13	24.00%	28.02%	32.39%	减少2.51个百分点
机床及数控系统	42 181 222.05	37 642 062.52	10.76%	−27.33%	−28.93%	减少2.00个百分点
其他	42 515 410.23	38 038 106.26	10.53%	−21.65%	−22.47%	减少0.95个百分点

(2) 主营业务分地区情况,见附表4。

附表4　主营业务分地区情况

地区	营业收入(元)	营业收入比上年增减
境内小计	316 818 334.02	−4.07%
境外小计	28 244 401.00	16.83%

4. 2010年董事会报告:管理层讨论与分析

2010年,公司合并实现销售收入5.3亿元,实现利润总额108万元,实现净利润−300万元。2010年,公司销售收入同比上年增长近50%,增长的主要原因除了环保和数控机床业务有所增长外,还有公司在本年度开展了国外贷款项目投标和电子产品渠道销售业务。公司本年度净利润出现亏损,比上年同期有一定程度的下滑,主要原因是,虽然公司主营业务盈利水平较上年基本相当,但上年度的盈利主要依靠处置金融资产带来的投资收益。

2010年度,公司的电子信息业务实现销售收入1.4亿元,基本与上年持平,盈利水平略高于上年。围绕电子信息业务,为保持竞争优势,公司持续在新产品研发方面加大投入,有多项产品取得了阶段性成果,并有多项产品获得了政府主管部门的立项支持。

2010年度,公司的医疗器械及工程业务实现销售收入0.85亿元,比上年同期下滑29%;公司针对医疗产品销售采取了多项应对措施,但目前尚未有明显效果,洁净手术室工程业务受招投标延期的影响也未能实现预期销售规模,导致此项业务销售收入相比上年有一定幅度下滑。2010年度,公司在医疗产品研发投入方面有较大幅度增长,有多个项目通过主管部门立项,其中一个项目年内顺利通过北京市科委验收。

2010年度,公司的经营状况仍未得到根本扭转,公司的电子信息业务经营规模有待进一步提升,医疗产品的市场定位及销售策略等问题有待进一步解决。

2011年,公司除继续保持优势产业的健康发展外,针对医疗业务,在管理体系、产品结构、激励政策等方面将作出相应的调整,着力将医疗业务打造成具有较强盈利能力的主业。

2011年,公司将加快业务重组进程,置入的安保业务将尽快与公司进行融合。预计,随着安保业务的进入,公司2011年度的经营规模和经营业绩将得到一定的提升。

第三章　关联方交易：*ST 鲁北的案例

上市公司的关联方交易一方面有利于交易成本的降低；另一方面也可能损害投资者的利益，降低企业的财务透明度与会计信息质量。上市公司关联方交易给监管方带来了巨大的挑战，也成为企业盈余管理的常见手段。山东鲁北化工公司从 2000 年开始，经营业绩便开始逐年下滑，渐渐陷入了严重的财务困境。无论是导致企业亏损，还是拯救企业亏损，关联方交易都起着重要作用。2007 年，鲁北化工在主营业务收入上升的前提下净亏损 1 095.25 万元，不幸沦为 ST 鲁北。*ST 鲁北 2008 年的净利润不但没有丝毫的好转，反而出现了前所未有的大额亏损。2009 年，*ST 鲁北虽然在利用各种方式极力粉饰公司的经营成果，依然没有扭亏为盈。本章以*ST 鲁北为例，分析关联方交易对公司的财务影响，及其在会计准则执行中面临的问题与挑战。

一、案例教学目标与教学操作说明

（一）案例教学目标

通过案例讨论与分析，达到以下教学目的：①熟悉上市公司关联方交易的方式及其信息披露要求；②了解关联方交易中盈余管理迹象；③识别公司关联方交易中盈余管理的手段；④理解公司关联方交易的动机、影响及其制约机制。

（二）教学操作说明

本章教学操作说明如表 3-1 所示。

表 3-1　教学操作说明

内　容	主角	组 织 与 要 求	时间
阅读案例资料	学生	熟悉案例资料，补充并收集相关资料	课前
案例讨论	学生	每个案例小组围绕案例思考题，分析讨论案例公司关联交易的方式、动机、制约机制及其影响	20～30 分钟
演讲	学生	每个案例小组推荐一名学生演讲其小组讨论的情况及其达成的共识、产生的分歧	35～45 分钟
点评	老师	点评案例小组讨论情况并引导其对问题的正确理解和深入分析	15～25 分钟

二、公司背景及案例介绍

（一）公司简介

山东鲁北化工股份有限公司（股票代码：600727，以下简称*ST鲁北或鲁北化工）是由山东鲁北企业集团总公司作为唯一发起人,将集团内核心企业山东鲁北化工总厂的"三四六"分厂和鲁北盐厂所属的溴素厂改组而设立的,注册资本为10 000万元,于1996年上市,主营范围为磷铵、三元素、水泥、溴素、液碱等产品的生产和销售。山东鲁北企业集团公司自鲁北化工股份有限公司上市以来,就一直为其控股股东,2009年持股比例为29.7%。公司的最终控制人为无棣县国有资产管理委员会,其关联方明细如图3-1所示。

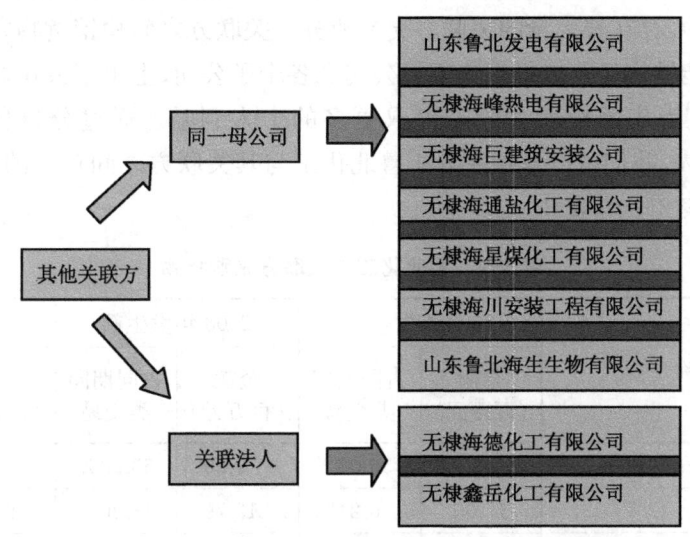

图3-1 鲁北化工股份有限公司关联方明细(除鲁北集团)①

鲁北化工自1996年上市起至2000年,经营业绩一直良好。1996年该公司实现净利润6 000多万元并持续走高,1999年年末,年利润已经突破2.7亿元,年平均增长率约70.7%,在全国1 400多家化肥企业中曾位居第一名。1996—1999年这4年中,鲁北化工曾三次向股东分红(1996年度中期:10转增10股;1998年度:10送5股;2000年度:10派1元),但是好景不长,从2000年开始,该公司的经营业绩便开始逐年下滑,利润也逐渐由正值变为负值。该公司从2000年开始,至今从未向股东分红,经营成果逐年恶化,公司渐渐陷入了严重的财务困难。2007年,鲁北化工因"磷铵系统部分设备计提减值准备"事件,在主营业务收入上升的前提下净亏损1 095.25万元,不幸沦为*ST鲁北。*ST鲁北2008年的净利润不但没有丝毫的好转,反而出现了前所未有的大额亏损(净亏损6.74亿元)。仔细分析该公司2009年的年度报告可以发现,鲁北化工虽然在利用各种方式极力粉饰公司的经营成果,依然没有扭亏为盈。*ST鲁北在连续亏损的压力下卷入了众多的纷争(其中不乏大小股东的矛盾以及大股东利用关联方交易进行利益输送等行为)。3年的连续负利润足以看出鲁北化工已陷入了严重的经营困难,该公司面临巨大的退市压力。

(二)公司关联方交易情况

鲁北化工作为鲁北企业集团总公司控股的唯一上市子公司,为何从2000年起业绩突然

---

① 鲁北化工年报披露:根据《企业会计准则第36号——关联方披露》,一方控制、共同控制另一方或对另一方施加重大影响,以及两方或两方以上同受一方控制、共同控制或重大影响的,构成关联方。根据《上市公司信息披露管理办法》(中国证券监督管理委员会令第40号),将特定情形的关联法人和关联自然人也认定为关联方。

下滑并持续走低,发展速度明显慢于鲁北企业集团总公司呢?公司关联方交易在其中起着重要的作用。这些关联方交易涉及关联方购销货物、集团公司大规模侵占上市公司(鲁北化工)资金以及对关联企业提供担保等。

1. 关联方购销货物项目分析

在集团企业内部,上市公司与集团公司之间存在普遍的同业竞争现象,在材料采购、产品销售使用业务中,存在着大量的关联方交易业务。关联方之间购销货物之所以受到推崇,其原因就在于它能够将经营成果在集团母公司和各个子公司、上市子公司之间转移,从而粉饰上市公司业绩,为集团控股大股东谋取更多的个人利益。通过分析鲁北化工 2007—2009 年的财务报表,我们可以发掘并分析鲁北化工与其关联方之间存在的大量的购销货物交易。详情请见表 3-2 和表 3-3。

表 3-2　鲁北化工向关联方采购货物

公司名称	2007 年发生额		2008 年发生额		2009 年发生额	
	金额(百万元)	占同期同类交易	金额(百万元)	占同期同类交易	金额(百万元)	占同期同类交易
鲁北企业集团总公司盐场	5.29	53.08%	7.80	63.93%	9.95	12.76%
鲁北发电有限公司	17.00	6.24%	213.79	48.36%	92.32	86.35%
鲁北海生生物有限公司	—	—	16.72	3.43%	16.72	3.43%
无棣海通盐化工有限公司	—	—	0.72	29.48%	0.02	2.80%
无棣鑫岳化工有限公司	1.57	100.00%	3.28	100.00%	4.85	97.93%
无棣海峰热电有限公司	—	—	8.88	63.32%	2.99	17.95%
无棣海巨建筑安装公司	—	—	7.53	60.07%	—	—
合　计	23.81	—	258.90	—	126.83	—

表 3-3　鲁北化工向关联方销售货物

公司名称	2007 年发生额		2008 年发生额		2009 年发生额	
	金额(百万元)	占本期同类交易	金额(百万元)	占本期同类交易	金额(百万元)	占本期同类交易
鲁北企业集团总公司	12.15	3.04%	42.94	9.72%	3.72	93.22%
鲁北发电有限公司	0.67	0.07%	0.20	0.65%	0.62	0.86%
无棣海通盐化工有限公司	129.07	31.67%	99.93	26.65%	0.90	66.19%
无棣海星煤化工公司	25.10	2.89%	11.19	2.26%	0.56	0.67%
鲁北海生生物公司	262.69	29.14%	289.25	47.39%	42.66	40.08%
无棣鑫岳化工有限公司	110.32	12.35%	53.84	10.09%	36.38	30.06%
无棣海峰热电公司			1.08	1.09%	1.74	8.22%
无棣海川安装工程有限公司	1.05	0.26%	0.39	0.09%	0.23	17.96%

(续表)

公司名称	2007年发生额		2008年发生额		2009年发生额	
	金额（百万元）	占本期同类交易	金额（百万元）	占本期同类交易	金额（百万元）	占本期同类交易
无棣海巨建筑安装有限公司	15.91	3.98%	3.36	0.82%	1.38	6.01%
合　计	556.95		502.08		36.66	

资料来源：鲁北化工2009年年报。

非正当目的关联方交易在短期内确实可以为大股东谋利，但从长期来看，将会对上市公司和整个资本市场产生严重的危害。通过分析表3-2和表3-3，我们可以发现：2007—2009年，鲁北化工与其关联方进行了大量的购销货物交易，尤其是鲁北企业集团总公司盐场、鲁北发电有限公司、无棣鑫岳化工有限公司、鲁北海通盐化工有限公司、鲁北海生生物有限公司。鲁北化工从2007年开始出现亏损，沦为*ST鲁北。仔细分析可以发现，鲁北化工2007—2009年的关联方购销业务中，关联方销售收入占营业收入的比重与关联方销售成本占营业成本的比重出现了严重的偏差，尤其是2007年和2008年，详情请参见图3-2。图3-2明显反映出：鲁北化工企图通过某种方式最大化了关联方的销售收入，竭力缩小关联交易成本。但是即使是在这种不正当动机的驱使下，鲁北化工2008年仍然难逃亏损的厄运。由于连续3年亏损的上市公司将面临退市的风险，按照常理，鲁北化工出于粉饰上市公司财务报表、避免退市的目的，应该竭尽全力使2009年出现正的利润。但是结果却是相反，2009年居然出现了关联方营业成本占营业成本的比重小于关联方营业收入比重占营业收入的现象。出现这种反常现象的原因在于2007、2008年出于对报表的粉饰而大幅虚增的收入和虚减的成本已经让该公司无力继续坚持这种非公允的列报。即使是在面临退市压力、急需出现正利润的压力下，也无法继续虚增利润，虚减成本。

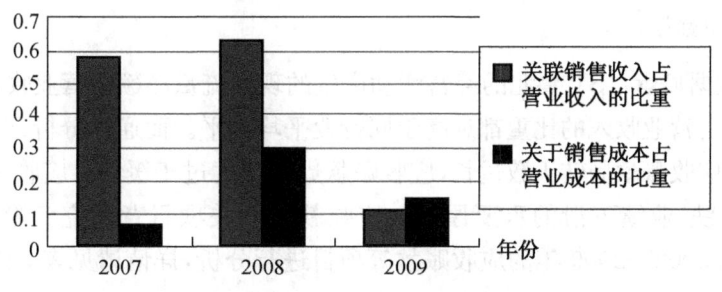

图3-2　关联方购销相关项目比例分布图

在关联方购销货物的研究领域里，关联方定价问题既是交易进行的核心问题，也是抑制非公允关联方交易的关键因素。目前，我国的关联方准则并没有对定价方法的选择作出明确规定，也没有界定法律所允许、禁止的定价方法，只要求按公允价值标准确认收入，要求企业在会计报表附注中说明关联方交易的定价政策。我国上市公司一般仅对外披露关联企业与上市公司的关系、经营性质、主营业务、注册地址、法人代表等，对有关交易的一些关键因素往往简略披露甚至不予披露。那些报告中披露出来的关联方交易，大多数也未说明有关资产是否经过审计、评估,是否按照独立企业的核算原则定价等。这样就使对外披露的内容中对利益相关者有用的信息数量很少,投资者难以全面了解关联关系的性质、交易类型和交易要素。这样就很容易导致公众投资者对上市公司的认识发生偏差甚至作出错误的投资决策以至于利益受损。由于对于关联方交易的定价标准的规定过于笼统,特别是对公允价值的理解容易出现分歧,集团内部对关联交易价格具有非常大的自主权,经常出现一些控股股东为了达到一己私利而任意定价的行为。有些情况下,即使关联方定价是合理公允的,各关联方之间也可以进行大量的正常但非必要关联方交易,将利润在集团内部各公司之间转移,从而粉饰上市公司报表、逃避国家税收,追求集团大股东利益的最大化。上述一切因素都使得不公允的关联方交易成为可能,上市公司大股东利用关联方非正常购销货物彼此输送利益,追求个人利益最大化,掏空上市公司便成了不可避免的隐患。

2. 关联方应收款项分析

通过将鲁北化工的重要报表项目与化工行业 159 家上市公司的相关项目进行对比,本章统计出了*ST鲁北与同行业平均值之间存在较大差距的一些报表项目,并以此来揭示*ST鲁北业绩下滑背后隐藏着的经营管理漏洞和非关联方资金占用导致的利益输送行为,详情请见表 3-4。

表 3-4 2009 年*ST鲁北与 159 个化工企业重要年报项目差异统计表

报 表 项 目	*ST鲁北	行业平均值
营业收入(元)	347 285 534	2 426 271 168
净利润(元)	−47 987 708	32 841 331
经营活动产生的现金流量净额占营业收入的比重	1.96%	0.07%
经营活动现金流入占营业收入比重	2.08%	1.08%
营业外收入占总收入比重	0.22%	0.02%

资料来源:Wind 数据。

表 3-4 的数据显示:*ST鲁北的经营活动产生的现金流量净额占营业收入的比重以及经营活动现金流入占营业收入的比重都远高于同行业平均水平。而通过分析其 2009 年年报,可以发现鲁北化工应收账款周转天数过长,应收账款周转速度过于缓慢。应收款项的反常很可能是公司利润下跌,业绩下滑的重要原因。应收款项相关项目背后究竟隐藏着什么内幕?以下对*ST鲁北 2002—2009 年的应收账款等项目进行分析,详情请见表 3-5、图 3-3。

表 3-5 *ST鲁北 2002—2009 年应收账款、其他应收款项目统计   单位:百万元

年份	2002	2003	2004	2005	2006	2007	2008	2009
应收账款	51	43	47	20	142	413	579	164
其他应收款	112	66	324	259	13	26	283	6
营业收入	597	511	838	609	641	977	805	347

资料来源:Wind 数据。

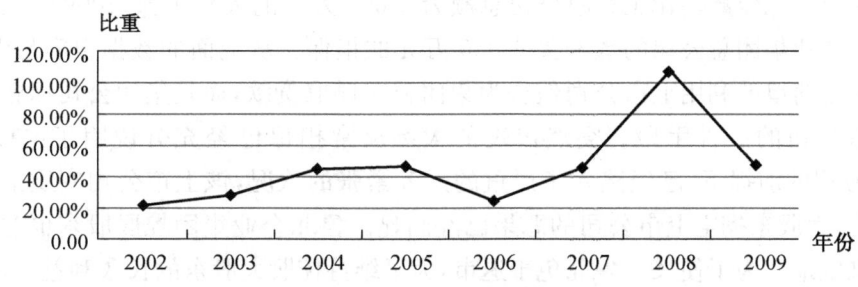

图 3-3　2002—2009 年应收账款占营业收入比重

资料来源:根据 wind 数据库资料整理。

由表 3-5、图 3-3 可知:从 2004 年开始到 2009 年,*ST 鲁北的应收账款和其他应收款项目均处于非常高的水平,而且总体上呈现逐步上升的趋势。尤其值得注意的是:2008 年度,鲁北化工的应收账款甚至比其他年份还翻了 2 倍多,高水平的应收账款导致了较大的减值准备从而降低了利润,同时也造成了现金净流入的减少。长期的高额应收款项通过影响企业的现金流量进而间接导致了企业财务困难:*ST 鲁北面临资金周转不灵,财务风险加大等多重隐患,鲁北化工的正常运营面临着严重的威胁。

如此高额的应收款项究竟是谁所欠?上市公司*ST 鲁北的大额资金长期被占用的事实到底是谁所为?根据《山东鲁北化工股份有限公司 2009 年度报告》可知,上述应收账款和其他应收款中,与关联方有关的交易或事项详见本章附录 2。通过应收账款、长期应收款项以及*ST 鲁北关联方交易未结算项目的分析比较,我们可以清晰地看到,*ST 鲁北的应收账款 5.79 亿元中有 4.69 亿元来自关联方,也就是说,关联方应收账款占全部应收款项的 86.83%;其他应收款 2.8 亿元全部来自关联方。由此,我们可以断定,*ST 鲁北公司的大量资金均被关联方企业所占用。鲁北企业集团公司利用关联交易对上市公司*ST 鲁北实施了严重的掏空行为,给该上市公司带来了巨大的损失,*ST 鲁北渐渐在大股东的利益侵占下成为殉葬品。

3. 关联担保分析

担保是指法律为确保特定的债权人实现债权,以债务人或第三人的信用或者特定财产来督促债务人履行债务的制度。关联担保是特指发生于有关联的或间接关联企业之间的担保。关联担保,不仅包括形式上符合控制与从属之间的担保,还包括形式上可能并不完全符合关联方要求,但实质上还是属于关联方相互担保的情形,如潜在关联的上市公司互相担保、间接的连环担保等。上市公司与关联企业之间通过关联担保侵占上市公司利益的问题比较严重,我国某些集团公司可能出于某种目的而进行关联方之间的违规担保。总体而言,上市公司的资信等级要高于非上市公司,比较容易获得信贷资金的支持,所以集团公司控股股东经常将上市公司作为避风港,为集团公司和其他关联方的贷款进行担保。这样一来,财务风险就被转嫁给上市公司,上市公司对外提供担保已经成为证券市场的普遍现象。

通过对*ST 鲁北近几年财务报告的分析,我们可以发现,2007 年以前该公司无任何对外担保与接收担保的现象。但是,鲁北化工自 2008 年开始,突然接受了来自山东鲁北企业集团总公司以及无棣鑫岳化工有限公司总额为 5 600 万元的大额担保,2009 年又接受了来自山东鲁北企业集团总公司的数额为 4 850 万元的担保。从上面的数据很容易看出,上述行为绝对不是简单的利用上市公司信誉为集团公司谋取贷款,而是集团公司拯救已经濒临退市的上市公司的一种手段。突然出现的大额反常担保已经充分说明了:鲁北化工在 2007 年度亏损的前提下,已经陷入了严重的财务紧张的状况,该上市公司实质上已经只剩下一个空壳,大股东掏空上市公司的恶果已经凸显。鲁北企业集团控股股东也意识到鲁北化工的困难境地。为了使*ST鲁北免于退市,为了维持控股大股东的长久利益,鲁北企业集团就采用了为其关联方鲁北化工担保的方式,开始了他们的拯救行为。不幸的是,虽然为上市公司担保使部分资金流入鲁北化工,但由于大股东长时间的掏空计划,该上市公司的财务负担实在太大,少量的现金流入并没有扭转鲁北化工连续亏损的局面。

在*ST鲁北的案例中,过多的非规范性关联方交易大大增加了关联方之间的依赖性。鲁北化工不仅受控于鲁北企业集团大股东,而且也受制于集团内部的其他关联方。由于大股东是追求利益最大化的经济人,完全考虑自身利益,上司公司*ST鲁北渐渐成为集团大股东利益最大化的殉葬品,在化工行业中的综合竞争能力被削弱。对整个集团来说,利用非公允关联方购销货物掏空上市公司在短期内确实可以使某些大股东谋得一己私利,获得超额利润。但是从长期来看,不公允的关联方交易不利于集团公司在整个资本市场上树立良好的信誉。尤其是当集团的非公允关联方交易被相关部门查处或被相关审计部门察觉时,关联方交易的隐性成本便会顷刻间凸显,整个集团将会陷入各种不利的争议和舆论,严重危害集团公司的长远发展和长远利益,此时直接受损的便是集团控股大股东。

三、案例思考题

1. 下载案例公司 2007—2015 年年报,讨论公司关联方关系与交易有哪些?会对哪些报表项目或列报产生怎样的影响?我国监管机构对关联方关系及其交易有何信息披露要求?
2. 分析案例中公司关联方交易对企业有何财务影响?
3. 结合案例,说明企业关联方交易与盈余管理有何关系?
4. 案例中关联方交易对利益相关者(中小股东与债权人)有何影响?
5. 结合案例,说明企业关联方交易侵害行为的制约机制为什么没有发挥作用?还有哪些其他制约机制?

四、案例分析参考与提示

1. 下载案例公司 2007—2015 年年报,讨论公司关联方关系与交易有哪些?它们会对哪些报表项目或列报产生怎样的影响?我国监管机构对关联方关系及其交易有何信息披露要求

我国现阶段,关联交易信息披露正式规范主要有三个层次:第一个层次是基本法律,以《公司法》《证券法》为主;第二个层次是部门规章,主要由财政部、证监会出台,目前生效的主要有《企业会计准则第 36 号——关联方披露》《上市公司信息披露办法》;第三个层次是自律规范,以《上海证券交易所股票上市规则》和《深圳证券交易所股票上市规则》为代表。

对上市公司关联交易的政府监管主要由会计管制和证券监管组成。财政部、证监会及

证券交易所为主要的关联交易规制和监督机构。在会计管制方面,财政部通过制定一系列相关的会计准则约束上市公司日常对关联交易在会计上的确认和计量以及定期报告的财务部分关联交易的披露;同时,其领导的注册会计师协会通过拟订相关独立审计准则指导民间审计机构对关联交易进行鉴证。在证券监管方面,证监会制定信息披露规则和上市公司治理准则,证券交易所制定股票上市规则,两者着重从规范信息披露和强化公司治理的角度进行监管,另外两者还对关联交易违规的上市公司及责任人进行处罚,证监会的处罚形式有公开批评、警告、罚款、市场禁入,沪深证券交易所的处罚形式包括公开谴责和内部通报批评,见图3-4。①

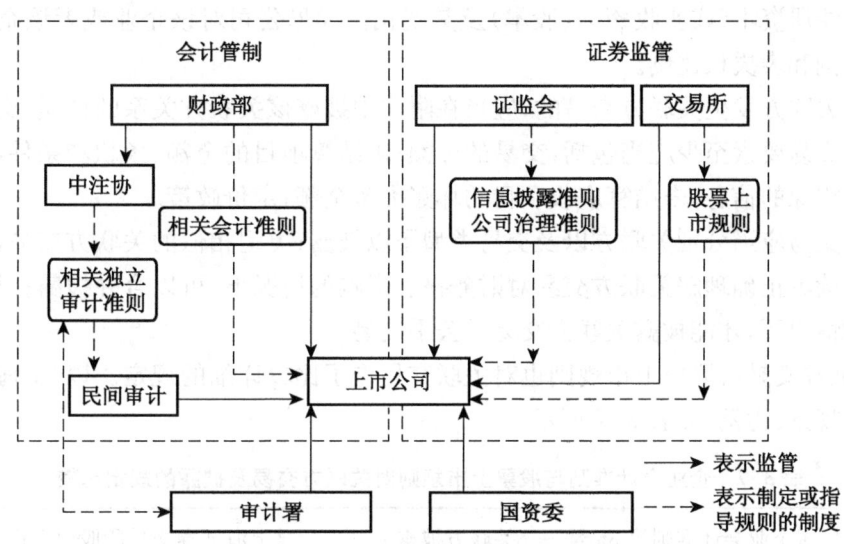

图3-4 我国上市公司关联交易政府监管框架

在企业财务和经营决策过程中,如果一方有能力直接或间接控制、共同控制另一方或对另一方施加重大影响,则他们之间存在关联方关系;如果两方或多方同受一方控制,则他们之间也存在关联方关系。关于关联关系的具体判定标准,详见表3-6。

表3-6 关联方关系的判定

类别	关系	定 义
控制	母子公司	一个企业有权决定另一企业的财务和经营政策,并能据以从该企业的经营活动中获取利益
共同控制	合营企业	按照合同约定对某项经济活动所共有的控制,仅在与该项经济活动相关的重要财务和生产经营决策需要分享控制权的投资方一致同意时存在
重大影响	联营企业	对一个企业的财务和经营政策有参与决策的权利,但并不能够控制或者与其他方一起共同控制这些政策的制定

资料来源:企业会计准则。

---

① 文字及图3-4引自:李莉:《中国上市公司关联交易监管制度研究》,山东大学博士论文,2012年。

关联方交易是指关联方之间发生资源或义务转移的事项。主要包括以下几种类型：购售商品或其他资产、提供或接受劳务、提供担保、提供资金（贷款或股权投资）、租赁资产或设备、代理、研究与开发项目的转移、许可协议、一方代表另一方进行债务结算、关键管理人员薪酬等。

根据企业会计准则规定，企业无论是否发生关联方交易，均应当在会计报表附注中披露与母公司和子公司有关的信息：①母公司和子公司的名称。母公司不是该企业最终控制方的，还应当披露最终控制方名称。母公司和最终控制方均不对外提供财务报表的，还应当披露母公司之上与其最相近的对外提供财务报表的母公司名称。②母公司和子公司的业务性质、注册地、注册资本（或实收资本、股本）及其变化。③母公司对该企业或者该企业对子公司的持股比例和表决权比例。

企业与关联方发生关联方交易的，应当在附注中披露该关联方关系的性质、交易类型及交易要素。交易要素至少应当包括：交易的金额；未结算项目的金额、条款和条件，以及有关提供或取得担保的信息；未结算应收项目的坏账准备金额；定价政策。

关联方交易应当分别关联方以及交易类型予以披露；类型相似的关联方交易，在不影响财务报表阅读者正确理解关联方交易对财务报表影响的情况下，可以合并披露；只有在提供确凿证据的情况下，才能披露关联方交易是公平交易。

同时，证券交易所股票上市规则也对关联交易作了比较详细的规定。以《上海证券交易所股票上市规则》为例，如表3-7所示。

表3-7 企业会计准则与股票上市规则对关联方交易及披露的规定比较

项 目	《企业会计准则第36号——关联方披露》	《上海证券交易所股票上市规则》
关联方的界定	一方控制、共同控制另一方或对另一方施加重大影响，以及两方或两方以上同受一方控制、共同控制或重大影响的，构成关联方	上市公司的关联人包括关联法人和关联自然人
关联方交易	关联方交易是指关联方之间转移资源、劳务或义务的行为，而不论是否收取价款	上市公司的关联交易是指上市公司或者其控股子公司与上市公司关联人之间发生的转移资源或者义务的事项
关联交易的信息披露	企业无论是否发生关联方交易，均应当在附注中披露与母公司和子公司有关的下列信息：①母公司和子公司的名称。母公司不是该企业最终控制方的，还应当披露最终控制方名称。母公司和最终控制方均不对外提供财务报表的，还应当披露母公司之上最相近的对外提供财务报表的母公司名称。②母公司和子公司的业务性质、注册地、注册资本（或实收资本、股本）及其变化。③母公司对该企业或者该企业对子公司的持股比例和表决权比例	上市公司与关联自然人发生的交易金额在30万元以上的关联交易（上市公司提供担保除外），应当及时披露 上市公司与关联法人发生的交易金额在300万元以上，且与其占公司最近一期经审计净资产绝对值0.5％以上的关联交易（上市公司提供担保除外），应当及时披露 上市公司与关联人发生的交易（上市公司提供担保、受赠现金资产、单纯减免上市公司义务的债务除外）金额在3 000万元以上，且占上市公司最近一期经审计净资产绝

(续表)

项目	《企业会计准则第36号——关联方披露》	《上海证券交易所股票上市规则》
关联交易的信息披露	企业与关联方发生关联方交易的,应当在附注中披露该关联方关系的性质、交易类型及交易要素。交易要素至少应当包括:①交易的金额。②未结算项目的金额、条款和条件,以及有关提供或取得担保的信息。③未结算应收项目的坏账准备金额。④定价政策 关联方交易应当分别关联方以及交易类型予以披露。类型相似的关联方交易,在不影响财务报表阅读者正确理解关联方交易对财务报表影响的情况下,可以合并披露 企业只有在提供确凿证据的情况下,才能披露关联方交易是公平交易	对值5%以上的关联交易,除应当及时披露外,还应当比照第9.7条的规定,提供具有执行证券、期货相关业务资格的证券服务机构,对交易标的出具的审计或者评估报告,并将该交易提交股东大会审议

2. 分析案例中公司关联方交易对企业有何财务影响

1) 对公司盈利能力的影响

表3-8 2001—2009年*ST鲁北收入、利润情况

项目 \ 年份	2001	2002	2003	2004	2005	2006	2007	2008	2009
营业收入（亿元）	6.40	5.97	5.10	8.40	9.10	6.40	9.80	8.10	3.50
净利润（亿元）	1.32	0.74	0.61	0.22	0.03	0.01	(0.11)	(6.74)	(0.48)

资料来源:鲁北化工2001—2009年年报。

通过分析表3-8的数据我们可以发现,鲁北化工的净利润在营业收入不均衡变化的前提下持续走低,营业收入和净利润的变化趋势不存在显著的相关性。由此可以看出:从总体趋势上来看,鲁北化工的盈利能力处于逐年递减的变化中,未来面临着严重的盈利风险。*ST鲁北在2007年和2008年公司连续亏损后,2009年仍然未能扭亏为盈,并于2009年年底进行了疯狂的"保牌大战"。2009年12月15日,公司公告,旗下5台小机组关停指标共计12万千瓦,以9 600万元交易金额转让给大唐山东发电公司,该笔资金将计入公司2009年损益。2009年12月29日公司再次发布公告,称收到县财政局政府财政补贴资金8 000万元,并且该笔款项已划拨到公司账户,用作公司发展扶持资金,该笔财政补贴计入2009年公司年度损益。基于上述事项,公司在2009年扭亏的信心很强,在扭亏预期刺激下,*ST鲁北的股价也一直处于较高水平。然而2010年4月10日,*ST鲁北发布公告,前期获得的县政府8 000万元补贴,因相关部门检查认为该笔补贴是大股东山东鲁北企业集团总公司划拨给县财政局,然后财政局又补贴给上市公司,进而根据相关规定,该补贴应计入资本公积而

不能计入2009年度损益,所以公司2009年继续亏损。

当时的*ST鲁北正面临着退市问题以及严重的法律纠纷,大股东通过关联方交易手段吞噬公司巨额资金、掏空上市公司,严重损害了公司的发展和中小股东的利益,为了避免其退市,又采用了众多非法途径,严重影响了会计盈余质量,损害了经济的高效、稳定运行。

由上述事实可知,当时鲁北化工已经陷入了严重的盈利风险,但是究竟该上市公司面临的风险有多大?本章统计出了反映企业盈利能力的5个财务指标,详情请见图3-5。

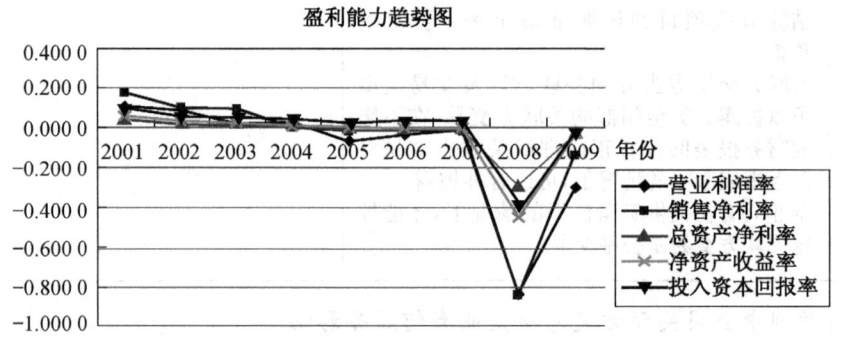

图3-5 反映*ST鲁北盈利能力财务指标变化趋势

资料来源:根据Wind数据库资料整理。

从图3-5中可以很明显地看出,该公司的营业利润率、销售净利率、总资产净利率、净资产收益率以及投入资本回报率大致呈现了相同的变化趋势:即从2001年开始一路走低,从2007年开始逐渐变为负数,2008年上述所有指标都达到了有史以来的最低值。2009年各项指标虽然都有所好转,但仍然没有实现盈利。尤其值得注意的是:鲁北化工的营业利润率走势反常于其他指标的变化趋势,从2005年开始已经变成了负值,并且自2004年以后,营业利润率就一直是5个指标的最低值。所以我们可以总结:该公司自2005—2009年的5年中始终保持负的营业利润,盈利能力已经非常薄弱。该公司其他指标略高于营业净利率只能说明近几年来,鲁北化工的部分经营成果来自于营业外的部分。营业外收支不具有稳定性,所以可以预期:鲁北化工的盈利能力仍将持续恶化,大股东已经将该公司彻底掏空,很难有转危为安的可能。

2) 对公司偿债能力的影响

企业偿债能力包括短期偿债能力和长期偿债能力两个方面。由于本案例要研究集团控股股东通过关联方交易掏空上市公司行为对上市公司造成的财务影响,且这种财务影响具有长期性,所以我们着重讨论2001—2009年,反映鲁北化工股份有限公司长期偿债能力的财务指标,对于一些关键指标的变化趋势,列示在图3-6中。

图3-6主要列示了4个反映长期偿债能力的财务指标:资产负债率、长期资本负债率、长期负债与营运资金比率以及产权比率。我们知道,长期资本负债率是指非流动负债占长期资本的百分比,反映企业的长期资本的结构。长期负债与营运资金比率是指长期负债与营运资金相除计算的比率。正常情况下,长期负债与营运资金比率越低,不仅表明企业的短期偿债能力较强,而且还预示着企业未来偿还长期债务的保障程度也较强。鲁北化工在盈

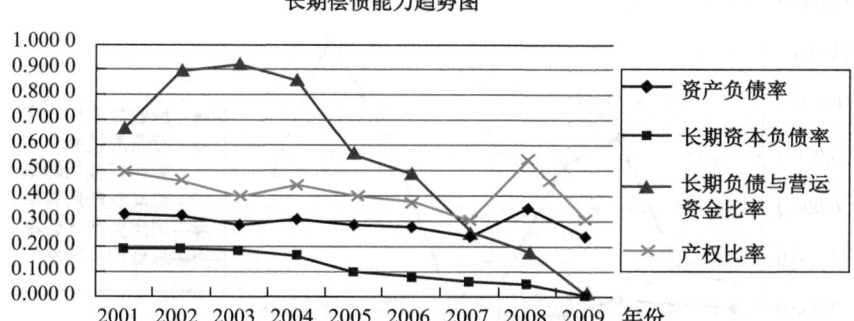

图 3-6 反映*ST 鲁北长期偿债能力财务指标变化趋势

资料来源:根据 Wind 数据库资料整理。

利能力低下的前提下,为什么可以保持长期资本负债率以及长期负债与营运资金比率持续走低的利好趋势呢?

经过仔细探究,上述两个指标的持续走低并非是因为鲁北化工按正常程序和正常原因偿还了债务,而是另有原因:首先,鲁北化工存在很多关联方债务人,在鲁北企业集团的控制下,鲁北化工在自身偿债能力不强的情况下,勉强偿还关联债务人债务是很有可能发生的情况。其次,鲁北企业集团曾于 2006 年声明:鲁北企业集团对鲁北化工的债务具有无限连带责任,所以,鲁北企业集团为了维持鲁北化工的上市资格,被迫为鲁北化工偿还长期债务的可能性也非常大。另外,鲁北化工曾在 2003 年和 2006 年采取了以股抵债的方式,2008 年还进行了部分债务重组,从而有效地减少了长期负债的账面价值。

正常情况下,适度较低的长期资本负债率以及长期负债与营运资金比率确实可以反映企业具有较强的偿债能力。但是,值得注意的是:鲁北化工的长期负债的数值于 2009 年在资产负债表上消失了,账面价值为零。正处于资金周转高度不灵状态下的鲁北化工难道真的不想借债来维持自己的正常运行吗?当然不是。相反,事实恰恰向我们反映了:鲁北化工已经失去了继续借债的信誉和能力。即使有关联方的支持,即使存在鲁北企业集团的担保,鲁北化工依然没有任何能力凭借举债来维持自身的正常运行。所以,足以见得鲁北化工的偿债能力也处于非常薄弱的状态,未来将面临严重的偿债风险。

3) 对公司经营能力的影响

图 3-7 统计出了反映企业经营能力的 6 个指标。其中,鲁北化工变化最大的指标当属存货周转率。存货周转率是衡量和评价企业购入存货、投入生产、销售收回等各环节管理状况的综合性指标。它是销货成本被平均存货所除而得到的比率。一般来讲,存货周转速度越快(即存货周转率或存货周转次数越大、存货周转天数越短),存货占用水平越低,流动性越强,存货转化为现金或应收账款的速度就越快,这样会增强企业的短期偿债能力及获利能力。从图 3-7 我们可以很清楚地看出,该公司的存货周转率处于极不稳定的状态。按照常理,化工企业存货周转率应该处于一个相对稳定的状态,所以我们认为:鲁北化工这种异常的存货周转率波动赤裸裸地解释了关联方非必要购销货物的本质。鲁北企业集团大股东出于自身利益考虑,可以制造非必要存货购销,企图转移利润,掏空上市公司。

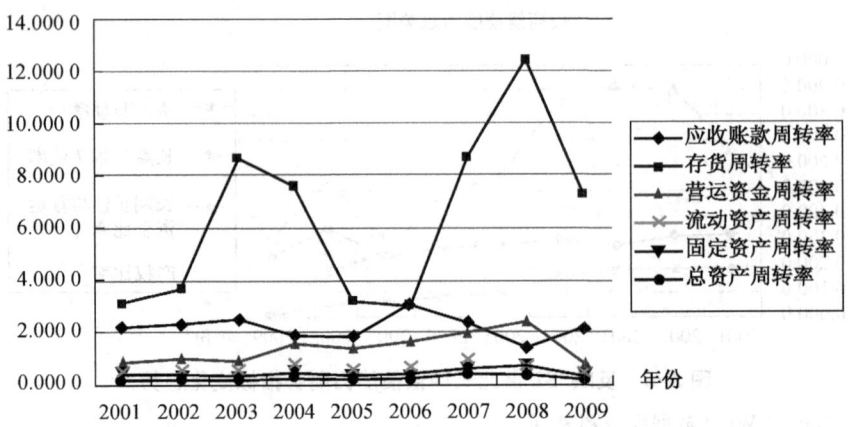

图 3-7 反映 *ST 鲁北经营能力财务指标变化趋势

资料来源：根据 Wind 数据库资料整理。

从图 3-7 中我们还可以总结出：鲁北化工大多数资产的周转率在 2007—2009 年都处于持续下跌的状况，这也向我们透露：鲁北化工的整个运营活动已经进入了一个相对停滞的状态，该企业很可能面临存货积压、营运资金周转不灵、财务极度困难的状况，未来的经营能力很难有保障。2010 年，连续 3 年亏损的 *ST 鲁北很可能面临停牌退市的风险。

3. 结合案例，说明企业关联方交易与盈余管理有何关系

企业关联方交易是一种常用的盈余管理方式。常见的方式如下：

(1) 增加收入，转嫁费用。我国不少公司在上市改组时是由母公司中某一块优质资产为主整合的，与母公司存在着供、产、销及其他服务方面的密切关系。在上市公司面临亏损时，母公司会解囊相救，即使在市场状态不佳的情况下，也会购买大量上市公司产品，或以较低的价格向其销售原材料。

(2) 资产租赁。由于发行额度限制，母公司只有部分而不是整体进入上市公司，许多经营性资产甚至经营场所往往采用租赁的方式进入上市公司，而租赁数量、租赁方式和租赁价格就是上市公司与母公司之间可以随时调整的阀门。

(3) 收取资金占用费用。按照我国现有法规规定，企业之间不允许相互拆借资金，但实际情况是关联公司之间的资金往来的拆借现象比比皆是，其主要方式有：

方式一：向母公司收取资金占用费用。名目繁多，金额巨大，在账面上可以反映出大笔的营业外收入。

方式二：向被投资公司收取资金占用费用。往往针对占股权 20% 以下的采用成本法核算的被投资企业或虽拥有 20% 以上的股权，但已转由他人承包经营，企业失去控制权，可以不进行权益法核算的被投资企业。当上述两种企业严重亏损，即使上市公司存在着实质性的投资损失，但通过计收资金占用费的形式和利用长期投资会计核算方法本身的缺陷，在会计报表上仍然能够虚增一块利润。

(4) 委托或合作投资。委托投资：如果上市公司面临投资项目周期长、风险大等因素，则可将某一部分现金转移给母公司，以母公司的名义进行投资，将投资风险全部转嫁到母公

司头上,而将投资收益的回报确定为上市公司当年的利润;合作投资:一旦上市公司发现净资产收益率难以达到配股的要求,便倒推计算利润缺口,然后与母公司签订联合投资合同,投资回报按测算的缺口利润确定,由母公司让出一块利润。

(5) 托管经营。在目前中国股票市场上,由于缺乏相关的操作规范,托管经营的操作通常偏离惯例,成为盈余管理的工具。其主要做法有:上市公司将不良资产委托母公司经营,定额收取回报,这样上市公司既回避了不良资产的亏损或损失问题,又凭空获得了一块利润;母公司将稳定的高获利能力的资产以低收益的形式委托上市公司经营,在协议中将利润以较高的收益比例留在上市公司,直接增加上市公司利润。1998年,内蒙华电受托对母公司下属企业10台发电机组进行托管经营,实现净利润1.2亿元,占当年净利润的56%。

(6) 资产转让置换。由于公司价值评估缺乏相应的理论体系及操作规范,公司并购的法律和财务处理尚不完善,加上地方政府部门的刻意参与,使得资产转让置换可以通过不等价交换从而实现管理盈余。其主要做法有:违背市场原则,不考虑资产真实质量和获利能力,将公司价值等同于按成本法评估公司的净资产;购买母公司优质资产,或购买价大大低于市价,或将款项挂往来账,不计利息或资金占用费;上市公司将不良资产和等额的债务剥离给母公司或母公司控制的子公司,金蝉脱壳。这样既可以降低财务费用,又避免了不良资产经营产生的亏损或损失。

被投资企业的利润何时应计入投资方的投资收益及利润,在会计处理上存在着较大的盈余管理空间。首先,上市公司购买大股东所持有的股权,需要会计人员根据交易目的、所持有被投资单位的股权比例以及参与被投资单位的决策影响程度等情况来判断是否实现了控制;其次,在实现控制的情况下,我国准则进一步区分同一控制下企业合并与非同一控制下企业合并,前者采用权益结合法,后者采用购买法(参见第十二章企业合并);最后,在未实现控制下,如上市公司对被投资单位具有重大影响或共同控制,应对长期股权投资采用权益法进行后续处理,否则采用成本法核算(参见第七章股权投资)。

4. 案例中关联方交易对利益相关者(中小股东与债权人)有何影响

关联方交易作为一种普遍存在的交易方式,既有其优势的一面,又存在弊端。一方面,与遵循市场竞争原则的独立交易或事项相比较,关联方交易的信息成本、监督成本和管理成本在很大程度上都可以压缩,有利于集团公司实现利润最大化,实现资源的有效配置。另一方面,关联交易双方虽然法律地位是平等的,但实际地位却并不平等,控股大股东在利己动机的诱导下,常常滥用对公司的控制权制造不公允关联方交易,使关联方交易极易违背等价有偿的商业原则,损害上市公司及其他利益相关者的合法权益。最终,将导致大股东利用其持股特点和关联方关系对上市公司实施掏空,谋取不正当的权益。

非公允的关联方交易会对非关联方利益造成巨大的损害。首先,损害政府的利益。上市公司一般都享有所得税优惠,而集团公司所得税税率则相对较高。出于避税的目的,集团公司往往以上市公司为避风港,以直接减少缴纳给政府的税收。其次,损害银行利益。上市公司经常通过不公允的关联方交易虚增利润,以虚假的财务业绩,骗取银行贷款,而这种虚假繁荣一旦破灭,银行将蒙受巨大的损失。如果关联方交易在上市公司中形成一种风气,整个金融市场将面临极大的风险,中国的经济发展也会受到严重的阻碍。再次,对其他股东及债权人的损害。关联方通过关联交易虚增利润,造成的公司虚假利润,将会误导投资者购买其股票或借款给上市公司,一旦公司的虚假利润被查实或公司陷入资金周转不灵状态,中小股东和债权人也将面临巨大的危机。另外,由于掏空行为造成的利润转移,会使公司的可分配利润大幅减少,进而减少股东实际分到的红利,甚至无利可得。最终导致公司股价下跌,使股东蒙受损失。最后,非公允关联方交易将对整个经济市场的正常运行和经济的发展产生不利的影响。

5. 结合案例,说明企业关联方交易侵害行为的制约机制为什么没有发挥作用？还有哪些其他制约机制

我国集团公司大股东通过关联方交易对上市子公司进行掏空的行为有其根深蒂固的历史根源和制度因素。我国资产改组和股票市场兴起大约在20世纪90年代,在改组上市的过程中,很多控股大股东都采用了"剥离"和"分立"的形式,上市公司在各方面都受控于控股大股东和集团母公司,完全丧失了独立的"人格"。上市之初的不彻底改制为大股东利用关联方交易掏空上市公司留下了严重的制度隐患。鲁北企业集团为了让鲁北化工顺利上市,起初将大量优质资产注入鲁北化工,该公司终于在集团期待的期限内顺利上市。但是,不彻底的改制下形成的上市公司从严格意义上来说并不是真正具有独立人格的法人实体。鲁北化工在经历几年辉煌后很快就陷入了严重的资金周转及经营运行困难,随着时间的推移,上述矛盾日趋激化。通过分析鲁北化工股份有限公司的相关制度,我们可以发现该公司在以下几个方面存在不合理之处。

1) *ST鲁北股权结构严重失衡

依据鲁北化工的招股说明书和该上市公司历年年度报告,我们可以看出:自*ST鲁北上市以来,山东鲁北企业集团总公司一直是鲁北化工的第一大股东,但其持股比例始终保持在一个相对较低的程度,从未超过50%。近几年来的持股比例详情请见表3-9。

表3-9 鲁北集团持有鲁北化工股票比例变化

年份	2006	2007	2008	2009
持股比例	27.9%	27.9%	29.7%	29.7%

资料来源:鲁北化工2006—2009年年度报告。

虽然从形式上看山东鲁北企业集团总公司持有鲁北化工股份比例没有超过公司总股份的50%,但是,由于集团公司高管在鲁北化工中担任重要岗位,山东鲁北企业集团总公司能够对*ST鲁北实施重大影响,进而控制该公司的经营和决策,为其最终控制人。2009年度鲁北化工的股东及其关联方构成请参见图3-8。

从图3-8可以看出:鲁北化工是鲁北企业集团的唯一上市公司,完全受控于控股母公司,中小股东在决策中无任何话语权,鲁北化工的发展规划和战略决策完全由鲁北企业集团控股股东来决定。鲁北企业集团把鲁北化工作为维护大股东利益的一颗棋子,通过大量关联方交易,谋求自身利益的最大化,而完全置鲁北化工的发展以及其他利益相关者的利益于不顾,这也是鲁北化工近几年来经营业绩持续恶化、濒临退市的最重要原因之一。鲁北企业

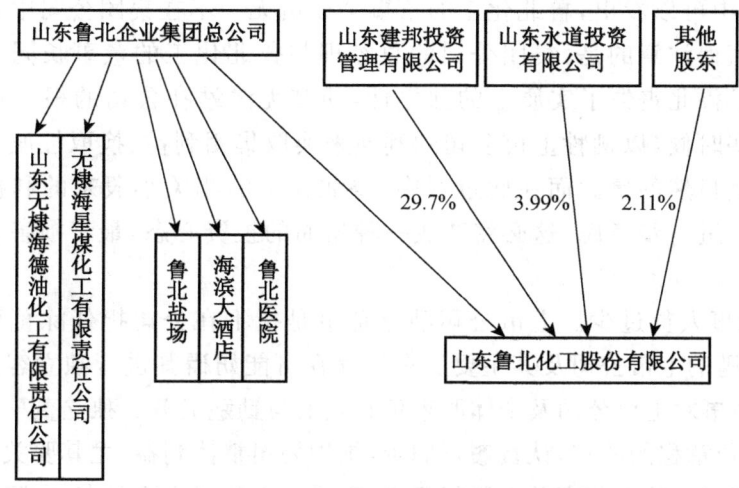

图 3-8　2009 年鲁北化工股份有限公司股东结构

资料来源：公司年报。

集团各关联方之间虽然在法律上是平等的，但在事实上却并非如此。鲁北企业集团大股东在利己动机的诱导下，往往滥用对公司的控制权，导致不公平、不公正的关联方交易的发生。在这种情况下，集团公司大股东会占用上市公司大量资金、以不公允的价格购销货物或通过相互担保等其他方式把上市公司当作集团公司的提款机，进而损害了上市公司及其投资者的合法权益，最终导致中小股东利益受损。通过之前分析鲁北化工关联方交易类型，我们可以很清楚地看出：该公司的绝大多数交易都发生在鲁北化工以及鲁北企业集团控制下的其他子公司之间，各个子公司在制定交易价格等各方面完全没有自主权，大股东鲁北企业集团控制着所有关联子公司，一股独大，进而掌控着整个集团的经济命脉。中小股东只能受制于大股东鲁北企业集团，成为实现集团利益最大化的一颗棋子，自己不仅完全没有利益决定权，而且很容易在实现集团利益的过程中牺牲自己的利益。

2) 董事会制度不完善

(1) 上市公司董事会成员和集团公司高管相似度极高。以鲁北化工为例，首先来分析一下该上市公司董事会高管成员在鲁北企业集团总公司中的地位，详情请见表 3-10。

表 3-10　*ST 鲁北第四届董事会 2009 年高管人员明细

姓　名	在鲁北化工股份有限公司中职务	在鲁北企业集团总公司职务
张　涛	董事长，董秘(代)	总经理、副总经理
冯立田	总经理，董事	副总经理
丁宝胜	董事，财务总监	审计处处长
冯怡深	董事	武装部部长
翟洪轩	副总经理	副总经理

资料来源：鲁北化工 2009 年年报。

从表 3-10 中可以看出,鲁北化工的董事会成员无一不在集团公司中有着不可小视的地位。尤其值得注意的是,集团公司的总经理与鲁北化工的董事长同为一人。这种治理结构使*ST 鲁北丧失了实质上的独立性,使其无法站在公司的根本利益上客观地考虑问题。某些时候,以牺牲上市公司的利益来换取集团利益、换取控股大股东利益的现象便成了顺其自然的事。而在此过程中,鲁北化工的相关小股东的利益就成为集团利益的殉葬品。进一步考虑,这必将造成一种扭曲的投资心态,最终损害整个资本市场的正常运行。

(2) 独立董事人员过少。上市公司独立董事是指不在公司担任除董事外的其他职务,并与其所受聘的上市公司及其主要股东不存在可能妨碍其进行独立客观判断的关系的董事。独立董事对上市公司及全体股东负有诚信与勤勉义务。独立董事应当按照相关法律、法规和公司章程的要求,认真履行职责,维护公司整体利益,尤其要关注中小股东的合法权益不受损害。独立董事独立履行职责,不受上市公司主要股东、实际控制人或者其他与上市公司存在利害关系的单位或个人的影响。上市公司董事会成员中应当至少包括 1/3 的独立董事,其中至少包括 1 名会计专业人士。2009 年*ST 鲁北的董事会成员详见表 3-11。

表 3-11 鲁北化工董事会成员基本情况

姓 名	职 务	是否独立董事	持股数
冯久田	董事长	否	433 688
刘希岗	副董事长	否	220 038
吴玉瑞	董事兼财务总监	否	149 058
冯怡深	董事	否	0
范本强	董事	是	0
李德周	董事	是	0

资料来源:鲁北化工 2009 年年报。

根据表 3-11 可知,虽然鲁北集团 6 个董事会成员中有 2 个独立董事,符合法律的规定,但是非独立董事成员基本构成了公司的高层管理人员,占据了董事会 50% 以上的表决权。75% 非独立董事都持有鲁北化工的股票,有些甚至直接构成鲁北化工和鲁北集团的控股股东。这样看来,董事会在实质上只不过是大股东的权力机关,其制定的战略决策也必将忽视鲁北化工的发展,以集团大股东的个人利益为最终目标。

3) 监事会未发挥应有职能

监事会是由全体监事组成的、对公司业务活动及会计事务等进行监督的机构。它是股份有限公司法定的必备监督机关,是在股东大会领导下,与董事会并列设置,对董事会和总经理行政管理系统行使监督的内部组织。在我国,很多公司的监事会都不能履行好其职责或在公司的股权激励制度下背离其职责。本章以鲁北化工股份有限公司为例进行分析,2009 年*ST 鲁北的监事会成员基本情况详见表3-12。

表 3-12　2009 年鲁北化工监事会成员明细

姓　名	职位	持股数
李式泽	监事会召集人	227 136
吴宗文	监事	35 490
佘洪华	监事	78 078

资料来源：鲁北化工 2009 年年报。

从表 3-12 我们可以发现：鲁北化工的监事会成员持有鲁北化工股份有限公司的股份。这就意味着上市公司鲁北化工的经营业绩直接影响到了监事会成员的个人利益。如此看来，鲁北化工的三个监事会成员无 1 人是独立监事，监事会成员的独立性、客观性、公正性必将会受到严重的影响。

五、分析题

1. 青岛海尔基本情况

青岛海尔股份有限公司（简称青岛海尔）的前身是成立于 1984 年的青岛电冰箱总厂，于 1993 年 11 月在上交所上市交易。青岛海尔的大股东海尔集团公司一股独大，经过数次股权变更，海尔集团仍直接及间接合计持有青岛海尔 41.95% 的股份，牢牢地控制着青岛海尔。

2. 关联交易与利益输送

自从青岛海尔上市以来其与海尔集团内部各个公司之间的关联交易就不曾有过停息，而且交易的数量之多，金额之大也是到了令人乍舌的程度。青岛海尔与海尔集团内部各个公司之间的关联交易类型包括：关联方之间的货物的采购，货物销售，关联方之间的应收、应付款项以及各种支付给海尔集团公司的商标使用费、专利费、促销费、管理费等。

表 3-13　青岛海尔 1999—2006 年关联方购销情况表

年份	从关联方采购占全年采购货物的比例	向关联方销售占全年销售货物的比例
1999	57.97%	89.73%
2000	94.94%	99.24%
2001	96.87%	98.56%
2002	98.99%	99.80%
2003	97.64%	98.99%
2004	93.55%	97.65%
2005	88.79%	97.82%
2006	96.74%	98%

资料来源：青岛海尔各年年报。

根据表 3-13 所列示的数据可以很明显地看出，青岛海尔的日常经营的采购和销售基本上都在集团内部的关联公司之间进行，而且从 2000 年开始出现剧增，直到 2006 年也未有明显的下降趋势。

同样的情况也出现在青岛海尔与海尔集团内部各个关联公司之间的往来款项上。除此之外,青岛海尔每年还要向海尔集团公司上缴商标使用费、专利费、促销费和管理费等各项费用,分别按照销售收入的8%、1%、5%和1.8%来计算。虽然从2001年开始,青岛海尔已经停止向集团公司上缴促销费和管理费,且商标使用费和专利费也从2004年开始呈现明显的下降趋势。但从金额上来看,1999—2006年,这些费用占净利润比重最低为7.88%(2000年),最高达28.51%(2003年),公司还是向集团公司输送了可观的利润。此外,还有向集团运输公司支付的运输费,进行多次的集团内部的收购等。

3. 关联交易对绩效的影响

那么在关联方交易中一路走过来的青岛海尔到底怎么样呢?从与同行业及两家竞争对手(美的、格力)比较来看,青岛海尔的市盈率在行业中还算比较好,但就自身而言还是处于一路下滑的趋势,每股收益、净资产收益率更是从2003年开始从原本高于同行变成为低于同行。

4. 资本流动完全封闭

在青岛海尔1998年的年报中,可以看到一个叫"海尔集团资金结算中心"的新事物,也正是这个"中心"控制了整个海尔系的经济命脉。"中心"是青岛海尔的大股东海尔集团为了加强对下属企业的资金管理,通过"中心"向建设银行青岛市高科园支行统一借入资金之后分配给下属企业使用,与此同时也按照原先的借款利率向集团下属的企业代收利息。而这一"中心"也使海尔集团的资本流动完全地封闭了起来。这样一来,青岛海尔在关联交易的会计处理上也比其他的上市公司更加便利。

由于"海尔集团资金结算中心"的建立,整个海尔集团已经成为一个完全封闭的资本流动王国。由于购销链上几乎是全部的关联方交易,青岛海尔也就难以避免地出现了巨大金额的往来款项。但是正因为是一个完全封闭的资本流动王国,青岛海尔与关联企业之间每年数以亿计的应收款项和应付款项可以轻易地一抵了之,原本需要进行详细信息披露的关联交易也都被轻松地一笔带过。

5. 隧道行为与支撑行为并存

海尔集团高明的地方是,它对青岛海尔进行的并不是单纯的野蛮的掏空,在实施隧道行为的同时,也伴随着支撑行为。例如,通过控制供销环节的关联方交易,可以使上市公司的经营业绩始终保持在集团公司希望的水平。从年报可知,原本青岛海尔向集团公司每年上缴的商标使用费用、专利费用、促销费用、管理费用到2001年被削减为商标使用费和专利费两项,并且从2004年开始这类费用的上缴也呈现出逐年下降的趋势。这些无疑是大股东的支撑行为的作用。然而集团公司内部的资产收购行为更是支撑行为和隧道行为的并存。就拿2001年对海尔空调的收购来说,确实对青岛海尔的利润提升有帮助,这从青岛海尔2001年的主营业务收入的大幅提升可以反映出来。大股东的支撑行为的一大方式也就是向上市公司注入优质的资产,以提高上市公司的业绩,提高其股价水平。但是这场收购中也伴随着隧道行为,青岛海尔为了这一业绩的提升也付出了不小的代价,而其中最大的受益者则是大股东。

6. 关联交易对大、小股东的影响

青岛海尔和海尔集团之间的众多的关联交易几乎都是大股东一手策划出来的。在大股东控制下的企业里,大股东总是想要追求自身回报的最大化,但是事实上,大股东却往往无法得到所追求的回报。大股东不能获得最大回报的原因主要有两个。第一,我国的上市公司在很长的一段时间里都是采用"二元"的股权结构:上市公司将全部的股权分为流通股和不流通股两种,而控股股东的股份通常是不流通的。大股东的股份由于不流通,所以其利益的获得与股价没有了直接的关系,大股东无法通过股价的上升获得自己相应的利益。第二,若分配股利,大股东在获得股利的同时,小股东也应该获得相应的份额,但是这样其实是减少了控股股东所可能控制的资源。

多年来,海尔的品牌越做越大,收益也是比较好的,但是由于是公司性质的原因,海尔高层们的收入却是与海尔的品牌不相称的。从 1999—2006 的年报数据可知,海尔集团的高管们的年薪平均不超过 15 万元,这与大股东们所追求的报酬最大化显然格格不入。海尔试图通过把自己打造成为一家产权清晰的跨国大公司,直接面向全球投资者募股,大股东们以年薪和期权方式获得其应得的收入。但是海尔集团作为青岛市的直属企业,地方政府一边呵护着它,一边也是严格地看管着它,海尔集团的资本始终不能找到自己的归属,改变现状困难重重。2001 年时海尔的高层就曾就这一问题提出过:海尔包括采购、制造、营销、品牌、资本在内的 5 个全球化战略中,只有资本全球化还没有解决。

资本全球化是海尔的梦想,更是大股东们的梦想。在这样的情况下便出现了另一家公司,这就是在香港上市的海尔电器,这家由青岛海尔投资发展有限公司(海尔投资)作为第一大股东 2005 年在香港通过借壳上市的公司,青岛海尔投资发展有限公司持有了其 78.67% 股份。海尔投资有两个股东:一个是海尔集团,占了 1.4% 股份;而另一个是海尔内部持股会,占了 98.6% 的股份。乍一看,海尔投资和海尔集团的关联并不大。但是这里出现了海尔内部持股会,在海尔内部持股会首次被披露时我们可以看到他们的成员与海尔集团的高管和董事局成员高度重合。同时进一步研究海尔内部持股会的话可以发现海尔内部持股会从成立之初,就和普通的内部持股会有着显著的不同:通常企业的内部持股会仅是职工权利的代表,只作为企业的普通股东之一存在,本身不直接掌握实体资产。但是,海尔内部持股会从成立之初就和海尔集团相对独立,并直接掌握着大量的实体资产。比如海尔原材料采购公司、海尔商标所有权等等。这样一来就不难理解了,海尔电器是海尔资本全球化,使大股东们获得最大报酬的主要途径。而海尔电器、包括海尔投资在香港买壳上市的资金来源主要就是来自海尔集团,来自在内地上市的青岛海尔。仅截至 2001 年,青岛海尔就从社会公众股东吸收资本 356 850.34 万元,可以说青岛海尔巨大的关联交易为大股东的利益最大化铺平了道路。

那青岛海尔的关联交易对小股东又有什么样的影响呢?

截至 2006 会计年度,社会公众股累计获得现金红利 87 383.43 万元,为他们投入资本的 24.5%。但是青岛海尔的历年经营业绩上来看表现还是比较好的,这主要是由于青岛海尔一边向大股东输送利益的同时,通过主营业务上的关联交易提升了自身的业绩。因此小股东在通过股价差额获得自己的投资利益方面的损失表现并不突出。但是青岛海尔向海尔集团的大股东转移的资金到底从何而来呢?归根结底巨额的资金还是来源于证券市场上小股东们的投资。然而小股东最终还是未能得到与上市公司优良业绩相符合的回报。

事实上,除非大股东恶意地进行掏空上市公司的行为,直接将上市公司推向绝境,如果大股东的关联交易只是对上市公司进行长期的利益夺取的话,就短期来看,小股东们是难以进行强烈反对的。也正是由于小股东的这种"搭便车"的心理,和处于弱势地位(只能用脚投票),一般就算是自身的利益未能得到真正的回报也不会并无力主动监督大股东的一些非公平的关联交易。

(以上资料选自上海立信会计学院2006级会计学本科毕业生陈珏敏毕业论文《大股东控制下关联交易研究——基于青岛海尔的案例分析》。)

阅读以上材料,回答下列问题:

1. 比较*ST鲁北和青岛海尔两个案例中的关联交易行为,有何异同?
2. 大股东的掏空行为和支撑行为并存的现象说明了什么?对于减少隧道行为、保护中小股东利益,您有何建议?

六、案例公司的后续发展

(一)案例公司后续重大事件

以下内容节选自公司年度报告。

2010年,因公司2007年、2008年和2009年连续3年亏损,上海证券交易所对公司股票实施暂停上市。

2011年8月18日,公司在上海证券交易所恢复交易。

2012年,公司在2011年度成功恢复上市交易的基础上,根据公司的现有状况,2012年6月份,完成了鲁北集团子公司鲁北盐化剩余60%股权的收购工作,履行了公司恢复上市时所作的承诺。该项工作完成后,公司的资产质量大幅度提高,确保了上市公司主营业务的可持续盈利能力。同时,公司对现有装置加大了市场开发、节能挖潜、降本增效、技术改造和技术创新力度,提高了产品质量、增加了产品品种,装置产能得到了有效发挥,降低了产品成本,提高了装置的运转率;在管理方面推行了精细化管理、完善内部控制制度、强化内部管理制度的落实。通过采取上述措施,有力地改善了上市公司的财务状况,提升了公司的可持续盈利能力,使公司股票达到了撤销其他特别处理的条件,公司股票已于2012年6月27日恢复正常交易。

(二)案例公司主要财务数据

表3-14列示了鲁北化工2010—2019年主要财务数据。

表3-14 鲁北化工2010—2019年主要财务数据

年份	营业收入(百万元)	归属于上市公司股东的净利润(百万元)	归属于上市公司股东的扣除非经常性损益的净利润(百万元)	经营活动产生的现金流量净额(百万元)	基本每股收益(元/股)	加权平均净资产收益率
2010	452.62	15.69	−105.53	8.74	0.04	1.56%
2011	810.18	18.23	17.55	−14.84	0.05	1.77%
2012	845.02	18.53	8.76	94.75	0.05	1.61%
2013	495.65	14.17	8.78	108.43	0.04	1.39%
2014	529.15	7.55	0.56	155.94	0.02	0.74%

(续表)

年份	营业收入（百万元）	归属于上市公司股东的净利润（百万元）	归属于上市公司股东的扣除非经常性损益的净利润（百万元）	经营活动产生的现金流量净额（百万元）	基本每股收益（元/股）	加权平均净资产收益率
2015	570.70	27.72	15.98	18.08	0.08	2.66%
2016	513.46	30.16	30.67	268.66	0.09	2.82%
2017	607.75	78.45	91.69	168.82	0.22	6.98%
2018	657.95	94.07	103.88	171.26	0.27	7.78%
2019	1 290.58	164.62	179.25	299.36	0.47	12.24%

图 3-9 展示了鲁北化工 2010—2019 年收入和利润情况，图 3-10 展示了鲁北化工 2010—2019 年净利润和现金流量情况。

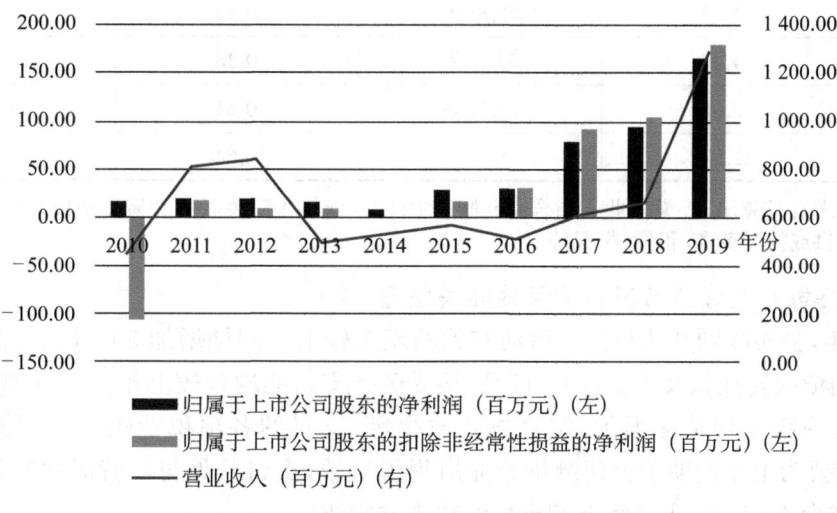

图 3-9　鲁北化工 2010—2019 年收入和利润情况

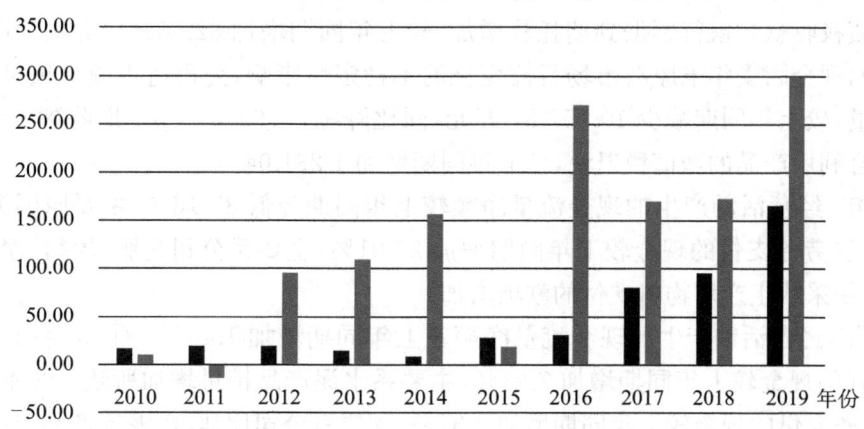

图 3-10　鲁北化工 2010—2019 年净利润和现金流量情况

表 3-15 列示了鲁北化工 2010—2019 年关联方交易情况。

表 3-15 鲁北化工 2010—2019 年关联方交易情况

年份	上市公司作为买方采购额(亿元)	采购额占营业收入比重	上市公司作为卖方销售额(亿元)	销售额占营业收入比重
2010	1.25	27.52%	4.55	100.59%
2011	2.44	30.06%	4.46	55.01%
2012	3.84	45.44%	4.40	52.01%
2013	0.11	2.27%	0.17	3.40%
2014	2.03	38.32%	0.80	15.18%
2015	1.74	30.51%	0.40	7.03%
2016	1.99	38.66%	0.33	6.49%
2017	1.39	22.88%	0.44	7.16%
2018	4.26	64.70%	0.48	7.28%
2019	3.03	23.50%	0.61	4.76%
合计	22.07	—	16.64	—

注:数据来自 CSMAR。营业收入指合并利润表中的"营业收入";关联方交易类型包括商品类交易、资产类交易、提供或接受劳务、租赁、担保等。

(三)公司对经营活动现金流量的相关披露

2014 年,公司收到其他与经营活动有关的现金较上年同期增加 30% 以上,其主要原因是公司收到债权转让款及货款;购买商品、接受劳务支付的现金较上年同期增加 40.51%,其原因是公司原料采购金额增加,结算方式改变等;支付的各项税费较上年同期减少达到 57.79%,主要为上年同期子公司缴纳企业所得税所致;支付其他与经营活动有关的现金较上年同期减少 40.57%,主要为上期支付的往来款所致。

2016 年,经营活动产生的现金流量净额较上年同期增加 1 386.11%,主要原因为:①本期经营性债权收款和银行票据到期托收增加,较上年同期增加 32.58%。②购买商品、接受劳务支出的现金因受年末原料市场行情变化的不稳定性影响,公司适当减少预付款支出及原料购入量,较上年同期减少 10 357.81 万元,同比降幅 32.62%。③本期收到 232.92 万元的资源综合利用产品的增值税退税,较上年同期增加 1 231.04%

2017 年,经营活动产生的现金流量净额较上年同期降低 37.16%,主要原因为:本期购买商品、接受劳务支付的现金较上年同期增加 27.01%,主要系公司化肥、原盐、溴素等产品产能增加,使采购生产用物料支付的款项增加。

2018 年,经营活动产生的现金流量净额较上年同期增加 1.45%。①本期销售商品、提供劳务收到的现金较上年同期增加 7.93%,主要系水泥产品销量增加所致。②本期购买商品、接受劳务支付的现金较上年同期增加 8.31%,主要系公司原盐、水泥等产品产能增加,使采购生产用物料支付的款项增加所致。

2019 年,经营活动产生的现金流量净额较上年同期增加 74.79%。①本期销售商品、提供劳务收到的现金较上年同期增加84.03%,主要系公司新并入子公司所致。②本期购买商品、接受劳务支付的现金较上年同期增加107.77%,主要系公司新并入子公司所致。

关于案例后续发展的思考题：
关联方交易如何影响鲁北化工交易的利润和现金流量？

本章附录1　2003—2009年证监会监管条例汇总

1. 关于规范上市公司与关联方资金往来及上市公司对外担保若干问题的通知(2003年8月28日 证监会 国资委 证监发〔2003〕56号)
2. 关于发布《关于加强社会公众股股东权益保护的若干规定》的通知(2004年12月7日 证监发〔2004〕118号)
3. 关于集中解决上市公司资金被占用和违规担保问题的通知(2005年6月6日 证监公司字〔2005〕37号)
4. 关于贯彻落实《国务院批转证监会关于提高上市公司质量意见的通知》的通知(2005年12月9日 国资发改革〔2005〕293号)
5. 关于发布《上市公司股东大会规则》的通知(2006年3月16日 证监发〔2006〕21号)
6. 关于进一步做好清理大股东占用上市公司资金工作的通知(2006年11月7日 证监会 公安局　人民银行　国资委　海关总署　国家税务总局　国家工商行政管理总局　证监发〔2006〕128号)
7. 关于进一步规范上市公司募集资金使用的通知(2007年2月28日 证监公司字〔2007〕25号)
8. 关于印发《企业内部控制基本规范》的通知(2008年5月22日,财政部　证监会　审计署　银监会　保监会　财会〔2008〕7号)

本章附录2　2009年*ST鲁北关联方交易未结算项目(见附表1)

附表1　2009年*ST鲁北关联方交易未结算项目

公司名称	未结算项目	未结算项目金额(元)	未结算应收项目的坏账准备金额(元)
山东鲁北企业集团总公司	应收账款	7 453 465	74 535
山东鲁北企业集团鲁北盐场	应收账款	33 752 149	337 521
无棣海通盐化工有限公司	应收账款	143 568 623	3 683 134
无棣海巨建筑安装有限公司	应收账款	23 796 063	1 036 293
无棣鑫岳化工有限公司	应收账款	12 132 073	121 321
山东鲁北海生生物有限公司	应收账款	247 533 247	2 475 332

(续表)

公司名称	未结算项目	未结算项目金额（元）	未结算应收项目的坏账准备金额(元)
山东鲁北发电有限公司	应收账款	780 605	36 012
小计		469 016 225	7 764 148
山东鲁北发电有限公司	其他应收款	69 411 526	694 115
无棣宝丰实业有限公司	其他应收款	22 840 821	228 408
无棣海德化工有限公司	其他应收款	26 654	267
山东鲁北企业集团总公司	其他应收款	164 628 246	1 646 282
无棣海通盐化工有限公司	其他应收款	13 039 938	130 399
山东鲁北海生生物有限公司	其他应收款	8 983 438	89 834
无棣鑫岳化工有限公司	其他应收款	103 125	1 031
小计	—	279 033 746	2 790 337
总计	—	748 049 971	10 505 024

第四章 资产减值:兖州煤业的案例

长期资产减值损失的性质及其能否转回,一直是会计实务人员、准则制定者以及理论研究者关注的课题,国际上对长期资产减值准备转回的问题存在较大争议。目前国际会计准则(IFRS)与美国会计准则委员会(FASB)以及我国现行会计准则(CAS)的主要分歧集中在长期资产减值损失转回上。我国新《资产减值》准则第十七条则明确规定,资产减值损失一经确认,在以后会计期间不得转回。本章以长期资产减值转回为切入点,讨论中国会计准则与国际会计准则的异同。选取的案例公司兖州煤业同时在上海、中国香港、纽约三地上市,其资产减值会计处理也因为国际会计准则与中国会计准则的差异而有所不同,对其在不同资本市场的股价、市值、估值等各方面的影响亦存在互相联动。兖州煤业对于长期资产减值准备在不同准则下作出不同的处理,使得不同准则下的财务报告存在显著差异,也增加了财务报告的转换成本,其会计政策选择的动机值得探讨。

一、案例教学目标与教学操作说明

(一)案例教学的目标

通过案例讨论与分析,达成以下教学目标:①了解国际会计准则和中国会计准则对长期资产减值损失转回会计处理上的差别;②掌握从行业周期与公司数据出发,分析案例公司会计处理异常之处的思路;③掌握我国资产减值准则的规定对企业的财务影响;④了解我国会计准则下长期资产减值准则中存在的盈余管理空间。⑤了解我国资产减值准则对企业盈余质量可能的影响。

(二)教学操作说明

本章教学操作说明如表 4-1 所示。

表 4-1 教学操作说明

内 容	主角	组织与要求	时间
阅读案例资料	学生	熟悉案例资料,补充并收集相关资料	课前
案例讨论	学生	每个案例小组围绕案例思考题,分析讨论案例公司在资产减值中的盈余管理方式、动机及其影响	20~30 分钟
演讲	学生	每个案例小组推荐 1 名学生演讲其讨论的情况及其达成的共识、产生的分歧	35~45 分钟
点评	老师	点评案例小组讨论情况并引导其对问题正确理解和深入分析	15~25 分钟

二、公司背景及案例介绍

（一）兖州煤业背景

兖州煤业股份有限公司（以下简称兖州煤业）是经我国国家经济体制改革委员会体改生〔1997〕154号文件批准，于1997年9月25日由兖州矿业（集团）有限责任公司作为主要发起人成立的股份有限公司，并于1998年7月1日起在上海证券交易所上市交易。它是1家以煤炭、能源、铁路运输行业为主营业务的公司，也是华东地区最大的煤炭生产商和中国最大的煤炭出口企业之一，还是国内唯一1家在境内外三地（中国、中国香港、纽约）上市的煤炭公司。兖州煤业在国内煤炭行业中处于龙头地位，其煤炭产品销售主要集中在中国、日本、韩国和澳大利亚等国家的煤炭市场。公司在国内目前拥有6座生产煤矿，分别是南屯煤矿、兴隆庄煤矿、鲍店煤矿、东滩煤矿、济宁二号煤矿和济宁三号煤矿，煤炭资源总储量达到40亿吨左右。公司还斥巨资在陕西榆林建设国内最大甲醇生产基地，生产甲醇、醋酸等化工产品，积极拓展煤化工领域的业务。

（二）兖州煤业长期资产减值会计政策

兖州煤业于每个年度的资产负债表日对其拥有的固定资产、在建工程、长期股权投资、使用寿命有限的无形资产等项目进行检查。当长期资产存在减值迹象时，管理层将对标的资产进行减值测试。对于商誉和使用寿命不确定的无形资产，无论其是否存在减值迹象，均于每个会计年度年末进行减值测试。对于难以进行单项资产的可收回金额测试的，以该资产所属的资产组或资产组组合为基础进行减值测试。经过减值测试，若该资产的账面价值大于可收回金额，则将其差额确认为减值损失的金额，上述长期资产的减值损失一经确认，在以后会计年度均不予转回。经过归纳，兖州煤业认定资产出现减值迹象的情形如下：

①在当期，资产的市价大幅度下跌，且其下跌幅度明显高于因时间的推移造成的资产价值贬值或者正常使用过程中一般损耗造成的价值下跌；②与公司经营相关行业的经济、技术或者政策等外部环境以及资产所处的市场在当期或者近期预期发生会重大变化，对公司的生产经营造成负面影响；③市场利率或者投资报酬率在当期显著提高，进而影响对资产预计未来现金流量现值的折现率，导致标的资产的可收回金额大幅度降低；④有充分的证据可以证明标的资产因为技术更新而过时或者资产能够为企业带来经济利益的实体部分已经损坏；⑤资产即将被闲置、终止使用或者管理层计划提前处置的；⑥公司内部报告表明资产的经济效益已经低于或者在近期将低于预期水平，如资产能够为企业带来的净现金流或者营业利润（或者亏损）显著低于（或者高于）预计等情况；⑦其他表明能够标的资产已经发生减值的证据。

（三）兖州煤业无形资产减值与转回的前因后果

2013年，由于煤炭价格持续下跌，管理层对集团的无形资产（澳洲无形资产）进行减值测试，并确认其现金产出单元莫拉本煤矿及斯特拉煤矿的经济效益将低于预期。经过减值测试，发现该等现金产出单元的无形资产的可回收金额低于其账面价值，管理层因而确认无形资产减值损失人民币2 052 238 000元。上述现金产出单元的可收回金额人民币12 227 722 000是以使用价值计算确认的，其使用价值采用税后折现率11%的现金流贴现模型来确定。

2014年,现有矿营运成本和矿的使用年限有所改进。另外,按照联合矿石储备委员会的标准测量,莫拉本的矿储备有所增加。经过重新计量,管理层认定莫拉本矿储量的可回收值为约人民币 105 亿元。以上因素触发了无形资产减值转回,约人民币 731 332 000 元的无形资产减值损失在 2014 年度已经通过损益转回。截至 2015 年 12 月 31 日,澳洲子公司的所有现金产出单元的可回收金额均高于账面价值,所以无需进行资产减值。

本章摘取了兖州煤业在 2014 年度不同准则下的财务报告附注中的无形资产部分进行对比。由于 2013 年度计提的资产减值准备以及 2014 年度转回的资产减值准备均由采矿权(矿储量)承担,故只列出了采矿权(矿储量)部分,略去了其他二级科目。矿储量(采矿权)是代表采矿权中已探明及推定矿总储量的部分,兖州煤业于中国会计准则下的财务报告中称其采矿权,于国际会计准则下的财务报告中称其矿储量。

表 4-2　中国会计准则下兖州煤业 2014 年度财务报告无形资产附注　　单位:千元

项　　目	采矿权
一、账面原值	
1. 期初余额	25 949 292
2. 本期增加金额	782 928
(1) 购置	782 928
(2) 企业合并增加	
3. 本期减少金额	
(1) 处置	
4. 外币报表折算差额	−1 358 252
5. 期末余额	25 373 968
二、累计摊销	
1. 期初余额	4 016 167
2. 本期增加金额	1 093 108
(1) 计提	1 093 108
3. 本期减少金额	
(1) 处置	
4. 外币报表折算差额	−125 499
5. 期末余额	4 983 776
三、减值准备	
1. 期初余额	2 076 426

(续表)

项　　目	采矿权
2. 本期增加金额	
(1) 计提	
3. 本期减少金额	
(1) 处置	
4. 外币报表折算差额	−157 813
5. 期末余额	1 918 613
四、账面价值	
1. 期末账面价值	18 471 579
2. 期初账面价值	19 856 699

表 4-3　国际会计准则下兖州煤业 2014 年度财务报告无形资产附注　　单位：千元

项　　目	矿储量
成本	
2013 年 1 月 1 日	28 962 770
汇兑差异	−3 554 938
收购昊盛	12 089 682
本年增加	9 566
出售	—
重新分类	30 296
2013 年 12 月 31 日及 2014 年 1 月 1 日	37 537 376
汇兑差异	−1 358 252
本年增加	—
收购 Ashton Coal Mines Limited	782 928
2014 年 12 月 31 日	36 962 052
摊销及资产减值	
2013 年 1 月 1 日	2 544 570
汇兑差异	−479 201
本年计提	1 304 972
资产减值损失	2 052 238
出售时转销	—
2013 年 12 月 31 日及 2014 年 1 月 1 日	5 422 579

(续表)

项目	矿储量
汇兑差异	−254 416
本年计提	1 103 089
资产减值转回	−731 332
2014年12月31日	5 539 920
净值	
2014年12月31日	31 422 132
2013年12月31日	32 114 797

资料来源：根据兖州煤业财务报告整理。

如表4-2所示，中国会计准则下的财务报告附注中披露了无形资产减值准备，即历年计提无形资产减值准备的余额。由于存在历年累计金额，无形资产减值准备的金额略大于2013年度针对采矿权确认的资产减值损失20.522亿元。

如表4-3所示，2013年度受煤炭价格下跌影响，兖州煤业对澳洲资产计提无形资产减值20.522亿元。兖州煤业2014年度财务报告披露了境内外会计准则下会计数据差异。依据国际准则，转回了无形资产减值7.313亿元；依据中国会计准则，无形资产减值7.313亿元是不予转回的。在以前年度煤炭市场持续走弱的情况下，兖州煤业的资产减值政策未见如此激进，不曾在某一会计年度大额确认资产减值损失。与此同时，兖州煤业在煤炭行业未见市场走强趋势的2014年度转回了约1/3在2013年度计提的无形资产减值准备，此举似乎违背了会计信息质量中的谨慎性原则。

（四）资产减值核算差异对利润、净资产的影响

表4-4　2013—2015年兖州煤业相关资产减值情况及比重　　金额单位：千元

年度 项目	2013	2014	2015
资产减值损失	2 109 650	97 665	398 608
长期资产减值损失	2 052 238	668	326 918
无形资产减值损失	2 052 238	0	0
资产减值损失中长期资产减值损失的比重	97.28%	0.68%	82.01%
长期资产减值损失中无形资产损失的比重	100.00%	0.00%	0.00%

通过表4-4可知兖州煤业2013—2015年度的资产减值损失情况，即除每年经营性的流动资产减值（存货跌价准备和坏账准备）外，也存在少量长期资产减值的情况。但2013年度无形资产减值损失占年度资产减值损失97.28%，且金额远大于2014、2015年度的资产减值损失。

表 4-5 2013—2015 年兖州煤业国际会计准则与按中国会计准则下无形资产减值和净利润减值差异情况   金额单位:千元

年度	项 目	我国会计准则(a)	国际会计准则(b)	差异(a-b)
2013	无形资产减值损失	2 052 238	2 052 238	0
	归属于母公司的净利润	1 271 211	777 368	493 843
	无形资产减值损失占净利润比重	161.44%	264.00%	
2014	无形资产减值损失	0	-731 332	731 332
	归属于母公司的净利润	2 284 167	766 158	1 518 009
	无形资产减值损失占净利润比重	0.00%	-95.45%	
2015	无形资产减值损失	0	12 777	-12 777
	归属于母公司的净利润	859 514	164 459	695 055
	无形资产减值损失占净利润比重	0.00%	7.77%	

表 4-6 2013—2015 年兖州煤业国际会计准则与中国会计准则下无形资产减值和资产差异情况   金额单位:千元

年度	项 目	我国会计准则(a)	国际会计准则(b)	差异(a-b)
2013	无形资产减值准备	2 052 238	2 052 238	0
	无形资产原值与累计摊销的差值	26 026 287	42 522 613	-16 496 326
	减值准备占比	7.89%	4.83%	
2014	无形资产减值准备	2 052 238①	1 320 906	731 332
	无形资产原值与累计摊销的差值	24 437 435	41 880 293	-17 442 858
	减值准备占比	8.40%	3.15%	
2015	无形资产减值准备②	2 052 238	1 333 683	718 555
	无形资产原值与累计摊销的差值	19 771 365	37 392 432	-17 621 067
	减值准备占比	10.38%	3.57%	

表 4-5、表 4-6 揭示了兖州煤业在国际会计准则下与中国会计准则下无形资产减值损失对净利润和资产的影响。从 2014 年度长期资产减值损失转回开始,拉开了不同会计准则下显著差异的序幕。

---

① 在 2014 年 A 股财务报告附注(P168)无形资产减值准备的年初余额为 2 076 426 元,外币报表折算差额为-157 813 元,年末无形资产减值准备余额为 1 918 613 元。基于和港股的可比性,我们没有包括这部分外币报表折算差额。

② 此处也没有考虑外币报表折算差额。

（五）行业经济周期的影响

根据前瞻产业研究院发布的《中国煤炭行业发展前景与投资战略规划分析报告》，2014年度全国煤炭产量约为38.7亿吨，同比2013年度下降了2.5%，是历史上首次出现煤炭产量降低的情形。与此同时，煤炭库存量居高不下，亟待去库存。截至2014年12月31日，煤炭企业库存煤约8 700万吨，比年初增长2.6%；作为行业主力的发电企业存煤9 455万吨，与2014年年初相比增加了1 409万吨，增长17.1%。煤炭采掘行业去库存的压力持续放大。煤炭市场景气指数也未恢复以前年度的正常水平。2012—2014年度，煤炭市场陷入低谷，其景气指数持续处于负值。煤炭市场景气指数在2015年3月份到达了近年来的最低点－52.1，这个迹象反映市场对于未来的走势预期较为悲观。由于长期积累的矛盾逐步显现，2015年，全国煤炭市场库存量居高不下、煤炭市场持续走弱、煤炭价格大幅下跌、行业经济效益不断下降、企业亏损面急剧扩大。从宏观层面到微观层面，煤炭行业均处于弱势，短期来看没有复苏的预兆。2016年度，预期煤炭供求关系将逐步改善，但供过于求的态势难以发生本质的变化，整个行业依然面对严峻的考验。

表4-7　2014年度煤炭采掘行业市值前六的上市公司　　　　金额单位：亿元

排名	股票代码	公司简称	市值
1	601088	中国神华	3 343
2	601898	中煤能源	785
3	601225	陕西煤业	610
4	600188	兖州煤业	534
5	600157	永泰能源	502
6	000983	西山煤电	296
行业平均	—	—	259
行业中值	—	—	111

资料来源：国泰安数据库。

由表4-7可知，中国神华（601088）及中煤能源（601898）市值显著高于兖州煤业，本章选取与兖州煤业市值相当的上市公司陕西煤业（601225）、永泰能源（600157）进行行业对比，如表4-8、图4-1所示。

表4-8　2013—2015年3家上市公司资产减值损失相关金额、比重比较

金额单位：千元

公司简称	永泰能源			兖州煤业			陕西煤业		
项目	资产减值损失	无形资产减值损失	比重	资产减值损失	无形资产减值损失	比重	资产减值损失	无形资产减值损失	比重
2013	94 616	0	0.00%	2 109 650	2 052 238	97.28%	68 130	0	0.00%
2014	6 700	0	0.00%	10 998	0	0.00%	376 738	11 147	2.96%
2015	－28 692	0	0.00%	398 608	0	0.00%	212 375	0	0.00%

资料来源：国泰安数据库。

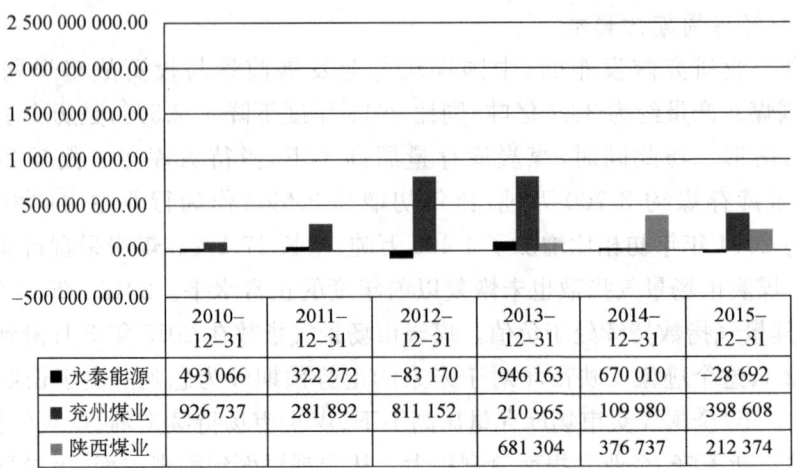

图 4-1　2010—2015 年 3 家上市公司资产减值损失金额比较

（六）企业盈余管理的影响

1. 对股市股票估值的影响

图 4-2 展示了兖州煤业上市以来的市盈率。

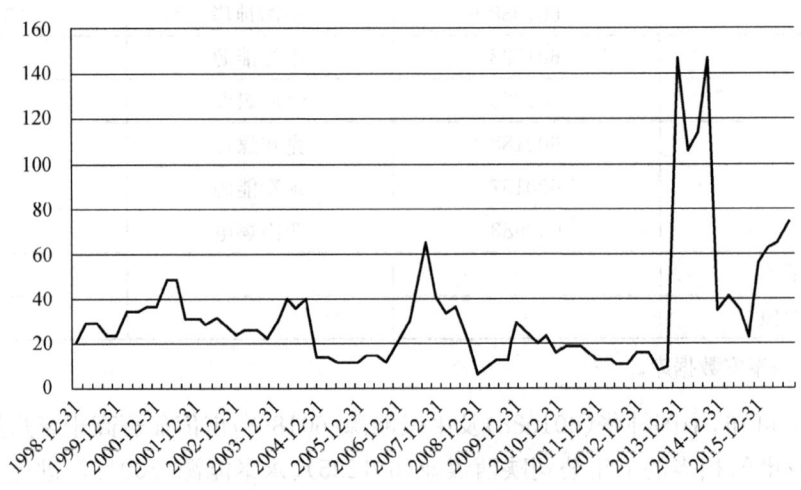

图 4-2　兖州煤业上市以来的市盈率

2. 对高管考核与薪酬的影响

表 4-9 列示了兖州煤业 2010—2015 年度营业收入、净利润增长情况，表 4-10 列示了兖州煤业关键管理人员报酬情况。

表 4-9　2010—2015 年度营业收入、净利润增长情况

年度	2015	2014	2013	2012	2011	2010
营业收入增长率	5.64%	8.85%	-1.59%	19.83%	39.96%	62.06%
净利润增长率	-60.28%	79.68%	-76.29%	-35.34%	-4.28%	132.16%

资料来源：国泰安数据库。

表 4-10 2010—2015 年度关键管理人员报酬　　　　金额单位：千元

年度	2015	2014	2013	2012	2011	2010
金额	9 834	12 955	7 490	7 412	4 652	5 778
增长率	−24.09%	72.96%	1.05%	59.33%	−19.49%	—

兖州煤业对董事及高级管理人员推行以年薪制、安全风险抵押和特别贡献奖励三位一体相结合的考评模式及激励机制。董监高的年薪收入由基本年薪和绩效年薪两部分组成：基本年薪根据公司生产经营规模、盈利能力、经营管理难度、职工工资水平等因素综合确定；绩效年薪根据实际经营成果确定。董事和高级管理人员的基本年薪按月度标准预付，绩效年薪于次年审计考核后兑现。

3. 对企业融资的影响

表 4-11 列示了兖州煤业的负债情况。

表 4-11 财务风险相关指标

截止日期	2015-12-31	2014-12-31	2013-12-31	2012-12-31	2011-12-31	2010-12-31
资产负债率	69.08%	66.72%	66.14%	60.44%	56.04%	49.46%
股本(万股)	4 918.4	4 918.4	4 918.4	4 918.4	4 918.4	4 918.4
股本增长率	0	0	0	0	0	0
长期负债(千元)	54 905 546	60 244 674	54 477 079	45 016 825	19 069 549	25 163 209
长期负债增长率	−8.86%	10.59%	21.01%	136.07%	−24.22%	10.11%
长期负债/总负债	57.16%	68.85%	65.52%	61.4%	34.9%	69.86%

资料来源：国泰安数据库。

(七) 资产减值会计对盈余质量的影响

表 4-12 以经营活动产生的现金流量/净利润为指标研究兖州煤业资产减值对盈余质量的影响，可以发现兖州煤业历年的净利润质量存在较大的差异。为探明更深层次的原因，本章采用 2013—2015 年度现金流量表明细——间接法(见表 4-13)，并以 2013—2015 年度与兖州煤业市值相当的安泰集团、陕西煤业的相关数据作为对比展开分析(见表 4-14)。

表 4-12 2010—2015 年度经营活动产生的现金流量、净利润及比重

金额单位：元

年度	经营活动产生的现金流量	净利润	经营活动产生的现金流量/净利润
2015	2 817 924 000.00	831 210 000.00	339.01%
2014	5 658 590 000.00	1 858 448 000.00	304.48%
2013	2 956 504 000.00	299 202 000.00	988.13%

(续表)

年度	经营活动产生的现金流量	净利润	经营活动产生的现金流量/净利润
2012	8 116 636 903.00	5 583 541 182.00	145.37%
2011	18 922 801 527.00	8 644 135 619.00	218.91%
2010	6 287 583 260.00	9 013 073 516.00	69.76%

表 4-13　兖州煤业 2013—2015 年度现金流量表明细——间接法　　金额单位：百万元

会计日期	2013-12-31		2014-12-31		2015-12-31	
净利润	5 101.79	100.00%	1 858.45	100.00%	831.21	100.00%
未确认的投资损失	0.00	0.00	0.00	0.00	0.00	0.00
资产减值准备	0.98	0.02%	11.00	0.59%	398.61	47.96%
固定资产折旧、油气资产折耗、生产性生物资产折旧	1 074.30	21.06%	2 818.04	151.63%	3 661.11	440.46%
无形资产摊销	196.74	3.86%	1 125.38	60.55%	732.56	88.13%
长期待摊费用摊销	0.01	0.00	19.81	1.07%	0.01	0.00
处置固定资产、无形资产和其他长期资产的损失（收益以"-"号填列）	-38.81	-0.76%	-1.69	-0.09%	6.86	0.83%
固定资产报废损失（收益以"-"号填列）	0.00	0.00	0.00	0.00	0.00	0.00
公允价值变动损失（收益以"-"号填列）	148.04	2.90%	106.62	5.74%	-11.45	-1.38%
财务费用（收益以"-"号填列）	861.52	16.89%	1 816.81	97.76%	3 156.25	379.72%
投资损失（收益以"-"号填列）	-1 070.23	-20.98%	-23.55	-1.27%	-608.71	-73.23%
递延所得税资产减少（增加以"-"号填列）	302.44	5.93%	366.84	19.74%	-395.43	-47.57%
递延所得税负债增加（减少以"-"号填列）	0.00	0.00	-326.18	-17.55%	259.60	31.23%
存货的减少（增加以"-"号填列）	-138.87	-2.72%	27.20	1.46%	30.43	3.66%
经营性应收项目的减少（增加以"-"号填列）	-1 290.99	-25.30%	1 093.87	58.86%	1,952.48	234.90%
经营性应付项目的增加（减少以"-"号填列）	-3 326.22	-65.20%	-4 081.36	-219.61%	-8 164.15	-982.20%
其他	758.14	14.86%	847.36	45.60%	932.86	112.23%
经营活动产生的现金流量净额	2 578.82	50.55%	5 658.59	304.48%	2 817.92	339.01%

表 4-14 兖州煤业、安泰集团、陕西煤业 2013—2015 年度现金流量表明细——间接法及比重

金额单位：百万元

上市公司简称	兖州煤业			安泰集团			陕西煤业		
年度	2013	2014	2015	2013	2014	2015	2013	2014	2015
净利润	5 101.79	1 858.45	831.21	−101.98	−857.11	−81.03	4 426.37	2 812.11	−2 350.06
资产减值准备	0.98	11.00	398.61	−1.57	193.69	116.74	0.70	376.74	212.37
固定资产折旧,油气资产折耗,生产性生物资产折旧	1 074.30	2 818.04	3 661.11	89.89	192.32	217.59	7.09	3 922.87	2 814.82
无形资产摊销	196.74	1 125.38	732.56	4.07	5.71	6.09	4.18	489.11	497.36
长期待摊费用摊销	0.01	19.81	0.01	0.00	0.00	0.00	0.00	37.89	56.51
处置固定资产、无形资产和其他长期资产的损失（收益以"−"号填列）	−38.81	−1.69	6.86	0.21	0.60	0.00	0.00	29.25	−1.82
固定资产报废损失（收益以"−"号填列）	0.00	0.00	0.00	0.00	0.00	0.00	0.00	0.01	13.84
公允价值变动损失（收益以"−"号填列）	148.04	106.62	−11.45	0.00	0.00	0.00	0.00	0.00	0.00
财务费用（收益以"−"号填列）	861.52	1 816.81	3 156.25	122.36	341.82	96.37	743.86	732.49	1 003.16
投资损失（收益以"−"号填列）	−1 070.23	−23.55	−608.71	0.00	0.26	−61.12	−4 434.46	−609.40	−432.35
递延所得税资产减少（增加以"−"号填列）	302.44	366.84	−395.43	0.46	4.47	0.00	0.00	−202.71	288.74
递延所得税负债增加（减少以"−"号填列）	0.00	−326.18	259.60	0.00	0.00	0.00	0.00	0.00	0.00
存货的减少（增加以"−"号填列）	−138.87	27.20	30.43	−187.56	502.82	229.71	0.00	−217.07	108.39
经营性应收项目的减少（增加以"−"号填列）	−1 290.99	1 093.87	1 952.48	−258.73	−620.34	−392.90	−4 758.62	−1 717.43	−98.85
经营性应付项目的增加（减少以"−"号填列）	−3 326.22	−4 081.36	−8 164.15	31.83	−519.13	−465.72	−360.02	−5 456.42	−2 904.70
其他	758.14	847.36	932.86	0.00	−754.89	−334.25	0.00	−76.02	−95.98
经营活动产生的现金流量净额	2 578.82	5 658.59	2 817.92	−301.03	−754.89	−334.25	−4 370.90	121.42	−888.59
经营活动产生的现金流量净额/净利润	50.55%	304.48%	339.01%	295.17%	88.07%	412.52%	−98.75%	4.32%	37.81%

资料来源：国泰安数据库。

（本案例摘选自上海立信会计学院 2013 级会计学本科生倪诗怡的毕业论文《长期资产减值会计的国际比较——以兖州煤业为例》）

三、案例思考题

1. 翻阅兖州煤业财务报告,结合表4-5、表4-6,试分析国际会计准则下与中国会计准则下无形资产减值损失对净利润和资产的影响。
2. 结合行业周期的影响,比较兖州煤业与参照公司的资产减值会计处理有何异常之处。
3. 从股票估值、高管薪酬、企业融资三个角度寻找兖州煤业的盈余管理迹象,试分析其可能的原因。
4. 结合对照公司,分析兖州煤业2013—2015年的盈余质量变化,讨论我国的资产减值准则对盈余质量有何影响。

四、案例分析参考与提示

1. 翻阅兖州煤业财务报告,结合表4-5、表4-6,试分析国际会计准则下与中国会计准则下无形资产减值损失对净利润和资产的影响

查询兖州煤业2013年度财务报告,其确认资产减值损失2 109 650 000.00元(其中,无形资产减值损失为2 052 238 000元,占年度资产减值损失的97.28%),该金额高达当年净利润的7倍,说明操纵利润的空间非常可观。但兖州煤业2013年度确认约20.5亿元无形资产减值损失对其无形资产净值并没有造成太大的影响,即对其资产负债表的影响非常有限。可见兖州煤业存在着一个问题:即体量大却没有相当的利润与之配比,从某种程度上来说兖州煤业的资产为其带来经济利益流入的效益非常有限。

2014年度,依据国际财务报告准则,兖州煤业转回了2013年度确认的部分无形资产减值损失,金额为7.313亿元人民币。而依据中国会计准则,该无形资产减值损失不予转回。而其财务报告附注对无形资产减值后又转回导致境内外差异的事项的披露极其简略,几乎是一笔带过,没有提供确认大额无形资产减值的充分理由,也没有对后续的转回提供应有的说明

2. 结合行业周期的影响,比较兖州煤业与参照公司的资产减值会计处理有何异常之处

参考与兖州煤业市值相当的上市公司永泰能源、陕西煤业2013—2015年度财务报告,发现其资产减值损失主要由存货跌价以及坏账准备构成,偶尔存在长期资产减值损失(以固定资产减值损失为主),如表4-8所示,仅有陕西煤业于2014年度确认了无形资产减值损失,且占当年资产减值损失的比重相当小。相比之下,兖州煤业资产减值损失的金额显著高于其他两家上市公司,且2013年度因确认了人民币2 052 238 000元的无形资产减值损失显得更为突出。

而煤炭采掘行业研究报告显示,2012—2014年煤炭市场景气指数持续为负值,即煤炭行业自2012年起,甚至从更早的时间点开始就处于下行趋势,在兖州煤业转回无形资产减值损失的2014年并未出现好转,且煤炭行业在合理预期下后续也未见上行趋势。兖州煤业在煤炭采掘行业进入下行趋势过程中一直采取相对符合谨慎性原则的资产减值会计政策。兖州煤业在2014年度以现有矿营运成本和矿的使用年限有所改进,以按照联合矿石储备委员会标准测量下澳洲资产矿储备有所增加为由转回无形资产减值损失有失谨慎。

3. 从股票估值、高管薪酬、企业融资三个角度寻找兖州煤业的盈余管理迹象，试分析其可能的原因

如图 4-2 所示，兖州煤业的市盈率在 2013 年度达到近年来的较低点，而在无形资产减值损失转回的当年即 2014 年度，兖州煤业的市盈率出现了大幅上涨，达到其上市以来的最高市盈率。而在不久之后的 2015 年，市盈率又出现一定程度的回落。此举或许与兖州煤业通过盈余管理操纵利润导致股价大幅波动相关。上市公司通过年度财务报告、公告配合私募机构在股市上充当"炒家"的情况屡见不鲜。在煤炭市场受挫的兖州煤业或许有着在资本市场盈利的动机。

结合表 4-9 与表 4-10 来看，兖州煤业关键管理人员的报酬与当年度的业绩具有相当高的关联性。关键管理人员的报酬基本上与当年营业收入及净利润增长情况相配比。其中 2014 年度，兖州煤业的营业收入及净利润有了一定程度的提升，关键人员的报酬显著高于其他年度，而关键人员的报酬在 2015 年度又出现了一定幅度的回落。这与 2013 年度确认大额无形资产减值损失影响净利润也有着密切的联系：管理层可能借 20.522 亿元资产减值损失丢掉包袱，为后续会计年度创造利润谋求出路。当然，兖州煤业对于利润的操纵必然存在更多的动机有待发掘。

兖州煤业的资产负债率在 2010—2015 年度持续攀升，主要是发行非公开定向债务融资工具造成的。同时，兖州煤业未发行股票、可转换公司债券、分离交易的可转换公司债券、公司债券及其他衍生证券。长期负债占总负债的比重除 2011 年显著低于其他年度外，均维持在相对较高的水平。从 2014 年度 9 月份起，兖州煤业发行了规模相当的非定向融资工具以及一系列周期不同的短期融资券、中期票据，其利率均明显高于市场利率，兖州煤业后续将为融资支出的财务费用也将明显提高。一定程度上说明兖州煤业的现金流并不充裕，需要依靠债务工具来借款维持资金周转。从这一视角来看，兖州煤业亦存在着通过盈余管理来操纵利润，以维持资金来源和融资渠道的动机。

4. 结合对照公司，分析兖州煤业 2013—2015 年的盈余质量变化，讨论我国的资产减值准则对盈余质量有何影响

通过经营活动产生的现金流量净额/净利润为关键指标，发现兖州煤业 2013—2015 年度盈余质量变化较大；利用 2013—2015 年度的现金流量表明细——间接法财务报表，得出经过调整计算得出经营活动产生的现金流量净额，发现兖州煤业 2014、2015 年度的盈余质量与 2013 年度相比存在显著提高。在一定程度上，2013 年度的大额资产减值损失为以后年度创造净利润提供了相当可观的空间。兖州煤业盈余质量显著高于安泰集团与陕西煤业，说明中国资产减值会计准则虽然在某种程度上抑制了上市公司采用资产减值的手段进行盈余管理。但是由于目前上市公司面临的复杂变化的经济环境，资产减值准则不可避免地会存在缺陷和漏洞，这些缺陷和漏洞必然会给企业进行盈余管理留下可以操作的空间。

根据中国会计准则，长期资产减值准备一经确认，不得转回，而在国际准则下，长期资产减值准备可以转回。中国会计准则体现了谨慎性原则，在一定程度上抑制了上市公司的盈余管理，而国际会计准则使得上市公司更加便于进行盈余管理，长期资产多数情况下金额巨大，通过计提长期资产准备及转回来进行盈余操作成为了非常值得考虑的选择。且依据当

下的准则,兖州煤业在 2014 年度财务报告中并未对无形资产减值准备转回事项进行应有的详细说明,影响了对无形资产价值的客观、公允计量。

公允价值是我国资本市场的计量基础之一,因此要顺利推行资产减值准则必须逐步使资产信息披露制度更为完善,资产市场价格体制也更为健全,而客观公正的市场价值和公允价值既需要人力支持,也需要技术支持。长期资产减值损失一经计提不予转回在一定程度上体现了中国会计准则的谨慎性,但对于上市公司盈余管理并不能起到实质性的遏制作用,同时也与国际会计准则的处理相悖,降低了国际财务报表的可比性,亦增加了跨国公司披露财务报告时的转换成本。

五、分析题

材料一

核心利润是指企业利用经营资产从事自身经营活动所产生的直接利润。其计算公式为:

核心利润＝营业收入－营业成本－营业税金及附加－销售费用－管理费用－财务费用

此概念有些类似于原准则中的营业利润概念。但两者之间仍然存在着显著差别:第一,在原准则的营业利润中,包括了经营资产减值准备对利润的影响因素,而核心利润中则剔除了减值损失项目的影响;第二,新准则对借款利息资本化的计量方法发生了变化,因此财务费用虽然名称完全一样,但其内涵已经发生了变化。建立"核心利润"概念,主要是出于以下原因:

第一,核心利润有利于分析资产负债表、利润表和现金流量表之间的内在逻辑关系。新准则扩大了"营业利润"的概念,将营业利润扩展为包括投资收益的范围。但是对于一般企业而言,企业的经营资产(即总资产减去投资资产以后的部分)、核心利润和经营活动产生的现金流量净额之间仍存在着必然的联系。在将营业利润范围扩大以后,这种关系变得较为模糊。尤其是在对企业的盈利模式进行分析时,此概念的构建就显得尤为必要。

需要注意的是,核心利润剔除了减值损失。这是因为,该项目本质上属于会计估计事项,且属于未实现的资产持有损失,并未真正引起企业现金流出。因此这样构建出的"核心利润"项目,更便于与相应的经营资产以及经营活动产生的现金净流量进行比较。

第二,可以通过计算核心利润率较为恰当地反映企业自身经营活动的盈利能力。在原准则环境下,营业利润与营业收入(或主营业务收入)之间的对比所形成的营业利润率可以较好地反映企业经营活动的盈利能力。在新准则环境下,由于营业利润的内涵扩大,企业投资资产占总资产比重越大,营业利润与营业收入之间的可比性就越小。因此,通过核心利润率的计算便可以较好地解决这一问题。

第三,将核心利润在口径上稍作调整并与现金流量表中的经营活动产生的现金流量净额进行比较,便可以分析企业自身经营活动获取现金的能力。[选自《新准则下利润结构质量分析体系的重构》,作者钱爱民、张新民,载于《会计研究》2008 年第 6 期]

材料二

我们研究发现,计提资产减值准备的稳健性行为可以对过度投资形成有效约束。这一发现证实了会计稳健性可以有效制约过度投资行为的理论观点,并且为会计稳健性原则的应用提供了有力的支持。

……

同时,我们也发现计提资产减值准备这一稳健性行为有可能抑制公司正常的投资支出,导致公司发生投资不足,从而损害公司资本配置的效率。虽然研究结果表明资产减值准备计提导致公司投资不足的作用要明显弱于抑制公司过度投资的作用,但是,这仍旧意味着会计稳健性具有一定的两面性,这一会计原则的运用要充分权衡其利弊。[选自《会计稳健性与上市公司投资行为——基于资产减值角度的实证分析》,作者杨丹、王宁、叶建明,载于《会计研究》,2011(3)]

阅读以上材料,回答下列问题:

1. 根据材料一,站在外部利益相关者的角度,对分析公司财务数据有何启示?
2. 根据材料二,站在企业内部决策者的角度,怎样看待会计稳健性(谨慎性)原则?站在准则制定者的角度,有何启示?

参考资料

1. 钱爱民,张新民:《经营性资产:概念界定与质量评价》,载于《会计研究》,2009年第8期。
2. 周玮,吴联生:《管理层判断对会计稳健性的替代效应》,载于《会计研究》,2015年第5期。
3. 代冰彬,陆正飞,张然:《资产减值:稳健性还是盈余管理》,载于《会计研究》,2007年第12期。

六、案例公司的后续发展

(一)案例公司2016—2019年的主要财务数据

表4-15列示了兖州煤业2016—2019年主要会计数据。

表4-15 兖州煤业2016—2019年主要会计数据

年份	2016	2017	2018	2019
营业收入(万元)	10 198 221.30	15 122 777.50	16 300 847.20	20 064 718.70
归属于上市公司股东的净利润(万元)	206 458.50	677 061.80	790 890.40	866 786.80
归属于上市公司股东的扣除非经常性损益的净利润(万元)	148 949.60	575 193.60	849 145.30	747 176.90
基本每股收益(元/股)	0.42	1.378 4	1.610 1	1.764 6
扣除非经常性损益后的基本每股收益(元/股)	0.30	1.171	1.728 7	1.521 1
加权平均净资产收益率(%)	5.05	14	13.48	13.84
扣除非经常性损益后的加权平均净资产收益率(%)	3.64	11.9	14.47	11.93

图 4-3 展示了兖州煤业 2016—2019 年收入与利润情况。

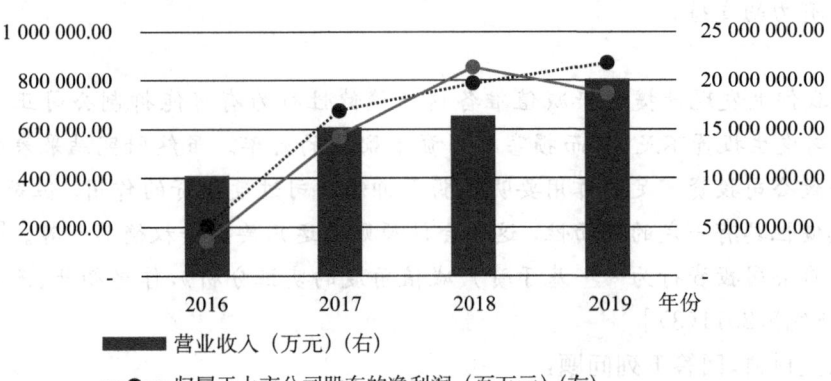

图 4-3 兖州煤业 2016—2019 年收入与利润情况

表 4-16 列示了兖州煤业（A 股）2016—2019 年资产减值情况。

表 4-16 兖州煤业（A 股）2016—2019 年资产减值情况 单位：万元

年份 项目	2016	2017	2018	2019
坏账损失	107 124.70	72 851.00	—	—
存货跌价损失	−1 399.40	277.70	722.70	2 584.30
可供出售金融资产减值损失	—	10.00		
无形资产减值损失	—	149 198.60	28 978.70	14 746.50
商誉减值损失	32 691.80	—		
合计	138 417.10	222 337.30	29 701.40	17 330.80

图 4-4 展示了兖州煤业 2016—2019 年资产减值总额。

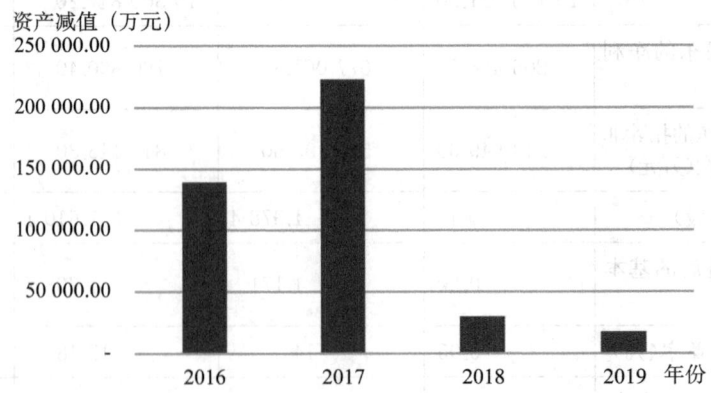

图 4-4 兖州煤业 2016—2019 年资产减值总额

(二) 案例公司后续发生的重大事件

2016—2019年间,案例公司主要发生以下重大事件。

截至2016年12月31日,兖州煤业因贸易业务供应商未能按期履行合同而由预付账款转入其他应收款的金额为1 889 796 954.48元,相应的坏账准备金额为698 637 766.25元。

2017年,兖州煤业完成对联合煤炭有限公司100%股权的收购,购买日为2017年9月1日,联合煤炭自2017年9月1日起被纳入兖州煤业合并报表范围,兖州煤业确认营业外收入1.77亿澳元,折合人民币8.89亿元。

2017年12月31日,兖州煤业管理层对存在减值迹象的停产煤矿的采矿权进行减值测试,计提文玉煤矿采矿权减值准备14.92亿元。对于采矿权未来可收回金额的测算涉及管理层关键会计估计和判断。管理层在减值过程中包括估值采用的方法及主要参数等,对财务报表有重大影响。文玉煤矿采矿权计提资产减值准备14.92亿元,减值准备计提是否充分、恰当,对财务报表有重大影响。

2018年12月31日,兖州煤业管理层对存在减值迹象的停产煤矿的采矿权进行减值测试,管理层对上述存在减值迹象的采矿权按照其所在的资产组进行减值测试后,计提了文玉煤矿采矿权减值准备2.90亿元,截至2018年12月31日该采矿权累计计提减值准备17.82亿元。

2019年12月31日,兖州煤业对有减值迹象的停产煤矿的采矿权相关长期资产进行减值测试,根据北京天健兴业资产评估有限公司出具的天兴评报字(2019)第0722号评估报告,将安源煤矿采矿权计提减值准备14 746.5万元。

关于案例后续发展的思考题:
根据以上资料,试分析案例公司哪些年度存在着盈余管理迹象?其性质如何?

本章附录 背景资料:2006年长期资产减值新准则的变化及其会计争议

长期资产减值损失的性质及其可否转回,一直受到会计实务人员、准则制定者以及职业界的广泛争论。我国2006年新颁布的企业会计准则,其重大变化之一就是长期资产减值损失一经确认不再允许转回。这也是目前国际会计准则与我国会计准则的少数重大分歧之一。

(一) 我国长期资产减值发展进程

"资产减值"在我国会计学中产生和发展的历史虽然比较短,但是发展非常迅速。归纳而言,我国的资产减值会计发展可以划分为如下阶段。

1. 启蒙阶段

资产减值的相关概念最初于1992年在我国颁布的"两则""两制"(《企业会计准则》《企业财务通则》分行业的企业会计制度及财务制度)中被引入。这一概念的引入是基于谨慎性原则,但仅仅提出了对应收账款计提坏账准备,没有涉及不可转回资产减值。

2. 进步阶段

而后,财政部在1998年年初颁布了《股份有限公司会计制度》。第一次对资产减值政策作出具体规定,为了夯实上市公司的资产基础,要求境外上市公司、香港上市公司以及在境内发行外资股的公司必须对应收账款、存货、短期投资和长期投资计提减值准备。至此非流动资产纳入了资产减值的范围。

3. 完善阶段

2000年12月29日,我国发布了《企业会计制度》,将资产减值的范围由四项扩大到八项,即在"四项准备金"的基础上又加上了"委托贷款减值准备""固定资产减值准备""在建工程减值准备"和"无形资产减值准备"。非流动资产减值增加到了四个。至此,我国《企业会计制度》要求对所有符合资产定义的不实资产计提减值准备。

4. 革新阶段

2006年,财政部颁布的《企业会计准则第8号——资产减值》(简称《新资产减值准则》)规定不可转回的资产减值包括:对子公司、联营企业和合营企业的长期股权投资、采用成本模式进行后续计量的投资性房地产、固定资产、生产性生物资产、无形资产、商誉、探明石油天然气矿区权益的井及相关设施。从资产的共性上看,这些资产通常属于企业的非流动资产。

(二)新资产减值准则的适用范围

2002年以前制定和颁布的会计准则,对有关资产减值的规定分散在各相关具体会计准则中,主要列举了应收款项、存货、短期投资等八项资产减值,在适用范围上有所局限。新资产减值准则颁布后,原来在投资准则、固定资产准则、无形资产准则中规定的资产减值将取消。新资产减值准则制定后,明确了所有资产减值处理的一般适用原则,并对其具体规范的范围作了进一步规定。旧准则偏重于工商企业,而新准则进一步扩展到金融、农业、房地产等众多领域,扩大了资产减值的适用范围。适用于新资产减值准则的资产具体有如下七项:

(1)对子公司、联营企业和合营企业的长期股权投资;

(2)采用成本模式进行后续计量的投资性房地产;

(3)固定资产;

(4)生产性生物资产;

(5)无形资产;

(6)商誉;

(7)探明石油天然气矿区权益和井及相关设施等。

(三)长期资产减值的会计争议

国际上对以前年度已确认的减值损失可否转回主要分为两种观点:一种观点是允许转回以前年度已确认的资产(不包括商誉)减值损失;另一种观点是对以前年度已确认的资产减值损失不得转回。

美国会计准则委员会(FASB)规定(FAS NO.121、144),企业在确认资产减值损失之后,应以减少了的资产的账面价值作为一个资产的新的成本基础入账,并且这是不可逆转的。对于计提折旧的资产,新成本应在资产的剩余使用寿命内摊销完,不允许修正以前已确认的减值损失。FASB认为,减值损失使减值资产形成新的成本基础,新的成本基础将减值资产与其他没有减值的资产放在相同的基础上,所以新的成本基础不应该调整,故FASB禁止转回以前确认的减值损失。

但是,英国财务报告准则(FRS11)第56段认为,如果在确认减值损失后由于资产预期用途或经济状况发生变化而增加了有形固定资产或投资的可收回金额,那么应该在当期确认减值损失转回的数额,但转回减值损失后固定资产的账面价值不能高于未确认减值前的账面价值。

IAS 36代表的观点是资产减值损失可以转回。《国际会计准则第36号——资产减值》规定:"企业应该在每个资产负债表日评估是否有迹象表明以前年度确认的除商誉外的资产的减值损失不再存在或已经减少。如果存在这些迹象,企业应估计该项资产的可收回金额。当企业针对资产可收回金额所作的估计发生变化时,转回以前年度已确认的资产减值损失,资产的账面金额应增加至可收回金额。"该准则认为,资产减值会计应反映资产的真实价值,向企业现实的和潜在的投资者提供决策有用的信息。资产减值会计为反映资产的真实价值,将该资产可收回金额小于资产账面价值的部分确认为资产减值损失或费用。那么,当资产的可收回金额又比确认资产减值损失时又有所提高的时候,资产减值是应该允许恢复的(对于商誉减值损失则不允许转回)。

我国新资产减值准则之所以和国际会计准则委员会的规定相悖而行不允许长期资产减值损失的转回,除了理论本身存在争议外,还有着深刻的国情背景和现实解释力。我国准则中财务会计报告的目标是向财务会计报告使用者提供与企业财务状况、经营成果和现金流量等有关的会计信息,反映企业管理层受托责任履行情况,有助于财务会计报告使用者作出经济决策。

因为我国是社会主义国家,国有经济(企业)在全部经济中占主导地位,并且我国的上市公司中多数是国有企业,这就必然要求在进行财务会计目标的选择时,要考虑到对企业管理层受托经营的国有资产的经营管理情况进行必要的监督,以防止国有资产的流失,维护国家和人民的利益。

为了有效遏制企业利用减值准备进行盈余管理,新"企业会计准则——资产减值"舍弃了过去与IASB趋同,即允许转回长期资产减值的做法,转而向FASB靠拢,采取了在长期资产存续期间只计提不允许转回的做法,这样就使资产减值的调节功能大大降低,从而抑制公司滥用资产减值调节利润。

第五章 债务重组:S*ST 聚友的案例

在 2006 年新会计准则中,有财务困难的企业进行债务重组而产生的损益可以计入当期损益,这为连续亏损的 ST 公司通过债务重组来扭亏为盈打开了方便之门。由于 2004—2006 年连续 3 年亏损,S*ST 聚友这家当年号称"网络第一股"的公司于 2007 年 5 月 30 日被暂停上市。为了摆脱被退市的境况,S*ST 聚友在 2007、2008、2010 年进行了三次债务重组,分别把 1.7 亿元、6 976 万元与 4 669 万元确认为当期利润。本章以 S*ST 聚友的债务重组为例,剖析企业债务重组的财务影响与动机,探讨了债务重组会计准则执行中面临的问题与挑战。

一、案例教学目标与教学操作说明

(一)案例教学目标

通过案例的讨论与分析,达成以下教学目标:①熟悉上市公司债务重组的方式及其信息披露要求;②了解债务重组准则的变迁及其对盈余管理的影响;③掌握债务重组对企业的财务影响;④理解企业债务重组的动因;⑤了解企业债务重组对企业利益相关者的影响。

(二)教学操作说明

本章教学操作说明如表 5-1 所示。

表 5-1 教学操作说明

内容	主角	组织与要求	时间
阅读案例资料	学生	熟悉案例资料,补充并收集相关资料	课前
案例讨论	学生	每个案例小组围绕案例思考题,分析讨论案例公司债务重组的方式、动机及其影响	20~30 分钟
演讲	学生	每个案例小组推荐 1 名学生演讲其小组讨论的情况及其达成的共识、产生的分歧	35~45 分钟
点评	老师	点评案例小组讨论情况并引导其对问题的正确理解和深入分析	15~25 分钟

二、公司背景及案例介绍

(一)S*ST 聚友的案例背景

1. S*ST 聚友公司背景

成都聚友网络股份有限公司原名成都泰康化纤股份有限公司。成都泰康化纤股份有限公司系 1990 年 1 月 20 日经成都市体制改革委员会成体改〔1990〕010 号文批准,由成都涤纶厂改组为股份有限公司。1993年12月31日经国家体制改革委员会体改生〔1993〕270号文批准为规范化股份制试点企业。1997年1月,成都泰康化纤股份有限公司的2 730万社会公众股经中国证券监督管理委员会批准于1997年2月在深圳证券交易所挂牌交易。1999年5月24日,成都泰康化纤股份有限公司更名为成都聚友泰康网络股份有限公司,并于2000年3月30日经成都市科学技术委员会成工科字〔2000〕04号文认定为高新技术企业。2000年12月经成都海峡两岸科技园管委会批准,公司迁入成都海峡两岸科技开发园科技创新中心。

公司所处行业为信息传播服务业,主营业务范围包括:开发、设计、生产、安装经营各类网络及设备(不含国家限制项目);批发、零售电子产品、通讯设备(不含无线电发射设备)、计算机、办公机械(不含彩色复印机)、建筑材料、批发零售纺织原辅材料、纺织器材、化工原料(不含危险品)、日用百货、日用杂品、家用电器、技术开发、机械加工、花木种植经营,研究、开发、设计视讯服务系统,生产经营视频点播系统,从事相关技术咨询;宽带用户驻地网业务;设计、制作、发布、代理国内各类广告业务(气球广告除外);自营和代理各类商品和技术的进出口业务。

公司的控股股东为深圳市聚友网络投资有限公司(境内非国有法人),法定代表人为陈健。公司与实际控制人之间的产权和控制关系如图5-1所示。

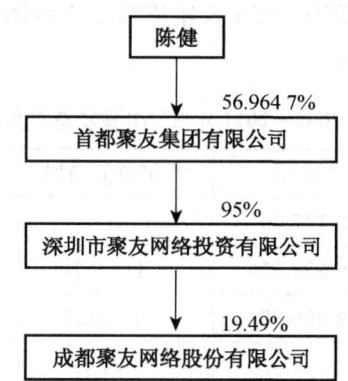

图5-1　2010年S*ST聚友与控制人关系图

资料来源:公司年报。

由于2004—2006年连续3年亏损,S*ST聚友这家当年号称"网络第一股"的公司于2007年5月30日被暂停上市,众多股东也因此深套其中。

2. S*ST聚友债务重组事件经过

公司从2007年开始,在2007年、2008年和2010年进行了三次债务重组。具体如表5-2所示。

表5-2　S*ST聚友三次债务重组　　　　　　　　　　　　　　单位:万元

时间	债权人	债务人	重组金额	性质
2007-12-29	北京盈科伟业投资有限责任公司	S*ST聚友	17 000.00	债务豁免
2008-12-31	金融债权人	S*ST聚友	6 976.14	利息豁免
2010-12-31	金融债权人	S*ST聚友	4 669.17	利息豁免

资料来源:公司公告。

截至 2007 年 12 月 31 日，S*ST 聚友的短期借款为 279 785 189.00 元，全部为逾期短期借款。公司呆滞的现金流使其无法偿还这些短期借款，公司与债权人北京盈科伟业投资有限责任公司达成债务重组协议，协议性质为债务豁免。

2008 年，S*ST 聚友仍无法偿还到期的短期借款、应付账款和其他应付款。再次进行债务重组，重组收益达 69 761 437.78 元，性质为金融债权人的借款利息豁免。

2010 年，S*ST 聚友再次进行债务重组，将公司从退市的边缘拉回。2010 年该公司实现营业收入 5 151.34 万元，营业利润－7 072.72 万元，实现净利润 491.94 万元，归属于母公司的净利润为 664.42 万元。之所以盈利，主要是公司与债权人达成性质为利息豁免的债务重组协议。此外，该公司还不断变卖家底"保壳"，相继出售了北京、成都、深圳等城市的 289 家宾馆或酒店内的视频点播系统相应资产及相应业务市场。

（二）S*ST 聚友债务形成原因

1. S*ST 聚友债务形成过程

从 2002 年开始，S*ST 聚友的资产负债率不断上升，至 2006 年达到顶峰，如此巨大的负债带来的财务负担，是导致公司 2004—2006 年连续 3 年亏损的重要原因之一。公司 2004—2011 年的资产负债率如表 5-3 所示。

表 5-3　2004—2011 年 S*ST 聚友资产负债情况　　　　金额单位：万元

年份	总资产	总负债	本年负债增加	负债增加率	资产负债率
2004	127 925.49	88 177.26	—	—	68.93%
2005	110 361.94	86 288.56	－1 888.70	－2.14%	78.19%
2006	90 073.64	92 298.87	6 010.31	6.97%	102.47%
2007	43 437.14	43 574.97	－48 723.90	－52.79%	100.32%
2008	38 948.49	38 928.14	－4 646.83	－10.66%	99.95%
2009	29 075.73	35 934.43	－2 993.71	－7.69%	123.59%
2010	24 476.78	30 793.54	－5 140.89	－14.31%	125.81%
2011	19 184.49	31 778.20	984.66	3.20%	165.65%

资料来源：公司公告。

从表 5-3 中可以看到，S*ST 聚友巨额负债的绝对值在 2006 年达到顶峰，公司从 2005 年开始试图减轻财务负担，但是资产负债率一直居高不下，S*ST 聚友始终没有摆脱高负债率的包袱。

2. S*ST 聚友负债结构分析

可以将短期借款、应付利息（2001 年准则下的预提费用）、1 年内到期的长期负债、长期借款列为金融债权人的债权；将应付账款列为供应商的债权；其他应付款因为金额较大，不并入其他债权人而单独列示；其余列为其他债权人。S*ST 聚友 2006—2011 年的负债结构如表 5-4 至表 5-9 所示。

表 5-4　2006 年 S*ST 聚友负债结构(按债权人分类)　　　金额单位:元

债权人	短期	占总负债比例	长期	占总负债比例	合计	占总负债比例
金融债权人	836 282 808	90.61%	16 500 000	1.79%	852 782 808	92.4%
供应商	21 996 357	2.38%	0	0.00	21 996 357	2.38%
其他应付款	8 661 693	0.94%	0	0.00	8 661 693	0.94%
其他债权人	34 790 099	3.77%	4 757 774	0.52%	39 547 873	4.29%
合计	901 730 957	97.70%	21 257 774	2.30%	922 988 731	100.00%

资料来源:公司公告。

表 5-5　2007 年 S*ST 聚友负债结构(按债权人分类)　　　金额单位:元

债权人	短期	占总负债比例	长期	占总负债比例	合计	占总负债比例
金融债权人	371 659 741	85.29%	0	0.00	371 659 741	85.29%
供应商	16 819 702	3.86%	0	0.00	16 819 702	3.86%
其他应付款	21 507 579	4.94%	0	0.00	21 507 579	4.94%
其他债权人	19 260 534	4.42%	6 502 171	1.49%	25 762 705	5.91%
合计	429 247 556	98.51%	6 502 171	1.49%	435 749 727	100.00%

资料来源:公司公告。

表 5-6　2008 年 S*ST 聚友负债结构(按债权人分类)　　　金额单位:元

债权人	短期	占总负债比例	长期	占总负债比例	合计	占总负债比例
金融债权人	322 285 096	82.79%	0	0.00	322 285 096	82.79%
供应商	21 715 244	5.58%	0	0.00	21 715 244	5.58%
其他应付款	21 127 347	5.43%	0	0.00	21 127 347	5.43%
其他债权人	17 651 565	4.53%	6 502 171	1.67%	24 153 736	6.20%
合计	382 779 252	98.33%	6 502 171	1.67%	389 281 423	100.00%

资料来源:公司公告。

表 5-7　2009 年 S*ST 聚友负债结构(按债权人分类)　　　金额单位:元

债权人	短期	占总负债比例	长期	占总负债比例	合计	占总负债比例
金融债权人	271 406 124	75.53%	0	0.00	271 406 124	75.53%
供应商	21 304 465	5.93%	0	0.00	21 304 465	5.93%
其他应付款	40 952 866	11.40%	0	0.00	40 952 866	11.40%

(续表)

债权人	短期	占总负债比例	长期	占总负债比例	合计	占总负债比例
其他债权人	19 178 706	5.34%	6 502 171	1.81%	25 680 877	7.15%
合计	352 842 161	98.19%	6 502 171	1.81%	359 344 332	100.00%

资料来源：公司公告。

表5-8　2010年S*ST聚友负债结构(按债权人分类)　　金额单位：元

债权人	短期	占总负债比例	长期	占总负债比例	合计	占总负债比例
金融债权人	236 853 606	76.92%	0	0.00	236 853 606	76.92%
供应商	17 855 241	5.80%	0	0.00	17 855 241	5.80%
其他应付款	22 986 448	7.46%	0	0.00	22 986 448	7.46%
其他债权人	23 737 925	7.71%	6 502 171	2.11%	30 240 096	9.82%
合计	301 433 220	97.89%	6 502 171	2.11%	307 935 391	100.00%

资料来源：公司公告。

表5-9　2011年S*ST聚友负债结构(按债权人分类)　　金额单位：元

债权人	短期	占总负债比例	长期	占总负债比例	合计	占总负债比例
金融债权人	222 049 197	69.87%	0.00	0.00	222 049 197	69.87%
供应商	16 942 931	5.33%	0.00	0.00	16 942 931	5.33%
其他应付款	54 545 901	17.16%	0.00	0.00	54 545 901	17.16%
其他债权人	17 741 786	5.58%	6 502 171	2.05%	24 243 957	7.63%
合计	311 279 814	97.95%	6 502 171	2.05%	317 781 986	100.00%

资料来源：公司公告。

2002—2011年，S*ST聚友金融债权人的债务都占到了最高比例。虽然S*ST聚友在2007年、2008年和2010年进行了3次债务重组，可至2011年金融债权人的债务比例还是居高不下，占到69.78%，而且很多借款都是逾期借款。S*ST聚友的主要债权人是金融债权人——商业银行和资产管理公司，这就不难理解，除去2007年的债务重组，在2008年和2010年的债务重组中，都是金融债权人豁免企业巨额利息来进行债务重组。一方面因为利息的重要性远低于本金；另一方面他们宁愿放弃高达4 669.17万元的金融债务利息，也不愿在S*ST聚友退市时面临更大的损失。

3. S*ST聚友历史负债形成原因

金融债权人为何会一步一步成为S*ST聚友的主要债权人？这还要从2002年大股东资金占用讲起：从2002年4月开始，大股东及其关联方开始对S*ST聚友资金占用，主要形式包括往来款项和为大股东及其关联方借款提供担保。但是2002年和2003年的年报内并没有披露违规担保的信息,直到 2004 年年报内披露违规担保 46 300 000 元;而 2005 年年报内,大股东及其关联方占用资金迅速上升到 512 727 079.88 元,且全部为违规占用。2004 年至 2006 年 S*ST 聚友 3 年经营亏损,不得不说大股东的资金占用带给 S*ST 聚友很大的债务压力和现金流压力。

由于 2005 年才发现大股东及其关联方的违规占用资金,表 5-10 列示的是大股东聚友集团的 2002—2005 年资金占用情况。

表 5-10 2002—2005 年大股东(仅聚友集团)资金占用情况   金额单位:元

年份	资金占用	占净资产比重	费用和税金	财务费用	税费占净利润比重
2002	60 269 871.24	14.74%	4 080 539.26	3 733 693.42	40.10%
2003	40 560 024.71	9.59%	3 170 183.45	2 900 717.86	89.97%
2004	40 809 683.83	10.27%	2 367 510.40	2 166 273.02	−7.77%
2005	43 415 653.11	18.03%	2 605 969.28	2 384 461.89	−3.04%

资料来源:公司公告。

从 2005 年开始,S*ST 聚友才披露为关联方违规担保的重大事项,可见其披露不规范。从 2005 年清查的情况来看,大股东资金占用占比不到大股东及其关联方的总体占用资金(51 272.71 万元)的 1/10,而 2005 年 1 年大股东及其关联方就占用资金高达 44 116 万元。截至 2006 年年底,虽然用于资抵债的方式清欠了一部分资金,大股东及其关联方资金占用仍然有 38 863.74 万元。在 2007 年 12 月,S*ST 聚友与大股东及其关联方达成债务重组协议,2007 年大股东及其关联方资金占用为 0。但因为资金占用、违规担保的巨额负债、利息、逾期利息和罚息对 S*ST 聚友的影响并没有消除。表 5-11 列示了 S*ST 聚友对大股东及其关联方担保情况。

表 5-11 S*ST 聚友对大股东及其关联方担保   金额单位:万元

年份	本期担保	累计担保	关联担保占总资产比例	形成负债	占总负债的比例	上年净资产	占上年净资产比例
2005	41 743	41 743	37.82%	41 743	48.38%	38 268	109.08%
2006	233	41 976	46.60%	41 976	45.48%	22 828	183.88%
2007	0	41 976	96.64%	41 976	96.33%	−2 225	−1 886.36%
2008	−5 000	36 976	94.94%	36 976	94.99%	−138	−26 825.30%
2009	0	36 976	127.17%	36 976	102.90%	20	181 700.25%
2010	−8 402	28 574	116.74%	28 574	92.79%	−6 859	−416.61%
2011	0	28 574	148.94%	28 574	89.92%	−6 317	−452.35%

资料来源:公司公告。

大股东及其关联方占用公司资金、公司为关联方提供担保,不仅影响公司的负债结构,同时通过影响管理费用和财务费用减少公司的利润。这使金融债权人成为 S*ST 聚友的第一债权人,是 S*ST 聚友亏损的重要原因之一,导致在公司出现危机而需要进行债务重组时,金融债权人就成为债务重组的另一方。

综上,金融债权人的债务合同形成是由于 S*ST 聚友为大股东及其关联方提供担保或者被大股东及其关联方资金占用。除了 2007 年的债务豁免,在 2008 年和 2010 年的债务重组中,S*ST 聚友分别得到主要债权人——金融债权人的利息豁免 6 976.14 万元和 46 669.17 万元。S*ST 聚友作为一家民营企业,没有国有资产作为背景,一直在寻求债务重组的合作伙伴,也在这条路上艰难前行。所以在 S*ST 聚友几次面临退市的危机下,金融债权人在与其大股东的协商下作出让步,保住其宝贵的"壳"资源,等待其股改成功和资产重组的成功,S*ST 聚友本身也在极力地寻求资产重组的合作者,并为股改做好一切准备。

(三) 公司债务重组后的财务状况

从上表 5-12 可知,公司在 2010 年终于扭亏为盈,暂时摆脱退市的危险,但是在 2011 年再次巨亏,依然没有脱离财务困境。

表 5-12 2006—2011 年公司的主要财务指标

项 目	2006 年	2007 年	2008 年
营业总收入(元)	123 991 436.50	79 883 101.45	65 345 192.67
利润总额(元)	−179 684 456.51	20 925 234.84	3 657 414.49
归属于上市公司股东的净利润(元)	−177 518 630.83	24 499 724.44	3 532 534.47
归属于上市公司股东的扣除非经常性损益的净利润(元)	−175 216 637.45	−153 971 081.17	−67 658 475.09
经营活动产生的现金流量净额(元)	5 741 152.88	10 713 495.53	6 999 699.57
项 目	2009 年	2010 年	2011 年
营业总收入(元)	28 064 688.26	51 513 353.45	36 809 986.61
利润总额(元)	−68 790 476.73	4 919 414.15	−62 769 516.07
归属于上市公司股东的净利润(元)	−66 199 520.49	6 644 224.01	−60 658 460.18
归属于上市公司股东的扣除非经常性损益的净利润(元)	−66 819 817.13	−69 002 398.56	−60 203 975.32
经营活动产生的现金流量净额(元)	1 716 510.00	−5 567 026.18	−12 187 110.62

资料来源:公司公告。

三、案例思考题

1. 公司债务重组的方式有哪些?案例公司选择了怎样的重组方式?
2. 查阅资料,总结债务重组准则的变迁和相关会计处理,分析其对盈余管理的影响。
3. 结合案例说明债务重组对企业的财务有何影响?
4. 结合案例分析,企业债务重组的动因。
5. 结合案例说明企业债务重组对企业利益相关者有何影响?

四、案例分析参考与提示

1. 讨论公司债务重组的方式有哪些？案例公司选择了怎样的重组方式

根据我国的新会计准则，债务重组指在债务人发生财务困难的情况下，债权人按照其与债务人达成的协议或者法院的裁定作出让步的事项。它包含以下两个基本特征：①债务人发生财务困难：指因债务人出现资金周转困难或者经营陷入困境等，导致其无法或者没有能力按原定条件偿还债务的情况。②债权人作出让步：指债权人同意发生财务困难的债务人现在或者将来以低于重组债务账面价值的金额或者价值偿还债务。

上市公司债务重组的方式主要包括以下几项：①以资产清偿债务；②将债务转为资本；③修改其他债务条件，如减少债务本金、减少债务利息等；④以上三种方式的组合。

2. 查阅资料，总结债务重组准则的变迁和相关会计处理，分析其对盈余管理的影响

从改革开放至今，我国债务重组会计准则经历了三次变化。

1998年6月12日（以下简称"98年债务重组准则"），财政部发布债务重组会计准则：债务重组是指在债务人发生财务困难的情况下，债权人按照其与债务人达成的协议或法院的裁定作出让步的事项。在债务人的会计处理中，准则规定债务的账面价值与协议中公允价值的差额作为债务重组收益等，计入当期损益。具体科目为"营业外收入"。

2001年1月18日（以下简称"01年债务重组准则"），财政部修订了原有债务重组的准则：债务重组，指债权人按照其与债务人达成的协议或法院的裁决同意债务人修改债务条件的事项。在债务人的会计处理中，准则规定债务人将重组债务的账面价值与应付资产的差额计入资本公积，并且取消了公允价值的运用。

2006年（以下简称"06年债务重组准则"），我国企业会计准则进行国际趋同，再次修订了债务重组会计准则：债务重组是指在债务人发生财务困难的情况下，债权人按照其与债务人达成的协议或者法院的裁定作出让步的事项。关于债务人的会计处理，准则又回到了"98年债务重组准则"的方式，将重组债务的账面价值与协议中的公允价值之间的差额计入当期损益，具体科目为"营业外收入"。与2001年的准则相比，新的债务重组准则增大了企业盈余管理的空间。

3. 结合案例说明债务重组对企业的财务影响

（1）债务重组交易对S*ST聚友的财务影响，如表5-13所示。

表5-13　2007年债务重组对S*ST聚友的财务影响

项　目	重组前	重组后	差额	占比
净利润（元）	−149 126 008.52	20 873 991.48	170 000 000.00	−114.00%
资产负债率	100.23%	100.32%	0.09%	0.09%
流动比率	9.37%	13.08%	3.71%	39.60%
现金负债总额比率	1.77%	2.46%	0.69%	39.01%
资产周转率	10.61%	11.97%	1.35%	12.73%

(续表)

项目	重组前	重组后	差额	占比
每股收益(元)	−0.93	0.13	1.06	−114.00%
每股净资产(元)	−0.01	−0.01	0.00	0.00

资料来源:公司公告。

2007年的17 000万元的债务豁免使S*ST聚友扭亏为盈,如表5-13所示。其债务重组的收益对利润的影响巨大,几乎弥补了全部的经营亏损。债务重组同时改善了其短期偿债能力,流动比率大大提高,现金的偿债能力也提高了39.01%;表示资产经营质量和利用效率的资产周转率在债务重组后也相应提高,但从绝对数看S*ST聚友资产的营运能力并不高。

从其资产负债率来看,S*ST聚友的长期偿债能力很弱,负债压力过大,债务重组并没有使S*ST聚友的债务结构变化很大,故2007年的债务重组虽然使S*ST聚友避免了退市的危机,却没有真正意义上改善了S*ST聚友的财务状况。

2008年金融债权人首次对S*ST聚友进行利息豁免,再次使S*ST聚友扭亏为盈,如表5-14所示。其债务重组的收益对利润的影响巨大,几乎弥补了全部的经营亏损。债务重组同时改善了其短期偿债能力,流动比率提高,现金的偿债能力有所提高;而资产周转率在债务重组后反而降低,从绝对数看S*ST聚友资产的营运能力依然低下。

表5-14 2008年债务重组对S*ST聚友的财务影响

项目	重组前	重组后	差额	占比
净利润(元)	−66 104 023.29	3 657 414.49	69 761 437.78	−105.53%
资产负债率	143.57%	99.95%	−43.63%	−30.39%
流动比率	11.98%	14.17%	2.18%	18.22%
现金负债总额比率	1.52%	1.80%	0.27%	17.92%
资产周转率	17.33%	15.86%	−1.47%	−8.47%
每股收益(元)	−0.36	0.02	0.38	−105.53%
每股净资产(元)	−0.76	0.00	0.76	−100.15%

资料来源:公司公告。

而这次债务重组大大降低了S*ST聚友的资产负债率,重组之后使每股收益成为正值,资产负债率降低了30.39%,减轻了S*ST聚友巨额负债的压力。2008年的债务重组虽然改善了S*ST聚友的负债结构,但从长远来看,S*ST聚友仍然压力重重,债务结构的不合理和资产运营能力的低下无法使企业走出低谷。

表 5-15 2010 年债务重组对 S*ST 聚友的财务影响

项 目	重组前	重组后	差额	占比
净利润(元)	−41 772 254.76	4 919 414.15	46 691 668.91	−111.78%
资产负债率	179.04%	125.81%	−53.23%	−29.73%
流动比率	31.79%	36.71%	4.92%	15.49%
现金负债总额比率	−1.57%	−1.81%	−0.24%	15.16%
资产周转率	10.54%	19.24%	8.70%	82.56%
每股收益(元)	−0.25	0.03	0.28	−111.78%
每股净资产(元)	−0.95	−0.39	0.57	−59.65%

资料来源:公司公告。

在 2009 年亏损之后,S*ST 聚友再次在 2010 年成功进行了债务重组,4 669.17 万元的债务利息豁免使 S*ST 聚友扭亏为盈,如表 5-15 所示。再次避免退市的危机,其债务重组的收益对利润的影响弥补了几乎全部的经营亏损。债务重组同时改善了其短期偿债能力,流动比率有所提高;同样,2010 年的债务重组使资产负债率大大降低,但尽管如此,S*ST 聚友还是面临着巨大的债务压力和不合理的债务结构。

现金的偿债能力更加严峻,绝对值为负数,说明 S*ST 聚友的现金流不足以支撑债务,现金流动性存在很大压力。资产周转率在债务重组后提高了不少,但总体来讲,S*ST 聚友的长期发展能力还是不容乐观。

(2) 不同会计准则下债务重组对 S*ST 聚友的财务影响:

表 5-16 2007 年债务重组在新旧准则下的比较

项 目	01 年债务重组准则	06 年债务重组准则	差额	占比
净利润(元)	−149 126 008.52	20 873 991.48	170 000 000	−114.00%
净资产收益率	−203.77%	−176.67%	27.10%	−13.30%
总资产报酬率	−8.17%	17.30%	25.47%	−311.70%
总资产净利率	−22.34%	3.13%	25.47%	−114.00%
营业净利率	−186.68%	26.13%	212.81%	−114.00%
成本费用利润率	−63.57%	8.92%	72.49%	−114.04%
资本保值增值率	−757.77%	6.19%	763.96%	−100.82%

资料来源:公司公告。

由于网络行业的竞争和成本加大,S*ST 聚友的盈利能力一直在下降,按照 01 年债务重组会计准则,S*ST 聚友在 2007 年就退市了,正是采用了 06 年债务重组准则使 S*ST 聚友扭亏为盈,避免了退市危机,如表 5-16 所示。

从净资产收益率来看,01年债务重组准则对于投资者来说更具相关性,因为01年债务重组准则下的净资产收益率更加保守。01年债务重组会计准则环境下,公司利用资产获取利润和净利润的能力极其低下,行业成本的加剧,行业竞争的加剧,当年的宏观环境和行业整体都对S*ST聚友的盈利能力产生不利影响。

从营业净利率来看,不同会计准则还是对S*ST聚友的财务指标产生巨大影响,01年债务重组准则环境下,S*ST聚友的营业净利率低达为负数,相比06年债务重组会计准则环境下为正数。01年债务重组准则下,企业资本保值增值率处于负数。

不同的会计准则对于S*ST聚友最明显的影响在于S*ST聚友当年的资本保值增值率。01年债务重组会计准则下,企业的发展潜力指标很显然突出了企业今后的发展状况,更加客观地展现出S*ST聚友不良的财务状况和发展能力。

表5-17 2008年债务重组在新旧准则下的比较

项　目	01年债务重组准则	06年债务重组准则	差额	占比
净利润	−66 104 023.29	3 657 414.49	69 761 437.78	−105.53%
净资产收益率	−192.76%	−622.60%	−429.84%	222.99%
总资产报酬率	−9.94%	6.99%	16.94%	−170.32%
总资产净利率	−16.05%	0.89%	16.94%	−105.53%
营业净利率	−101.16%	5.60%	106.76%	−105.53%
成本费用利润率	−48.66%	2.69%	51.35%	−105.53%
资本保值增值率	−5 075.95%	−14.76%	5061.19%	−99.71%

资料来源:公司公告。

2008年金融债权人的利息豁免再次进行债务重组。06年债务重组会计准则使S*ST聚友扭亏为盈,如表5-17所示。

从净资产收益率来看,06年债务重组会计准则和01年债务重组会计准则下都为负数。01年债务重组会计准则环境下,公司利用资产获取利润和净利润的能力均低于06年债务重组会计准则。

从营业净利率来看,在01年债务重组准则环境下,S*ST聚友的营业净利率低达为负数,相比06年债务重组会计准则环境下为正数。

总资产净利率的低下表明S*ST聚友的发展后劲不足,如果没有更加彻底的股改或是其他措施使S*ST聚友摆脱不良资产,S*ST聚友的前景堪忧。

不同的会计准则对于S*ST聚友最明显的影响还是在于S*ST聚友当年的资本保值增值率,01年债务重组会计准则下,企业的发展潜力指标很显然突出了企业今后的发展状况,更加客观地展现出S*ST聚友不良的财务状况和发展能力。

2010年金融债权人的利息豁免又一次进行债务重组。06年债务重组会计准则使S*ST聚友扭亏为盈,如表5-18所示。

表 5-18　2010 年债务重组在新旧准则下的比较

项　目	01 年债务重组准则	06 年债务重组准则	差额	占比
净利润	−41 772 254.76	4 919 414.15	46 691 668.91	−111.78%
净资产收益率	98.21%	−7.47%	−105.68%	−107.60%
总资产报酬率	−9.41%	8.03%	17.44%	−185.28%
总资产净利率	−15.60%	1.84%	17.44%	−111.78%
营业净利率	−81.09%	9.55%	90.64%	−111.78%
成本费用利润率	−32.91%	3.88%	36.79%	−111.78%
资本保值增值率	24.02%	92.10%	68.08%	283.39%

资料来源:公司公告。

从净资产收益率来看,01 年债务重组会计准则环境下,公司利用资产获取利润和净利润的能力高于 06 年债务重组会计准则。但从营业净利率来看,01 年债务重组准则下 S*ST 聚友的营业净利率低达为负数,更能反映企业实际的运营情况,相比之下 06 年债务重组会计准则环境下为正数。

总资产净利率的低下也表明 S*ST 聚友的发展后劲不足,01 年债务重组准则下的财务状况表明如果没有公司更加彻底的股改或是其他措施使 S*ST 聚友摆脱不良资产,公司将走向不归路。

从资本保值增值率来看,01 年债务重组会计准则下,企业的发展潜力指标很显然突出了企业今后的发展状况,更加保守,更加客观地展现出 S*ST 聚友不良的财务状况和发展能力。

4. 结合案例分析,企业债务重组的动因

(1)脱帽、保牌动机。2006 年 5 月 19 日开始生效的证券交易所股票上市规则(2006 年修订本)关于暂停上市和终止上市的规定如下:上市公司连续 3 年亏损的情况下,第四年连续亏损的,将会被终止上市。在 2004—2006 年 3 年连续亏损后,2007 年 S*ST 聚友暂停上市,企业一直试图改变亏损的不良局面,分别在 2007 年、2008 年和 2010 年进行了三次债务重组,债务重组将 S*ST 聚友从退市的边缘拉回来。"壳"资源作为稀缺资源,S*ST 聚友将想尽各种办法保住这种稀缺资源。从表 5-19 可以看到,如果没有债务重组,S*ST 聚友从 2004 年至今都处于亏损状态;没有债务重组,S*ST 聚友早在 2007 年的结局就是退市。而从企业长期发展能力来看,其发展能力薄弱,只是借用债务重组暂时达到避免退市的目的。如果没有其他相关的改革,S*ST 聚友的未来只会越来越渺茫。

(2)恢复上市动机。S*ST 聚友一直希望通过股改、资产重组和债务重组的方式改善公司的财务状况,进而恢复股票上市。虽然其债务重组进行了三次,也出售和整合了一部分与控股股东有竞争性的资产以及不良资产,但是除去非经营性收益,公司的经营状况并没有得到根本的改善,恢复上市之路艰难重重。

表 5-19 S*ST 聚友在重组前后的净利润　　　　　　　　　　　　　单位：万元

年份 项目	2006	2007	2008	2009	2010	2011
重组后	−17 968.45	2 092.52	365.74	−6 879.05	491.94	−6 276.95
重组前	−17 968.45	−14 907.48	−6 610.40	−6 879.05	−4 177.23	−6 276.95

资料来源：公司公告。

5. 结合案例说明企业债务重组对企业利益相关者有何影响

(1) 对中小股东的影响。一方面，大股东的资金占用和 S*ST 聚友为大股东及其关联方提供违规担保是对上市公司的一种掏空行为，旨在利用上市公司的壳资源为大股东提供便利。若公司因此而背负巨额债务和现金流压力，面临退市的危机，对企业的中小股东来说显然很不公平。即使公司进行了三次债务重组，暂时避免退市的危机，但是中小股东的资金深套其中，而且债务重组并不能从根本上改善公司的财务状况使其恢复上市，对于弱势的中小股东来说，他们的利益被大股东所侵害；另一方面，债务重组对于中小股东来说，暂时解除了退市的危机，他们的投资暂时不会付诸东流。

(2) 对重组债权人的影响。债务重组后，S*ST 聚友的短期偿债能力有所改善，但对于 S*ST 聚友的长期偿债能力来说，由于 S*ST 聚友资产负债率一直居高不下，还有持续上涨的压力，S*ST 聚友的偿还能力没有得到根本性改善。

避免其退市，大股东保住了珍贵的壳资源，但是公司的债权人却受到了巨大的损失。尽管从 2004 年开始，债权人就试图通过诉讼等法律手段维护自己的权益，但是随着公司财务状况的越来越差，2007 年暂停上市，债权人不得不帮助其缓解现金流压力来避免本金不能得以偿还的风险。2011 年当 S*ST 聚友即将面临退市的后果时，公司的债权人只能选择债务重组来避免更大的损失。如果 S*ST 聚友能够顺利完成资产重组和股改，剥离其不良的资产，债权人的让步将会得到补偿，否则巨额的利息豁免将一去不复返。

五、分析题

ST 盛润的全称是广东盛润集团股份有限公司，1993 年在深交所挂牌上市，股票代码：000030。新股发行完成后，深圳市莱英达集团股份有限公司总股本为 21 850 万股，其中：国有股 14 500 万股，由深圳市投资管理公司持有。

上市之初，公司主要从事轻工产品的生产经营、工业企业的投资参股和与之联系的进出口贸易以及以房地产开发为支柱和包括饮食、宾馆在内的第三产业。2013 年，上市公司以新增股份换股吸收合并原富奥股份之重大资产重组实施完成，公司主营业务变更为汽车零部件及相关产品的研发、设计、制造、销售及售后服务。

控股股东莱英达股份是由原国有控股企业改制而来，历史包袱沉重，原主营业务均属于一般竞争性行业，经营状况极不稳定。ST 盛润 1993 年上市，但是从 1997 年开始就出现亏损的状况。2007 年、2008 年、2009 年连续 3 年，会计师事务所都对 ST 盛润出具无法表示意见的审计报告，其认为 ST 盛润的短期债务偿还压力较大，且有大量担保债务被诉讼，如在短期内无法消除,将直接影响 ST 盛润的持续经营,同 ST 盛润的债务重组、资产重组尚在进行之中,采取的持续经营改善措施也处于实施初期,会计师事务所无法获取充分、适当的审计证据,因此会计师事务所无法判断 ST 盛润继续按照持续经营假设编制财务报表是否适当从而出具了无法表示意见的审计报告。终于,在 2009 年 7 月,ST 盛润被债权人向法院申请进行破产重整,步入破产重整程序。

在此次债务重组中,ST 盛润股东合计让渡 A 股 7 996.31 万股用于清偿本公司的债务,其中:流通股按 9.07 元/股,限售股按 8 元/股计价;让渡 A 股 6 384.13 万股和 B 股 544.36 万股由重组方有条件受让,其条件包括但不限于重组方受让该股份后将其中的 B 股 544.36 万股以总价 1 元的价格由本公司回购并注销。

2011 年 4 月 15 日,ST 盛润"重整计划"于执行期内执行完毕,ST 盛润管理人向法院提交了"监督报告"。"监督报告"中提及,ST 盛润普通债权人按照重整计划规定的货币清偿和股份清偿方式获得清偿,在管理人监督下,盛润公司完成了现金清偿 48 949 166.19 元,其中职工债权、小额债权获得了全额清偿,普通债权货币清偿为 2.22%,超过了重整计划确定的货币清偿率 2.16% 的标准。于是 2011 年,ST 盛润确认了债务重组收益约 14.5 亿元。

债务重组完成之后,ST 盛润认为债务重组只解决了公司债务问题,为了使公司具备持续经营能力和盈利能力,ST 盛润于 2011 年 7 月 25 日同富奥股份签署了吸收合并协议,拟以 4.30 元/股的价格新增股份约 9.38 亿股,换股吸收合并富奥公司。签订协议之后,ST 盛润正式加入了一汽这个大家族。

债务重组使 ST 盛润一下子摆脱了公司资不抵债的局面,流动比率、资产负债率、资产收益率等指标有了显著的改善,短期偿债能力影响显著,但对重组企业的营运能力影响不显著。2013 年,富奥反向购买 ST 盛润,为 ST 盛润注入优质资产,使 ST 盛润恢复了主营业务收入,公司开始走上正轨,销售净利率、总资产周转率、权益乘数都为正数,使净资产收益率恢复到一个相对正常的水平。(资料摘选自上海立信会计学院 2010 级会计学本科生施叶馨毕业论文《债务重组的会计与财务问题研究——以 ST 盛润为例》)

表 5-20 列示了 ST 盛润破产重整时间表。

表 5-20　ST 盛润破产重整时间表

具体时间	主要事项
2009 年 7 月	ST 盛润被债权人深圳市兴雅居装饰工程有限公司向法院申请进行破产重整程序
2010 年 4 月 14 日	深圳市中级人民法院受理了深圳市兴雅居装饰工程有限公司申请本公司重整一案
2010 年 5 月 6 日	深中院裁定对公司进行重整并指定深圳市理恪德清算事务所有限公司为公司重整一案的管理人
2010 年 6 月 21 日	召开第一次债权人会议,ST 盛润管理人向债权人报告了债权申报和审查情况,并将债权表提交第一次债权人会议核查
2010 年 8 月 23 日	深圳市中级人民法院作出(2010)深中法民七重整字第 5-3 号民事裁定书,裁定确认了 ST 盛润债权表,确认 ST 盛润普通债权人 38 家,普通债权金额为 2 063 084 247.96 元

(续表)

具体时间	主要事项
2010年9月1日	又有8家债权人向ST盛润管理人补充申报了债权
2010年9月26日	深圳市中级人民法院作出(2010)深中法民七重整字第5-4号民事裁定书,裁定ST盛润补充普通债权人8家,普通债权金额99 291 337.10元。当日法院确定ST润盛股份的普通债权人合计43家,债权金额合计21.62亿元
2010年9月30日	与富奥汽车零部件股份有限公司签订"重组意向书"
2010年10月20日	召开ST盛润重整案第二次债权人会议,会议表决通过了"重整计划草案"
2010年10月22日	深中院裁定批准"广东盛润集团股份有限公司重整计划",并终止本公司重整程序,执行重整计划,执行期为3个月
2011年1月21日	深中院作出(2010)深中法民七重整字第5-9号裁定书,裁定延长"重整计划"执行的监督期限至2011年4月21日止
2011年4月15日	ST盛润"重整计划"于执行期内执行完毕,ST盛润管理人向法院提交了"监督报告",提请法院裁定确认"重整计划"执行完毕
2011年4月18日	深中院作出(2010)深中法民七重整字第5-16号裁定书,裁定"重整计划"执行完毕
2011年4月25日	ST盛润收到法院下达的"民事裁定书",裁定该公司的"重整计划"执行完毕

图5-2是ST盛润2009、2010、2011年资产、负债、所有者权益变化图。

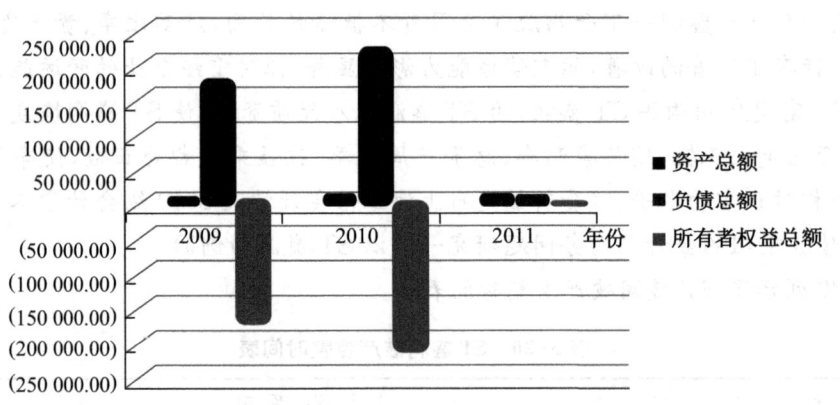

图5-2 ST盛润2009、2010、2011年资产、负债、所有者权益变化图

表5-21展示了ST盛润2009、2010、2011年资产、负债、所有者权益变化表。

表5-21 ST盛润2009、2010、2011年资产、负债、所有者权益变化表　　金额单位:元

年份	流动资产	流动负债	流动比率
2009	29 427 163.89	1 022 405 660.98	0.03
2010	72 752 998.71	2 180 124 669.19	0.03
2011	66 169 347.65	64 127 764.83	1.03

表5-22展示了ST盛润2009、2010、2011年资产负债率、资产收益率、资产周转率变化。

表5-22 ST盛润2009、2010、2011年资产负债率、资产收益率、资产周转率变化表

年份	资产负债率	资产收益率	资产周转率
2009	4 193.94%	27.08%	6.20%
2010	2 992.65%	−683.26%	2.58%
2011	96.91%	2 096.23%	0.16%

表5-23是ST盛润杜邦分析。

表5-23 ST盛润杜邦分析

	项目	2008年	2009年	2010年	2011年	2012年	2013年
	ROE	4.94%	−0.47%	20.36%	−138.59%	223.93%	31.80%
盈利能力分析	销售净利率	−5 012.66%	437.05%	−26 262.28%	1 335 755.40%	—	28.27%
	毛利率	−1 862.58%	100.00%	100.00%	100.00%	—	21.11%
	费用比率	1 962.58%	1 895.07%	1 571.02%	6 425.49%	—	17.11%
	销售费用率	0.00	0.00	0.00	0.00	—	6.49%
	管理费用率	231.71%	206.70%	1 121.14%	6 560.63%	—	10.79%
	财务费用率	1 730.88%	1 688.38%	449.88%	−135.14%	—	−0.17%
运营效率分析	总资产周转率	9.82	6.26	2.56	0.16	0.00	74.80
	应收账款周转率	—	—	—	—	—	9.006 5
	存货周转率	—	—	—	—	—	15.682 8
	固定资产周转率	0.256 6	0.367 0	0.837 8	3.945 5	—	6.354 5
财务风险分析	权益乘数	−1.00%	−1.72%	−3.03%	−6.67%	23 030.70%	150.38%
	流动比率	0.17%	2.88%	3.34%	103.18%	93.72%	113.65%
	速动比率	0.17%	2.88%	3.34%	103.18%	93.72%	102.26%
	负债比率	10 059.51%	4 193.94%	2 945.40%	96.91%	106.70%	0.47%
盈利质量分析	盈利质量比率	−0.04%	−2.07%	−0.05%	0.08%	80.44%	−39.13%

阅读以上材料,回答下列问题:

1. 有人说,2006年会计准则下的债务重组像一针"强心剂",短期内可以扭亏为盈,挽救上市公司,但不能提高公司长期营运效率。如何用好"强心剂",实现公司短期和长期绩效的提升?请结合材料内容回答。

2. 2006年会计准则允许有财务困难的企业将进行债务重组产生的损益计入当期损益,有观点认为这样会重蹈1998年准则的覆辙、增大或引发上市公司的盈余管理。请结合准则和材料内容进行分析。

参考资料

张奇峰,戴佳君:《债务重组对企业的财务影响及其启示——以闽东电机为例》,载于《财务与会计》,2008(7)。

六、案例公司的后续发展

(一) 案例公司 2012—2017 年的主要财务数据

表 5-24 展示了案例公司 2012—2017 年的主要财务数据。

表 5-24 2012—2017 年案例公司的主要财务数据

年份	营业收入（百万元）	归属于母公司的净利润(百万元)	归属于母公司的扣非后净利润（百万元）	经营活动现金流量(百万元)	稀释每股收益（元/股）
2012	25.06	−51.49	−53.35	2.59	−0.27
2013	4 407.77	111.78	106.88	151.54	0.27
2014	8 049.17	212.25	211.81	428.22	0.39
2015	8 508.14	−155.42	−120.88	6.89	−0.29
2016	2 056.44	−404.25	−359.78	−806.64	−0.68
2017	390.86	−2 287.80	−2 225.20	−1.27	−4.21

图 5-3 展示了案例公司 2012—2017 年的营业收入与净利润。

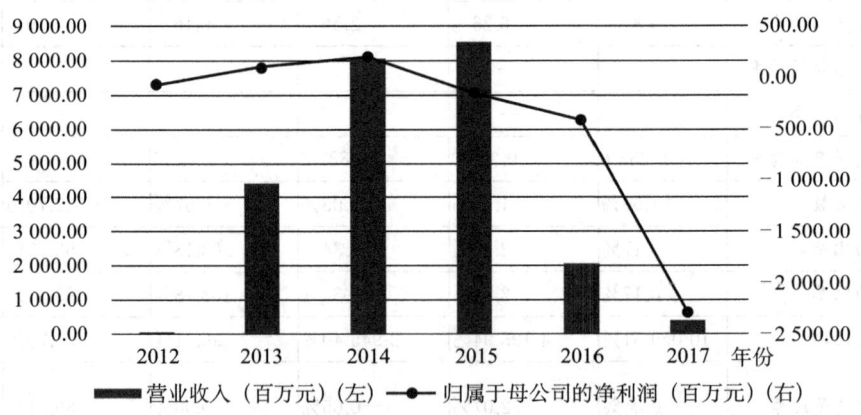

图 5-3 案例公司 2012—2017 年的营业收入与净利润

2012—2013 年,案例公司通过重大资产重组的方式得以恢复上市,但是之后不久上市公司及控股股东又发生了多项违规事件,上市公司最终步入退市之路。

2013 年度,案例公司资产重组、债务重组、股权分置改革及恢复上市工作取得了实质性进展。2013 年 5 月 2 日,公司收到中国证监会《关于核准成都聚友网络股份有限公司重大资产重组及向王辉等发行股份购买资产的批复》(证监许可〔2013〕612 号),王辉及一致行动人收到中国证监会《关于核准王辉及一致行动人公告成都聚友网络股份有限公司收购报告书并豁免其要约收购义务的批复》(证监许可〔2013〕613 号)。公司于 2013 年 9 月完成了陕西华泽镍钴金属有限公司资产注入工作，公司于2013年9月18日召开了2013年第二次临时股东大会，通过了《修改公司章程》等议案；2013年9月18日召开了八届一次董事会，完成了新一届董事会董事长、副董事长的选举工作，确定了董事会各专业委员会的组成人员和公司管理层的聘任工作；2013年9月18日召开了八届一次监事会选举了新一届监事会主席。2013年12月31日，公司实施完成了股权分置改革方案和债务重组让渡股份方案。2014年1月，公司完成了新增股份登记，并于2014年1月10日恢复上市，股票简称变更为"华泽钴镍"，股票代码不变。

2015年10月13日，华泽钴镍收到中国证券监督管理委员会四川监管局行政监管措施决定书，分别为〔2015〕17号、〔2015〕18号和〔2015〕19号。在"〔2015〕17号"中，华泽钴镍存在以下问题：现金流量表编制及列报存在问题；部分仓储费用、运输费用未及时入账；2014年年报应付票据分类、销售收入明细披露有误。〔2015〕19号文件指出，华泽钴镍实控人2013年未能完成业绩承诺，应补偿45 219 258股，然而实控人未被质押的股票数小于应补偿的金额，导致业绩承诺难以履行。

2016年4月30日，华泽钴镍披露其2015年的年度报告。公司独立董事赵守国先生、雷华锋先生无法保证本报告内容的真实性、准确性和完整性，理由是：公司治理及内控体系存在重大缺陷，大股东资金占用及还款措施具有不确定性，无法保证本议案的真实、准确、完整。其审计机构瑞华会计师事务所出具了保留意见的审计报告。报告期内，公司在内部控制设计与运行方面存在尚未完成整改的缺陷：①控股股东利用关联方资金占用尚未得到偿还，控股股东王涛虽已拟定了还款方案并就还款事宜作出了承诺，但尚未具体落实。②监管机构对公司、董事长王涛和财务总监郭立红的立案调查尚未出具结论。③部分已确认收入且已计提增值税的业务未及时做纳税申报并缴纳税款。由于存在上述缺陷，给公司未来的生产经营带来重大风险，公司的内部控制部分无效。

2017年4月28日，华泽钴镍披露其2016年的年度报告。瑞华会计师事务所（特殊普通合伙）为华泽钴镍出具了无法表示意见的财务报告审计报告和否定意见的内部控制审计报告。夏清海董事、张莹独立董事、杨源新监事、刘腾副董事长、陈建兵董事、张文涛副总经理、黎永亮董事会秘书兼副总经理均无法保证本报告内容的真实性、准确性和完整性。由于华泽钴镍2015年度、2016年度连续两个会计年度经审计的净利润为负值，且公司2016年度财务会计报告于2017年4月28日被瑞华会计师事务所（特殊普通合伙）出具了无法表示意见的《审计报告》，根据《深圳证券交易所股票上市规则》第13.2.1条的规定，华泽钴镍自2017年5月2日起将被深圳证券交易所实行退市风险警示。

2019年5月17日，华泽钴镍股票被深圳证券交易所终止上市。根据《深圳证券交易所股票上市规则（2018年11月修订）》的相关规定，华泽钴镍股票于2019年5月27日起进入退市整理期交易。2019年7月8日，华泽钴镍股票被深圳证券交易所摘牌。

（二）2019年《债务重组》的修订

2019年5月29日，财政部发布《关于印发修订〈企业会计准则第12号——债务重组〉的通知》（财会〔2019〕9号）。修订后的准则自2019年6月17日起施行。对2019年1月1日至该准则施行日之间发生的债务重组，应根据该准则进行调整；对2019年1月1日之前发生的债务重组,不需要按照该准则的规定进行追溯调整。

财政部修订债务重组准则,旨在消除债务重组准则与金融工具准则之间的交叉,保持与国际财务报告准则的持续趋同,同时解决部分实务问题。主要修改内容如下:

第一,修改债务重组的定义。

原债务重组准则以"债务人发生财务困难"、债权人"作出让步"为前提,新债务重组准则取消上述前提,但新增以"不改变交易对手方"为前提,三方置换债权的情形不属于该准则规范的范围。新准则中的债务重组涉及的债权和债务是指《企业会计准则第22号——金融工具确认和计量》规范的金融工具,非金融工具不适用债务重组准则。

第二,将债务重组中涉及的金融工具索引至金融工具准则。

修订后的准则与新金融工具准则协调一致:将重组债权和债务的会计处理规定索引至新金融工具准则,从而与新金融工具准则协调一致,同时删除关于或有应收、应付金额遵循或有事项准则的规定。

第三,关于债权人的会计处理。

Ⅰ.明确了债权人受让资产的确认时点:以资产清偿债务或者将债务转为权益工具方式进行债务重组的,债权人应当在相关资产符合其定义和确认条件时予以确认。

Ⅱ.修改债权人受让非金融资产初始确认时的计量原则:原债务重组准则下,受让的非现金资产按其公允价值入账;新债务重组准则下,以放弃债权的公允价值加上可归属于该资产的税金、运输费等其他成本。

Ⅲ.明确多项资产清偿债务或者组合方式进行债务重组时债权人的会计处理。首先按照金融工具准则确认和计量受让的金融资产和重组债权,然后按照受让的金融资产以外的各项资产的公允价值比例对放弃债权的公允价值扣除受让金融资产和重组债权确认金额后的净额进行分配。

第四,债务重组相关损益不再区分资产处置损益和债务重组损益。

原债务重组准则下,债务人应区分债务重组利得和资产转让损益;新债务重组准则下,以非金融资产(含金融资产和非金融资产在内的多项资产)清偿债务的债务人将清偿债务的账面价值与转让资产账面价值之间的差额合并作为其他收益,不需要区分债务重组损益和资产处置损益,也不需要区分不同类别资产的处置损益。

第五,债务转为权益工具方式下新增权益工具计量的例外指引。

新债务重组准则下的债务人会计处理原则不变,仍要求债务人初始确认权益工具时应当按照权益工具的公允价值计量,但新增权益工具公允价值不能可靠地计量时的例外指引,即:按照所清偿债务的公允价值计量。

第六,明确将权益性交易排除在准则适用范围以外。

新债务重组准则明确债务重组构成权益性交易的,应当适用权益性交易的有关规定处理,债权人和债务人不确认构成权益性交易的债务重组相关损益,然而债务重组中不属于权益性交易的部分仍然适用债务重组准则。

关于案例后续发展的思考题:

1. 根据表5-24和图5-3,试分析案例公司2012—2017年哪些年度存在着盈余管理的迹象,其性质如何?

2. 在 2019 年新债务重组准则下,债权人受让非金融资产以放弃债权的公允价值加上可归属于该资产的税金、运输费等其他成本来入账,放弃债权的公允价值与账面价值之间的差额计入"投资收益"。试分析根据准则的规定,上市公司是否存在盈余管理的机会?

第六章 政府补助:海螺水泥的案例

改革开放以来,我国经济的市场化水平不断提高,即使如今已不处于"计划经济"时代,但是政府为了促进经济的增长,依然会投入各类资源来帮助企业。而在这些资源当中,最直接的方式就是政府补助。2017年5月,财政部修订了《企业会计准则第16号——政府补助》。在企业发展壮大的过程当中,政府补助到底扮演了什么样的角色,对企业的经营成果和现金流量有什么影响,新修订会计准则下政府补助的变动对企业财务指标、投资者决策、管理层考核有什么影响等问题,都值得探讨。

一、案例教学目标与教学操作说明

(一)案例教学的目标

政府补助案例的教学目标:①熟悉上市公司政府补助的方式及其信息披露要求;②了解政府补助准则的变迁及其对会计核算的影响;③掌握政府补助对企业当期利润的影响;④理解政府补助对企业现金流的影响;⑤了解政府补助对企业利益相关者的影响。

(二)教学操作说明

本章教育操作说明如表6-1所示。

表6-1 教学操作说明

内 容	主角	组 织 与 要 求	时间
阅读案例资料	学生	熟悉案例资料,补充并收集相关资料	课前
案例讨论	学生	每个案例小组围绕着案例思考题,分析讨论案例公司政府补助的方式、影响因素及其财务影响	20~30分钟
演讲	学生	每个案例小组推荐1名学生演讲其讨论的情况及其达成的共识、产生的分歧	35~45分钟
点评	老师	点评案例小组讨论情况并引导其对问题的正确理解和深入分析	15~25分钟

二、公司背景及案例介绍

(一)案例公司背景与政府补助情况

1.海螺水泥

安徽海螺水泥股份有限公司(以下简称海螺水泥)于1997年9月1日在安徽成立,同年10月21日在香港挂牌上市,这标志着海螺水泥成为国内水泥行业当中首家于境外上市的企业。海螺水泥在上海证券交易所的股票代码为600585,在香港联合交易所有限公司的股票代码为00914,公司的注册资本为1 566 434 193元。海螺水泥的股本结构为：普通股为5 299 302 579股,其中内资股约占普通股总数的75.48%,境外上市外资股约占普通股总数的24.52%。海螺水泥的经营范围主要是水泥、辅料和水泥制品的生产及销售等。海螺水泥的控股股东是安徽海螺集团有限责任公司,实际控制人是安徽省国资委。截至2017年12月31日,海螺水泥股权结构如图6-1所示。

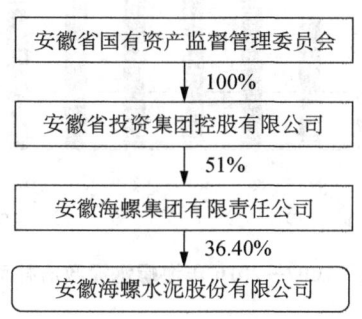

图6-1　2017年海螺水泥股权结构图

2. 对照公司1　金隅集团

北京金隅集团股份有限公司(以下简称金隅集团)在1992年8月成立,金隅集团的前身为北京市建筑材料工业局。2009年金隅集团在香港联合交易所上市,2011年金隅集团在上海证券交易所上市,成功成为了在境内、境外两个资本市场上市的公司之一。金隅集团在上海证券交易所的股票代码是601992,在香港联合交易所有限公司的股票代码为02009。金隅集团所在的行业是水泥行业,其在国内水泥行业的综合业绩排名第三,也是国内水泥行业的龙头企业之一。

3. 对照公司2　华新水泥

华新水泥股份有限公司(以下简称华新水泥)始创于1907年。1994年,华新水泥A、B股在上海证券交易所上市,华新水泥在上海证券交易所的股票代码为600801。进入21世纪以来,华新水泥注重发展方式的转变,积极开展可代替原料及燃料的研究、开发与运用,成功实现了从传统水泥生产企业向绿色环保企业的转变。

(二)海螺水泥、金隅集团、华新水泥获得政府补助情况

1. 2007—2016年海螺水泥获得政府补助情况

海螺水泥在2007—2016年这10年间,每年都收到了来自政府的各项补贴。作为以水泥的生产及销售为主要业务的现代制造企业。与同行业的其他公司相比,海螺水泥收到的政府补贴金额较大,并且种类较多,主要以税收返还、出售经核证碳排放量收入、其他补贴收入等形式下发。

如图6-2所示,2007—2016年,海螺水泥收到的政府补助虽然起伏较大,但是每年收到的政府补贴金额都较大,都在20 000万元以上,其中2015年获得的政府补贴最多,海螺水泥2015年获得的政府补助金额是2009年获得的政府补助金额的5倍。海螺水泥获得的政府补贴不但金额较大,而且种类也较多,以2015年为例,海螺水泥年度报告上披露的政府补助

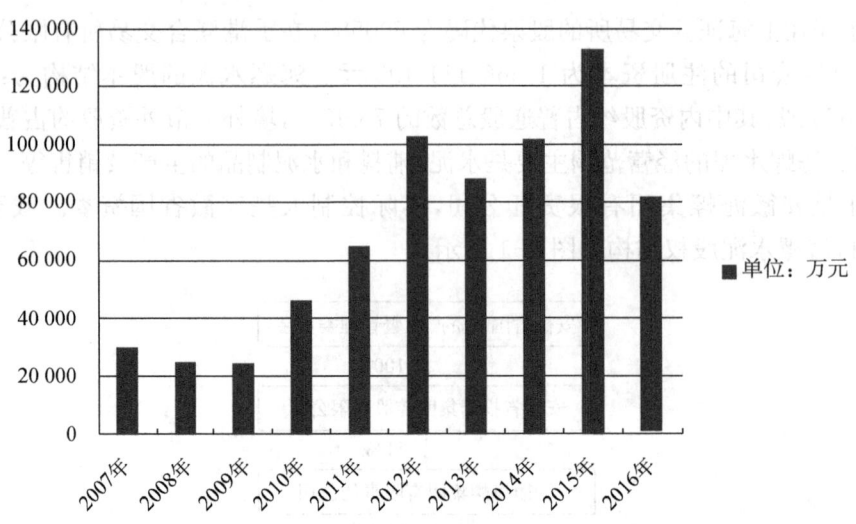

图 6-2　2007—2016 年海螺水泥政府补助情况

项目的具体性质有"三废"资源综合利用增值税返还、出售在联合国清洁发展机制执行委员会登记注册的经核证碳排放量收入、地方政府给予企业发展的财政补助、补贴等,种类较为繁杂,计入政府补助科目的总额为 1 328 909 877 元。

2. 2012—2016 年海螺水泥、金隅集团、华新水泥政府补助的结构

表 6-2　2012—2016 年海螺水泥的政府补助、营业收入、净利润及占比

金额单位:万元

年份	2012	2013	2014	2015	2016
政府补助	103 105.08	88 212.47	101 856.6	132 890.99	82 063.16
营业收入	4 576 620.34	5 526 167.66	6 075 850.09	5 097 603.6	5 593 190.1
净利润	646 222.97	981 145.39	1 158 759.58	762 795.17	895 064.26
政府补助占营业收入的比重	2.25%	1.60%	1.68%	2.61%	1.47%
政府补助占净利润的比重	15.96%	8.99%	8.79%	17.42%	9.17%

从表 6-2 可知,从 2012 年至 2016 年,海螺水泥的政府补助、营业收入以及净利润的数额均呈现波动状,政府补助占营业收入的比重较低,均处于 1%~3%之间。其中,2015 年政府补助占营业收入的比重最高,达到了 2.61%;2016 年获得的政府补助占营业收入的比重最低,仅仅只有 1.47%。另外,2012 年至 2016 年,海螺水泥的政府补助占净利润的比重也呈现波动状态,政府补助占净利润的比重位于 8%~18%,其中,2015 年政府补助占净利润的比重最大,达到了 15.96%,2014 年政府补助占净利润的比重最小,比例为 8.79%。

表 6-3 2012—2016 年金隅集团的政府补助、营业收入、净利润及占比

金额单位:万元

年份	2012	2013	2014	2015	2016
政府补助	67 851.4	61 499.01	67 403.59	60 371.96	59 605.06
营业收入	3 405 409.6	4 478 975.93	4 124 147.39	4 092 534.09	4 773 877.27
净利润	315 023.06	324 315.8	270 897.21	195 106.78	269 034.78
政府补助占营业收入的比重	1.99%	1.37%	1.63%	1.48%	1.25%
政府补助占净利润的比重	21.54%	18.96%	24.88%	30.94%	22.16%

表 6-4 2012—2016 年华新水泥的政府补助、营业收入、净利润及占比

金额单位:万元

年份	2012	2013	2014	2015	2016
政府补助	20 658.19	8 484.88	31 735.53	17 145.47	14 186.8
营业收入	1 252 052.72	1 598 435.53	1 599 614.92	1 327 131.92	1 352 575.95
净利润	68 027.68	139 452.35	149 376.94	22 559.26	62 083.27
政府补助占营业收入的比重	1.65%	0.53%	1.98%	1.29%	1.05%
政府补助占净利润的比重	30.37%	6.08%	21.25%	76.00%	22.85%

如表 6-3 和表 6-4 所示,与海螺水泥同处于水泥行业的上市公司——金隅集团和华新水泥,2012 年至 2016 年,政府补助占营业收入的比重也较低,比例在 0.5%~2%之间。金隅集团当期收到的政府补助占当期营业收入的比重最大值在 2012 年,为 1.99%;华新水泥当期收到的政府补助占当期营业收入的比重最大值在 2014 年,为 1.98%。另外,虽然 2012 年至 2016 年,金隅集团和华新水泥的政府补助占净利润的比重也呈现波动状态,但占比总体而言高于海螺水泥。金隅集团和华新水泥政府补助占净利润的比重均在 2015 年达到了最高值,比值分别为 30.94% 和 76.00%。这说明,总体而言,与同处于水泥行业的上市公司金隅集团和华新水泥相比,海螺水泥收到的政府补助对当期净利润的影响较小。

(三)政府补助会计处理及其财务影响

1. 政府补助对海螺水泥当期利润的影响

如表 6-5 所示,2012 年至 2016 年,海螺水泥的营业利润和利润总额均为正数,均处于盈利状态。2012 年至 2016 年利润总额和营业利润之间差额分别为 107 201.42 万元、88 858.71 万元、105 933.14 万元、137 288.89 万元、89 295 万元。

表 6-5 2012—2016 年海螺水泥政府补助、营业利润及利润总额　　单位:万元

年份	2012	2013	2014	2015	2016
政府补助	103 105.08	88 212.47	101 856.6	132 890.99	82 063.16
营业利润	701 580.28	1 174 267.91	1 382 347.86	866 650.79	1 076 025.6
利润总额	808 781.7	1 263 126.62	1 488 281	1 003 939.68	1 165 320.6

表 6-6 2012—2016 年海螺水泥政府补助、营业外收入及占比　　金额单位:万元

年份	2012	2013	2014	2015	2016
政府补助	103 105.08	88 212.47	101 856.6	132 890.99	82 063.16
营业外收入	109 573.94	91 384.84	107 426.99	144 448.66	98 119.83
政府补助占营业外收入比例	94.10%	96.53%	94.81%	92.00%	83.64%

从表 6-6 可以看出,2012 年至 2016 年,海螺水泥当期获得的政府补助金额占当期营业外收入的比例都较高,分别为 94.10%、96.53%、94.81%、92.00% 和 83.64%。其中,在 2013 年,海螺水泥收到的政府补助占当年营业外收入的比例最高,超过了 95%;2016 年海螺水泥政府补助占营业外收入的比例最低,但是也超过了 80%。

2. 政府补助对海螺水泥现金流的影响

按照 2010 年版的《企业会计准则讲解》中的解释,企业收到的政府发放的补贴当中,除去税收返还的部分外,其他部分应该计入"其他与经营活动有关的现金";企业获得的税收返还类的政府补贴应当归入经营活动当中"收到的税费返还"项目列报。企业收到的政府补助应当计入经营活动现金流入额,这会对经营活动现金流量产生一定的影响,说明企业所收到的政府补贴能够在一定程度上改善企业的现金流。

表 6-7 和图 6-3 展示了海螺水泥与政府补助相关的现金流情况。

表 6-7 2012—2016 年海螺水泥与政府补助相关的现金流情况　　金额单位:万元

年份	2012	2013	2014	2015	2016
收到政府补助及其他专项拨款	80 459.72	65 467	77 351.23	106 529.36	66 176.77
收到的税费返还	22 645.37	23 905.47	32 579.9	31 481.31	31 614.24
与政府补助相关的现金流小计	103 105.09	89 372.47	109 931.13	138 010.67	97 791.01

(续表)

年份	2012	2013	2014	2015	2016
收到的其他与经营活动有关的现金	86 450.44	68 665.58	80 722.38	109 192.73	66 639.96
经营活动产生的现金流量净额	1 150 863.94	1 519 854.52	1 765 448.86	990 817.41	1 319 675.22
收到政府补助及其他专项拨款与收到的其他占经营活动有关的现金的比例	93.07%	95.34%	95.82%	97.56%	99.30%
与政府补助相关的现金流占经营活动现金流量净额比例	8.96%	5.88%	6.23%	13.93%	7.41%

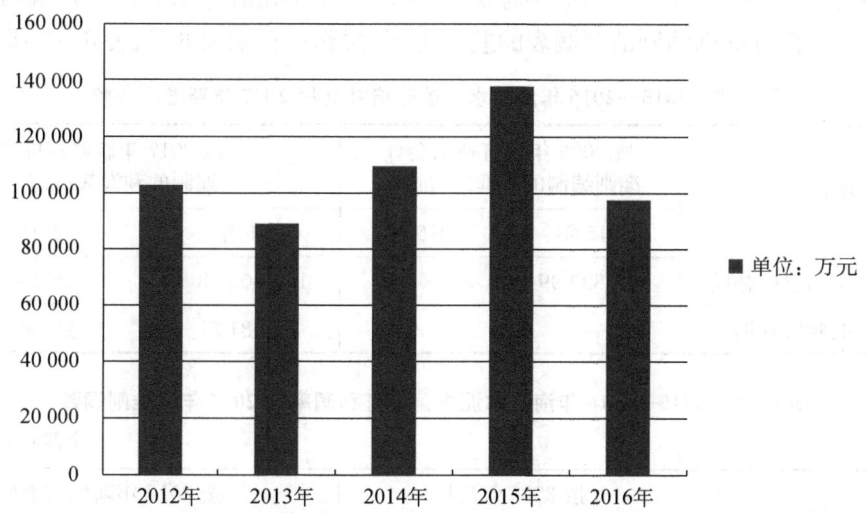

图6-3 2012—2016年海螺水泥与政府补助有关的现金流情况

3. 政府补助会计准则变化对海螺水泥的财务影响

如表6-8所示,2013—2016年,海螺水泥按照我国会计准则与国际会计准则核算出的归属于母公司的净利润都存在差异,2013—2016年,此差异都是由于政府补助造成的。很显然,海螺水泥按照我国会计准则计算下的政府补助与按照国际会计准则计算下的政府补助具有一定的差异,因而会导致按中国会计准则编制的合并会计报表与按国际财务报告准则编制的合并会计报表之间存在差异。①

---

① 根据海螺水泥的年报披露,在编制的财务报表中,对政府提供的某些补助金,按国家相关文件规定作为"资本公积"处理或直接冲减所得税应纳税额,并不按照政府补助的会计政策处理。根据《国际财务报告准则》,这些补助金会抵销与这些补助金有关的资产的成本。在转入物业、厂房及设备时,补助金会通过减少折旧费用,在物业、厂房及设备的可用年限内确认为收入。

表 6-8　2013—2016 年海螺水泥归属于母公司的净利润差异

金额单位：万元

项目	归属于母公司的净利润（我国准则）	归属于母公司的净利润（国际准则）	净利润差异	政府补助差异	政府补助差异占净利润差异比例
2013	938 015.9	938 929.8	913.9	913.9	100.00%
2014	1 099 302.2	1 098 091.7	1 210.5	1 210.5	100.00%
2015	751 638.5	753 870	2 231.5	2 231.5	100.00%
2016	852 991.7	857 386.8	4 395.1	4 395.1	100.00%

因为新修订的政府补助会计准则与国际财务报告准则趋同，通过对政府补助按 2017 年新准则进行调整，有利于对新准则下企业财务指标、投资者决策、管理层考核的影响进行大体预测和分析。下面以 2015—2016 年海螺水泥按 2006 年政府补助会计准则编制的利润表与按 2017 年新修订准则编制的利润表的差异为例进行分析，如表 6-9、表 6-10 所示。

表 6-9　2015—2016 年海螺水泥的政府补助按 2017 年新准则调整　　　单位：万元

项目	按 2006 年政府补助会计准则编制的利润表（部分）		按 2017 年新修订准则编制的利润表（部分）	
	2015 年	2016 年	2015 年	2016 年
营业外收入中的政府补助	132 890.99	82 063.16	101 409.68	56 494.79
其他收益中的政府补助	—	—	31 481.31	25 568.37

表 6-10　2015—2016 年海螺水泥主营业务利润率按 2017 年新准则调整

金额单位：万元

项目	按 2006 年准则		按 2017 年新修订准则	
	2015 年	2016 年	2015 年	2016 年
营业利润	866 650.79	1 076 025.6	1 108 652	1 258 827.7
营业收入	5 097 603.6	5 593 190.1	5 097 603.6	5 593 190.1
营业利润率	17.00%	19.24%	21.75%	22.51%

按照 2006 年政府补助会计准则，海螺水泥获得的政府补助记入"营业外收入"会计科目下的政府补助子项目，在计算营业利润时营业外收入不能计入其中，因此海螺水泥收到的政府补助不计入营业利润；按照 2017 年新修订会计准则，海螺水泥收到的政府补助一部分记入利润表中的"其他收益"项目，单独设立"其他收益"会计科目，与日常经济业务相关的政府补贴应计入利润表中的"其他收益"项目，在计算营业利润时，其他收益计入其中。此时在计算部分财务指标时，就会产生差异，比如营业利润率。2015—2016 年，海螺水泥按 2017 年新修订政府补助会计准则计算的营业利润率都大于按 2006 年会计准则计算的主营业务利润率。

（四）海螺水泥政府补助会计的价值相关性分析

1. 海螺水泥政府补助与投资决策的价值相关性分析

根据2006年的政府补助会计准则，企业所获得的政府补贴额最终应当计入"营业外收入"。而依据2017年修订的政府补助准则，企业在利润表中增加"其他收益"报表项目，此项目位于利润表中的"营业利润"报表项目之前。这样，企业获得的与日常经营业务相关的政府补贴可以计入"其他收益"，与日常经营业务无关的政府补贴依然计入"营业外收入"，此时势必会对营业利润和营业利润率的计算造成一定的影响，并最终影响到利润结构和投资者的决策。下面以2007—2017年这11年间，海螺水泥按照2006年会计准则和2017年新修订准则分别计算的营业利润率和股票收益率的相关性进行分析。具体如表6-11、表6-12和图6-4、图6-5所示。

表6-11　海螺水泥按照2006年会计准则计算的营业利润率和股票收益率

金额单位：万元

项目	营业收入	营业利润	营业利润率	股票收益率
2007	1 877 609.8	317 058.42	16.89%	142.73%
2008	2 422 826.81	298 714.32	12.33%	−63.35%
2009	2 499 800.67	426 015.49	17.04%	92.92%
2010	3 450 828.17	761 588.31	22.07%	−39.56%
2011	4 865 380.88	1 496 029.42	30.75%	−45.26%
2012	4 576 620.34	701 580.28	15.33%	19.18%
2013	5 526 167.66	1 174 267.91	21.25%	−6.12%
2014	6 075 850.09	1 382 347.86	22.75%	32.99%
2015	5 097 603.6	866 650.79	17.00%	−20.04%
2016	5 593 190.1	1 076 025.6	19.24%	2.13%
2017	7 531 081.97	2 082 529.79	27.65%	72.94%

表6-12　海螺水泥按照2017年新修订准则计算的营业利润率和股票收益率

金额单位：万元

项目	营业收入	营业利润	营业利润率	股票收益率
2007	1 877 609.8	299 147.42	15.93%	142.73%
2008	2 422 826.81	295 087.32	12.18%	−63.35%
2009	2 499 800.67	383 748.49	15.35%	92.92%
2010	3 450 828.17	749 828.31	21.73%	−39.56%
2011	4 865 380.88	1 492 584.42	30.68%	−45.26%

(续表)

项目	营业收入	营业利润	营业利润率	股票收益率
2012	4 576 620.34	725 096.28	15.84%	19.18%
2013	5 526 167.66	1 183 406.91	21.41%	−6.12%
2014	6 075 850.09	1 370 242.86	22.55%	32.99%
2015	5 097 603.6	888 965.79	17.44%	−20.04%
2016	5 593 190.1	1 119 976.6	20.02%	2.13%
2017	7 531 081.97	2 126 548.79	28.24%	72.94%

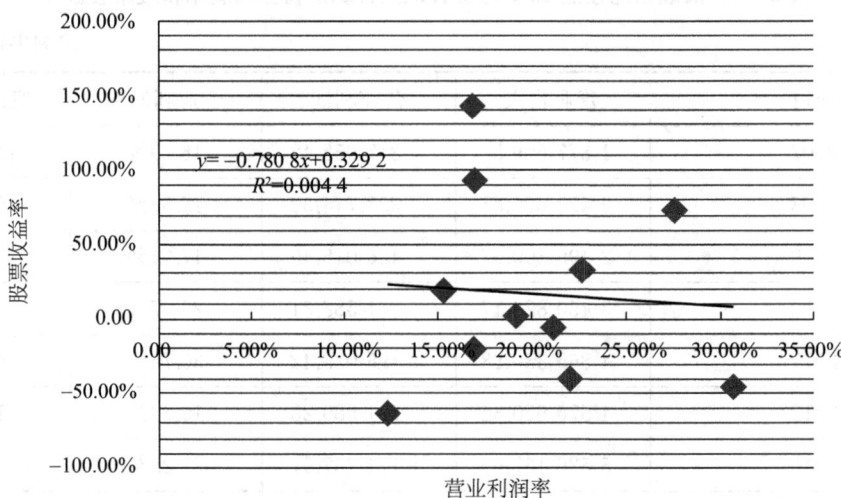

图 6-4　海螺水泥按照 2006 年会计准则计算的营业利润率和股票收益率相关性

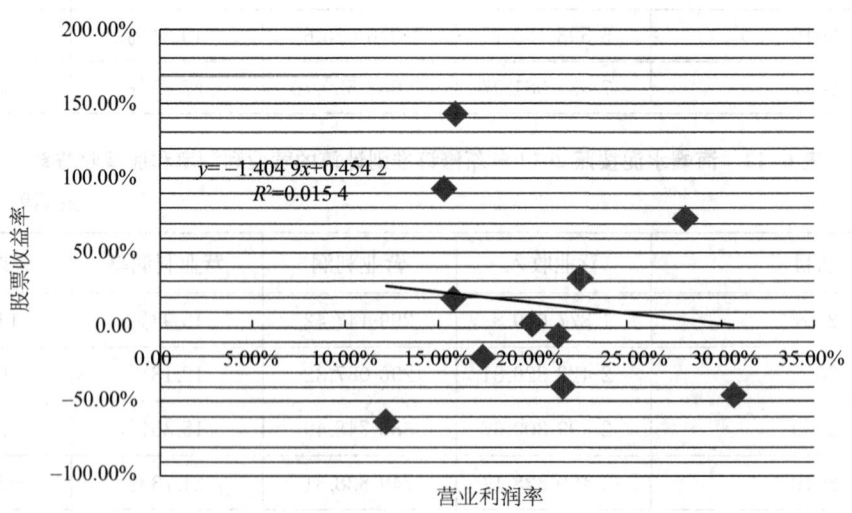

图 6-5　海螺水泥按照 2017 年新修订准则计算的营业利润率和股票收益率相关性

2. 海螺水泥政府补助与管理层考核和薪酬的价值相关性分析

表 6-13 列示了 2007—2017 年海螺水泥的营业利润和总经理薪酬。

表 6-13 2007—2017 年海螺水泥的营业利润和总经理薪酬

年份	按照 2006 年会计准则		按照 2017 年新修订准则	
	营业利润(万元)	总经理薪酬(元)	营业利润(万元)	总经理薪酬(元)
2007	317 058.42	548 078	299 147.42	548 078
2008	298 714.32	672 559	295 087.32	672 559
2009	426 015.49	328 182	383 748.49	328 182
2010	761 588.31	529 407	749 828.31	529 407
2011	1 496 029.42	987 742	1 492 584.42	987 742
2012	701 580.28	758 921	725 096.28	758 921
2013	1 174 267.91	1 081 641	1 183 406.91	1 081 641
2014	1 382 347.86	982 366	1 370 242.86	982 366
2015	866 650.79	828 905	888 965.79	828 905
2016	1 076 025.6	1 061 578	1 119 976.6	1 061 578
2017	2 082 529.79	1 446 557	2 126 548.79	1 446 557

通过前文的分析可知,政府补助会计准则的变化会对营业利润的构成要素造成一定的影响,营业利润构成要素的变化不仅会影响到企业的营业利润率、利润结构以及投资者的决策,营业利润作为管理层绩效考核的指标之一,在一定程度上也会影响到总经理的薪酬。下面以 2007—2017 年海螺水泥按照 2017 年新修订准则和 2006 年会计准则分别计算的营业利润和总经理薪酬的相关性进行分析。

图 6-6 展示了海螺水泥按照 2006 年会计准则计算的营业利润和总经理薪酬相关性。

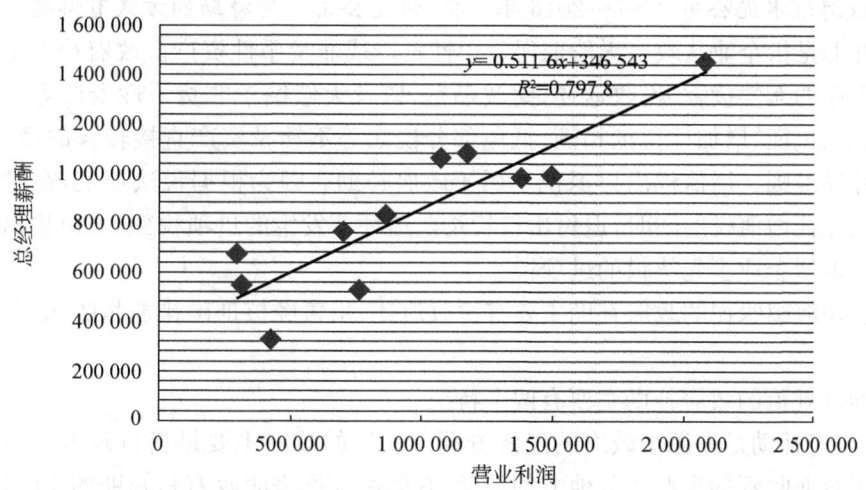

图 6-6 海螺水泥按照 2006 年会计准则计算的营业利润和总经理薪酬相

图 6-7 展示了海螺水泥按照 2017 年新修订准则计算的营业利润和总经理薪酬相关性。

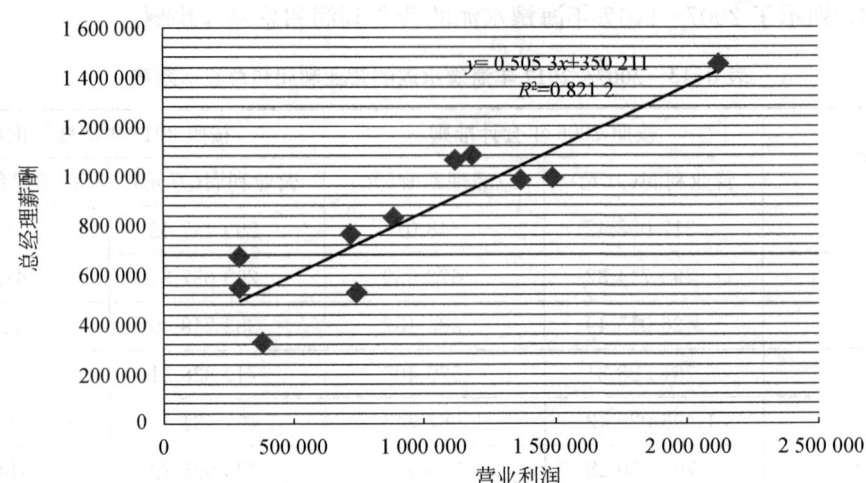

图 6-7　海螺水泥按照 2017 年新修订准则计算的营业利润和总经理薪酬相关性

(本案例摘选自上海立信会计金融学院 2014 级会计学本科生黄嘉伟的毕业论文《政府补助会计准则变化对企业的财务影响：基于海螺水泥的案例研究》)

三、案例思考题

1. 下载海螺水泥公司 2007—2016 年年报，讨论公司政府补助的方式有哪些？
2. 政府补助准则的变迁及其对会计核算有何影响？
3. 结合案例说明，在新、旧准则下政府补助对企业当期利润分别有何影响？
4. 结合案例说明，政府补助对企业现金流有何影响？
5. 结合案例说明，政府补助对企业利益相关者有何影响。

四、案例分析参考与提示

1. 下载海螺水泥公司 2007—2016 年年报，讨论公司政府补助的方式有哪些

政府补助是指企业从政府无偿取得货币性资产或非货币性资产。政府补助主要形式包括政府对企业的无偿拨款、税收返还、财政贴息，以及无偿给予非货币性资产等。通常情况下，直接减征、免征、增加计税抵扣额、抵免部分税额等不涉及资产直接转移的经济资源，不适用政府补助准则。增值税出口退税不属于政府补助。因为根据税法规定，在对出口货物取得的收入免征增值税的同时，退付出口货物前道环节发生的进项税额，增值税出口退税实际上是政府退回企业事先垫付的进项税。

案例公司海螺水泥的政府补助主要有税收返还、出售经核证碳排放量收入、其他补贴收入等形式。

会计准则规范的政府补助主要有两个特征。

其一，政府补助是来源于政府的经济资源。这里的政府主要是指行政事业单位及类似机构。对于企业收到的来源于其他方的补助，有确凿证据表明政府是补助的实际拨付者，其他方只起到代收代付作用的，该项补助也属于来源于政府的经济资源。例如，集团公司母公

司收到一笔政府补助款,有确凿证据表明该补助款实际的补助对象为该母公司下属子公司,母公司只是起到代收代付作用,在这种情况下,该补助款属于对子公司的政府补助。

其二,政府补助是无偿的。即企业取得来源于政府的经济资源,不需要向政府交付商品或服务等对价。无偿性是政府补助的基本特征,这一特征将政府补助与政府以投资者身份向企业投入资本、政府购买服务等政府与企业之间的互惠性交易区别开来。需要说明的是,政府补助通常附有一定条件,这与政府补助的无偿性并不矛盾,只是政府为了推行其宏观经济政策,对企业使用政府补助的时间、使用范围和方向进行了限制。

2. 政府补助准则的变迁及其对会计核算有何影响

2006年,财政部对政府补助的相关会计处理进行了统一,结合我国实际,制定并发布了《企业会计准则第16号——政府补助》。准则规定,企业无论以何种形式取得的政府补助,都应当划分为与资产相关的政府补助和与收益相关的政府补助进行会计处理。政府补助通常多数为与收益相关的政府补助,依据市场经济条件下政府补助的原则与理念,政府补助主要是对于非市场因素而导致的企业特定产品价格低于成本的一种补偿。与资产相关的政府补助最终仍是与收益相关,在相关资产形成、投入使用并提取折旧或摊销时从递延收益转入当期收益。

2017年5月25日,财政部正式对外颁布了《关于印发〈企业会计准则第16号——政府补助〉的通知》(财会〔2017〕15号),2017年6月12日开始实施。与此同时,财政部要求企业对于2017年年初的政府补助科目余额运用未来适用法进行会计核算,对2017年年初到新准则正式实施日之间增加的政府补助依据该准则进行相关调整。

政府补助准则修改的内容总体包含以下方面:新增政府补助的特点,进一步确定政府补助会计准则的适用领域;与国际财务报告准则趋同,允许企业运用净额法对政府补助进行核算;进一步明确政府补助有关会计科目的使用,在利润表当中增加"其他收益"项目;对于财政贴息的会计核算作了更加具体的规定;修正并进一步完善了与资产相关政府补助的摊销方法。

图6-8展示了2017年政府补助会计准则的主要变动。

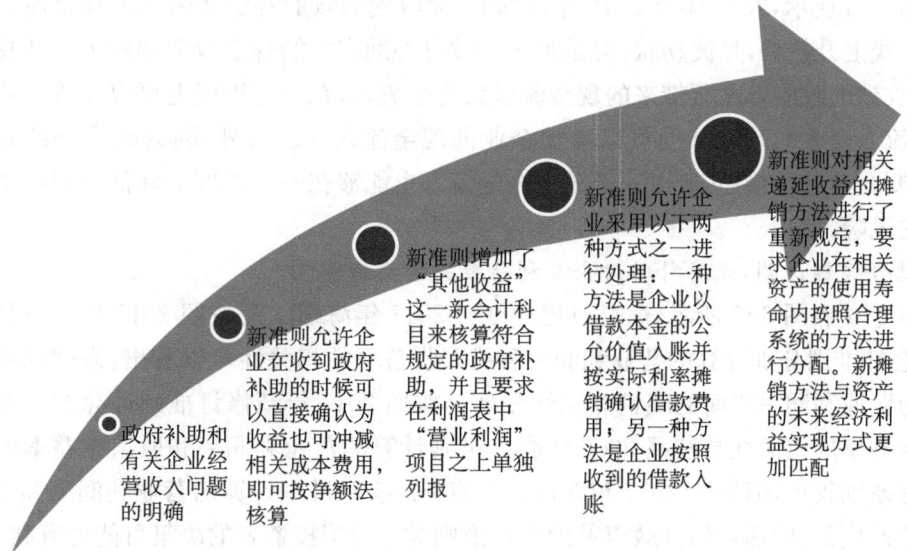

图6-8 2017年政府补助会计准则的主要变动

3. 结合案例说明,在新、旧准则下政府补助对企业当期利润分别有何影响

从前文可知,海螺水泥的当期利润总额与当期营业利润之间存在差额,并且2012年至2016年的利润总额均大于营业利润。这说明海螺水泥的营业外收入能够对当期利润总额产生正向的影响,引起当期利润总额的上升。海螺水泥的利润总额与营业利润之间的差额最小是在2013年,差额为88 858.71万元;最大则是在2015年,差额为137 288.89万元。总的来说,海螺水泥营业外收入中政府补助所占的比例一直保持在较高的平均水平上,政府补助是营业外收入的主要来源。这说明营业外收入对当期利润有提升作用,政府补助能够提升利润。

2017年5月,财政部正式发布的《关于印发〈企业会计准则第16号——政府补助〉的通知》(新修订准则),指出企业能够依据经济业务的实质对所获得的政府补贴进行会计处理。如果企业获得政府补助这一经济事项与企业的日常经营活动息息相关,那么这部分政府补贴金额则可以记入有关的收益账户或者冲减相关的成本费用账户。另外,在利润表当中也增加"其他收益"报表项目(该项目位于"营业利润"项目之前),在政府补助的会计处理上也基本上实现了与国际财务报告准则的趋同。可见政府补助新修订准则正式施行后,对营业利润相关的财务指标有较大的影响,海螺水泥的主营业务利润率有所提高。

4. 结合案例说明,政府补助对企业现金流有何影响

如表6-6所示,2012年至2016年,海螺水泥收到的政府补助及其他专项拨款以及收到的税收返还带来的现金流较多,与政府补助相关的现金流量较大。海螺水泥收到的政府补贴及其他专项拨款与收到的其他占经营活动有关的现金的比例也较大,在2012年至2016年这5年均超过了90%,其中2016年占比最高,比例约为99.30%。说明收到政府补助及其他专项拨款对于收到的其他占经营活动有关的现金这一现金流量科目的影响较大。另外,2012年至2016年,海螺水泥现金流量表当中与政府补助相关的现金流占经营活动现金流量净额比例分别为8.96%、5.88%、6.23%、13.93%和7.41%,这说明海螺水泥收到的政府补助能够增加公司经营活动现金流入量。

如图6-3所示,2012年至2016年,海螺水泥收到的政府补助所带来的现金流虽然并不是呈现直线上升趋势,呈波动状,但是每年与政府补助有关的现金流数额较大。从总体上来看,企业收到的政府补贴所带来的现金流量为现金流入,在一定程度上可以改善企业的现金流,当期流入企业的政府补助可以增加企业的现金流入量。另外,因为政府补助具有无偿性,不需要企业进行偿还,所以这部分现金的流入也能够在一定程度上降低公司由于资金压力带来的风险。

5. 结合案例说明,政府补助对企业利益相关者有何影响

如图6-4和图6-5所示,通过对比2007—2017年海螺水泥按照2017年新修订准则和2006年会计准则分别计算的营业利润率和股票收益率的相关性可以看出:海螺水泥的股票收益率与营业利润率之间的线性相关性较弱。按照2017年新修订准则计算的营业利润率和股票收益率的相关性与按照2006年会计准则计算的营业利润率和股票收益率的相关性总体而言差别较小,但按照2017年新修订政府补助会计准则计算的营业利润率和股票收益率的相关性更强,因而新修订政府补助会计准则对于我国投资者的决策可能更有利。

2007—2017年,海螺水泥按照2006年会计准则计算的营业利润与按照2017年新修订

准则计算的营业利润存在差异,通过对比分析2007—2017年海螺水泥总经理薪酬与营业利润的相关性可以发现:总体而言,海螺水泥的总经理薪酬与营业利润呈正相关关系。也就是说,当海螺水泥的营业利润上升时,总经理薪酬也随之上升;当海螺水泥的营业利润下降时,总经理的薪酬也下降,总经理薪酬与营业利润大体呈现正相关关系。此外,按照2006年政府补助会计准则计算的营业利润和总经理薪酬的相关性更强,新修订政府补助会计准则相对于旧准则可能较不利于管理层考核。

五、分析题

伴随着我国经济业务复杂性逐步提高,原《政府补助》准则在实际执行中显现出明显的问题,譬如一些来源于政府的经济利益流入到底是列入经常性的收入或者偶发性的政府补助,区别标准并不明确,其所涉及的会计科目——营业外收入也存在较大争议;而关于财政贴息的会计处理等方面,由于与国际会计准则有较大区别,在实务界对原有的财政贴息会计处理反应较多,且诸多制度间有相互矛盾之处。因此,我国财政部在2017年5月10日对准则在执行过程中遇到的一些问题进行了回应,并和国际准则进一步趋同。

1. 定义与分类

新准则中,对政府补助特征概括为:一是来源于政府的经济资源;二是无偿性(财政部,2017)。新准则特别指出了,有些补助不是由政府直接拨付,则是由第三方代收代付,也应归为政府补助,因此款项来源、拨付方不再是判断的重要依据,而是要视实质谁是最终的偿付者。例如国有农场收到的生猪储备补贴,款项并不是政府财政直接拨付的,而是由中国食品储备公司代付的,但其实质却是来源于财政的,所以仍应归为政府补助进行处理。

新准则在《总则》明确了实务工作中容易混淆的几点:一是从政府取得的经济资源,如果与企业的主营业务密切相关,即实质是企业销售了商品或提供服务,经济资源是作为商品或服务的对价或者是对价的组成部分给予的,应适用收入准则(CAS14)。二是特别强调政府如果是以投资者身份向企业投入资金,享有作为股东相应的权益,不适用CAS16。三是企业减免的所得税,应适用CAS18。总而言之,新准则表明了从政府拨付的资金不一定是属于政府补助范畴,不是直接从政府获得的资金反而可能是属于政府补助范畴。

2. 计量方法的选择

在计量上,原准则规定使用总额法,即与政府补助相关的资产、成本费用按其发生总额记入相应科目,收到的政府补助全额计入递延收益或当期损益。例如某农场下属种植业公司2016年建设农田水利设施,工程经审计确认总价为420万元,收到政府财政拨付的小型水利设施建设补助220万元,那么计入增加固定资产420万元,计入递延收益220万元。

2017年政府补助准则规定,与资产相关的政府补助,在收到时可以采用净额法应当冲减相关资产的账面价值,也可以采用总额法将政府补助确认为递延收益;与收益相关的政府补助,按照是弥补已发生的成本费用,还是补偿以后将要发生的成本费用或损失分别进行处理:前者,在收到补助的当期计入损益或冲减成本;后者,先确认为递延收益后,再在相关成本费用或损失的期间分配计入损益或冲减相关成本。也就是说,在计量金额上,可以采用总额法,也可以采用净额法。那么以上列举的例子,收到财政拨付的水利设施建设补助220万元时,如果在新准则颁布之后,则可以如前采用总额法,也可以采用净额法,那么计入固定资产只为 200 万元(420－220),而不确认递延收益。

在资产计量中,大致存在两种不同的基本目的:一种目的是资产计量应反映出经营责任;另一种基本目的是资产计量应对决策有用。前者,资产计量的结果应尽可能地客观、可靠,要有助于说明和交代有关各方的经营责任及其履行情况。而后者,要求资产计量的结果能与经营者作出的决策相关,因而会选择现时成本计量模式。从这点看,新准则允许企业根据自己的需要,自行决定采用总额法或净额法,是各自满足了两者需要。

3. 核算会计科目

原准则企业收到的政府补助无论是与资产相关或与收益相关,都计入营业外收入。新准则规定,除了用净额法计量政府补助的业务以外,在记入具体损益类科目时,要判断政府补助的性质是否与日常活动相关:如果政府补助与日常活动相关,须计入其他收益;否则,应计入营业外收入。不再是所有政府补助都可以计入营业外收入,根据经济业务的性质来定,体现了"实质重于形式"的理念。那么业界反映较多企业享受的增值税即征即退政策,如软件行业、能源再生行业,收到的增值税即征即退税款,2016 年前全部计入营业外收入,但是 2017 年新准则实施后,则按照业务的性质判断为与企业的日常经营业务密切相关,计入了其他收益,在利润表中,反映在"营业利润"的上方。

4. 财政贴息的处理

新准则较旧准则一个重大变化就是明确了企业收到财政贴息的处理。原准则规定,"属于贷款贴息、专项经费补助的,作为企业收益处理",所以在实务中财政贴息一般是记入营业外收入科目。按照新准则,企业有关财政贴息业务应当分为贴息资金是拨付给承担贷款任务的银行,还是直接拨付给企业。

第一种情况,企业可以规定的政策性优惠利息取得贷款,可以选择两种方法,如表 6-14 所示。

表 6-14 款项拨给银行的会计处理

拨款方式	企业会计处理			
	借款的入账价值	借款费用	递延收益	
政府补助资金直接拨付给银行,由其以政府优惠利率向企业贷款	借款的公允价值	用借款的公允价值采用实际利率法计算	实际收到的金额与公允价值的差额为递延收益;实际利率法摊销,冲减借款费用	一经选用,不得随意变更
	实际收到的借款金额	以借款本金和政府性优惠利率计算		

第二种情况,当企业直接收到财政拨付的贴息资金时,冲减相关借款费用,而不再是计入营业外收入,即净额法。

需要注意的是,这里的借款费用,已不单纯是财务费用,还应该包括可以资本化的借款费用,新准则关于直接给予企业财政贴息的处理最终结果无非就是两种:一是冲减了财务费用;另一种是借款费用可以资本化时,冲销了相关建造资产的账面价值。但是在2016年财政部发布政府补助会计准则修订稿时,对企业收到的财政贴息处理和将贴息资金划拨银行两种情形之一的处理方法是一致的,即总额法与净额法,可任选其一,一旦确定不得改变。在正式发布时,企业直接收到贴息资金时的处理方法只剩下净额法了。

5. 递延收益的摊销

在原准则中对递延收益的摊销,采取了平均年限法(直线法)。新准则规定,同类业务如果采用总额法核算,计入递延收益需摊销的,按照合理、系统的方法计入损益,而不再是强调按照资产的平均寿命,即用直线法进行摊销。其实,在CAS 4(固定资产准则)中,也是规定确定固定资产的使用寿命和预计净残值,应考虑根据其性质和使用状况。根据与资产有关的经济利益的预期实现方式,合理选择折旧方法。直线法也不是折旧计提方法唯一的选项,还有工作量法及可以体现加速折旧要求的双倍余额递减法和年数总和法等,视资产的性质和经济利益的实现方式而定。新准则摒弃了把直线法作为唯一的递延收益摊销的办法,真正使递延收益摊销和折旧方法统一起来,更重要的是强调与资产实现利益的方式相关,例如前资产刚投入使用期,资产生力能力强、维修性支出少,相关利益流入多,后期生产能力由资产的陈旧或生产技术的发展,生产能力弱、维修性支出增加,相关利益流入较前期明显降低。

同时,新准则还明确了,与财政补贴有关的资产如果在预定的使用寿命前提前报废、毁损或者被出售、转让的,对应的递延资产有账面余额的,应一次性转入当期损益。

6. 列报与披露

新准则在利润表中单独设置了"其他收益"栏目,反映计入其他收益的政府补助,并列在营业利润之上;其次是增加了"列报项目"作为披露内容,这也反映了新准则颁布之后,可以多种会计处理方法进行政府补助的核算,可能给报表使用者带来的不解,要求披露政府补助的列报项目,可能使报表者进一步清晰了解企业的经营情况。(以上资料摘选自刘凤委,《〈政府补助〉准则修订与解读》)

阅读以上材料,回答下列问题:

阅读材料并查找资料,思考新修订的政府补助准则对企业管理层会计政策选择与利益相关者有何影响?

六、案例公司的后续发展

案例公司此后未发生重大资产重组事件。公司2017—2020年相关财务数据如表6-15、表6-16和图6-9所示。

表6-15 海螺水泥2017—2020年主要会计数据

年份	2017	2018	2019	2020
营业收入(万元)	7 531 082.00	12 840 262.60	15 703 032.80	17 624 268.20
归属于上市公司股东的净利润(万元)	1 585 467.00	2 981 428.50	3 359 275.50	3 512 969.10

(续表)

年份	2017	2018	2019	2020
归属于上市公司股东的扣除非经常性损益的净利润(万元)	1 407 786.60	2 981 852.00	3 271 939.60	3 317 044.70
基本每股收益(元/股)	2.99	5.63	6.34	6.63
扣除非经常性损益后的基本每股收益(元/股)	2.66	5.63	6.17	6.26
加权平均净资产收益率(%)	19.12	29.66	27.03	23.62
扣除非经常性损益后的加权平均净资产收益率(%)	16.97	29.66	26.33	22.31

表 6-16　海螺水泥 2017—2020 年政府补助和营业外收入

年份	2017	2018	2019	2020
政府补助（与企业业务密切相关，按照国家统一标准定额或定量享受的政府补助除外）(万元)	42 610.30	54 540.90	53 070.70	84 414.40
营业外收入(万元)	47 989.78	59 068.18	64 812.67	95 932.55

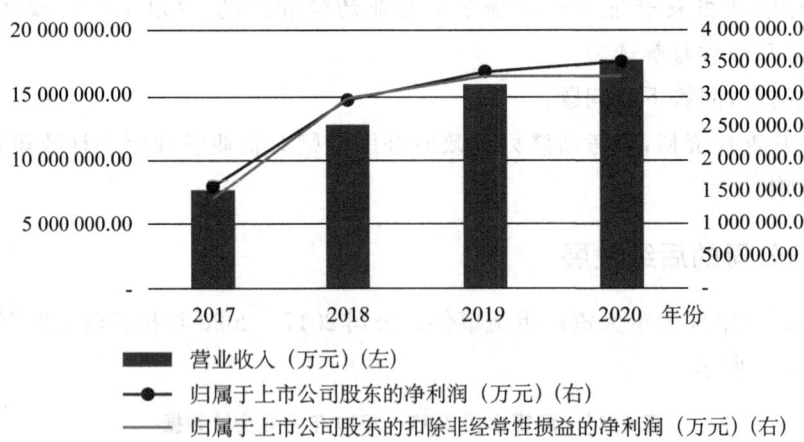

图 6-9　海螺水泥 2017—2020 年主要财务数据

关于案例后续发展的思考题：

1. 表 6-14、表 6-15 和图 6-9 中海螺水泥的盈余管理迹象如何？

2. 下载公司年报，比较 2017 年后政府补助的信息披露与以前年度有何不同？

第七章 股权投资:福建水泥的案例

股权投资在我国上市公司中非常普遍。根据我国2006年颁布的企业会计准则,企业可以将股权投资划为交易性金融资产、可供出售金融资产与长期股权投资三类。选择不同的股权投资会计政策、不同的股权投资出售时机都会对企业的利润产生巨大的影响。在国际金融危机的冲击下,2009年福建水泥公司主业收入下滑、市场份额下降,导致亏损8 546.66万元。如果2010年不能及时扭亏,公司将被戴上"ST"的帽子,这将给企业进一步融资与发展带来更大的不利影响。2010年福建水泥公司的营业收入有所增长,主营业务利润却亏损5 113.51万元,但是公司在2010年仍然实现了利润2 058.33万元,其中转让股票的投资收益4 846.79万元至关重要。本章将剖析福建水泥股权投资会计政策的选择以及股权投资转让的动机及其影响,探讨金融资产与长期股权投资会计准则执行中面临的问题与挑战。

财政部于2014年修订发布了《企业会计准则第30号——财务报表列报》,在准则层面确定了"其他综合收益"的概念和列报规范。其他综合收益是指企业根据企业会计准则规定未在损益中确认的各项利得和损失扣除所得税影响后的净额。可供出售金融资产的公允价值变动、减值及处置导致的其他综合收益的增加或减少,这在一定程度上有利于遏制盈余管理。2017年3月,财政部又修订发布了《企业会计准则第22号——金融工具》,股权投资的分类规则亦有所变化。本章案例发生于准则修改前,但对于我们理解准则的变化和企业股权投资会计政策选择仍有借鉴意义。

2017年3月,财政部修订发布了《企业会计准则第22号——金融工具确认和计量》,要求新准则在境内外同时上市的企业以及在境外上市并采用国际财务报告准则或企业会计准则编制财务报告的企业,自2018年1月1日起施行;其他境内上市企业自2019年1月1日起施行;执行企业会计准则的非上市企业自2021年1月1日起施行。同时,鼓励企业提前执行。执行新准则的企业,不再执行财政部于2006年2月15日印发的《财政部关于印发〈企业会计准则第1号——存货〉等38项具体准则的通知》(财会〔2006〕3号)中的《企业会计准则第22号——金融工具确认和计量》。

一、案例教学目标与教学操作说明

(一)案例教学目标

通过案例讨论与分析,达成以下教学目标:①了解上市公司股权投资的分类、会计核算及其信息披露要求;②掌握股权投资对企业的财务影响;③了解股权投资会计政策选择的影响因素;④识别股权投资会计中的盈余管理迹象;⑤了解企业股权投资会计政策选择在盈余管理中的作用。

（二）教学操作说明

本章教学操作说明如表 7-1 所示。

表 7-1 教学操作说明

内　容	主角	组　织　与　要　求	时间
阅读案例资料	学生	熟悉案例资料，补充并收集相关资料	课前
案例讨论	学生	每个案例小组围绕案例思考题，分析讨论案例公司股权投资会计政策选择的动机及其影响	20~30 分钟
演讲	学生	每个案例小组推荐 1 名学生演讲其小组讨论的情况及其达成的共识、产生的分歧	35~45 分钟
点评	老师	点评案例小组讨论情况并引导其对问题的正确理解和深入分析	15~25 分钟

二、公司背景及案例介绍

（一）福建水泥公司简介

福建水泥股份有限公司（以下简称"福建水泥"），注册于福建省福州市，注册资本人民币 381 873 666.00 元。福建水泥系经福建省体改委〔1992〕114 号文批准，由原福建水泥厂改制设立，主导产品为"建福牌""炼石牌"普通硅酸盐水泥，经营范围除建筑材料制造及技术服务，还涉及工业生产（不含汽车）；大型货车维修；投资宾馆、旅游、房地产；物业管理等诸多方面。

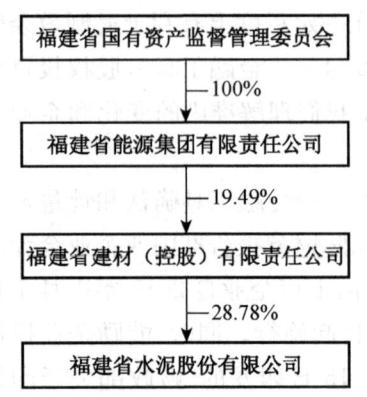

图 7-1 福建水泥的控股股东情况
资料来源：公司年报。

经中国证监会证监发字〔1993〕51 号文批复，福建水泥于 1993 年首次向社会公开发行股票，并于 1994 年 1 月 3 日在上海证券交易所挂牌上市，证券简称为"福建水泥"，证券代码为"600802"。通过历年送、配股、资本公积金转增股份及"特种拨改贷"资金转股，公司总股本由发行时的 18 780 万股增加到 38 187 万股。公司的第一大股东是福建省建材（控股）有限责任公司，实际控制人是福建省能源集团有限责任公司。最终控制人为福建省国资委。上市以来，公司通过兼并、收购、扩建，水泥产能迅速扩大并位居省内水泥行业龙头。福建水泥控股股东情况如图 7-1 所示。

（二）福建水泥出售和买入兴业银行股票事件经过

1. 2009 年短期内出售和买入兴业银行股票

2009 年 5 月 14 日至 15 日间，福建水泥通过上海交易所证券交易系统累计出售持有的兴业银行股票 423 万股，实现投资收益约 11 181.01 万元；并在随后 5 月 19 日累计买入兴业银行股票 423 万股，累计使用资金 12 227.93 万元。短期内的一卖一买，将 2009 年半年度业绩修正为预计净利润 1 500 万元以上。然而 2009 年 8 月 18 日，又发布公告称由于该出售和买入行为未取得股东大会授权,尚不能确认以上投资收益。最终,在修正的2009年年报中披露,上半年出售兴业银行423万股股票事宜经2009年7月30日股东大会确认,实现的投资收益得到确认。该事件详见表7-2。

表7-2　2009年福建水泥出售和买入兴业银行股票事件经过

时间	事件	备注
2009年4月21日	披露2009年第一季度报告,称预计公司2009年上半年将亏损4 500万元至6 000万元	
2009年5月14～15日	通过上海证券交易所交易系统累计出售持有的兴业银行股票423万股,累计交易金额11 692.47万元,平均交易价格27.642元/股,实现投资收益约11 181.01万元	2009/5/20披露
2009年5月19日	通过上海证券交易所交易系统累计买入兴业银行股票423万股,累计使用资金12 227.93万元,平均买入价格为28.907元/股	2009/5/20披露
2009年5月20日	披露2009年半年度业绩预告修正公告,将2009年半年度业绩修正为预计净利润1 500万元以上	
2009年8月18日	发布2009年半年度业绩预告第二次修正公告,说明由于上述出售兴业银行股票的行为事先未取得股东大会授权,根据有关规定,尚不能确认投资收益。鉴于此,公司董事会同意暂不确认上述投资收益,并调整相应账务处理,但公司于5月19日回购的423万股兴业银行股票仍继续放在原科目"可供出售金融资产"核算	

资料来源:根据公司公告整理。

2. 2010年和2012年减持兴业银行股票

2010年福建水泥年报披露,公司"适时变现了236万股兴业银行股票,获得投资收益4 846.79万元"。

2011年福建水泥年报披露,"公司于2010年9月1日召开的2010年第二次临时股东大会授权公司董事会自股东大会批准之日起24个月内,根据市场情况和公司发展需要,择机参照二级市场价格,分期分批或整体出售兴业银行股票不超过1 100万股。从2010年公司出售兴业银行股票236万股后至本报告期末,公司未再出售兴业银行股票。"

2012年福建水泥年报披露,公司主营巨额亏损,经股东大会批准,公司于报告期12月出售了兴业银行股票23 443 072股,实现所得税前投资收益约24 620.28万元,使公司实现利润总额2 829.73万元,全年实现扭亏为盈。详见表7-3。

表7-3　福建水泥2008—2012增持/减持兴业银行股票情况统计　　金额单位:元

年份	期初持股数	增持	减持	期末持股数	减持产生的投资收益	净利润	(投资收益/净利润)
2008		—		32 079 200.00	—	5 016 152.14	0.00
2009	32 079 200.00	4 230 023.00	4 230 023.00	32 079 200.00	111 810 752.11	−96 147 294.68	−116.29%
2010	32 079 200.00	—	2 260 000.00	36 235 040.00	48 467 938.80	8 136 242.91	595.70%

(续表)

年份	期初持股数	增持	减持	期末持股数	减持产生的投资收益	净利润	(投资收益/净利润)
2011	—	6 415 840.00	—	65 043 072.00	—	124 848 649.72	0.00
2012	65 043 072.00	—	23 443 072.00	41 600 000.00	246 202 813.05	28 784 021.95	855.35%

注：2010年减持数与前文所述236万股数据均来自年报。另根据福建水泥2011年报披露：兴业银行实施每10股转增8股并派4.6元现金红利的2010年度利润分配方案，公司持有兴业银行股票36 135 040股，取得投资收益1 662.21万元，转增后公司持有兴业银行股票65 043 072股。

数据来源：根据年报整理。

（三）合并范围的变化

2010年年报披露，由于莆田建福大厦有限公司（控股90%）处于歇业状态，根据公司董事会决议，公司仍将继续寻找新的大厦资产受让方。截至当期期末，公司对其长期投资已减计为零，故未纳入合并报表范围。详见本章背景资料四。

（四）福建水泥2008—2010年主要财务指标

福建水泥2008—2010年主要会计数据和财务指标如表7-4所示。

表7-4　2008—2010福建水泥公司年主要会计数据和财务指标　　金额单位：元

年份	2008	2009	2010
营业收入	1 232 241 445.00	1 149 201 594.70	1 356 250 042.12
利润总额	4 709 198.71	−85 466 557.99	20 583 278.84
归属于上市公司股东的净利润	5 016 152.14	−96 147 294.68	8 136 242.91
归属于上市公司股东的扣除非经常性损益的净利润	−37 295 472.60	−196 665 413.46	−51 135 141.54
经营活动产生的现金流量净额	40 471 537.65	−21 975 675.81	237 026 269.38
基本每股收益（元/股）	0.013	−0.252	0.021
稀释每股收益（元/股）	0.013	−0.252	0.021
扣除非经常性损益后的基本每股收益（元/股）	−0.098	−0.515	−0.134
加权平均净资产收益率	0.36%	−7.6%	0.67%
扣除非经常性损益后的加权平均净资产收益率	−2.66%	−15.54%	−4.2%
每股经营活动产生的现金流量净额（元/股）	0.106	−0.058	0.621

福建水泥2010年利润表可参见"本章附录1"。

（五）2010年公司关于股权投资的信息披露情况

1. 股权投资相关的会计政策

参见"本章附录2"。

2. 主要控股子公司及参股公司的经营情况及业绩分析

主要控股子公司及参股公司的经营情况及业绩分析如表7-5所示。

表7-5 主要控股子公司及参股公司的经营情况及业绩分析   单位：万元

序号	公司名称	业务性质	主要产品或服务	注册资本	总资产	净资产	净利润
1	厦门福建散装水泥运输有限公司	运输、销售	散装水泥,道路汽车货运	400	879.09	833.27	−166.09
2	永安市福泥汽车运输有限公司	运输、维修	汽车运输、工程机械维修等	125	44.63	−25.58	−2.62
3	永安市建福设备安装维修有限公司	维修、安装	设备维修、配件制作、非标、管道制作安装等	409	810.63	537.56	15.16
4	厦门金福鹭建材有限公司	建材销售	料、水暖器材、汽车零配件等	2 500	2 953.9	2 518.99	−246.03
5	泉州市泉港金泉福建材有限公司	建材销售	水泥,商品砼、水泥制品、建筑砂石	2 380	1 790.36	1 188.6	−231
6	漳州金石新型建材有限公司	新特建材生产、销售	新型超细矿粉材料及建筑用涂料制品	140	29.9	−679.17	−3.56
7	福建省建福散装水泥有限公司	建材销售	散装水泥	1 000	517.84	335.02	−103.16
8	福建省永安金银湖水泥有限公司	水泥、熟料生产和销售	水泥、熟料	29 000	38 273.97	14 418.71	1 281.76
9	福建省闽乐水泥有限公司	水泥、石灰生产、销售	水泥、石灰石	63 575	151.77	6.18	−65.83
10	福建安砂建福水泥有限公司	水泥、熟料生产和销售	水泥、熟料	35 000	65 635.79	34 877.2	−71.99
11	福州炼石水泥有限公司	水泥生产和销售	水泥	4 700	14 786.35	5 079.39	352.76
12	福建永安建福水泥有限公司	水泥生产和销售	水泥、熟料、包装袋;原料、工业废料购销	2 900	3 036.07	3 036.07	−46.1

对本公司净利润影响10%以上的子公司相关情况如表7-6所示。

表7-6 对本公司净利润影响10%以上的子公司相关情况   单位：万元

公司名称	主营业务收入	主营业务利润	营业利润	利润总额	净利润
福建省永安金银湖水泥有限公司	25 589.94	5 431.74	1 724.50	1 735.70	1 281.76
福州炼石水泥有限公司	31 487.61	1 898.62	497.54	505.25	352.76

(续表)

公司名称	主营业务收入	主营业务利润	营业利润	利润总额	净利润
泉州市泉港金泉福建材有限公司	268.45	21.35	−164.23	−165.95	−165.95
厦门金福鹭建材有限公司	9 235.43	432.00	−223.39	−228.13	−246.03
厦门建福散装水泥运输有限公司	444.68	111.20	−157.30	−166.77	−166.09

3. 与公允价值计量相关的项目

公司与公允价值计量相关的项目披露如表7-7所示。

表7-7 与公允价值计量相关的项目披露 单位：元

项目	期末公允价值	期初公允价值
1. 可供出售债券		
2. 可供出售权益工具	917 696 312.00	1 293 112 552.00
3. 其他		
合计	917 696 312.00	1 293 112 552.00

4. 可供出售金融资产情况

期末按照2010年12月31日股票收盘价计量，如表7-8所示。

表7-8 可供出售金融资产情况披露 金额单位：元

股票名称	期末持股数量（股）	期末收盘价	期末余额
兴业银行	36 135 040.00	24.05	869 047 712.00
兴业证券	3 003 000.00	16.20	48 648 600.00
合计	39 138 040.00		917 696 312.00

注1：可供出售金融资产期末数较期初数下降29.03%，主要原因是：①公司年初持有3 207.92万股兴业银行股票。由于本期出售236万股，同时兴业银行股价从期初40.31元/股下跌至期末24.05元/股，相应减少可供出售金融资产578 365 792.00元；②公司以18元/股的价格参与兴业银行本年配股，增加股份6 415 840.00股，期末以24.05元/股确认（增加）可供出售金融资产的公允价值154 300 952.00元；③公司持有的兴业证券股票300.3万股，该公司于2010年10月13日在上海证券交易报挂牌上市，公司所持股份限售期1年，从长期股权投资转入可供出售金融资产，以期末收盘价16.20元/股计量，确认（增加）该项可供出售金融资产期末公允价值48 648 600.00元。

注2：公司与福建省建材（控股）有限责任公司于2009年5月13日签订《反担保质押协议》。该协议约定：福建省建材（控股）有限责任公司为本公司向兴业银行贷款本金17 200万元承担连带担保责任，本公司作为出质人，将持有的兴业银行普通股1 000万股质押给福建省建材（控股）有限责任公司作为反担保质押物。

注3：公司与华夏银行福州分行于2009年5月13日签订《质押担保协议》，该协议约定：以1 000万股兴业银行股份质押给华夏银行福州分行，为控股子公司福建省永安金银湖水泥有限公司向华夏银行福州分行的8 000万元贷款额度提供担保。

注4：公司与厦门国际银行福州分行于2010年7月16日签订《股票质押合同》，该协议约定：以700万股兴业银行股份质押给厦门国际银行福州分行，向厦门国际银行福州分行的15 000万元贷款额度提供担保。

注5：本期实际收到兴业银行股份有限公司现金股利16 039 600.00元。

5. 对合营企业投资和联营企业投资

对合营企业投资和联营企业投资如表7-9所示。

表7-9 对合营/联营企业投资的披露　　　　　金额单位：万元

被投资单位名称	企业类型	注册地	法人代表	业务性质	注册资本	本企业持股比例	本企业在被投资单位表决权比例
厦门建福散装水泥联合公司	有限公司	厦门市	盖小健	建材、装饰材料销售	80	25.00%	25.00%
厦门鹭麟散装水泥有限公司	有限公司	厦门市	卢定新	水泥建材五金汽配等批发零售	1 010	42.90%	42.90%
永安燕嘉时装公司	有限公司	永安市		服装生产和来料加工	150	45.30%	45.30%
三明新型建材总厂	有限公司	三明市	李宝卫	清算本企业债权债务等	756	44.93%	44.93%
闽榕建福水泥联营公司	有限公司	福州市		水泥批发、零售	60	33.33%	33.33%
仙游建福水泥联营公司	有限公司	仙游县		水泥批发、零售	40	50.00%	50.00%
莆田建福水泥联营公司	有限公司	莆田市		水泥批发、零售	20	50.00%	50.00%

6. 资本公积

公司资本公积情况如表7-10所示。

表7-10 资本公积披露　　　　　单位：元

项目	期初数	本期增加	本期减少	期末数
股本溢价	164 350 254.51			164 350 254.51
其他资本公积	911 548 807.71		358 042 238.41	553 506 569.30
合计	1 075 899 062.22			717 856 823.81

注：资本公积期末数较期初数下降33.28%，主要原因是：①公司持有的3 207.92万股兴业银行股票列在可供出售金融资产并以公允价值计量，由于本期出售兴业银行股票236万股，同时兴业银行股价从40.31元/股下跌至期末24.05元/股，上述两因素的变动相应减少资本公积421 446 157.47元；②公司以18元/股的价格参与兴业银行本年配股，增加兴业银行股票6 415 840.00股，列在可供出售金融资产并以公允价值计量，期末以24.05元/股收盘价确认可供出售金融资产的公允价值，相应增加资本公积29 111 874.00元；③公司持有兴业证券股票300.3万股，该公司于2010年10月13日在上海证券交易所上市，公司所持股份限售期1年，从长期股权投资转入可供出售金融资产核算，以期末收盘价16.20元/股计量，确认（增加）该项资本公积34 292 045.06元。

7. 长期股权投资

长期股权投资明细如表 7-11 所示。

表 7-11 长期股权投资明细披露　　　　　　　　　　　　　　　金额单位:元

被投资单位	核算方法	初始投资成本	期初数	本期增减变动	期末数	在被投资单位持股比例	在被投资单位表决权比例	减值准备
兴业证券股份有限公司	成本法	2 925 873.26	2 925 873.26	-2 925 873.26				
莆田建福大厦有限公司	权益法	7 200 000.00				90.00%	90.00%	
闽榕建福水泥联营公司	权益法	200 000.00				33.33%	33.33%	
厦门鹭麟散装水泥有限公司	权益法	3 442 137.00				42.90%	42.90%	
三明新型建材总厂	权益法	3 400 000.00				44.93%	44.93%	
厦门建福散装水泥联合公司	权益法	200 000.00	1 231 588.54		1 231 588.54	25.00%	25.00%	1 231 588.54
永安建福水泥运输公司	成本法	200 000.00	200 000.00		200 000.00	9.00%	9.00%	
永安燕嘉时装公司	成本法	750 000.00	750 000.00		750 000.00	45.30%	45.30%	750 000.00
三明市三真生物科技有限公司	成本法	1 795 000.00	1 535 388.00		1 535 388.00	5.91%	5.91%	
莆田建福水泥联营公司	成本法	173 793.23	173 793.23		173 793.23	50.00%	50.00%	173 793.23
仙游建福水泥联营公司	成本法	200 000.00	308 330.62		308 330.62	50.00%	50.00%	308 330.62
香港原野发展公司	成本法	4 400 800.00	10 568 345.00		10 568 345.00			10 568 345.00
合　计	—	24 887 603.49	17 693 318.65	-2 925 873.26	14 767 445.39			13 032 057.39

8. 投资收益

(1) 投资收益明细情况如表 7-12 所示。

表 7-12 投资收益明细情况披露　　　　　　　　　　　单位:元

产生投资收益的来源	本期发生额	上期发生额
成本法合算的长期股权投资收益		
权益法核算的长期股权投资收益		
处置长期股权投资产生的投资收益		
持有交易性金融资产期间取得的投资收益		
持有至到期投资期间取得的投资收益		
持有可供出售金融资产期间取得的投资收益	16 039 600.00	12 532 129.65
处置交易性金融资产取得的投资收益		
持有至到期投资取得的投资收益		
处置可供出售金融资产等取得的投资收益	48 467 938.80	111 810 752.11
其他		
合　计	64 507 538.80	124 342 881.76

(2) 按成本法核算的长期股权投资收益如表 7-13 所示。

表 7-13 按成本法合算的长期股权投资收益披露　　　　　　单位:元

被投资单位	本期发生额	上期发生额	本期比上期增减变动的原因
兴业证券股份有限公司		300 300.00	上期分红
合　计		300 300.00	

(3) 处置可供出售金融资产等取得的投资收益如表 7-14 所示。

表 7-14 处置可供出售金融资产等取得的投资收益披露　　　单位:元

被投资单位	本期发生额	上期发生额	本期比上期增减变动的原因
兴业银行股份有限公司	48 467 938.80	111 810 752.11	公司本期出售兴业银行股票 236 万股获得的投资收益 48 467 938.80 元
合　计	48 467 938.80	111 810 752.11	

三、案例思考题

1. 下载公司 2007—2012 年年报,讨论公司股权投资如何分类、会计核算与列示?
2. 结合案例说明,2008—2012 年股权投资对企业的财务影响。
3. 结合案例说明,企业在 2009 年以来出售兴业银行股票的动机。
4. 结合案例说明,企业在 2008、2009 年与 2010 年的盈余管理的迹象、性质与主要手段;在此基础上,讨论股权投资会计政策选择的影响因素及其在盈余管理中的作用。
5. 简要讨论 2017 年新颁布的金融工具准则对企业股权投资核算的影响。

四、案例分析参考与提示

1. 下载公司2007—2012年年报,讨论公司股权投资如何分类、会计核算与列示

1) 分类与初始计量

股权投资是企业会计核算的难点之一。一般来说,企业应根据所持股权的市场情况与持有目的来确定会计核算科目。股权投资的分类与初始计量的情况如表7-15所示。

表7-15 股权投资的分类与初始计量(2007—2017年)

资产项目分类	依据:管理层意图与市场状况	初始计量
交易性金融资产	有活跃市场且用于交易目的	公允价值
可供出售金融资产	有活跃市场,对被投资单位无重大影响,且不拟近期出售	公允价值+交易费用
长期股权投资	无活跃市场、对被投资单位不具有重大影响;或者有活跃市场,对被投资单位有重大影响或控制	非同一控制合并下:支付价款,不包括直接费用 同一控制合并下:取得股权的账面价值 非合并的情形:支付对价,包括交易费用

值得注意的是,对于有活跃市场报价、对投资单位无重大影响且不拟近期出售的股票应计入可供出售金融资产;例如,案例公司对兴业证券的股票投资由于2010年兴业证券上市,该股票投资的核算由"长期股权投资"重分类至"可供出售金融资产",相应地后续计量由历史成本转为公允价值计量。

2) 股权投资的后续计量

长期股权投资后续计量:成本法与权益法的比较如表7-16所示。

表7-16 长期股权投资后续计量:成本法与权益法的比较

项目	成本法	权益法
适用条件	控制	具有重大影响或共同控制
初始计量	按照初始投资成本计价[付出对价-应收股利+直接相关费用] 借:长期股权投资 　贷:银行存款等[付出资产]	①如初始投资成本大于被投资单位净资产公允价值份额,按初始投资成本计量 ②如初始投资成本小于被投资单位净资产公允价值份额,其差额计入当期损益,按被投资单位净资产公允价值份额计量 借:长期股权投资(成本) 　贷:银行存款 　贷:营业外收入
被投资单位盈亏实现时[按净资产公允价值调整]	不作会计处理	根据股权份额确认投资收益,相应调整长期股权投资的账面价值 借:长期股权投资(损益调整) 　贷:投资收益
被投资单位宣告股利时	借:应收股利 　贷:投资收益	减少长期股权投资的账面价值 借:应收股利/银行存款 　贷:长期股权投资(损益调整)

(续表)

项 目	成本法	权益法
被投资单位权益发生非损益变化时	不作会计处理	相应调整长期股权投资的账面价值,不确认投资收益,直接计入所有者权益 借:长期股权投资(其他权益变动) 　　贷:其他综合收益
超额亏损	不作会计处理	负有额外损失义务时:①减记长期股权投资的账面价值;②冲减长期应收项目;③按合同,确认预计负债
处置	出售价款与账面价值差额计入投资收益,注销账面价值	出售价款与账面价值差额计入损益,注销账面价值;原计入资本公积中的金额转入投资收益

股权投资的初始分类可归入交易性金融资产、可供出售金融资产与长期股权投资。其中前两者采用公允价值作为后续计量,而长期股权投资可采用成本法与权益法两种方式作为后续计量。

尽管交易性金融资产与可供出售金融资产都采用公允价值计量,但是交易性金融资产在后续计量中公允价值变动部分应调整初始入账金额,并计入当期损益;而可供出售金融资产在后续计量中公允价值变动部分应调整初始入账金额,并计入所有者权益(其他综合收益)。

3) 披露

《企业会计准则第 20 号——企业合并》规定:企业合并发生当期的期末,合并方应当在附注中披露与同一控制下企业合并有关的下列信息:

参与合并企业的基本情况。

属于同一控制下企业合并的判断依据。

合并日的确定依据。

以支付现金、转让非现金资产以及承担债务作为合并对价的,所支付对价在合并日的账面价值;以发行权益性证券作为合并对价的,合并中发行权益性证券的数量及定价原则,以及参与合并各方交换有表决权股份的比例。

被合并方的资产、负债在上一会计期间资产负债表日及合并日的账面价值;被合并方自合并当期期初至合并日的收入、净利润、现金流量等情况。

合并合同或协议约定将承担被合并方或有负债的情况。

被合并方采用的会计政策与合并方不一致所作调整情况的说明。

合并后已处置或准备处置被合并方资产、负债的账面价值、处置价格等。

企业合并发生当期的期末,购买方应当在附注中披露与非同一控制下企业合并有关的下列信息:

参与合并企业的基本情况。

购买日的确定依据。

合并成本的构成及其账面价值、公允价值及公允价值的确定方法。

被购买方各项可辨认资产、负债在上一会计期间资产负债表日及购买日的账面价值和公允价值。

合并合同或协议约定将承担被购买方或有负债的情况。

被购买方自购买日起至报告期期末的收入、净利润和现金流量等情况。

商誉的金额及其确定方法。

因合并成本小于合并中取得的被购买方可辨认净资产公允价值的份额计入当期损益的金额。

合并后已处置或准备处置被购买方资产、负债的账面价值、处置价格等。

2. 结合案例说明,2008—2012年股权投资对企业的财务影响

2009年5月,在短期内先后卖出和买入兴业银行股票,并在未经过股东大会同意的情况下将卖出股票的收益计入上半年,提升了上半年业绩。同时,重新买入的股票虽然花费了更多的交易费用,然而将其计入可供出售金融资产,则不会对利润造成影响。一卖一买之间,利润增加了11 181.01万元,然而却白白多支付了1 046.92万元。

2010年和2012年出售兴业银行股票,直接导致企业扭亏为盈,出售股票取得的投资收益分别是净利润的5.96倍和8.55倍。

2010年变更合并范围,将持股比例90%莆田建福大厦以歇业为由,不纳入合并报表,则无论其利润增加或亏损都不会影响莆田水泥的合并报表业绩。

3. 结合案例说明,企业在2009年以来出售兴业银行股票的动机

案例公司盈余管理的可能动机在于:①避免被ST;②管理层考核与报酬激励中,经营业绩与年薪挂钩,而且经营业绩主要以会计指标为主(参见背景资料五)。

4. 结合案例说明,企业在2008、2009年与2010年的盈余管理的迹象、性质与主要手段;在此基础上,讨论股权投资会计政策选择的影响因素及其在盈余管理中的作用

案例公司在2008、2009年与2010年每股收益分别为0.013元、−0.25元与0.02元,这表明公司在2008年与2010年有明显的向上调节盈余管理的迹象,而在2009年有明显的向下调节盈余管理的迹象。股权投资是公司盈余管理的主要工具之一。

首先,公司在股权投资的初始计量中,可以在交易性金融资产、可供出售金融资产与长期股权投资中选择。案例公司把持有的上市公司股票分类为可供出售金融资产,就是盈余管理的手段之一。与交易性金融资产相比,可供出售金融资产的后续计量中对于公允价值的变动无须计入当期损益,而是直接计入资本公积,这样可以避免股票价值下跌时所产生的投资损失。一旦股票的价值上升,公司可以择机酌情出售股票,从而获得投资收益。例如,案例公司在2010年出售兴业银行的股票所产生的投资收益4 846.79万元,是当期利润2 058.33万元的2倍多。

其次,根据公司对外股权投资比例的大小或对被投资单位的影响程度,上市公司可采取成本法或权益法两种不同的核算方法。当被投资企业出现亏损时,成本法比权益法更有利于增加公司利润;而当被投资企业有盈利时,权益法比成本法更有利于增加公司利润。而且根据我国企业所得税法的规定,投资收益的计税以投资方从被投资企业分得的利润为依据。在被投资企业盈利的情况下,投资方采用权益法核算,就能做到既增加了当期利润又不增加企业税收负担的双重效果。因此公司利用两种不同的股权投资核算方法可以达到盈余管理的目的。

最后,公司在股权投资中是否达到控制或是否纳入合并范围也对公司合并报表的财务状况影响巨大。如果被投资公司当年盈利,那么如果纳入合并报表将会导致公司当年合并利润上升;反之,则会下降。案例公司将表决权仅 50%的被投资公司"建福散装水泥有限公司"(参见本章附录四)纳入合并报表,并没有给予合理的解释,其信息披露不完整、不充分。同时公司将表决权比例达到 90%的被投资公司"莆田建福大厦有限公司"仅因为歇业原因,而不纳入合并报表,其会计核算合理性值得商榷。

2017 年 3 月,财政部修订发布了《企业会计准则第 22 号——金融工具确认和计量》。准则规定:金融工具是指形成一方的金融资产并形成其他方的金融负债或权益工具的合同。一般来说,金融工具包括金融资产、金融负债和权益工具,也可能包括一些尚未确认的项目。而企业的股权投资按照其持有目的,可以分类为长期股权投资、其他权益工具投资和交易性金融资产。表 7-17 列示了金融工具确认和计量新准则对于股权投资会计处理的变化。

表 7-17

	会计科目	核算内容	列报项目	减值处理
旧准则	交易性金融资产	以公允价值计量且其变动计入当期损益的金融资产	交易性金融资产	不提减值
	可供出售金融资产	初始确认时即被指定为可供出售的非衍生金融资产,以及除贷款和应收款项、持有至到期投资、以公允价值计量且其变动计入当期损益的金融资产以外的金融资产	可供出售金融资产	发生减值时,即使该金融资产没有终止确认,原直接计入所有者权益的因公允价值下降形成的累计损失,应当予以转出,计入当期损益。该转出的累计损失,为可供出售金融资产的初始取得成本扣除已收回本金和已摊销金额、当前公允价值和原已计入损益的减值损失后的余额。可供出售权益工具投资发生的减值损失,不得通过损益转回。但是,在活跃市场中没有报价且其公允价值不能可靠地计量的权益工具投资,或与该权益工具挂钩并须通过交付该权益工具结算的衍生金融资产发生的减值损失,不得转回
	长期股权投资	投资方对被投资单位实施控制、重大影响的权益性投资,以及对其合营企业的权益性投资	长期股权投资	与可收回金额比较,发生减值时,借记"资产减值损失"科目,贷记"长期股权投资减值准备"科目。减值准备一经计提,持有期间不允许转回
新准则	交易性金融资产	以公允价值计量且其变动计入当期损益的金融资产	交易性金融资产	不变
	其他权益工具投资	指定为以公允价值计量且其变动计入其他综合收益的金融资产(权益工具)	其他权益工具投资	指定一经作出,不得撤销、不减值,其他综合收益不转损益
	长期股权投资	投资方对被投资单位实施控制、重大影响的权益性投资,以及对其合营企业的权益性投资	长期股权投资	不变

在2017年前旧准则规定,可供出售金融资产在会计期末采用公允价值计量,因公允价值变动而产生的差额直接计入其他综合收益,不计入利润表;在出售可供出售金融资产时,持有期间的公允价值变动而形成其他综合收益转入投资收益,计入利润表。

根据新准则规定,可供出售金融资产转入"其他权益工具投资",以公允价值计量,其持有期间的会计核算与修订前没有差异;但是资产出售时,持有期间的公允价值变动而形成其他综合收益以及买卖价差均不再计入投资收益,直接计入股东权益。这大大限制了企业通过择机出售股权投资而进行的盈余管理行为。

五、分析题

阅读以下材料,回答问题。

去年的昨天,福建水泥发布的(600802)一纸《2009年半年度业绩预告修正公告》暴露出该公司不合常理地低卖高买兴业银行423万股,造成股东损失逾千万的事实。多位专家、律师表示,福建水泥超短线对倒股份的行为是"业绩欺诈",虽然被立案追诉"有难度",但持有公司股份超过1%的股东可以提起股东代表诉讼,讨回损失。

低卖高买损失逾千万

2009年5月20日,福建水泥发布2009年半年度业绩预告修正公告,将原预计亏损4 500万~6 000万元修正为预计净利润1 500万元以上。对于业绩大增的原因,公告解释道:"经公司董事会研究,决定授权公司经营层酌情运作公司所持有的可供出售金融资产。"因此,2009年5月14、15日,该公司通过上海证券交易所交易系统累计出售所持兴业银行(601166)股票423万股,累计交易金额11 692.47万元,平均交易价格为27.642元/股,实现投资收益约11 181.01万元。

公告中的"其他相关说明"中,明明白白地写道:"2009年5月19日,本公司通过上海证券交易所交易系统累计买入兴业银行423万股,累计使用金额12 227.93万元,平均买入成本为28.907元/股。"

也就是说,在5天之内,423万股兴业银行从福建水泥的股票账户出去"串了个门",一出一进之后,福建水泥持有的兴业银行股份数量未发生变化。

然而,"其投资成本将从原来的3 715.94万元(即1.16元/股)调整为15 453.88万元(即4.82元/股)"。根据福建水泥2009年年报中更为翔实的信息,记者算了一笔账,此番操作卖出所得为111 810 752.11元,买入花费122 279 820.90元,正负相抵,造成净损失1 046.907万元。交易未经股东大会审议,根据福建水泥2009年年报,"公司为弥补主营亏损,出售了可供出售金融资产兴业银行股票423万股"。

但是后来发生的事实证明,公司的做法不仅没有实现弥补主营亏损的愿望,还有严重的信息披露方面的问题。

2009年8月7日,福建水泥公布了半年度业绩预告的第二次修正公告,称"业绩大幅下滑,预计本报告期归属母公司所有者的净利润约为-5 988万元"。出售兴业银行股票的收益未能被确认为投资收益,因为出售行为"事先未取得股东大会授权,根据有关规定,尚不能确认投资收益。"《上海证券交易所股票上市规则》中明确规定:交易涉及的资产总额占上市公司最近一期经审计净资产的10%以上,且绝对金额超过1 000万元,公司应该及时披露。虽然福建水泥在5月20日的业绩预告修正公告,以及后来发布的2009年半年报、2009年年报中都提及了买卖兴业银行股票的事宜,但是仔细查阅2009年5月19日之前的公告,可以发现,福建水泥在作出如此重大的决定之前,并没有相关的董事会决议公告或股东大会决议公告。不能将1.12亿元确认为投资收益,也正是因为"事先未取得股东大会授权"。信息披露有刻意隐瞒之嫌。

证监会在《上市公司信息披露管理办法》第三十一条中规定,"上市公司应当在最先发生的以下任一时点,及时履行重大事件的信息披露义务",下列的第一条就是"董事会或者监事会就该重大事件形成决议时"。按此说来,福建水泥至少在两个方面违反了相关规定:一是两笔交易事先没有经过股东大会授权;二是没有在董事会决定卖出或者买入423万股兴业银行股票的时候及时披露相关信息。

事后,福建水泥在年报的公司整改情况中提及,未经股东大会事前批准即出售兴业银行股票的事宜,"已经于2009年7月30日提请股东大会确认同意"。但木已成舟,这种先斩后奏的行为造成的1 046.907万元损失已经无法弥补。

对于福建水泥擅自进行金额高达上亿元的股票买卖的做法,著名维权律师杨兆全对《证券日报》记者表示,此举属于董事会"越权","事后的追认是无效的"。从福建水泥的披露方式来看,无论是买入还是卖出,公司都没有专门就这两项事宜进行披露,而是"隐含"在业绩预告修正公告之中。投资者若不对照分析,根本看不出无端损失的这1 000多万元。杨兆全律师表示,证监会要求上市公司的信息披露应当做到简洁、明确,这种避重就轻的方式其实在打"擦边球",有刻意隐瞒之嫌。

福建水泥是否应被追诉

2010年4月12日,福建水泥召开2010年第一次临时股东大会,审议通过关于出售部分兴业银行股票的议案。事隔1年,如果2009年5月时,公司把卖出423万股兴业银行股票的议案交给股东大会审议,不知福建水泥的各位股东会不会点头?进一步分析,如果他们还知道,公司将在4、5天后以高于卖价的价格将所有股票回购,会不会答应?

近日,最高人民检察院、公安部联合印发了《关于公安机关管辖的刑事案件立案追诉标准的规定(二)》。在"违规披露、不披露重要信息案"的部分规定:依法负有信息披露义务的公司、企业向股东和社会公众提供虚假的或者隐瞒重要事实的财务会计报告,或者对依法应当披露的其他重要信息不按照规定披露,造成股东、债权人或者其他人直接经济损失数额累计在50万元以上的,应予立案追诉。

武汉科技大学金融证券研究所所长董登新对《证券日报》记者表示,"股权是一种战略性投资",福建水泥卖出股票才4天就回购"简直荒唐,是业绩欺诈"。而且福建水泥主营业务疲软,去年利润总额为亏损8 546.66万元,通过这种方式将业绩"画皮",是"对股东缺乏责任感的行为"。董登新还说:"福建水泥有一定代表性,这种不耻的报告在上市公司中不少见。"

但是对于福建水泥是否符合违规披露案的追诉条件,董登新说:"根据公司法,公司对较大的利润和较大的亏损都必须要广而告之。福建水泥在业绩预告修正公告中提到了,按道理说也算披露。"

知名维权律师宋一欣指出,福建水泥的主要问题也许不是信息披露,而是未经合法程序就进行证券投资操作,造成了上市公司的损失,损害了所有股东的利益。"持有公司股份超过1‰的股东可以提起股东代表诉讼,要求将损失补回来。"宋律师说。

阅读以上材料,回答下列问题:

1. 股权投资的信息披露在执行中存在哪些问题?有何监管漏洞?
2. 继2009、2010年和2012年靠出售兴业银行股票增加企业利润后,福建水泥2013年年底又出售兴业银行股票1 200万股并依靠收益扭亏为盈。结合案例说明,企业这一行为对投资者的影响。
3. 如企业执行2018年新金融工具准则,对此类现象有何影响?

参考资料

雪琳:《福建水泥靠出售银行股票扭亏之路还能走多远》,载《四川水泥》,2014(2)。

六、案例公司的后续发展

(一)案例公司2010—2019年的主要财务数据

福建水泥2010—2019年主要会计数据如表7-18所示。图7-2展示了福建水泥2010—2019年收入和净利润情况。

表7-18 福建水泥2010—2019年主要会计数据

年份	营业收入(亿元)	净利润(亿元)	扣非后净利润(亿元)	每股收益(元/股)	扣非后的ROE
2010	13.56	0.08	−0.51	0.021	−4.2%
2011	18.76	1.25	0.92	0.327	7.71%
2012	16.19	0.29	−2.13	0.075	−17.38%
2013	18.20	0.19	−1.20	0.05	−9.5%
2014	20.62	0.50	−0.08	0.13	−0.77%
2015	15.24	−3.90	−4.05	−1.022	−35.77%
2016	13.23	0.14	−1.82	0.036	−20.79%
2017	18.34	−1.52	−1.51	−0.398	−22.25%
2018	29.47	3.37	3.30	0.884	43.88%
2019	30.44	4.67	3.93	1.223	33.99%

注:净利润=归属于上市公司股东的净利润;扣非后净利润=归属于扣除非经常性损益后的上市公司股东的净利润;扣非后的ROE=扣除非经常性损益后的净资产收益率。

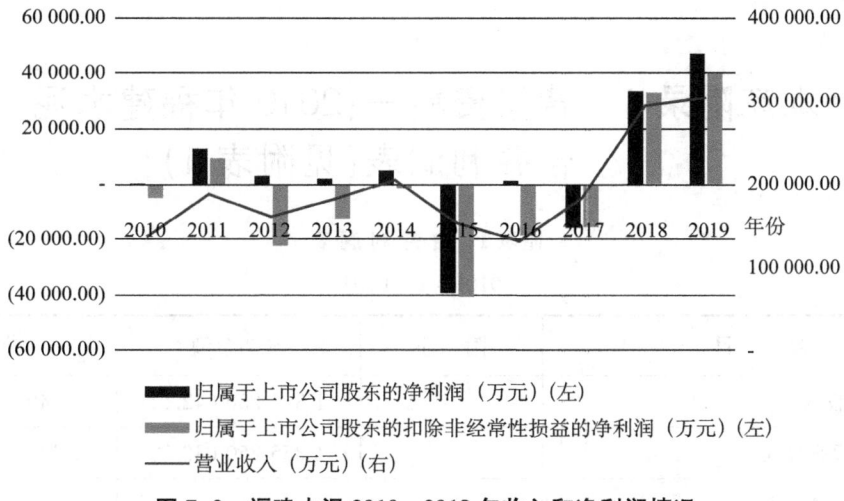

图 7-2　福建水泥 2010—2019 年收入和净利润情况

（二）案例公司后续重大资产重组

2013 年 9 月 30 日，福能集团与华润水泥投资签署《福建省建材（控股）有限责任公司增资扩股协议书》，福能集团以建材控股所持福建水泥 28.78% 的股份经评估后的公允价值为基础确定在增资后的建材控股的出资额，后者以货币及商品混凝土公司股权向建材控股增资，实现双方在水泥、混凝土产业板块进行战略合作。2014 年增资后，福能集团拥有建材控股 51% 股权，华润水泥投资拥有 49% 股权。

（三）后续亏损原因披露

2015 年，案例公司年报披露，公司所在区域市场水泥需求下降，售价不断下滑，公司产品销售毛利率急剧下滑，产能无法正常发挥，全年公司商品销量同比减少 14.34%，水泥平均售价（不含税）同比下降 38.05 元/吨，降幅 14.42%，主营出现大额亏损。同时，公司对存货、固定资产等进行减值测试，计提减值准备金额较大。公司资产减损失 162 068 378.06 元，比上年同期增加 144 081 844.04 元。

2016 年，公司出售持有的"兴业银行"股票 1 951.2 万股增加当期利润 247 978 656.61 元，成为公司能够扭亏为盈的重大决定因素。

2017 年，受益于行业景气度回升和需求平稳，公司水泥销售量价齐升，尤其是进入 10 月后，水泥售价继续上涨，全年水泥平均不含税售价 245.42 元/吨，同比上涨 20.27%，商品销售毛利率同比提升 7.24 个百分点，水泥业务经营同比大幅减亏。但部分子公司在前三季度由于成本、售价倒挂，产能无法正常发挥，本期继续亏损，经减值测试评估后，计提较大金额的资产减值准备，导致公司出现大额亏损。资产减值损失本期数较上年同期数增长 673.38%，主要原因是：经公司第八届董事会第十七次会议通过，根据福建中兴资产评估房地产土地估价有限责任公司闽中兴估字（2018）第 011 号估值报告，计提资产减值准备。

关于案例后续发展的思考题：

1. 观察表 7-17 和图 7-2，分析案例公司在哪些年度存在盈余管理迹象？其性质如何？

2. 案例公司在 2015—2017 年 3 年间公司盈亏交替，阅读资料（三），总结公司操纵利润的主要手段。

本章附录1 背景资料一:2010年福建水泥合并利润表(见附表1)

附表1 合并利润表

2010年1~12月

项 目	附 注	本期金额	上期金额
一、营业总收入		1 356 250 042.12	1 149 201 594.70
其中:营业收入		1 356 250 042.12	1 149 201 594.70
利息收入			
已赚保费			
手续费及佣金收入			
二、营业总成本		1 411 564 814.42	1 361 426 973.24
其中:营业成本		1 091 552 340.65	1 005 359 452.77
营业税金及附加		6 431 482.39	6 172 094.83
销售费用		93 470 884.63	125 914 376.79
管理费用		136 596 270.25	143 814 238.63
财务费用		83 386 773.51	70 500 907.97
资产减值损失		217 062.99	9 665 902.25
加:公允价值变动收益(损失以"—"号填列)			
投资收益(损失以"—"号填列)		64 507 538.80	124 643 181.76
其中:对联营企业和合营企业的投资收益			
汇兑收益(损失以"—"号填列)			
三、营业利润(亏损以"—"号填列)		9 102 766.50	−87 582 196.78
加:营业外收入		12 838 261.23	4 546 318.44
减:营业外支出		1 357 748.89	2 430 679.65
其中:非流动资产处置损失		810 233.65	1 155 582.76
四、利润总额(亏损总额以"—"号填列)		20 583 278.84	−85 466 557.99
减:所得税费用		12 396 626.43	10 224 577.05
五、净利润(净亏损以"—"号填列)		8 186 652.41	−95 691 135.04

(续表)

项 目	附 注	本期金额	上期金额
归属于母公司所有者的净利润		8 136 242.91	−96 147 294.68
少数股东损益		50 409.50	456 159.64
六、每股收益:			
（一）基本每股收益		0.021	−0.252
（二）稀释每股收益		0.021	−0.252
七、其他综合收益		−358 042 238.41	531 959 871.80
八、综合收益总额		−349 855 586.00	436 268 736.76
归属于母公司所有者的综合收益总额		−349 905 995.50	435 812 577.12
归属于少数股东的综合收益总额		50 409.50	456 159.64

法定代表人：郑盛端　　　主管会计工作负责人：高嶙　　　会计机构负责人：许建才

本章附录2　背景资料二：福建水泥2010年股权投资相关会计政策

1. 金融工具的分类

金融工具分为下列五类：

A. 以公允价值计量且其变动计入当期损益的金融资产或金融负债，包括交易性金融资产或金融负债和直接指定为以公允价值计量且其变动计入当期损益的金融资产或金融负债。

B. 持有至到期投资。

C. 贷款和应收款项。

D. 可供出售金融资产。

E. 其他金融负债。

2. 可供出售金融资产的计量方法

可供出售金融资产按取得该金融资产的公允价值和相关费用之和作为初始确认金额。支付的价款中包含了已宣告发放的债券利息或现金股利的，单独确认为应收项目。持有期间取得的利息或现金股利，计入投资收益。期末，可供出售金融资产以公允价值计量，且公允价值变动计入资本公积（其他资本公积）。处置可供出售金融资产时，将取得的价款与该金融资产账面价值之间的差额，计入当期损益；同时，将原直接计入所有者权益的公允价值变动累计额对应处置部分的金额转出，计入当期损益。

3. 金融资产和金融负债的公允价值确定方法

存在活跃市场的金融工具，以活跃市场的报价确定其公允价值，活跃市场的报价包括易于定期从交易所、经纪商、行业协会、定价服务机构等获得的价格，且代表了在公平交易中实际发生的市场交易额的价格；不存在活跃市场的金融资产或金融负债，采用估值技术确定其公允价值。估值技术包括参考熟悉情况并自愿交易的各方最近进行的市场交易中使用的价格、参照实质上相同的其他金融工具的当前公允价值、现金流量折现法和期权定价模型等。

4. 长期股权投资的核算方法

1）投资成本确定

（1）企业合并形成的长期股权投资：

第一，同一控制下的企业合并，以支付现金、转让非现金资产或承担债务方式作为合并对价的，在合并日按照取得被合并方所有者权益账面价值的份额作为长期股权投资的初始投资成本。合并方以发行权益性证券作为合并对价的，在合并日按照取得的被合并方所有者权益账面价值的份额作为长期股权投资的初始投资成本。

同一控制下企业合并形成的长期股权投资，如子公司按照改制时的资产、负债评估价值调整账面价值的，母公司应当按照取得子公司经评估确认净资产的份额作为长期股权投资的成本，该成本与支付对价的差额调整所有者权益。

第二，非同一控制下的企业合并，购买方在购买日应当按照《企业会计准则第20号——企业合并》确定的合并成本作为长期股权投资的初始投资成本。合并方发生的审计、法律服务、评估咨询的中介费用以及其他相关管理费用，于发生时计入当期损益。

（2）除企业合并形成的长期股权投资以外，其他方式取得的长期股权投资，按照下列规定确定其初始投资成本：

第一，以支付现金取得的长期股权投资，应当按照实际支付的购买价款作为初始投资成本。初始投资成本包括与取得长期股权投资直接相关的费用、税金及其他必要支出。

第二，以发行权益性证券取得的长期股权投资，按照发行权益性证券的公允价值作为初始投资成本。

第三，投资者投入的长期股权投资，按照投资合同或协议约定的价值作为初始投资成本，但合同或协议价值不公允的除外。

2）后续计量和损益确认方法

（1）成本法核算：能够对被投资单位实施控制的长期股权投资以及对被投资单位不具有共同控制或重大影响，并且在活跃市场中没有报价、公允价值不能可靠地计量的长期股权投资，采用成本法核算。采用成本法核算时，追加或收回投资调整长期股权投资的成本。采用成本法核算的长期股权投资，除取得投资时实际支付的价款或对价中包含的已宣告但尚未发放的现金股利或利润外，公司应当按照享有被投资单位宣告发放的现金股利或利润确认投资收益，不再划分是否属于投资前和投资后被投资单位实现的净利润。对子公司的长期股权投资，采用成本法核算，在编制合并财务报表时按照权益法进行调整。

（2）权益法核算：对被投资单位共同控制或重大影响的长期股权投资，采用权益法核算。采用权益法核算时，公司取得长期股权投资后，按照应享有或应分担的被投资单位实现的净损益的份额，确认投资损益并调整长期股权投资的账面价值。投资企业按照被投资单位宣告分派的利润或现金股利计算应分得的部分，相应减少长期股权投资的账面价值。公司确认被投资单位发生的净亏损，以长期股权投资的账面价值以及其他实质上构成对被投资单位净投资的长期权益减记至零为限，公司负有承担额外损失义务的除外。被投资单位以后实现净利润的，公司在收益分享额弥补未确认的亏损分担额后，恢复确认收益分享额。公司在确认应享有被投资单位净损益的份额时，以取得投资时被投资单位各项可辨认资产的公允价值为基础，对被投资单位的净利润进行调整，并且将公司与联营企业及合营企业之间发生的内部交易损益予以抵销，在此基础上确认投资损益。公司与被投资单位发生的内部交易损失，按照《企业会计准则第8号——资产减值》等规定属于资产减值损失的则全额确认。如果被投资单位采用的会计政策及会计期间与公司不一致的，按照公司的会计政策及会计期间对被投资单位的财务报表进行调整，并据以确认投资损益。

对于首次执行日之前已经持有的对联营企业和合营企业的长期股权投资，如存在与该投资相关的股权投资借方差额，按原剩余期限直线法摊销，摊销金额计入当期损益。

3）确定对被投资单位具有共同控制、重大影响的依据

对外投资符合下列情况时，确定为投资单位具有共同控制：①任何一个合营方均不能单独控制合营企

业的生产经营活动;②涉及合营企业基本经营活动的决策需要各合营方一致同意;③各合营方可能通过合同或协议的形式任命其中的一个合营方对合营企业的日常活动进行管理,但其必须在各合营方已经一致同意的财务和经营政策范围内行使管理权。

对外投资符合下列情况时,确定为对投资单位具有重大影响:①在被投资单位的董事会或类似权力机构中派有代表;②参与被投资单位的政策制定过程,包括股利分配政策等的制定;③与被投资单位之间发生重要交易;④向被投资单位派出管理人员;⑤向被投资单位提供关键技术资料。直接或通过子公司间接拥有被投资企业 20%以上但低于 50%的表决权股份时,一般认为对被投资单位具有重大影响。

4) 减值测试和减值准备计提方法

长期股权投资期末按账面价值与可收回金额孰低计价。

采用成本法核算的、在活跃市场中没有报价、公允价值不能可靠地计量的长期股权投资发生减值时,公司将该长期股权投资的账面价值,与按照类似金融资产当时市场收益率对未来现金流量折现确定的现值之间的差额,确认为减值损失,计入当期损益。

其他的长期股权投资,公司按长期投资的减值迹象判断是否应当计提减值准备,当长期投资可收回金额低于账面价值时,则按其差额计提长期投资减值准备。资产减值损失一经确认,在以后会计期间均不再转回。

5) 处置长期股权投资,其账面价值与实际取得价款差额,计入当期损益

采用权益法核算的长期股权投资,因被投资单位除净损益以外所有者权益的其他变动而计入所有者权益的,处置该项投资时将原计入所有者权益的部分按相应比例转入当期损益。

本章附录 3 背景资料三:福建水泥 2010 年董事会报告

管理层讨论与分析:

2010 年,我国坚持实施应对国际金融危机冲击的一揽子计划,加快转变经济发展方式和经济结构战略性调整,及时出台和实施一系列宏观调控政策和措施,较好地应对了复杂多变的国内外经济环境和各种重大挑战,国民经济保持了平稳较快发展,全年 GDP 增长 10.3%。全社会固定资产投资同比增长 23.8%。受益于宏观调控和节能减排,全年水泥行业利润增幅大幅高出产量增幅。

2010 年,福建省认真实施《国务院关于支持福建省加快建设海峡两岸经济区的若干意见》,坚持"先行先试、加快转变、民生优先、党建科学",全力打好"五大战役",全力推进福建科学发展、跨越发展,全年 GDP 增长 13.8%。全社会固定资产投资同比增长 30.0%,增速比上年加快 10 个百分点。

1. 报告期内总体经营情况

2010 年,是公司发展进程中极不平凡的 1 年,也是公司在危困和挑战中认真面对、努力作为、寻求突破的 1 年。面对 2008 年以来主营持续亏损,年初关停 1 号窑产能缩减,6 月中下旬持续暴雨引发地质灾害,3 月后无烟煤价格上涨等的压力和严峻形势,公司在新一届董事会领导下的经营班子团结带领广大员工,以变革、创新为突破,把减亏控亏、加快项目建设推进为重中之重。在采购管理、营销模式、绩效管理、内控机制等方面进行变革、创新,同时对生产经营管理各环节开展诊断分析,并在运作中持续改进和完善。进入下半年,外部环境逐步好转,公司及时调整了预算,将减亏与控亏目标强化落实,水泥售价和销量逐月提升,9 月起公司主营开始单月盈利。同时适时变现了 236 万股兴业银行股票,获得投资收益 4 846.79 万元,全年公司实现扭亏为盈。重大项目建设方面,公司 9 号窑项目矿山征地、拆迁等涉农问题,取得突破性进展,12 月 18 日 9 号窑成功点火,正式投产后将新增熟料产能 150 万吨。

2010年公司共生产熟料349.02万吨,生产水泥440.46万吨,同比分别增长-0.67%、9.22%,销售商品460.38万吨(水泥437.35万吨、熟料23.03万吨),增长7.75%。全年实现营业收入1 356 250 042.12元,同比增长18.02%,营业利润9 102 766.50元,利润总额20 583 278.84元,归属于母公司所有者的净利润8 136 242.91元,同比分别增长110.39%、124.08%和108.46%。经营活动产生的现金流量净额237 026 269.38元,同比增长1 178.58%。

1) 经营业绩变动分析

2010年公司利润总额2 058.33万元,比上年增加10 604.98万元,构成中变动较大的有:

(1) 主营业务利润25 323.44万元,比上年增加11 713.96万元,同比增长86.07%。

(2) 投资收益6 450.75万元,同比减少6 013.56万元,下降48.25%。主要是兴业银行分红增加350.75万元,本报告期出售兴业银行股票236万股比上年减少187万股,股票出售收益减少6 334.28万元。

(3) 三项费用31 345.39万元,比上年下降7.87%,增加本期利润2 677.56万元。

(4) 营业外收支净额1 148.05万元,比上年增加442.65%,增加利润936.49万元。

主要是报告期处置已计提资产减值准备的1号、2号窑资产的收益。

报告期,公司利润增长主要贡献于主营业务利润的大幅提升。公司主营好转系受益于内外环境的双重好转,公司水泥销售量、价齐升,成本管控能力增强,主营毛利率提高所致。

从外部看,2010年水泥供需关系开始改善,水泥价格恢复上涨。一方面,由于国家对水泥产业实行"汰旧控新"的政策,2010年福建省水泥产量增速大幅放缓,低于上年19.3个百分点。另一方面,随着项目建设力度加大,尤其是进入8月后,福建省项目建设全面提速,固定资产投资加快,对水泥需求也逐步增加,同时启动落后产能336.4万吨关停计划,加之周边省份节能限电,水泥供给紧张进一步促使价格上涨。2010年公司水泥平均账面售价约290元/吨,同比上涨25.79元。

从公司内部看,报告期公司炼石水泥厂实现100%燃用无烟煤,关停工艺较为落后的1号窑(2号窑于2009年2月关停),8号窑纯低温余热发电项目4月2日实现并网发电,增强了公司成本管控基础。截至报告期期末,公司炼石水泥厂所有3台窑均配备了余热发电,装机容量12 MW,全年余热发电实现利润2 437万元,比上年增加954万元。因上述因素,一定程度缓解了成本压力,为主营毛利率提高作出部分贡献。

2) 完成预算情况

由于报告期煤炭、电力等价格与公司年初预算价格产生较大差异,以及"6.18"地质灾害影响和公司安砂建福(9号窑)因涉农问题,矿山工程未能按计划进度推进,投产日期存在不确定性,公司董事会六届二次会议调整了下半年财务预算。调整后的全年预算完成情况如附表2所示。

附表2 调整后的全年预算完成情况

项 目	实 际	预 算	完成预算
熟料产量(万吨)	349.02	368.26	94.78%
水泥产量(万吨)	440.46	473.43	93.04%
水泥销量(万吨)	437.35	470.68	92.92%
营业收入(万元)	135 625	133 566	101.54%
营业成本(万元)	109 155	113 347	97.16%
三项费用(万元)	31 345	31 804	98.56%

差异说明:

熟料、水泥产量及水泥销量未完成预算,主要是报告期公司生产厂受自然灾害影响,设备故障频率增加,开停机次数增加所致。

营业收入完成进度高于水泥销量进度8.62个百分点,原因是水泥平均售价比预算高20.44元/吨和熟料销售收入高出预算所致。

营业成本进度高于商品销量进度,主要是报告期煤炭实际平均采购成本高于预算。

三项费用支出进度高于商品销量进度,主要是销售费用比预算减支1 268万元,管理费用比预算增支553万元,财务费用比预算增支257万元。

2. 公司主营业务及其经营状况

公司以水泥及水泥熟料的生产和销售为主营业务,销售区域集中于福建本省,2010年公司"建福""炼石"牌水泥继续蝉联"福建名牌"产品。

(1) 主营业务分行业、产品情况,如附表3所示。

附表3 主营业务分行业、产品情况

分行业或分产品	营业收入（元）	营业成本（元）	营业利润率	营业收入比上年同期增减	营业成本比上年同期增减	营业利润率比上年同期增减
分行业						
主营业务	1 349 205 086.79	1 089 539 251.78	19.25%	17.66%	8.47%	6.84%
其他业务	7 044 955.33	2 013 088.87	71.4%	180.66%	115.35%	8.67%
合　计	1 346 250 042.12	1 091 552 340.65	19.52%	18.02%	8.57%	7.00%
分产品						
水泥	1 495 356 803.73	1 300 970 194.84	13.00%	9.04%	4.82%	3.50%
熟料	330 179 325.36	266 706 312.69	19.22%	209.47%	172.20%	11.06%
其他	12 320 968.63	8 629 203.27	29.95%	−1.27%	−13.22%	9.65%
其中:内部交易抵销	−488 652 010.93	−486 766 459.02				
合　计	1 349 205 086.79	1 089 539 251.78	19.25%	17.66%	8.47%	6.84%

(2) 主营业务分地区情况,如附表4所示。

附表4 主营业务分地区情况

地　区	营业收入(元)	营业收入比上年增减
福建省内	1 349 205 086.79	17.66%

报告期,公司产品均在福建省内销售,市场占有率为7.67%,较上年下降近0.1个百分点。

(3) 主要供应商、客户情况,如附表5所示。

附表5 主要供应商、客户情况

前五名供应商采购金额合计	26 401.02(万元)	占采购总额比重	39.89%
前五名销售客户销售金额合计	31 209.83(万元)	占销售总额比重	23.01%

本章附录 4 背景资料四：福建水泥 2010 年企业合并及合并财务报表的信息披露

1. 子公司情况

(1) 通过设立或投资等方式取得的子公司，如附表 6 所示。

(2) 同一控制下企业合并取得的子公司，如附表 7 所示。

附表 6 福建水泥通过设立或投资等方式取得的子公司

子公司全称	子公司类型	注册地	业务性质	注册资本（万元）	经营范围	期末实际出资额（万元）	持股比例	表决权比例	是否合并报表	少数股东权益（元）
厦门金福鹭建材有限公司	全资子公司	厦门市	水泥销售	2 500.00	经营建材、金属材料等	2 320.00	100.00%	100.00%	是	
厦门建福散装水泥运输有限公司	全资子公司	厦门市	运输业	400.00	运输散装水泥；批发、零售建筑材料、散装水泥等	403.00	100.00%	100.00%	是	
永安市福泥汽车运输有限公司	控股子公司	永安市	运输业	125.00	汽车运输、汽车、摩托车、工程机械维修等	68.00	54.18%	54.18%	是	
永安市建福设备安装维修有限公司	控股子公司	永安市	工程	409.00	设备维修、配件制作、非标、管道制作安装等	357.30	87.36%	87.36%	是	
泉州市泉福建材有限公司	全资子公司	泉州市	水泥销售	2 380.00	水泥制品、建材等产品的销售	2 261.00	100.00%	100.00%	是	
漳州金石新型建材有限公司	控股子公司	漳州市	水泥销售	140.00	水泥制品	120.00	85.71%	85.71%	是	679 476.94

子公司全称	子公司类型	注册地	业务性质	注册资本(万元)	经营范围	期末实际出资额(万元)	持股比例	表决权比例	是否合并报表	少数股东权益(元)
福建省建福散装水泥有限公司	控股子公司	福州市	水泥销售	1 000.00	建筑材料、装饰材料的销售	600.00	50.00%	50.00%	是	1 675 080.73
莆田建福大厦有限公司	全资子公司	莆田市	酒店业	800.00	服务、运输、批发、零售等	720.00	90.00%	90.00%	否	
福建省永安金银湖水泥有限公司	控股子公司	永安市	水泥生产制造	11 000.00	水泥、熟料生产销售	10 600.00	96.36%	96.36%	是	4 581 460.00
福建安砂建材有限公司	全资子公司	永安市	水泥生产制造	35 000.00	水泥、熟料生产销售,包装袋的生产销售,原料、工业废料购销	35 000.00	100.00%	100.00%	是	
福州炼石水泥有限公司	全资子公司	闽侯县	水泥生产制造	4 700.00	水泥、熟料销售,水泥技术服务	4 727.50	100.00%	100.00%	是	
福建永安建福水泥有限公司	全资子公司	永安市	水泥生产制造	2 900.00	水泥、熟料生产销售,包装袋的生产销售,原料、工业废料购销	3 082.17	100.00%	100.00%	是	

注:2010年莆田建福大厦有限公司处于歇业状态,根据公司董事会决议,公司仍将继续寻找新的大厦资产受让方。截至本期期末,公司对其长期投资已减计为零,故未纳入合并报表范围。

附表 7　福建水泥通过同一控制下企业合并取得的子公司

子公司全称	子公司类型	注册地	业务性质	注册资本(万元)	经营范围	期末实际出资额(万元)	持股比例	表决权比例	是否合并报表	少数股东权益(元)
福建省闽乐水泥有限公司	控股子公司	将乐县	水泥生产制造	635.50	水泥熟料生产销售、石灰石开采	607.50	95.60%	95.60%	是	2 718.47

2. 合并范围发生变更的说明

2010年度合并报表范围较2009年度增加一家全资子公司（福建永安建福水泥有限公司）。具体情况为：2010年度公司以现金和固定资产出资30 821 713.50元（其中：货币出资10 000 000.00元，固定资产出资20 821 713.50元）设立全资子公司福建永安建福水泥有限公司。

3. 本期新纳入合并范围的主体

本期新纳入合并范围的子公司，如附表8所示。

附表8　福建水泥本期新纳入合并范围的子公司

名称	期末净资产	本期净利润
福建永安建福水泥有限公司	30 360 726.20	－460 987.30

本章附录5　背景资料五：福建水泥2010年高级管理人员的考评及激励情况

报告期公司高级管理人员适用《福建水泥股份有限公司高级管理人员年薪制考核奖惩暂行办法（2010年修订）》。该办法以经营业绩和年薪相挂钩为原则，实施对高管人员的激励和约束。高管年薪由基薪、奖励金两部分组成。基薪按月计发。奖励金与公司净资产增值率为主要考核指标挂钩计提，辅以利润增长率、主营业务收入增长率、应收款项降低率、单位产品管理费用降低率为辅助考核指标奖罚专项奖励金，由董事会考核计发。奖励金分为即期奖励金和期权奖励金两部分，各占50％。即期奖励金由董事会考核确认后1个月内给予兑现；期权奖励金按公司当年每股净资产折成虚拟股份，在高管人员任职期届满经离任审计确认后，按其确认实际累积的虚拟股份分两次兑现，第一次兑现时间为任期届满3年后，按兑现时上一年度的每股净资产折算，兑现比例为50％，剩余的50％在次年按兑现时上一年度的每股净资产折算兑现。

为确保公司2010年度财务预算指标完成，报告期公司董事会通过了《福建水泥股份有限公司高级管理人员年薪制考核奖惩暂行办法2010年度补充规定》。该办法在前述年薪制考核奖惩暂行办法的基础上，对高管人员年薪制增设效益薪酬的补充规定。效益薪酬按完成财务预算考核指标确定基数，与主营业务利润考核指标完成情况挂钩计提奖励或扣减效益薪酬基数部分，并辅以"水泥产销量、营业收入、应收账款、管理费用"考核指标完成情况予以专项奖罚。

第八章 无形资产:中兴通讯的案例

知识经济时代的到来导致生产力由物质要素主导型向智力要素主导型转变,有形资产的作用相对减弱,无形资产的作用相对上升,这一情况在我国高科技企业中尤为明显。高科技企业的核心竞争力在于其研发能力。研发支出往往是企业支出中很重要的组成部分。2006 年新《企业会计准则》出台以前规定,所有研发支出一律费用化。但是 2006 年新《企业会计准则》允许企业研发支出可以有条件地资本化。研发支出究竟采用资本化还是费用化,需要会计人员的职业判断,而选择不同的研发支出的会计政策将对企业利润产生巨大的影响。本章以中兴通讯为例,剖析企业选择研发支出会计政策的影响因素与经济后果,探讨无形资产会计准则执行中面临的问题与挑战。

一、案例教学目标与教学操作说明

(一)案例教学目标

通过案例讨论与分析,达成以下教学目标:①熟悉上市公司无形资产的分类、会计核算及其信息披露要求;②掌握无形资产会计对企业的财务影响;③识别无形资产会计中的盈余管理迹象;④了解企业无形资产,尤其是研发支出会计政策选择的影响因素和在盈余管理中的作用。

(二)教学操作说明

本章教学操作说明如表 8-1 所示。

表 8-1 教学操作说明

内容	主角	组织与要求	时间
阅读案例资料	学生	熟悉案例资料,补充并收集相关资料	课前
案例讨论	学生	每个案例小组围绕案例思考题,分析讨论案例公司无形资产会计政策选择的动机及其影响	20~30 分钟
演讲	学生	每个案例小组推荐 1 名学生演讲其小组讨论的情况及其达成的共识、产生的分歧	35~45 分钟
点评	老师	点评案例小组讨论情况并引导其对问题的正确理解和深入分析	15~25 分钟

二、公司背景及案例介绍

(一)公司背景

中兴通讯股份有限公司(以下简称"中兴通讯")是由深圳市中兴新通讯设备有限公司与

中国精密机械进出口深圳公司、骊山微电子研究所、深圳市兆科投资发展有限公司、湖南南天集团有限公司、吉林省邮电器材总公司及河北电信器材有限公司共同发起,并向社会公众公开募集股份而设立的股份有限公司。经中国证券监督管理委员会证监发字〔1997〕452号及证监发字453号文批准,1997年10月6日,公司通过深圳证券交易所上网发行普通股股票,并于1997年11月18日,在深圳证券交易所挂牌交易。

中兴通讯及其附属子公司(统称"集团")主要从事生产程控交换系统、多媒体通讯系统、通讯传输系统;研制、生产移动通信系统设备、卫星通讯、微波通讯设备、寻呼机、计算机软硬件、闭路电视、微波通信、信号自动控制、计算机信息处理、过程监控系统、防灾报警系统等项目的技术设计、开发、咨询、服务;铁路、地下铁路、城市轨道交通、公路、厂矿、港口码头、机场的有线无线通信等项目的技术设计、开发、咨询、服务(不含限制项目);电子设备、微电子器件的购销(不含专营、专控、专卖商品);承包境外通讯及相关工程和境内国际招标工程,上述境外工程所需的设备、材料进出口、对外派遣实施上述境外工程的劳务人员;电子系统设备的技术开发和购销(不含限制项目及专营、专控、专卖商品);经营进出口业务(按贸发局核发的资格证书规定执行);电信工程专业承包。

经过数次股权变动及股权分置改革,集团的控股股东和最终控股股东为深圳市中兴新通讯设备有限公司。集团是中国电信市场的主导通信设备供应商之一,其各大类产品也已经成功进入全球电信市场。在中国,集团各系列电信产品都处于市场杰出领先地位,并与中国移动、中国电信、中国联通等中国主导电信服务运营商建立了长期稳定的合作关系。在国际电信市场,集团已向全球140多个国家和地区的电信运营商提供创新技术与产品解决方案,让全世界用户享有语音、数据、多媒体、无线宽带等全方位沟通。

(二)中兴通讯2007—2011年股权变动情况

从2007年至2011年,中兴通讯控股股东变化不大。控股股东中兴新是由西安微电子、航天广宇、中兴维先通三方股东合资组建,其分别持有中兴新34%、17%和49%的股权如图8-1,图8-2所示。中兴新现有董事9名,其中西安微电子推荐3名,航天广宇推荐2名,中兴维先通推荐4名,分别占中兴新董事会的33.33%、22.22%及44.45%。因此,中兴通讯年度报告上如此表述:"无论在股权比例上或是在公司治理结构上,中兴新的任何股东均无法控制中兴通讯的财务及经营决策,故本公司不存在实际控制人,不存在实际控制人通过信托或其他资产管理方式控制公司的情况。"

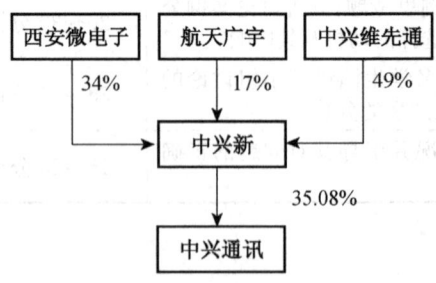 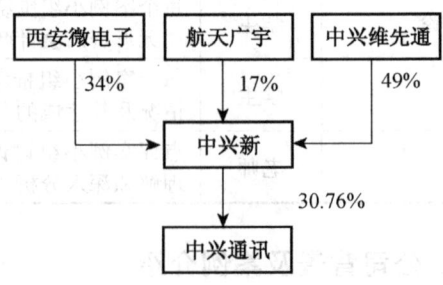

图8-1　2007年年底中兴通讯股权关系　　图8-2　2011年年底中兴通讯股权关系

（三）中兴通讯 2006—2011 年无形资产披露情况

中兴通讯 2006—2011 年无形资产披露情况如表 8-2 所示。

表 8-2　中兴通讯无形资产披露情况　　　　　　　　　　　　　　单位：千元

年份	2006	2007	2008	2009	2010	2011
原价：						
年初数	349 510	391 669	511 782	917 467	999 210	1 318 132
本年增加	42 767	129 669	468 652	99 628	335 096	474 058
本年减少	−1 608	−9 582	−62 913	−17 885	−16 174	−111 944
年末数	391 669	511 728	917 467	999 210	1 318 132	1 680 246
累计摊销：						
年初数	162 290	211 854	259 924	301 427	379 115	420 520
计提	49 564	20 810	53 979	74 864	54 982	138 640
转销		−2 740	−12 476	−17 810	−13 523	−80 182
年末数	211 854	259 924	301 427	358 481	420 520	478 978
减值准备：						
年初及年末数	26 956	26 956	26 956	26 956	6 322	6 322
账面价值：						
年末数	152 859	224 848	589 084	613 773	891 290	1 194 946
年初数	160 264	152 859	224 848	589 084	613 773	891 290

资料来源：根据年报整理。

注：2007 年年报披露：于 2007 年 12 月 31 日，集团内一子公司以其账面价值为人民币 54 183 千元的软件抵押取得长期借款；另一子公司以其账面价值为人民币 44 654 千元的特许经营权抵押取得长期借款。

2009 年年报披露：2009 年无形资产摊销金额为人民币 74 864 千元（2008 年：人民币 53 979 千元）。

于 2009 年 12 月 31 日，账面价值人民币 4 140 千元（2008 年 12 月 31 日：人民币 84 174 千元）的无形资产所有权受到限制，系本集团子公司安徽皖通邮电股份有限公司以账面价值为人民币 4 140 千元（2008 年 12 月 31 日）的土地使用权为抵押取得银行借款。

于 2009 年 12 月 31 日，本集团正就位于中国深圳、三亚及西安的账面净值约为人民币 293 917 千元（2008 年 12 月 31 日：人民币 259 572 千元）的土地申请土地使用权证。

2010 年年报披露：2010 年无形资产摊销金额为人民币 54 928 千元（2009 年：人民币 74 864 千元）。于 2010 年 12 月 31 日，账面价值人民币 2 444 千元（2009 年 12 月 31 日：人民币 4 140 千元）的无形资产所有权受到限制。于 2010 年 12 月 31 日，本集团正就位于中国深圳、西安、三亚、南京的账面净值约为人民币 497 717 千元（2009 年 12 月 31 日：人民币 293 917 千元）的土地申请土地使用权证。以前年度变更资产使用年限所补记的摊销产生的无形资产减值准备，在 2009 年的年初、年末余额进行了重述，将其转入无形资产累计摊销。

2011 年年报披露：2011 年无形资产摊销金额为人民币 138 640 千元（2010 年：人民币 54 928 千元）。于 2011 年 12 月 31 日，账面价值人民币 3 681 千元（2010 年 12 月 31 日：人民币 2 444 千元）的无形资产所有权受到限制，已抵押取得借款。于 2011 年 12 月 31 日，本集团正就位于中国深圳、三亚、南京的账面净值约为人民币 469 647 千元（2010 年 12 月 31 日：人民币 497 717 千元）的土地申请土地使用权证。

中兴通讯研发支出情况统计如表8-3所示。

表8-3　中兴通讯研发支出情况统计

年份	2006	2007	2008	2009	2010	2011
研发支出费用化	2 832 686	3 210 433	3 994 145	5 793 735	7 056 308	8 489 918
开发支出(千元)	0	181 481	278 430	402 773	836 654	718 236
资本化占比	0.00	5.35%	6.52%	6.50%	10.60%	7.80%
研发支出合计	2 832 686	3 391 914	4 272 575	6 196 508	7 892 962	9 208 154
研发支出/收入	12.20%	9.75%	9.65%	10.28%	11.23%	10.68%
营业收入(千元)	23 214 580	34 777 181	44 293 427	60 272 563	70 263 874	86 254 456
利润总额(千元)	1 030 690	1 727 734	2 262 543	3 324 742	4 360 201	2 635 136
研发费用/总收入	12.20%	9.23%	9.02%	9.61%	10.04%	9.84%
研发费用/总利润	2.75	1.86	1.77	1.74	1.62	3.22

无形资产披露情况(合并报表)如表8-4、图8-3所示。

表8-4　无形资产披露情况(合并报表)　　　　　　　单位:千元

会计年份	无形资产净额	开发支出[①]
2006	15 285.90	—
2007	22 484.80	25 899.10
2008	58 908.40	47 602.00
2009	61 377.30	77 837.50
2010	89 129.00	146 650.40
2011	119 494.60	192 561.00

① 表8-4与表8-5中是报表项目"开发支出"的金额,即年末数;表8-3中的"开发支出"则是本年增加数。

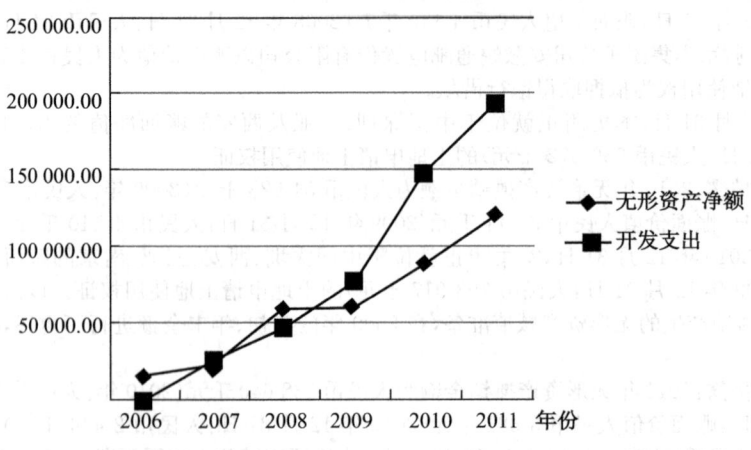

图8-3　无形资产披露情况(合并报表)　单位:千元

无形资产披露情况(母公司报表)如表8-5、图8-4所示。

表8-5 无形资产披露情况(母公司报表)　　　单位:千元

年份	无形资产净额	开发支出
2006	7 845.60	—
2007	7 839.80	12 762.40
2008	47 994.70	13 791.50
2009	48 117.10	15 156.40
2010	49 291.80	35 076.70
2011	71 571.60	49 998.80

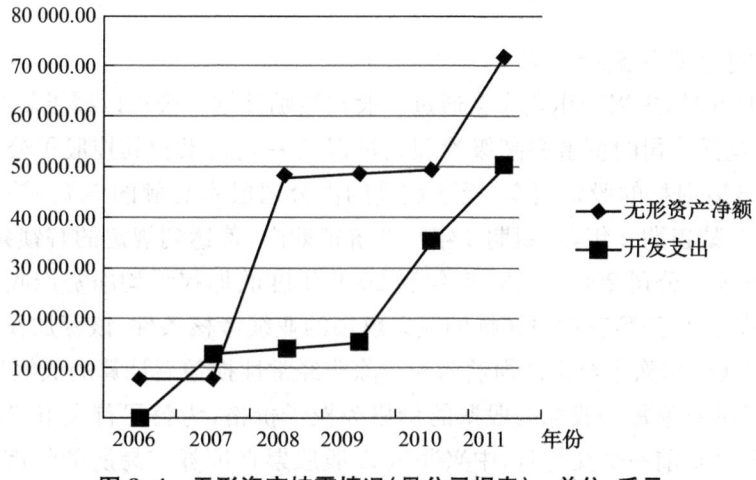

图8-4 无形资产披露情况(母公司报表)　单位:千元

(四)中兴通讯现金流危机

2006年,中兴通讯经营活动产生的现金流量净额约为-15.55亿元,衡量盈利质量的盈余现金保障倍数为-1.65,面临现金流危机。2007—2009年,情况逐渐好转,然而利润的质量依然不稳定。2010年和2011年,盈余现金保障倍数只有0.27和-0.81。

中兴通讯现金流量情况如表8-6、图8-5所示。

表8-6 中兴通讯现金流量情况　　　单位:万元

年份	经营活动产生的现金流量净额	净利润
2006	-155 498.60	94 399.30
2007	8 839.00	145 145.10
2008	364 791.30	191 193.50
2009	372 927.20	269 566.10
2010	94 191.00	347 648.20
2011	-181 221.70	224 309.30

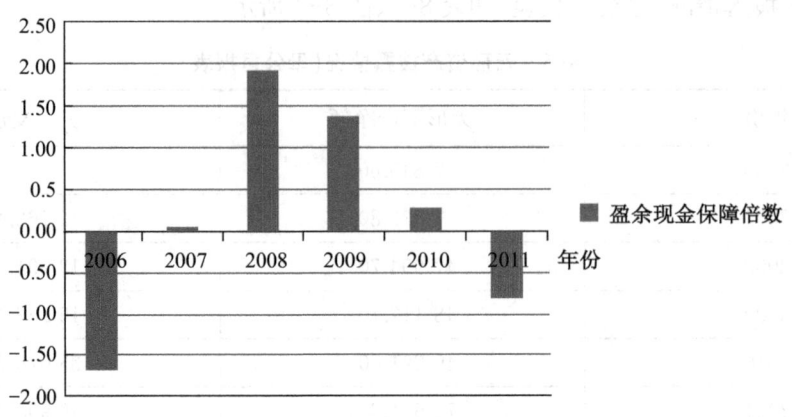

图 8-5　中兴通讯现金流量情况

（五）中兴通讯股权激励计划

2007年2月5日，中兴通讯董事会通过了股权激励计划。公司以授予新股的方式，一次性向激励对象（包括公司的董事和高级管理人员以及中兴通讯和其控股子公司的关键岗位员工）授予4 798万股标的股票额度，授予数量约占公司股本总额的5%。该股权激励计划的有效期为5年（禁售期2年，解锁期3年），在解锁期内，若达到规定的解锁条件，激励对象可分三次申请解锁。公司2007年、2008年和2009年度的加权平均净资产收益率分别为激励对象第一次、第二次和第三次申请标的股票解锁的业绩考核条件，该等加权平均净资产收益率不低于10%（以扣除非经常性损益前和扣除非经常性损益后计算的低值为准）。

公司授予激励对象每一股标的股票的价格为授予价格，为公司首次审议该股权激励计划的董事会召开之日前一个交易日，中兴通讯A股股票在证券交易所的收市价。公司授予激励对象标的股票时，激励对象按每获授10股以授予价格购买5.2股的比例缴纳标的股票认购款，其中3.8股标的股票由激励对象以自筹资金认购获得，1.4股标的股票以激励对象未参与2006年度递延奖金分配而未获得的递延奖金与授予价格的比例折算获得。

截至2011年7月8日，公司第一期股权激励计划第一次授予的标的股票已于2011年7月21日完成了第三次解除限售；2011年12月29日，公司完成第一期股权激励计划第二次授予的标的股票第二次解除限售。

（六）公司相关的会计政策

1. 无形资产的会计政策

集团的无形资产会计政策如下：无形资产按照成本进行初始计量。无形资产按照其能为集团带来经济利益的期限确定使用寿命，无法预见其为集团带来经济利益期限的作为使用寿命不确定的无形资产。

各项无形资产的使用寿命如下：软件，5年；专有技术，10年；土地使用权，50年；特许经营权，20年。

集团购入或以支付土地出让金方式取得的土地使用权作为无形资产核算。

使用寿命有限的无形资产，在其使用寿命内采用直线法摊销。集团至少于每年年度终了,对使用寿命有限的无形资产的使用寿命及摊销方法进行复核,必要时进行调整。

对因企业合并所形成的商誉和使用寿命不确定的无形资产,无论是否存在减值迹象,至少于每年年末都进行减值测试。当资产或资产组的可收回金额低于其账面价值时,集团将其账面价值减记至可收回金额,减记的金额计入当期损益,同时计提相应的资产减值准备。上述资产减值损失一经确认,在以后会计期间不再转回。

2. 研究开发支出的会计政策

集团将内部研究开发项目的支出,区分为研究阶段支出和开发阶段支出。研究阶段的支出,于发生时计入当期损益。开发阶段的支出,只有在同时满足下列条件时,才能予以资本化,即:完成该无形资产以使其能够使用或出售在技术上具有可行性;具有完成该无形资产并使用或出售的意图;无形资产产生经济利益的方式,包括能够证明运用该无形资产生产的产品存在市场或无形资产自身存在市场,无形资产将在内部使用的,能够证明其有用性;有足够的技术、财务资源和其他资源支持,以完成该无形资产的开发,并有能力使用或出售该无形资产;归属于该无形资产开发阶段的支出能够可靠地计量。不满足上述条件的开发支出,于发生时计入当期损益。

集团相应项目在满足上述条件,通过技术可行性及经济可行性研究,形成项目立项后,进入开发阶段。

三、案例思考题

1. 下载公司2006—2011年年报,讨论公司无形资产有哪些项目?尤其是研发支出如何分类、会计核算与列示?

2. 结合案例说明,2006—2011年无形资产(研发支出)对企业的财务影响。

3. 分析企业无形资产会计准则的变迁及对盈余管理的影响。

4. 结合案例说明,企业在2006年、2007年、2008年与2009年的盈余管理的迹象、性质与主要手段;在此基础上,讨论无形资产,尤其是研发支出会计政策选择的影响因素及其在盈余管理中的作用。

四、案例分析参考与提示

1. 下载公司2006—2011年年报,讨论公司无形资产有哪些项目?尤其是研发支出如何分类、会计核算与列示

(1)根据《企业会计准则第6号——无形资产》的规定,无形资产是指企业拥有或者控制的没有实物形态的可辨认非货币性资产。与其他资产相比较,无形资产具有如下特征:

无形资产不具有实物形态。无形资产没有实物形态,却具有经济价值,通常体现为某项专门技术、某种权利或某种获取超额利润的综合能力,通常体现为:非专利技术、专利权、特许权、土地使用权等。这是其区别于固定资产、存货及其他有形资产的最显著标志。然而,某些无形资产的存在需要依赖于实物载体,如计算机软件需要存储在磁盘中,但这并不会改变无形资产本身不具有实物形态的特性。

无形资产属于非货币性资产。无形资产没有实物形态,一些货币性资产也没有实物形

态,比如应收款项、银行存款等。因此,如果仅仅以有无实物形态来区分无形资产与其他资产是不充分的。无形资产属于长期资产,主要是因为其能在超过企业的一个经营周期内为企业创造经济利益,所以,无形资产属于非货币性资产。

无形资产的经济价值计量具有较大的不确定性。无形资产为企业创造经济利益的前提是其必须要与企业的其他资产相结合。同时,无形资产创造经济利益的能力会受到较多外界因素的影响,比如相关新技术更新换代的速度、利用无形资产所生产产品的市场接受程度等,因而往往很难准确地确定其预期获利能力。另外,无形资产的经济价值并不一定由其取得成本来反映,原因在于:一项为企业带来较大经济利益的无形资产的取得成本可能低于另一项为企业创造了较小经济利益的无形资产的取得成本。无形资产在创造经济利益方面存在较大不确定性,因而要求在对无形资产进行核算时需持更为谨慎的态度。

无形资产具有可辨认性。无形资产的可辨认性确认标准包括:第一,能够从企业中分离或者划分出来,能够单独或者和相关的合同一起用于出售、转让、授予许可、租赁或者交换,而不需要同时处置在同一获利过程中的其他资产;第二,源自合同性权利或者其他法定权利,无论这些权利是否可以从企业或其他权利和义务中转移或者分离。

(2) 无形资产的内容。

根据企业的不同需要、不同要求,可以将无形资产进行如下分类:

按其来源不同,可分为外购、投资、自创及捐赠四类。按照来源划分无形资产的意义在于划清企业无形资产的来源渠道及其产权归属。

按其存在形态不同,无形资产可分为可辨认的无形资产和不可辨认的无形资产。前者可以个别或作为组成资产的一部分取得,如专利权、商标权等;后者无法具体确认,不能单独取得,如商誉。值得注意的是,我国企业会计准则将无形资产定义为可辨认的无形资产。

按其是否具有法定期限为标准,无形资产可分为具有法定期限的无形资产和不具有法定期限的无形资产两种。前者如专利权、特许权、商标权、著作权;后者如专有技术等。

目前,我国企业无形资产通常包括专利权、非专利技术、商标权、著作权、特许权和土地使用权等。

(3) 无形资产的确认条件。

无形资产应当在满足定义的前提下,同时满足以下两个确认条件时才能予以确认。

与该资产有关的经济利益很可能流入企业。一般来说,无形资产所产生的未来经济利益体现为:销售商品、提供劳务的收入;企业使用该项目而减少或节约的成本;获得的其他利益。在实际工作中,会计人员需要通过职业判断来确定该项目所创造的经济利益是否很可能流入企业。而在职业判断的过程中,需要找出明确的支持依据来合理估计该项目在预计使用年限内可能存在的各种经济因素,而更重要的是关注一些其他外界因素的影响。

该无形资产的成本能够可靠地计量。成本能够可靠地计量作为资产确认的一项基本条件,对于无形资产的确认来说显得更为重要。这是因为无形资产价值本身具有较大的不确定性,再加上缺乏活跃的交易市场,使得无形资产的计量工作存在很多困难。为了保证会计信息的真实性、可靠性,无形资产应当采用实际成本进行计量,对于那些成本难以取得或不能可靠地计量的项目,企业应不予确认。

(4) 研究开发费用的确认。

研究开发费用的内容。研发支出,就是企业内部研究开发项目的支出。我国企业会计准则采用了国际会计准则的做法,将企业的研发活动划分为研究和开发两个阶段。其中,研究阶段是指为了获得新的科学或技术知识而进行的独创性的、有计划的调查分析活动;开发阶段是指为了生产出新的或有实质性改进的产品、材料、设备和工艺等而在开始商业使用之前所从事的将研究成果或其他知识付诸应用的一系列活动。

我国企业会计准则中提到企业对于研究开发的支出单独核算内容包括:直接发生的研发人员工资、材料费,以及相关设备折旧费等能够对象化;从事多项研究开发活动的,所发生的支出能够按照合理的标准在各项研究开发活动之间进行分配;研发支出无法明确分配的,应当计入当期损益,不计入开发活动的成本。

研究开发费用的资本化与费用化。我国新会计准则规定,企业内部研究开发项目研究阶段的支出,应当于发生时确认为当期损益,即予以费用化。企业内部研究开发项目开发阶段的支出,同时满足下列条件的,应予以资本化确认为无形资产:完成该无形资产以使其能够使用或出售在技术上具有可行性;具有完成该无形资产并使用或出售的意图;无形资产产生经济利益的方式,包括能够证明运用该无形资产生产的产品存在市场或无形资产自身存在市场,无形资产将在内部使用的,应当证明其有用性;有足够的技术、财务资源和其他资源支持,以完成该无形资产的开发,并有能力使用或出售该无形资产;归属于该无形资产开发阶段的支出能够可靠地计量。

研发支出账户与开发支出账户。"研发支出"账户属于成本类账户,借方反映企业自行开发无形资产发生的研发支出,贷方反映期末结转的不满足资本化条件的费用化支出以及满足资本化条件并已达到预定用途形成无形资产的资本化支出。总账下设置"费用化支出""资本化支出"两个明细账,期末明细账中"费用化支出"明细账无余额,余额结转至"管理费用"账户;"资本化支出"明细账的借方余额结转至"开发支出"账户,"开发支出"账户期末借方余额反映企业当期正在进行研发的无形资产项目满足资本化条件的支出总额。

2. 结合案例说明,2006—2011 年无形资产(研发支出)对企业的财务影响

研究开发支出满足一定的条件可以资本化,对企业部分报表项目和财务指标产生影响。开发支出资本化对财务报表及财务指标的影响如表 8-7 所示。

表 8-7 开发支出资本化对财务报表及财务指标的影响

新准则内容	报表项目		财务指标	
	项目名称	具体影响	指标名称	具体影响
开发支出满足一定条件可以资本化	无形资产账面价值	上升	无形资产/总资产	上升
	当期成本费用	下降	资产负债率	下降
	无形资产摊销额	上升	每股收益	上升
	当期利润	上升	总资产周转率	下降

注:表格选自王丽英:《新准则下无形资产核算对报表和财务指标的影响》,载《会计之友》2010(2)。

中兴通讯开发支出资本化对部分报表项目和财务指标的影响如表 8-8 所示。

表 8-8　中兴通讯开发支出资本化对部分报表项目和财务指标的影响(2006 — 2011 年)

	年份	2006	2007	2008	2009	2010	2011
报表项目	无形资产(万元)	15 285.90	22 484.80	58 908.40	61 377.30	89 129.00	119 494.60
	开发支出(万元)	—	25 899.10	47 602.00	77 837.50	146 650.40	192 561.00
	资产总额(万元)	2 591 694.90	3 917 309.60	5 086 592.10	6 834 232.20	8 415 235.70	10 536 811.40
	利润总额(万元)	106 961.70	172 773.40	226 254.30	332 474.20	436 020.10	263 513.60
	归属上市公司股东的扣除非经常性损益的利润(万元)		124 590.00	154 808.50	233 850.00	273 290.00	106 720.00
财务指标	无形资产比重	0.59%	0.57%	1.16%	0.9%	1.06%	0.5%
	总资产周转率(次)	0.89	0.89	0.87	0.88	0.83	0.82
	每股收益(元/股)	0.98	1.51	1.42	1.95	1.21	0.66
	资产负债率	56.03%	67.1%	70.15%	73.74%	70.34%	75.05%

数据来源:CSMAR 数据库。

3. 结合案例说明,企业无形资产会计准则变迁对盈余管理的影响

无形资产新旧准则的对照如表 8-9 所示。

表 8-9　无形资产新旧准则的对照

项　目	旧会计准则	新会计准则
准则适用范围	不涉及企业合并中产生的商誉	作为投资性房地产的土地使用权,企业合并中形成的商誉,石油天然气矿区权益分别适用于其他相关准则
无形资产定义	指企业为生产商品、提供劳务、出租给他人,或为管理目的而持有的、没有实物形态的非货币性长期资产	指企业拥有或者控制的没有实物形态的可辨认非货币性资产
无形资产可辨认性标准	没有明确规定	①能够从企业中分离或者划分出来,并能单独或者与相关合同、资产或负债一起,用于出售、转移、授予许可、租赁或者交换;②源自合同性权利或其他法定权利,无论这些权利是否可以从企业或其他权利和义务中转移或者分离
无形资产确认条件	①该资产产生的经济利益很可能流入企业;②该资产的成本能够可靠地计量	与旧准则一致
购入的无形资产	应以实际支付的价款作为入账价值	外购无形资产的成本,包括购买价款、相关税费以及直接归属于使该项资产达到预定用途所发生的其他支出

（续表）

项　目	旧会计准则	新会计准则
研究与开发的无形资产	自行开发并依法申请取得的无形资产，其入账价值应按依法取得时发生的注册费、律师费等费用确定；依法申请取得前发生的研究与开发费用，应于发生时确认为当期费用	企业内部研究开发项目的支出，应当区分研究阶段支出与开发阶段支出。研究阶段的支出，应当于发生时计入当期损益；开发阶段的支出，同时满足有关条件的才能确认为无形资产。对于以前期间已经费用化的支出不再调整
无形资产的摊销	无形资产的成本，应自取得当月起在预计使用年限内分期平均摊销。如果预计使用年限超过了相关合同规定的受益年限或法律规定的有效年限，无形资产的摊销年限按如下原则确定：①合同规定了受益年限但法律没有规定有效年限的，摊销期不应超过受益年限；②合同没有规定受益年限但法律规定了有效年限的，摊销期不应超过有效年限；③合同规定了受益年限，法律也规定了有效年限的，摊销期不应超过受益年限与有效年限两者之中较短者。如果合同没有规定受益年限，法律也没有规定有效年限的，摊销期不应超过 10 年	企业应当于取得无形资产时分析判断其使用寿命。无形资产的使用寿命为有限的，应当估计该使用寿命的年限或者构成使用寿命的产量等类似计量单位数量；无法预见无形资产为企业带来经济利益期限的，应当视为使用寿命不确定的无形资产。使用寿命有限的无形资产，其应摊销金额应当在使用寿命内系统合理摊销 使用寿命不确定的无形资产不应摊销 企业至少应当于每年年度终了，对使用寿命有限的无形资产的使用寿命及摊销方法进行复核。无形资产的使用寿命及摊销方法与以前估计不同的，应当改变摊销期限和摊销方法。企业应当在每个会计期间对使用寿命不确定的无形资产的使用寿命进行复核。如果有证据表明无形资产的使用寿命是有限的，应当估计其使用寿命，并按本准则规定处理
无形资产的减值准备	将该无形资产的账面价值超过可收回金额的部分确认为减值准备，可收回金额是指以下两项金额中的较大者：①无形资产的销售净价；②预期从无形资产的持续使用和使用年限结束时的处置中产生的预计未来现金流量的现值。只有表明无形资产发生减值的迹象全部消失或部分消失，企业才能将以前年度已确认的减值损失予以全部或部分转回；转回的金额不得超过已计提的减值准备的账面余额	企业应当在资产负债表日判断资产是否存在可能发生减值的迹象。有确凿证据表明资产存在减值迹象的，应当进行减值测试，估计资产的可收回金额。资产的可收回金额应当根据资产的公允价值减去处置费用后的净额与资产预计未来现金流量的现值两者之间较高者确定 资产减值损失一经确认，在以后会计期间不得转回
无形资产的披露	①各类无形资产的摊销年限；②各类无形资产当期期初和期末账面余额、变动情况及其原因；③当期确认的无形资产减值准备；④对于土地使用权，除按本准则的规定进行披露外，还应披露该土地使用权的取得方式和取得成本	①无形资产的期初和期末账面余额、累计摊销额及减值准备累计金额；②使用寿命有限的无形资产，其使用寿命的估计情况。使用寿命不确定的无形资产，其使用寿命不确定的判断依据；③无形资产的摊销方法；④用于担保的无形资产账面价值、当期摊销额等情况；⑤计入当期损益和确认为无形资产的研究开发支出金额

总体来说，无形资产准则给予管理层更多的盈余管理空间。这表现在：

首先，新准则允许使用寿命不确定的无形资产可以不再摊销，而是在会计期末进行减值测试，而减值测试的过程具有一定的主观性，这给予企业一定的盈余管理空间；其次，新准则规定对于开发支出可以有条件地资本化,而是否符合开发支出资本化的条件的判断具有一定的主观性,这给予了企业一定的盈余管理空间。但是新准则也规定无形资产的减值一旦计提不得转回,这在一定程度上限制了企业进行盈余管理的空间。

4. 结合案例说明,企业在2006年、2007年、2008年与2009年的盈余管理的迹象、性质与主要手段;在此基础上,讨论无形资产,尤其是研发支出会计政策选择的影响因素及其盈余管理中的作用

2006—2011年中兴通讯无形资产核算数据(简表)如表8-10所示。

表8-10　2006—2011年中兴通讯无形资产核算数据(简表)　　　单位:千元

年份	2006	2007	2008	2009	2010	2011
无形资产原价	391 669	511 728	917 467	999 210	1 318 132	1 680 246
累计摊销(年末)	211 854	259 924	301 427	379 115	420 520	478 978
其中:当年计提	49 564	50 810	53 979	74 864	54 928	138 640
当年转销	—	−2 740	−12 476	−17 810	−13 523	−80 182
减值准备	26 956	26 956	26 956	6 322	6 322	6 322
账面价值	152 859	224 848	589 084	613 773	891 290	1 194 946

数据来源:公司年报。
注:2009年报表经过重述。

(1) 盈余管理动机之一:融资需要。

表8-11列示了2006—2011年中兴通讯资本结构情况。

表8-11　2006—2011年中兴通讯资本结构情况　　　单位:千元

年份	2006	2007	2008	2009	2010	2011
实收资本(或股本)	959 522	959 522	1 343 330	1 831 336	2 866 732	3 440 078
所有者权益合计	11 325 837	12 888 408	15 183 547	17 948 866	24 961 998	26 288 775
股本增加数		0	383 808	488 006	1 035 396	573 346
资产负债率	56.03%	67.10%	70.15%	73.74%	70.34%	75.05%
ROE*	7.24%	10.88%	11.52%	15.06%	12.88%	4.53%
ROE(加权)	7.76%	10.94%	12.36%	15.83%	15.32%	8.74%

* 表示扣除非经常性损益后的净资产收益率。

从表8-11可以看出,在2006—2011年间,中兴通讯数次通过股票与债券进行融资,为了提高发行股票价格与降低融资成本,中兴通讯具有强烈的盈余平滑动机,即保持盈利水平

非常稳健的上升,给投资者一个良好的财务状况印象。

(2) 盈余管理动机之二:股权激励。

中兴通讯股权激励的发放依据主要是2007—2009年年均净资产收益率达到10%,这使中兴通讯管理层具有盈余管理达到股权激励考核线的动机。具体来说,管理层具有强烈的下调2006年盈余和上调2007年盈余的动机;鉴于2008年与2009年的良好盈余状况,管理层具有利润平滑的动机以使净资产收益率维持在10%以上。

(3) 中兴通讯2006—2011年研发支出情况与盈余管理。

由于研发支出的投入难以在短期内产生利润,相反大额研发支出的费用化会降低当期盈利,根据前述公司盈余管理的动机分析,可以预期:①2006年的研发投入占收入的比重会高于2007—2009年间的研发投入比重,可以下调2006年盈余、增大2007—2009年盈余;②2007—2009年研发投入占收入的比重会低于2010—2011年的研发投入占比;③2007—2009年研发支出费用化占收入比例较低。

表8-3列示了2006—2011年中兴通讯公司研发支出情况。可以看出,中兴通讯在2006—2011年研发投入占收入的比重在9.65%~12.2%之间,其中研发支出费用化金额是利润的1.62~3.22倍,占收入的9.02%~10.04%。与我们的预期一致:①2006年的研发投入占收入的比重12.2%高于2007—2009年间的研发投入比重(9.75%、9.65%、10.28%);②2007—2009年研发投入占收入的比重(9.75%、9.65%、10.28%)低于2010—2011年的研发投入占比(11.23%与10.68%);③2007—2009年研发支出费用化占收入比例较低。

这表明企业研发投入金额以及研发支出会计政策选择都是企业的盈余管理手段之一。

五、分析题

关于高管年龄的研究,一个最持久的结论就是与年轻的高管相比,年长的高管更加保守,奉行低增长战略,倾向于回避风险。许多心理学理论也对此提供了证据。Child(1974)认为,年长高管的体力和精力都有限,所以不愿作出组织变革;年长的CEO投资R&D的可能性更小,因为他们有着与年轻CEO不同的动机:如R&D支出对企业当期收益不利且投资回收期长,如果年长的CEO在退休前只剩几年的任期,研发可能不会给他们带来更高的短期报酬和红利。Dechow和Sloan(1991)发现CEO在离任前经常会减少R&D支出。相反,年轻的CEO更加喜欢冒险,他们会增加R&D投资,因为他们对职业和财务的安全性考虑(Career and financial security concerns)有更长的预期。另外,基于学习理论,Hambrick和Fukutomi(1991)认为,年长的高管在学习新思想和新行为上有更大的困难。

……

结合我国现阶段国情,政府仍决定着国有和国有控股企业高管的选拔与任命,对应级别的政府党委组织部管一把手,国资委管一把手以下的高管。此外,政府对国企经理人的收入水平一直实施严格的管制,而且上市公司高管由主管部门任命,一些高管不从公司领取报酬,存在严重的"零薪酬"现象,这使高管人员更看重在位时所能获得的控制权收益(更多时候表现为在职消费),而非薪酬(陈冬华等,2005)。而且在位时间越长,越能享受到职位带来的这种收益。这时,对高管人员来说,职位(保持现有职位以及可能提升到更高的职位)本身就成为一种激励。高管作出决策就会取决于该决策是否能够帮助他对自身的职位形成稳定的预期(保持现有职位或者被提升)。

……

高管对 R&D 所能给企业带来的好处有更加稳定的预期,更重要的是对自己的未来会有更加稳定的预期,从而能够预期到自身从 R&D 中所能享受到的收益(基于理性经济人假设)。因此,高管任期越长,其管理能力越强,高管越能预期到 R&D 能为其自身带来的好处,就会越倾向于投资研发。因此,笔者提出第一个假设。H1:R&D 支出与高管任期正相关。

……

通过研究,本文得出以下基本结论:①研究开发支出与高管任期显著正相关,高管任期越长,R&D 支出越高。②高管在离任前 1 年有较强的动机削减研究开发费用。③年龄不同的高管,高管任期对企业研发支出的影响存在显著差异,年轻高管在任期内会显著增加 R&D 支出。……

摘选自刘运国和刘雯:《我国上市公司的高管任期与 R&D 支出》,载于《管理世界》,2007(1)。

阅读以上材料,回答下列问题:

1. 在实施旧准则的情况下,有学者证实了 R&D 支出高管任期的正相关关系。新准则下这种相关关系是否有变化?查找相关文献回答。

2. 如何在控制盈余管理,提高无形资产的价值相关性和鼓励管理层更好地工作之间求得平衡?请您对准则制定者和监管者提出建议。

六、案例公司的后续发展

(一) 中兴通讯遭处罚事件

在美国单边主义贸易政策背景下,高科技企业首当其冲,甚至成为贸易争端中美国打击的靶子。美国联邦调查局以中兴通讯在明知《伊朗交易与制裁条例》的情况下,仍然向伊朗电信公司 TCI 出售监视系统为由对中兴通讯展开调查,并认为中兴通讯公司一面同美国进行和谈,另一面继续与伊朗进行交易。2017 年 3 月在美国联邦法院,中兴通讯与美国财政部、商务部达成和解,承认了向伊朗出售美国技术的错误。2018 年 4 月,美国商务部又突然宣布禁止向中兴通讯出售电子元件等核心零件,时间长达 7 年。理由是中兴通讯作出了虚假陈述,并谎报了对事件相关人员的处理情况。2018 年 6 月 7 日,中兴通讯及其关联公司统一支付罚款和采取合规措施来应对美国商务部禁止该公司向美国供应商采购零部件的禁令。根据新的和解协议,中兴通讯支付 10 亿美元罚款,另外准备 4 亿美元交由第三方保管,美国选择合规团队进驻中兴通讯,并要求中兴通讯在 30 天内更换董事会和高管团队,之后美国商务部才会将中兴通讯公司从禁令名单中撤除。

(二) 中兴通讯 2012—2020 年主要财务数据

表 8-12 展示了中兴通讯 2012—2020 年主要财务数据,图 8-6 展示了中兴通讯收入和

表 8-12 中兴通讯 2012—2020 年主要财务数据

年份	营业收入（百万元）	净利润（百万元）	扣非后净利润（百万元）	经营活动现金流量（百万元）	ROE
2012	84 118.90	−2 840.90	−4 190.50	1 550.00	−0.12
2013	75 233.70	1 357.60	73.00	2 574.60	0.06
2014	81 471.30	2 633.60	2 072.00	2 512.60	0.11
2015	100 186.40	3 207.90	2 577.90	7 404.70	0.12
2016	101 233.20	−2 357.40	2 130.80	5 260.20	−0.08
2017	108 815.30	4 568.20	903.40	7 220.00	0.16
2018	85 513.20	−6 983.70	−3 395.50	−9 215.40	−0.26
2019	90 736.60	5 147.90	484.70	7 446.60	0.20
2020	101 450.70	4 259.80	1 035.60	10 232.70	0.10

盈利情况，表 8-13 展示了中兴通讯研发投入与资本化情况，图 8-7 展示了中兴通讯 2014—2020 年研发投入与资本化金额的变化。

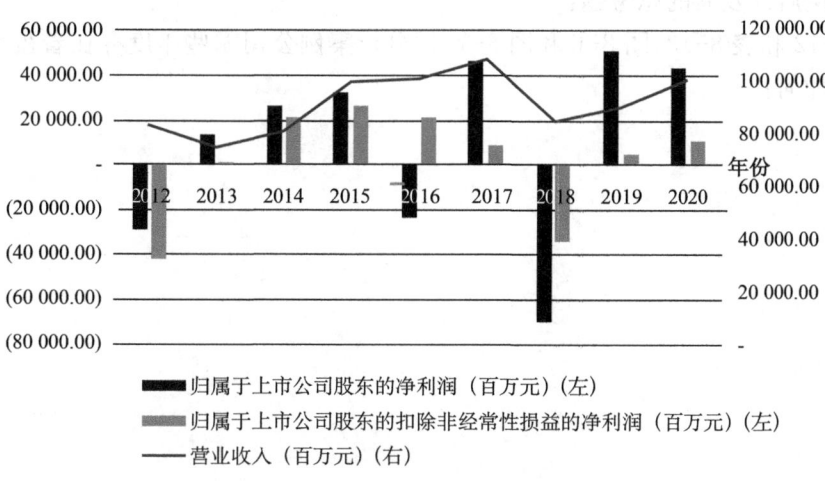

图 8-6 中兴通讯收入和盈利情况

表 8-13 中兴通讯研发投入与资本化情况

年份	研发投入（百万元）	研发投入占营业收入比例	研发投入资本化的金额（百万元人民币）	资本化研发投入占研发投入的比例
2014	9 008.50	11.06%	1 292.20	14.34%
2015	12 200.50	12.18%	820.90	6.73%
2016	12 762.10	12.61%	1 447.30	11.34%
2017	12 962.20	11.91%	1 615.60	12.46%
2018	10 905.60	12.75%	2 011.90	18.45%

(续表)

年份	研发投入（百万元）	研发投入占营业收入比例	研发投入资本化的金额（百万元人民币）	资本化研发投入占研发投入的比例
2019	12 547.90	13.83%	2 272.60	18.11%
2020	14 797.00	14.59%	2 242.40	15.15%

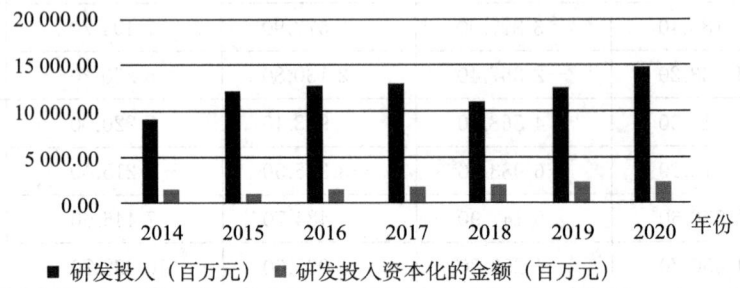

图 8-7　2014—2020 年中兴通讯研发投入情况

关于案例后续发展的思考题：

根据 8-12 和表 8-13、图 8-6 和图 8-7，试分析案例公司哪些年度存在着盈余管理的迹象？其性质如何？

第九章 非货币性资产交换:广钢股份的案例

2006年新会计准则在非货币性资产交换的会计处理中,引入了商业实质与公允价值的概念。对于非货币性资产交换,如果企业认为其具有商业实质,可以采用公允价值计量,并将公允价值与账面价值之间的差额计入当期损益;否则应采用账面价值计量,不影响企业当期利润。显然对于非货币性资产交换,企业选择不同的会计政策会对企业的当期利润产生不同的影响。而非货币性资产交换中商业实质的判断与资产公允价值的计量都包含了不少主观因素,这为企业进行盈余管理提供了空间。广钢股份在2008年金融危机的冲击下亏损9.66亿元,每股收益为-1.27元。2009年度第一季度,广钢股份通过把持有的长期股权投资换入固定资产而获得412.02万元利润,使得当季扭亏为盈;最终2009年广钢股份虽然当期营业收入减少18.74%,但却实现净利润3 706.58万元,每股收益0.049元,成功实现扭亏为盈。本章以广钢股份为例,剖析企业选择非货币性资产交易的会计政策的动机及其财务影响,探讨非货币性资产交易准则执行中面临的问题与挑战。

一、案例教学目标与教学操作说明

(一)案例教学目标

通过案例讨论与分析,达成以下教学目标:①掌握上市公司非货币性资产交换会计核算及其信息披露要求;②掌握非货币性资产交换对企业的财务影响;③了解非货币性资产交换准则变迁与盈余管理的关系;④了解企业非货币性资产交换的动机;⑤了解企业非货币性资产交换对利益相关者的影响。

(二)教学操作说明

本章教学操作说明如表9-1所示。

表9-1 教学操作说明

内容	主角	组织与要求	时间
阅读案例资料	学生	熟悉案例资料,补充并收集相关资料	课前
案例讨论	学生	每个案例小组围绕案例思考题,分析讨论案例公司非货币性资产交换的动机及其影响	20~30分钟
演讲	学生	每个案例小组推荐1名学生演讲其讨论的情况及其达成的共识、产生的分歧	35~45分钟

(续表)

内　容	主角	组织与要求	时间
点评	老师	点评案例小组讨论情况并引导其对问题的正确理解和深入分析	15～25分钟

二、公司背景及案例介绍

（一）公司背景

广州钢铁股份有限公司（以下简称公司）于 1993 年 6 月 21 日经广州市股份制试点企业联审小组"穗改股字〔1993〕24 号"文和广州市对外经济贸易委员会"穗外经贸业〔1993〕626 号"文批准，由广州钢铁有限公司改组设立。公司于 1993 年 12 月 6 日取得企业法人营业执照，注册资本为 35 686.30 万元，于 1994 年 1 月 1 日起按股份制运作。1996 年 2 月 28 日，经中国证券监督管理委员会批准，公司发行社会公众股 A 股 4 313.7 万股，每股发行价 3.60 元，于 1996 年 3 月 28 日在上海证券交易所挂牌交易。公司上市后总股本为 40 000 万股。

公司经营范围为生产、加工、销售冶金产品、焦炭化工产品、各种气体、炉料和有关原材料、机械设备、备件、生产工具、公司产品的深加工产品，以及有关技术咨询服务，并经营汽车运输。公司主要产品为各种圆钢、高拉力螺纹钢、中低压锅炉用无缝钢管、结构用无缝钢管、高纯氧、高纯氮、高纯氩等。

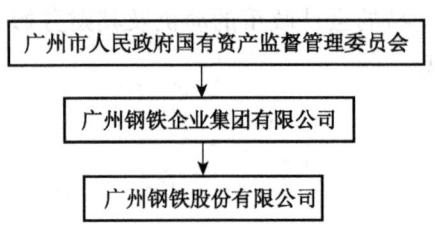

图 9-1　广钢股份股权结构（2010 年）
资料来源：公司年报。

广钢股份的股权结构如图 9-1 所示。

2008 年的金融危机使钢铁行业的业绩急剧下降，广钢股份也不例外。2008 年亏损 9.66 亿元，每股亏损 1.27 元。2009 年度，公司实现净利润 3 706.58 万元，成功实现扭亏为盈。2009 年实现营业收入 60.73 亿元，同比减少 18.74%，实现每股收益 0.049 元。

表 9-2 列示了 2006—2010 年广钢股份的基本财务状况。

表 9-2　2006—2010 年广钢股份的基本财务状况　　单位：万元

年份	2006	2007	2008	2009	2010
营业收入	508 331	593 179	747 400	607 303	651 043
总利润	2 668	3 996	−96 558	3 648	−9 809
净利润	2 274	3 708	−96 808	3 706	−9 789
扣除非经常性损益的净利润	402	1 948	−97 297	2 944	−16 980
ROE	1.43%	2.5%	−92.9%	6.44%	−2.02%
ROA	2.8%	3.2%	−19.3%	4.26%	−2.24%
资产负债率	67.8%	65.65%	86.66%	85.91%	88.9%

资料来源：公司年报。

(二) 非货币性资产交换交易过程

1. 非货币性资产交换交易概述

为进一步整合钢铁主业资产，完善公司生产体系，发挥集约化经营管理的优势，经与广钢集团协商，公司拟将控股子公司——广州广钢集团贸易有限公司（下称"贸易公司"）90%权益，与广钢集团拥有的60吨电炉生产设备资产进行置换。

（1）置出资产：贸易公司90%的权益。该公司注册资本为人民币1 250万元，其中公司和广钢集团出资比例分别为90%和10%。根据广州中职信资产评估有限公司出具的《资产评估报告书》（职信评报字〔2009〕第15002号），贸易公司在评估基准日2008年12月31日的评估价值为4 558.29万元。公司拥有90%的权益，折算为4 102.46万元。

（2）置入资产：60吨电炉设备资产，位于公司生产基地范围内。该资产包括电炉炼钢生产设备及配套设施。根据广州中职信资产评估有限公司出具的《广州钢铁企业集团有限公司60吨电弧炉生产线设备资产评估报告书》（职信评报字〔2009〕第15001号），60吨电炉资产在评估基准日2008年12月31日的评估价值为4 023万元。

经过双方协商，本着互利共赢的目的，按照评估价值为作价依据，公司将贸易公司90%股权（评估价值4 102.46万元），与广钢集团60吨的电炉资产（评估价值4 023万元）进行互换，差额部分（79.46万元）由广钢集团以现金补足。

2. 本次资产收购对方当事人情况

本次资产收购的出售方为广州钢铁企业集团有限公司（简称"广钢集团"），其前身是1958年建成投产的广州钢铁厂。经过50多年的发展，逐步发展成为年综合生产能力达400万吨钢，以钢铁冶金为主，工业、贸易、科技、金融多业并举，跨所有制、跨行业、跨地区、跨国发展的大型企业集团。广钢集团公司分别是全国520户重点企业之一，广东省重点扶持发展的50户最大工业企业之一，广州市首批产业结构调整、资产重组和国有资产授权经营的5大工业板块（集团）之一。截至2007年12月31日，广钢集团的总资产为2 427 003.80万元，净资产为381 006.34万元；实现主营业务收入2 283 644.10万元，净利润为38 342.62万元。

截至2008年12月31日，广钢集团与其子公司金钩有限公司共计持有广钢股份148 177万股，占广钢股份总股本的63.19%，是广钢股份的前两大股东，与广钢股份之间存在实际控制关系。

3. 关联交易合同的主要内容及定价政策

（1）交易价格及定价依据。根据《资产置换协议》，本次资产置换以广州中职信资产评估有限公司确认的评估价值为作价标准，其中贸易公司在评估基准日2008年12月31日的评估价值为4 558.29万元，公司拥有90%的权益，折算为4 102.46万元；60吨的电炉资产在评估基准日2008年12月31日的评估价值为4 023万元。

（2）支付方式。经过双方商定，以2008年12月31日作为评估基准日，按照评估价值为作价依据，公司将贸易公司90%的股权（评估价值4 102.46万元），与广钢集团60吨的电炉资产（评估价值4 023万元）进行互换，差额部分（79.46万元）由广钢集团以现金补齐。

4. 本次资产置换交易对公司的影响

广钢股份公告中称，本次交易一方面能够使钢铁业上下游生产系统实现协调匹配，实现钢铁主业的一体化经营,发挥资源的协同效应,从而降低关联交易。另一方面能够扩大广钢股份的规模,消除同业竞争,完善公司的产品结构。有利于实现钢铁生产工艺流程的完整;有利于做大钢铁主业,保持广钢股份强劲发展后劲;有利于减少关联交易,增强企业自主经营能力和长期抗风险能力;有利于发挥生产经营的协同效应,提高公司业绩,回报股东。

5. 公司董事会对本次资产置换的意见

2009年3月9日,公司第五届董事会第十七次会议审议通过了《关于以贸易公司股权置换60吨电炉资产的议案》。4名关联董事在就本议案进行表决时依法履行了回避表决的义务,4名独立董事就该关联交易发表了独立意见。该议案同意票8票,反对票0,弃权票0,全票通过。

三、案例思考题

1. 下载公司2008—2011年年报,讨论公司对于非货币性资产交换应如何会计核算与信息披露?
2. 总结非货币性资产交换准则的变迁,讨论对盈余管理的影响。
3. 结合案例说明,公司非货币性资产交换的会计处理是否合理?
4. 结合案例说明,非货币性资产交换对企业的财务影响。
5. 结合案例说明,企业非货币性资产交换的动机。
6. 结合案例说明,企业在2008年与2009年的盈余管理的迹象、性质与主要手段;在此基础上,讨论非货币性资产交换在盈余管理中的作用。

四、案例分析参考与提示

1. 下载公司2008—2011年年报,讨论公司对于非货币性资产交换应如何会计核算与信息披露

根据我国《非货币性资产交换》准则,货币性资产是指企业持有的货币资金和将以固定或可确定的金额收取的资产,包括现金、银行存款、应收账款和应收票据以及准备持有至到期投资等。

非货币性资产是指货币性资产以外的资产。相比之下,该类资产的实质特征是将来能为企业带来的经济利益的金额是不固定的或不可确定的,通常包含存货、长期股权投资、投资性房地产、固定资产、在建工程、工程物资、无形资产等。

显然,货币性资产与非货币性资产最根本的区别在于资产在将来给企业带来的经济利益是否具有不确定性或不固定性。根据资产的属性对于这两者的划分有着重要意义,这将确定非货币性资产具体准则的适用范围。

非货币性资产交换是指交易双方主要以存货、固定资产、无形资产和长期股权投资等非货币性资产进行的交换。有时非货币性资产交换也会涉及少量的货币性资产,但是货币性资产占交易总金额的比例较低。认定涉及少量货币性资产的交换为非货币性资产交换,通常以补价占整个交换金额比例是否低于25%作为参考比例。也就是说,支付的货币性资产占换入资产公允价值(或占换出资产的公允价值与支付的货币性资产之和)的比例,或者收

到的货币性资产占换出资产的公允价值(或占换入资产公允价值和收到的货币性资产之和)的比例低于25%的,视为非货币性资产交换;高于25%(含25%)的,视为货币性资产交换,适用相关准则的规定。

货币性资产与非货币性资产的本质区别在于资产的属性不同。在实务操作中,有时候对资产的计量较难把握,实际发生的交易或事项无法与会计准则中的有关规定一一对应。例如,应收账款理应划分为货币性资产,但是严重无法收回的应收账款,其货币金额具有较大的不确定性,根据资产属性划分的实质条件,应判断为非货币性资产。因此,在判定是否为非货币性资产交换时,因遵循实质重于形式原则,不能单纯地以会计报表项目为判断标准,而应该严格以货币金额的不固定或不确定为判断依据。若为非货币性资产交换则适用《企业会计准则第7号——非货币性资产交换》,若不为非货币性资产交换则适用其他准则。

另外,第7号准则所规范的内容为狭义上的非货币性资产交换,其客体主要为存货、固定资产、无形资产和长期股权投资等。而对于股权之间的置换,属于广义上的非货币性资产交换,此种情况不由该准则所规范。

非货币性资产交换的处理如图9-2所示。

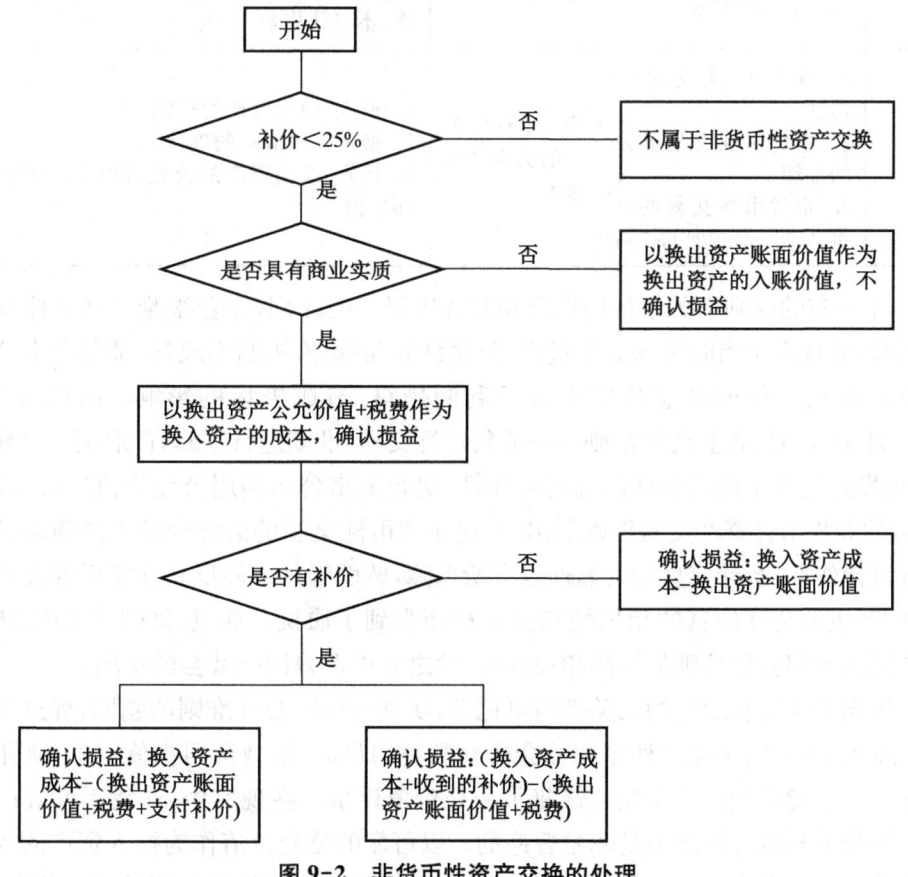

图9-2 非货币性资产交换的处理

资料来源:夏冬林,2007。

2. 结合案例说明,非货币性资产交换准则变迁对盈余管理的影响

从1999年有关非货币性资产交换的准则的制定,到2001年的修订、再到2006年的修订,在发布名称、规范范围等方面,对非货币性资产的确认与计量以及披露方面存在着较大的差异,如表9-3所示。

表9-3 有关非货币性资产交换新旧准则之间的差异

	旧准则(1999)	修订版(2001)	新准则(2006)
发布时间	1999年6月28日	2001年1月18日	2006年2月15日
准则名称	《企业会计准则——非货币性交易》		《企业会计准则第7号——非货币性资产交换》
规范范围	非货币性交易		非货币性资产交换
确认与计量	同类非货币性交易采用账面价值法	以换出资产的账面价值,加上应支付的相关税费,作为换入资产的入账价值	同时满足"该项交换具有商业实质"和"换入或换出资产的公允价值能够可靠地计量"两个条件,以公允价值和应支付的相关税费作为换入资产的成本,差额计入当期损益
	不同类非货币性交易采用公允价值法		未能同时满足上述两个条件,以换出资产的账面价值和应支付的相关税费作为换入资产的成本,不确认损益
披露	1. 非货币性交易的类型 2. 非货币性交易涉及的金额 3. 非货币性交易的计价基础以及实现的损益	换入、换出资产的类别及其金额	1. 换入、换出资产的类别 2. 换入资产成本的确认方式 3. 换入、换出资产的公允价值及换出资产的账面价值

1999年颁布的准则中关于待售资产和非待售资产的区别,企业很难掌握具体标准进行准确的判断,而且由于当时市场关于资产"公允价值"的定价机制不成熟,部分上市公司利用对换入资产公允价值的随意确定来进行利润操纵,造成极坏的影响。因此,财政部于2001年1月18日对《企业会计准则——非货币性交易》准则进行了修订,取消了公允价值的运用,其出发点是为了提高会计信息的可靠性,防止上市公司利用公允价值进行利润操纵。2001年版的非货币性资产交易准则的出台,使非货币性交易的会计处理更加简单、明确,从而更具有可操作性,会计信息的可靠性也有所保障,然而因其未能反映非货币性资产交易的实质,由此产生的会计信息的相关性和公允性却受到了质疑。而且,2001年版的准则与国际会计准则和美国会计准则的做法相去甚远,使之难以取得国际社会的认同。

出于提高会计信息质量的相关性与可比性,实现与国际会计准则的趋同,促进资本市场健康稳定发展,维护国民经济秩序和社会公众利益的目的,财政部再次修订的《企业会计准则第7号——非货币性资产交换》,恢复了公允价值计量。在现实中,非货币性资产的账面价值与市场价值相背离的现象是非常普遍的。以可靠的公允价值作为换入资产的入账价值能更加准确地反映资产的实际价值,为企业信息使用者的决策提供有用的财务信息。同时,我国监管层在制定新准则时运用了谨慎性原则,将非货币性资产交换区分为具备商业实质

和不具备商业实质两类,针对不同业务实质和表现采取不同的会计处理方法。

与2001年准则相比,新准则引入了商业实质与公允价值的概念,其中商业实质的判断与资产公允价值的计量都包含不少主观因素,这为企业进行盈余管理提供了空间。

3. 结合案例说明,非货币性资产交换对企业的财务影响

广钢股份以广州广钢集团贸易有限公司90%的股权换入60吨的电炉设备资产,经过非货币性资产交换后,广钢集团的股权结构略有改变,具体如图9-3所示。

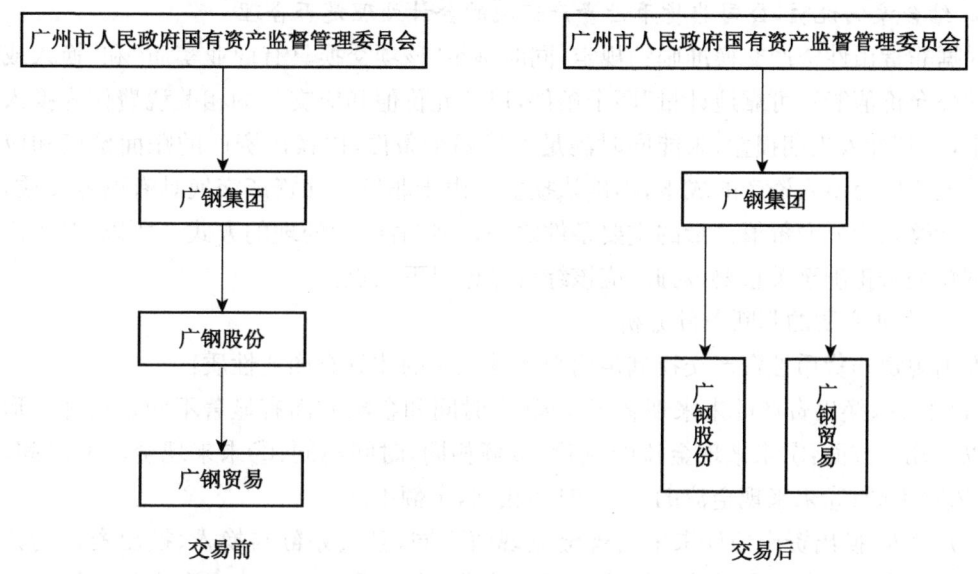

图9-3 广钢集团关联关系变动图(2009年3月31日)

广钢股份以长期股权投资换取母公司广钢集团60吨的电炉设备资产,该项固定资产与该项长期股权投资的公允价值不同,涉及补价,金额为79.46万元,补价所占换出资产公允的价值比例为1.9%(79.46÷4 102.46×100%),远远小于准则规定的25%的比例,因此,可以确定该项交易为非货币性资产交换。

表9-4列示了2009年广钢股份非货币性资产交换的财务影响。

表9-4 2009年广钢股份非货币性资产交换的财务影响

企 业	广钢股份	广钢集团
用于交换的资产	广钢贸易90%的股权	60吨的电炉设备资产
公允价值(评估基准日)	4 102.46万元	4 023万元
历史成本(评估基准日)	3 669.76万元	
历史成本(交易实现日)	3 690.44万元	
换出资产占非流动资产的比重	2.17%	
换出资产占总资产的比重	0.87%	
非货币性资产交换损益	412.02万元	

(续表)

企　业	广钢股份	广钢集团
净利润	3 706 万元	
占总利润的比重	11.29%	
占净利润的比重	11.36%	

4. 结合案例说明，公司非货币性资产交换的会计处理是否合理

根据非货币性资产交换准则的规定，同时满足"该项交换具有商业实质"和"换入或换出资产的公允价值能够可靠地计量"两个条件，以公允价值和应支付的相关税费作为换入资产的成本，差额计入当期损益；未能同时满足上述两个条件，以换出资产的账面价值和应支付的相关税费作为换入资产的成本，不确认损益。由于非货币性资产交换具有商业实质，是换入资产能够采用公允价值计量的重要条件之一，影响着会计处理的方式。所以，对于商业实质的判断是否正确至关重要，对此，应该综合考虑以下三点。

1) 从商业实质的判断条件分析

准则规定非货币性资产交换满足两个条件之一的才具有商业性质：

(1) 换入、换出资产的未来现金流在风险、时间和金额方面有显著不同。这种情形主要包括以下几个方面：①未来现金流的风险、金额相同，时间不同；②未来现金流的时间、金额相同，风险不同；③未来现金流的风险、时间相同，金额不同。

(2) 换入、换出资产预计未来的现金流现值不同，且其差额与换入、换出资产的公允价值相比是重大的。广钢股份换入资产为固定资产（电炉设备），而换出资产为长期股权投资（广钢贸易），对于未来现金流量时间方面的影响：固定资产是有固定使用寿命的，而长期股权投资的使用时间是不确定的，因此是存在差异的。对于未来现金流量风险方面的影响：固定资产为内部投资，而长期股权投资为外部投资，外部投资的风险要高于内部投资，因此两者也是存在差异的。然而，对于准则规定的"显著不同"的界定比较抽象。所以我们一般更多地从资产类别与商业实质的关系分析非货币性资产交换是否具有商业实质。

2) 从交换涉及的资产类别与商业实质的关系分析

企业在判断非货币资产交换是否具有商业实质时，还可以从资产是否属于同一类别进行分析，因为不同类别非货币性资产因其产生经济利益的方式不同，一般来说其产生的未来现金流量风险、时间和金额也不相同，因而不同类别非货币性资产之间的交换是否具有商业实质。

很明显，广钢股份此次非货币性资产交换中，固定资产与长期股权投资这两项资产为不同类别的非货币性资产，其产生经济利益的方式不同，因而其产生的未来现金流量的风险、时间和金额都存在着较大差异。对于广钢股份而言，换入的电炉设备能够解决生产中的设备难题，从而对换入企业的特定价值即预计未来现金流量现值与换出的长期股权投资存在明显差异，因而两项资产的交换符合商业实质判断条件。

3) 从关联方之间交换资产与商业实质的关系分析

满足商业实质判断条件的，同时还要注意交易方是否有关联方关系，关联方关系的存在可能导致发生的非货币性资产交换不具有商业实质。新《企业会计准则》指出："在确定非货

币性资产交换是否具有商业实质时,企业应当关注交易各方之间是否存在关联方关系。关联方关系的存在可能导致发生的非货币性资产交换不具有商业实质。"尽管准则并未明确规定在何种情况下,关联方的非货币性资产交换满足商业实质判断,不具有商业实质的,但是,可以从以下两方面进行分析。

(1) 交易双方计价基础是否相同

此案例中的货币性资产交换的主体为关联方关系,对于广钢股份的交易对方广钢集团而言,并非是一次单纯的非货币性资产交换,确切地说,应该是同一控制下的控股合并,由同一控制下企业合并会计处理相关准则所规范。

按照《企业会计准则第2号——长期股权投资》的规定,同一控制下企业合并形成的长期股权投资,合并方应以合并日应享有被合并方账面所有者权益的份额作为形成长期股权投资的初始投资成本。

因此,广钢集团是以广钢贸易的账面净资产为入账价值,然而广钢股份却以其公允价值计量,两者出现了不对等的关系。故可将此次非货币性资产交换视为不具有商业实质,以换出资产的账面价值和应支付的相关税费作为换入资产的成本,不确认损益,更有利于反映该交易的实质——集团内的资源转移。

(2) 交易资产估价是否公允

尽管双方所交换的资产均由广州中职信资产评估有限公司出具了相应的资产评估报告,但是关联交易的资产公允性往往受到外人的质疑。

在案例中,换出资产的广钢贸易的账面总资产为22 121.54万元,负债总额为17 633.01万元,净资产为4 488.53万元。根据广州中职信资产评估有限公司出具的《资产评估报告书》,广钢贸易公司在评估基准日2008年12月31日的评估价值为4 558.29万元。广钢贸易公司历年业绩较为良好,报表显示如表9-5所示。

表9-5 广州贸易股份有限公司历年净利润   单位:万元

年份	2004	2005	2006	2007	2008
广钢贸易净利润	718.31	386.10	212.94	271.94	400.04

由于广钢贸易置换给了广钢集团,而广钢集团并非上市公司,因此,我们无法取得广钢贸易2009年及2010年的业绩数据。但是可以从表9-5中往年的数据来看,即可推测出广钢贸易正平稳良好地发展着。如此良好业绩的公司其价值仅仅高出净资产69.76万元,导致广钢股份2008年营业收入降低18.74%,其中一个重要的原因在于广州贸易股份有限公司在2009年第二至第四季度的收入未并入广钢股份的合并报表,由此可见广州贸易股份有限公司对于广钢股份而言的重要性。

既然广钢贸易的净利润这么多,而且收入也不少,相较于本次交换的损益412.02万元相差无几,那么为何要交换呢?

5. 结合案例说明,企业非货币性资产交换的动机

正常情况下交易双方确实可以通过存货、固定资产、无形资产和长期股权投资等非货币性资产交换,以满足各自生产经营的需要,同时减少货币性资产的流入和流出,这是积极有

效的。然而上市公司的动机并非都是如此纯正的,有的故意抬高公允价值,进行盈余管理;有的故意降低公允价值,进行有意避税。

本案例中,广钢股份以货易货表面动机如其报表所述:首先是为了满足战略需要,扩大广钢股份的规模,消除同业竞争,完善了该公司的产品结构,有利于实现钢铁生产工艺流程的完整。该次资产置换完成后,广钢股份在拥有转炉炼钢的设施基础上,将增加电炉炼钢生产设备,有利于该公司对钢铁生产的集中统一管理,从而提升广钢股份的盈利能力和未来的可持续发展能力。同时做大钢铁主业,保持广钢股份强劲发展后劲。其次是为了减少关联交易。实现钢铁业上下游生产系统协调匹配以及钢铁主业的一体化经营,发挥资源的协同效应,从而降低关联交易,增强企业自主经营能力和长期抗风险能力,提高公司业绩。

然而,结果却大相径庭。在2011年1月28日,广钢股份发布了2010年度业绩预亏公告,亏损原因是:"根据《广东省亚运会期间空气质量保障临时措施和应急预案》和广州市《2010年亚运会及亚残运会期间广州市空气质量保障工业企业强化减排方案》的要求,公司从2010年11月1日起限产减排,直至2010年12月20日,受其影响,公司的产量大幅下降,成本大幅上升,导致2010年度亏损。"

2011年1月10日,广钢股份发布了《广州钢铁股份有限公司重大资产置换及向特定对象发行股份购买资产暨关联交易预案》。若重组成功,公司的主营业务将变为以电梯整机制造、电梯零部件生产以及电梯物流服务为核心的电梯制造相关业务。既然公司决定转型,那么满足战略需要,扩大生产规模,便成了无稽之谈。

6. 结合案例说明,企业在2008年与2009年的盈余管理的迹象、性质与主要手段;在此基础上,讨论非货币性资产交换在盈余管理中的作用

1) 盈余管理动机:扭亏为盈

2008年公司大幅亏损,2009年如不能扭亏为盈,公司将被ST,则会对进一步发展与融资带来不利影响。因此,2009年扭亏为盈为当务之急。此次非货币性资产交换所增加的412.02万元的投资收益,占2009年净利润的比重11.36%,似乎并未有实质性的影响。然而,该次交易发生在2009年3月31日,直接影响了2009年第一季度的报告,如表9-6所示。

表9-6 广钢股份2009年一季度报告盈利状况　　　　　　　　金额单位:万元

		2009年1~3月份
营业总收入		136 969.16
营业总成本		137 311.61
其中:投资收益	非货币性资产交换取得的投资收益	412.02
	其他投资收益	207.34
营业利润		276.9
非货币性资产交换取得的投资收益对营业利润的贡献率		148.8%
净利润		242.92
非货币性资产交换取得的投资收益对净利润的贡献率		169.6%

由表9-6可见,正是由于此次非货币性资产交换,产生了投资收益,使企业在2009年第一季度的利润由负转为正,以表面上的数据来掩饰自身渡过了2008年金融危机带来的损失,为企业进行后续盈余管理打下了基础。

2）避税动机

据新《企业会计准则》规定:收到补价方应当以换入资产的公允价值和应支付的相关税费作为换入资产的入账价值。广钢股份的2009年年报显示,换入的电炉设备入账价值为4 023万元,在资产负债表中,固定资产项目增加4 023万元,即以该批设备的公允价值入账,未涉及相关增值税。根据相关税法规定:假如企业以使用过的固定资产(不包括房屋建筑物等不动产)进行非货币性资产交换,按照公允价值是否超过原价来决定是否免征或减半征收增值税。尽管该公司的相关公告未披露该批电炉设备的历史成本、折旧、减值等数据,但是根据上述数据可分析得到该批设备的公允价值未超过原价。

广钢股份处置其90%的股权,在交易实现日,以成本法对该长期股权投资计量价值为3 690.44万元,未作计提减值,因而,当日,长期股权投资减少3 690.44万元,同时,在利润表中,投资收益增加了412.02万元(4 558.29×90%－3 690.44)。该笔交易须支付所得税103万元(412.02×25%)。

据以上该笔非货币性资产交换对财务报表的分析,该公司有故意降低交换资产的公允价值来达到避税的动机。尽管我们还没有确实的证据说明在评估交换资产中存在着违规现象,但是,从其行为结果推断,该企业的行为有着以压低公允价值来达到避税目的的动机。

3）掏空优良资产

关联交易是实现利益侵占的一个重要方式,通过有利于自己的关联交易价格,最终控制人可以以隐蔽的方式将上市公司的资源转移出去。

广钢贸易可以说是一家业绩良好的企业(见表9-5),相较之下,60吨电炉资产被列为广钢股份固定资产中的通用设备,公司对其折旧方法的规定为:专用设备折旧年限为10～15年,年折旧率为6.33%～10%,由于该批设备为旧设备,笔者将其年折旧率估计为10%,那么2009年其折旧额为301.725万元(4 023×10%÷12×9)。

广钢股份以贸易公司股权置换60吨电炉资产一事并未对公司的战略目标有所贡献,反而可能因为设备折旧成本的增加,加重了企业的负担。与此同时,失去了一家业绩较为良好的子公司。此次非货币性资产置换并没有达到提升公司的盈利能力和未来的可持续发展能力的目的。然而,由于这是关联方之间的资产置换,因此并未影响整个集团的利益,只是将优质资产注入了大股东一方。因此本次资产置换似乎以战略发展的幌子,实质为了盈余管理,粉饰报表,并且在逆转利润的同时,压低资产的公允价值,来达到向大股东输出优质资产的目的。

五、分析题

材料一

尽管我国新会计准则中公允价值的运用范围已经较为广泛,但这种运用又是有条件的、谨慎的。这主要表现在公允价值运用的非主导性和苛刻的限制条件两方面。①公允价值的非主导性。我国新会计基本准则明确规定"企业在对会计要素进行计量时一般应采用历史成本"。这实际上是在强调历史成本计量属性在我国会计计量中的主导地位。这也说明我国是在坚持以历史成本计量为基础的前提下引入重置成本、可变现净值、现值和公允价值的。公允价值的非主导性在具体准则中也得到了体现。例如,几乎所有运用公允价值计量属性的具体准则都规定要以成本进行计量在满足一定的条件时才可以公允价值进行计量。②条件要求较为苛刻。我国新会计准则对公允价值在什么情况下可以用设定了较为苛刻的限制条件。例如,企业会计准则第3号——投资性房地产》明确规定企业应在资产负债表日运用成本模式对投资性房地产进行后续计量,但如果有确凿证据表明其公允价值能够持续可靠地取得,应当运用公允价值计量属性。并且规定运用公允价值计量的应同时满足两个条件:一是必须有活跃的房地产交易市场;二是企业能够从房地产交易市场上取得同类或类似房地产的市场价格及其他相关信息。《企业会计准则第5号——生物资产》也有类似的规定。又如,《企业会计准则第12号——债务重组》明确规定了公允价值的运用前提是公允价值应当能够可靠地计量而《企业会计准则第7号——非货币性资产交换》则规定可以运用公允价值的非货币性交换必须具有商业实质并且换入资产或换出资产的公允价值能够可靠地计量。其中,商业实质是指换入资产的未来现金流量在风险、时间和金额方面与换出资产显著不同,或者换入资产与换出资产的预计未来现金流量现值不同,且其差额与换入资产和换出资产的公允价值相比是重大的。不难看出,我国新《企业会计准则》对公允价值的运用采取了非常谨慎的态度,不是任何企业在任何情况下都可以运用公允价值。不能满足公允价值适用条件的企业或事项是不允许运用的。

[王乐锦:《我国新会计准则中公允价值的运用:意义与特征》,载《会计研究》2006(5)。]

材料二

"要使会计准则高质量,还需要若干基本的、必备的环境条件"(葛家澍,2002)。这些环境条件包括发达的资本市场、相关人员较高的专业胜任能力和职业道德以及必要的市场监管等。从我国非货币性资产交换准则的变迁过程可以看到,会计信息质量的侧重点变了、准则制定导向也变了,然而最终都未能消除利润操纵行为,形成高质量的财务报告,其根本原因就在于会计环境没有明显改善。产权交易市场不完善、公允价值难以可靠取得的现状给利润操纵提供了土壤,而会计人员专业知识和职业道德的缺失则是利润操纵行为滋生的温床,市场监管乏力、造假机会成本低赋予了利润操纵者更加宽松的环境。

高质量会计准则不仅有赖于准则本身技术的提高,更要依靠会计环境的日渐完善。会计环境可以在一定程度上弥补会计准则技术上的缺陷,然而技术上再完美的会计准则如果没有会计环境的配合和支持,都会遭遇"上有政策,下有对策"的利润操纵行为,不可能达到真正意义上的高质量。正如安然等财务和会计丑闻披露后,美国《时代》周刊、《国际先驱论坛报》就曾一针见血地指出,"我们的问题不是会计问题,而是道德问题"。

[李琳、李静:《从非货币性资产交换准则变迁谈高质量会计准则》,载《会计之友》2007(2)。]

阅读以上材料,回答下列问题:

公允价值计量属性的运用和高质量会计准则的关系如何?

参考资料

葛家澍：《我的公允价值观》，载于《上海立信会计学院学报》2010(2)。

李琳，李静：《从非货币性资产交换准则变迁谈高质量会计准则》，载于《会计之友》2007(2)。

六、案例公司的后续发展

（一）案例公司 2009—2019 年的主要财务数据

广钢股份 2009—2019 年的主要财务数据如表 9-7 所示，图 9-4 展示了 2009—2019 年广钢股份的营业收入与净利润。

表 9-7　2009—2019 年广钢股份的主要财务数据

年份	营业收入（亿元）	净利润（亿元）	扣非后净利润/净利润	每股经营活动现金流量	每股收益
2009	60.73	0.37	79.44%	−0.62	0.05
2010	65.10	−0.98		0.25	−0.13
2011	61.81	−6.89		0.42	−0.90
2012	46.59	4.37	11.57%	0.60	0.56
2013	40.79	8.64	63.45%	0.47	1.10
2014	45.42	6.75	98.52%	0.33	0.81
2015	48.26	21.45	32.03%	2.43	2.49
2016	47.28	10.68	67.64%	0.77	1.24
2017	48.09	3.98	88.82%	0.49	0.46
2018	54.63	1.34	39.90%	0.32	0.16
2019	61.22	4.27	91.58%	0.28	0.50

注：净利润为归属于母公司的净利润。

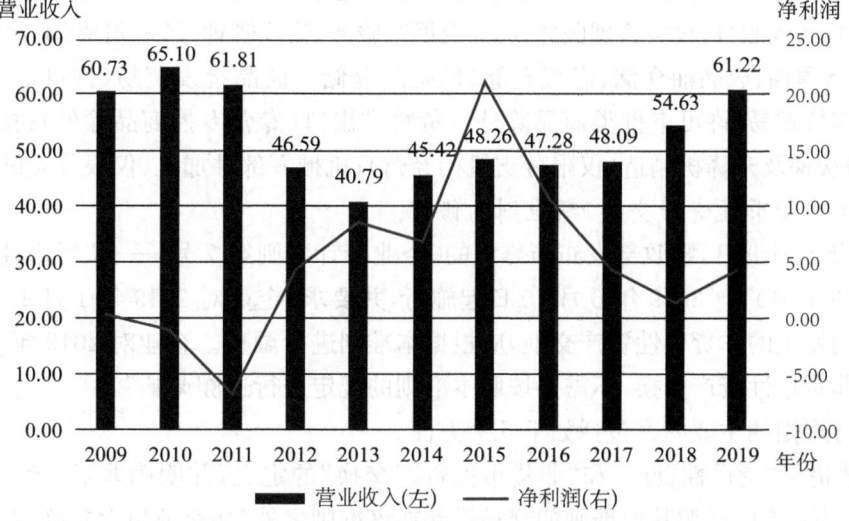

图 9-4　2009—2019 年广钢股份的营业收入与净利润

2009—2019年，案例公司主要发生以下重大事件。

经中国证监会2012年6月15日核准，公司的重大资产重组及向广州维亚通用实业有限公司、广州花都通用集团有限公司、广州市南头科技有限公司发行2 610.870 1万股股份用于购买相关股权获得批准。

2012年6月26日公司在中国证券登记结算有限责任公司上海分公司对非公开发行的2 610.870 1万股股份进行了登记。定向增发后，公司总股本为78 851.832 4万股。

经中国证监会2012年6月15日核准，豁免广州广日集团有限公司（以下简称"广日集团"）因协议转让持有公司474 171 200股而应履行的要约收购义务。2012年7月3日，中国证券登记结算有限责任公司上海分公司出具了存量股过户登记确认证明。重大资产重组后，广日集团成为控股股东。

公司于2012年8月1日取得变更后的营业执照，公司更名为"广州广日股份有限公司"。2013年11月7日，广东省国有资产监督管理委员会出具《关于广州广日股份有限公司非公开发行股票意见的函》，同意公司向不超过规定数量且符合条件的特定对象发行总额不超过7 600万股A股股票，募集资金不超过7亿元。2014年4月10日，经中国证券监督管理委员会核准，公司非公开发行不超过7 600万股新股。本次非公开发行股份总量7 142.857 1万股，发行价格为9.80元/股。本次发行的A股已于2014年5月27日在中国证券登记结算有限责任公司上海分公司完成股份登记手续，2014年7月23日，公司取得变更后的营业执照，注册资本变更为85 994.689 5万元。

公司实际控制人广州市人民政府国有资产监督管理委员会于2018年11月8日签发了《广州市国资委关于广州智能装备产业集团有限公司吸收合并广州广日集团有限公司的批复》，原则同意广州智能装备产业集团有限公司以2018年12月31日为合并基准日吸收合并公司控股股东广州广日集团有限公司。2019年11月广州广日集团有限公司注销后，广州智能装备产业集团有限公司成为公司直接控股股东。

截至2019年12月31日，公司累计发行股本总数85 994.689 5万股，注册资本为85 994.689 5万元。公司经营范围为：企业自有资金投资；企业管理咨询服务；商品信息咨询服务；投资咨询服务；投资管理服务；会议及展览服务；物业管理；场地租赁（不含仓储）；其他仓储业（不含原油、成品油仓储、燃气仓储、危险品仓储）；商品批发贸易（许可审批类商品除外）；商品零售贸易（许可审批类商品除外）；货物进出口（专营专控商品除外）；技术进出口；电梯、自动扶梯及升降机制造（仅限分支机构经营）；机械零部件加工（仅限分支机构经营）。

（二）《非货币性资产交换》新准则的修订

2019年5月9日，财政部发布新修订的《企业会计准则第7号——非货币性资产交换》（财会〔2019〕8号），自2019年6月10日起施行，并要求"企业对2019年1月1日至本准则施行日之间发生的非货币性资产交换，应根据本准则进行调整。企业对2019年1月1日之前发生的非货币性资产交换，不需要按照本准则的规定进行追溯调整"。

新修订准则的主要内容包括如下几个方面。

（1）改进了"货币性资产"和"非货币性资产交换"的定义，并明确非货币性资产交换准则的适用范围，将应遵循其他准则的交易排除在该准则之外（如企业以存货换取客户的非货币性资产)。

(2) 规范非货币性资产交换的确认时点:换入资产应在符合资产定义并满足资产确认条件时予以确认,换出资产应在满足资产终止确认条件时终止确认。

(3) 删除对非货币性资产交换进行商业实质判断时关注关联方关系影响的条款;同时明确,非货币性资产交换的一方以股东身份进行交易的,或者非货币性资产交换的双方均受同一方或相同的多方最终控制,且该非货币性资产交换的交易实质是交换的一方向另一方进行了权益性分配或交换的一方接受了另一方权益性投入的,适用权益性交易的有关会计处理规定。

(4) 细化非货币性资产交换在不同计量基础下的具体会计处理,考虑了不同准则之间的协调一致。

(5) 增加关于非货币性资产交换是否具有商业实质判断的披露要求。

新修订准则的主要原因包括:第一,保持准则体系的内在协调。由于新会计准则的发布实施,出现了一些新发布准则与现有准则体系的不衔接情形。特别地,2017 年,财政部发布了修订后的《企业会计准则第 14 号——收入》(以下简称"新收入准则"),自 2018 年 1 月 1 日起分步实施,对相关业务作出新的规范要求。为在会计处理上与新收入准则保持一致,有必要对非货币性准则作出相应调整。第二,进一步规范准则适用范围的需要。旧非货币性准则没有对准则的适用范围进行规范,导致当非货币性准则规定的会计处理原则与其他准则规定的会计处理原则不一致时,可能因准则适用范围不清而导致实务差异。因此,新非货币性准则明确适用范围,将应遵循其他准则的交易排除在非货币性准则之外。如:新准则下非货币性资产范围剔除了存货资产,明确以存货换取客户的非货币性资产交换适用新收入准则。第三,避免对多项准则反复修订。国际财务报告准则下与非货币性资产交换相关的规范分散在固定资产、无形资产、投资性房地产等准则中,而我国企业会计准则体系以专门的一项会计准则规范非货币性资产交换业务。

关于案例后续发展的思考题:

1. 根据表 9-7 与图 9-4,试分析案例公司哪些年度存在着盈余管理的迹象,其性质如何?

2. 结合案例说明,新准则实施对案例公司盈余管理的可能影响。

本章附录 1　背景资料一:2009 年广钢股份董事会报告

(一) 管理层讨论与分析

1. 报告期内公司经营情况的回顾

(1) 报告期内总体经营情况。

报告期内,金融危机阴影未散,钢材市场跌宕起伏。面对危机和困境,公司实施"灵活应变、谨慎经营、效益优先"的生产经营策略,以"稳健型"政策统领生产运行,以灵活的"战术"控制经营风险,在有效应对市场变化的过程中逐步化解危机,超额完成了利润和主要产量年度计划指标,为社会、股东和员工作出了积极的贡献。公司全年产铁113.1万吨,同比增长了10.63%;产钢158.2万吨,同比增长了11.21%;产钢材170.6万吨,同比增长了10.13%;全年实现营业收入60.73亿元;实现利润3 647.5万元。具体开展了如下工作:

① 提高生产和成本掌控能力。面对危机,公司积极采取系列符合广东地区市场特点和公司生产经营实际的应对措施。用掌控主线生产组织节奏的手段,调节产品销售、原料采购和资金运转。采取技术性降本控产手段,最经济组织燃料资源。采取市场导向性控产手段,提高生产组织操控水平。公司实施系统降本,重点推进降低高炉入炉燃料成本、降低轧制费用,降低厂内物流成本,提高钢材交货系统降本工程,成效显著。

② 快销直销,营销创效。一是较好地把握销售方向,努力加大直供材、工程材的比重,有效地保持了公司产品销售稳定和资金回笼。二是扩大产品来源,开展贴牌和委托加工。三是防范市场风险,及时制定和实施有效销售的应对措施,有效地降低公司经营风险。四是拓展产品销售方式,保证生产稳定,赢得了可观效益。

③ 机会采购,利用危机调整采购布局。公司在金融危机中,调整采购工作思路,形成了自身独特采购工作体系:一是重点对焦炭、进口矿、生铁等物资布好局,资源掌控能力大大增强。二是针对金融危机前景不明,实施"多买低价,少买高价",防止价格风险;三是针对国外市场波动大,实施"多买进口,少买国内",取得优质低价资源;四是针对国内出现暂时的原料买方市场,实施"多买厂家,少中间商",力降采购中间费用。

④ 安全环保连获绿牌。全年重伤和工亡事故为零,千人负伤率为1.87,同比下降了6.96%。没有重特大环境污染投诉和事故,烟粉尘排放总量同比下降8.69%,石油类排放总量同比下降8.62%,氨氮排放总量同比下降24.71%,完成了广州市下达的主要污染物排放总量控制指标,有望连续3年获得广东省环保信用合格企业称号(绿牌)。

⑤ 能源消耗持续走低。2009年进一步完善和强化能源管理,积极推广节能先进技术,努力推动工艺优化和调整能源结构降耗。其中吨钢综合能耗同比下降24.5 kg标煤;吨钢电耗同比下降43.60 KWh。

全年超额完成广东省下达的4 000吨标准煤的年度节能目标。

⑥ 理顺管理流程。通过一系列部门职能调整,推动公司进一步理顺职能、合理配置和利用资源、推进产供销协同、平衡互动。

(2) 公司主营业务的范围及其经营情况。

① 主营业务经营情况的说明。公司经营范围:生产、加工、销售冶金产品、焦碳化工产品、各种气体、炉料和有关原材料、机械设备、备件、生产工具、公司产品的深加工产品,以及有关技术咨询服务,并经营汽车运输。

② 主营业务分行业、产品情况表如附表1所示。

附表1 主营业务分行业、产品情况   金额单位:元

分行业或分产品	营业收入	营业成本	营业利润率	营业收入比上年增减	营业成本比上年增减	营业利润率比上年增减
分行业						
制作业	5 752 991 793.74	5 523 736 233.67	3.98%	−20.76%	−26.42%	增加7.38个百分点
贸易业	394 120 401.24	384 995 444.30	2.32%	−63.44%	−63.19%	减少0.67个百分点
分产品						
圆钢螺纹钢	5 330 668 599.08	5 029 756 330.37	4.46%	−20.66%	−26.99%	增加8.28个百分点

(续表)

分行业或分产品	营业收入	营业成本	营业利润率	营业收入比上年增减	营业成本比上年增减	营业利润率比上年增减
气体产品	4 216 271.19	2 895 570.20	31.32%	−89.10%	−90.38%	增减 9.16 个百分点
其他产品	418 106 923.47	428 084 333.10	−2.39%	−16.79%	−14.58%	减少 2.65 个百分点

③ 主营业务分地区情况如附表 2 所示。

附表 2　主营业务分地区情况

地　区	营业收入	营业收入比上年增减
国内	5 593 119 786.05	−14.46
境外	45 639 112.89	−89.82
合计	5 998 758 898.94	−19.02

（3）主要供应商、客户情况如附表 3 所示。

附表 3　主要供应商、客户情况

前 5 名供应商采购金额合计	1 978 974 479.07	占采购总额比重	38.57%
前 5 名销售客户销售金额合计	2 748 579 311.55	占销售总额比重	45.26%

本章附录 2　背景资料二：2011 年广钢股份重大资产置换

2011 年 1 月 6 日，广钢股份第六届董事会第八次会议审议并通过了本次重大资产重组交易预案。2011 年 5 月 24 日，广钢股份召开第六届董事会第十一次会议，会议审议并通过了《关于〈广州钢铁股份有限公司重大资产置换及向特定对象发行股份购买资产暨关联交易方案〉的议案》《关于签署附生效条件的〈广州钢铁股份有限公司与广州广日集团有限公司关于资产置换协议〉的议案》《关于签署附生效条件的〈广州钢铁股份有限公司发行股份购买资产协议〉的议案》《关于公司重大资产置换及向特定对象发行股份购买资产定价依据及公平合理性的议案》《广州钢铁股份有限公司重大资产置换及向特定对象发行股份购买资产暨关联交易报告书（草案）》《关于公司重大资产重组相关备考财务报告、盈利预测报告的议案》《关于提请公司股东大会授权公司董事会办理本次交易相关事宜的议案》等议案。

一、本次交易的背景

（一）上市公司主营业务盈利能力弱

广钢股份属于钢铁行业国有控股公司，主营钢铁制造相关业务。受钢铁行业整体盈利能力较差影响和国际金融危机的持续影响，公司 2008 年主营业务出现较大亏损，虽然采取积极措施并于 2009 年实现盈利，但近 2 年受产业景气度低迷、原材料成本大幅增加及其他经营因素影响持续亏损，2010 年亏损 9 808.66 万元,2011年净利润亏损 6.9 亿元。

(二) 上市公司目前的主营业务将关停

2008 年 3 月,国家发展和改革委员会在批复湛江钢铁项目开展前期工作时,已经明确上市公司白鹤洞生产基地将在湛江项目投产后关停。2010 年 5 月 10 日,广东省发展和改革委员会与广东钢铁集团有限公司联合召开媒体通气会,再次对外披露了此计划。2011 年 8 月 22 日,宝钢集团有限公司、广州市国资委签署了《关于广钢重组和环保搬迁之框架协议》,约定广钢分步关停白鹤洞基地。上市公司主业关停之后,将面临转型的难题。

(三) 上市公司控股股东广钢集团需要从资本市场战略退出

针对我国集中度较低、产能相对过剩、行业竞争激烈的钢铁行业发展问题,国家有关部门出台的钢铁行业产业政策中明确提出,通过钢铁产业组织结构调整,实施兼并、重组,扩大具有比较优势的骨干企业集团规模,提高产业集中度。

二、本次交易的基本方案

本次交易整体方案包括:股份转让、重大资产置换及向特定对象发行股份购买资产,三者同时生效,互为前提条件,组合操作。具体内容如下。

(一) 股份转让

根据广日集团与广钢集团及金钩公司分别签署的《股份转让协议》,广日集团拟收购广钢集团和金钩公司持有的上市公司股份,合计 474 171 200 股,转让价格为上市公司股份转让信息公告日(2011 年 1 月 10 日)前 30 个交易日的股票每日加权平均价格算术平均值的 90%,即人民币 6.18 元/股,该等股份作价合计 293 037.80 万元;广日集团以拟置出资产的评估值作价 211 538.35 万元进行支付,差额部分 81 499.45 万元以现金补足。

(二) 重大资产置换

根据广钢股份与广日集团签署的《资产置换协议》,广钢股份以截至 2010 年 12 月 31 日的全部资产及负债与广日集团截至 2010 年 12 月 31 日所持广日股份 91.91%的股权进行置换,差额部分以现金补足。以 2010 年 12 月 31 日为评估基准日,根据中联评估出具的中联评报字〔2011〕第 112 号《资产评估报告》,本次拟置出资产的评估值为 211 538.35 万元。以 2010 年 12 月 31 日为评估基准日,根据中天衡平出具的中天衡平评字〔2011〕035 号《资产评估报告》,本次拟置入资产广日股份 91.91%的股权评估值为 211 786.25 万元。重大资产置换按照评估基准日的评估值作价,拟置出资产作价为 211 538.35 万元,拟置入资产作价为 211 786.25 万元。资产置换形成的差额为 247.90 万元,以现金方式补足。本次重大资产置换交易作价依据的评估结果已经取得国有资产监督管理部门核准。

(三) 发行股份购买资产

根据广钢股份与维亚通用、花都通用、南头科技签署的《发行股份购买资产协议》,广钢股份拟向维亚通用、花都通用、南头科技发行股份购买该等公司合计持有的广日股份 8.09%的股权。以 2010 年 12 月 31 日为评估基准日,根据中天衡平出具的中天衡平评字〔2011〕035 号《资产评估报告》,维亚通用、花都通用、南头科技合计持有的广日股份 8.09%的股权评估值为 18 641.61 万元。发行股份购买资产交易按照评估基准日的评估值作价,拟购买资产作价为 18 641.61 万元。本次非公开发行价格以本次交易首次董事会决议公告日(2011 年 1 月 10 日)前 20 个交易日股票交易均价(定价基准日前 20 个交易日股票交易总额/定价基准日前 20 个交易日股票交易总量)确定,即 7.14 元/股,发行股数为 26 108 701 股,发行的股票种类为境内上市人民币普通股(A 股),每股面值为 1.00 元。

第十章　或有事项:深南电的案例

2008年,深南电陷入与高盛集团全资子公司杰润的违规"对赌"协议风波,面临深不见底的偿付危机。深南电披露的三季报显示,公司总资产为60.02亿元,前三季度共实现净利润2 800.72万元。其中,自3月1日实施合约以来,杰润支付了210万美元(2008年年底人民币兑美元汇率6.8),为深南电前三季度的净利润几乎贡献了50%。剔除杰润支付的款项,公司三个季度的净利润仅为1 500万元左右。然而,若次年油价继续保持低位,按次年1月开始的第二份协议,深南电每月将赔付180万美元,相当于深南电2个月的净利润;更可怕的是,若油价跌至60美元/桶以下,甚至是50美元/桶,深南电将面临巨额亏损,在20个月内足以让董事会申请破产。该事件引发了业界针对衍生金融产品和金融市场的发展的热烈讨论。新业务引发的潜在亏损,也引发了一系列财务问题。本章将通过剖析深南电的对赌协议案例,来研究或有事项的会计处理方式、对企业的财务影响,以及其会计政策选择对利益相关者的影响等问题。

财政部于2014年修订发布了《企业会计准则第30号——财务报表列报》,在准则层面确定了"其他综合收益"的概念和列报规范。其他综合收益是指企业根据企业会计准则规定未在损益中确认的各项利得和损失扣除所得税影响后的净额。现金流量套期形成的利得和损失计入其他综合收益,这在一定程度上有利于遏制盈余管理。本章案例发生于准则修改前,但对于我们理解准则的变化和盈余管理仍有借鉴意义。

一、案例教学目标与教学操作说明

(一)案例教学目标

通过案例讨论与分析,达成以下教学目标:①熟悉上市公司或有事项的会计确认、计量与披露要求;②掌握或有事项对企业的财务影响;③了解或有事项会计政策选择的影响因素;④识别或有事项会计中的会计政策选择在盈余管理中的作用;⑤了解企业或有事项会计政策选择对利益相关者的影响。

(二)教学操作说明

本章教学操作说明如表10-1所示。

表10-1　教学操作说明

内　容	主角	组 织 与 要 求	时间
阅读案例资料	学生	熟悉案例资料,补充并收集相关资料	课前

(续表)

内容	主角	组织与要求	时间
案例讨论	学生	每个案例小组围绕案例思考题,分析讨论案例公司或有事项会计政策选择的动机及其影响	20~30 分钟
演讲	学生	每个案例小组推荐 1 名学生演讲其小组讨论的情况及其达成的共识、产生的分歧	35~45 分钟
点评	老师	点评案例小组讨论情况并引导其对问题的正确理解和深入分析	15~25 分钟

二、公司背景及案例介绍

深圳南山热电股份有限公司(以下简称"公司"或"深南电")成立于 1990 年 4 月,是以生产经营供电、供热、从事发电厂(站)的建设工程总承包、提供技术咨询和技术服务为主营业务的国有中外合资股份制企业。成立初期,为缓解当时深圳市电力紧缺的状况发挥了非常重要的作用。1993 年 11 月,经深圳市人民政府批准,公司正式改组为股份有限公司并公开发行股票。上市以来,累计向股东派发现金红利超过 12 亿元人民币,为股东创造了满意的投资回报。但是深南电公司自 2005 年开始,主营业务处于亏损状态,直至 2011 年依然如是。

在 2008 年 3 月,深南电与杰润(新加坡)私营公司(以下简称"杰润")签订了合约号为 165723967102.11 和 165723968102.11 的合约确认书(以下简称"确认书")。

第一份确认书有效期为 2008 年 3 月 3 日至 2008 年 12 月 31 日,由三个期权合约构成。当浮动价(即每个决定期限内纽约商品交易所当月轻质原油期货合约的收市结算价的算术平均数)高于 63.5 美元/桶时,公司每月可获 30 万美元的收益(20 万桶×1.5 美元/桶);当浮动价低于 63.5 美元/桶,高于 62 美元/桶时,公司每月可得(浮动价-62 美元/桶)×20 万桶的收益;当浮动价低于 62 美元/桶时,公司每月需向杰润支付与"(62 美元/桶-浮动价)×40 万桶"等额的美元。

第二份确认书有效期为 2009 年 1 月 1 日至 2010 年 10 月 31 日,也由三个期权合约构成,杰润在 2008 年 12 月 30 日 18 点前,有是否执行的选择权。当浮动价高于 66.5 美元/桶时,公司每月可获 34 万美元的收益(20 万桶×1.7 美元/桶);当浮动价高于 64.8 美元/桶,低于 66.5 美元/桶时,公司每月可获(浮动价-64.8 美元/桶)×20 万桶的收益;当浮动价低于 64.5 美元/桶时,公司每月需要向杰润支付与"(64.5 美元/桶-浮动价)×40 万桶"等额的美元。

自 2008 年 4 月至 10 月,基于该两份确认书,杰润向公司支付 2 100 000 美元(折合人民币 14 352 083.46 元)。于 2008 年 12 月 31 日确认,该款项包括在其他应付款中。2008 年 11 月 6 日,杰润来函认为公司 2008 年 10 月 21 日的公告、2008 年 10 月 29 日会谈中的表态表明公司有意不履行交易,已构成违约并宣布终止交易。公司复函杰润表明公司从未作出无意继续履行交易的表示,并认为杰润单方面解除合同、拒绝支付第一份确认书项下 10 月份应付本公司款项构成违约,宣布终止交易。虽然双方终止确认书及交易的理由不同,但对确认书与交易已经终止这一事实并无分歧。交易终止后,杰润公司致函要求公司赔偿交易终止损失,同时另函表示希望以商业方式解决争议。公司回函不予接受杰润公司提出的损失赔偿要求,同时另函同意进行和谈。后双方进行多轮磋商和交涉,未达成一致意见。2009 年 11 月 27 日,公司收到安理国际律师事务所的信函,信函对前述事项进行了描述并要求本公司赔偿杰润公司计 79 962 943.00 美元的损失及截至 2009 年 11 月 27 日的利息 3 736 958.66 美元。公司于 2010 年 1 月 25 日回函不予接受杰润公司提出的损失赔偿要求。公司管理层判断如协商不成,不排除双方通过司法途径解决争议的可能。

三、案例思考题

1. 下载公司 2007—2011 年年报,讨论公司对或有事项如何进行确认、计量与披露?
2. 结合案例说明,2007—2011 年间或有事项对企业的财务影响。
3. 结合案例说明,预计负债确认与否的影响因素。
4. 结合案例说明,企业在 2008—2011 年的盈余管理的迹象、性质与主要手段;在此基础上,讨论或有事项会计政策选择在盈余管理中的作用。
5. 结合案例说明,该或有事项会计政策选择对利益相关者有何影响?
6. 根据案例说明,审计意见的不同类型,分析 2008 年至 2011 年公司的审计意见是否合适?

四、案例分析参考与提示

1. 下载公司 2007—2011 年年报,讨论公司或有事项如何会计确认、计量与披露

根据《企业会计准则第 13 号——或有事项》规定,或有事项是指过去的交易或者事项形成的,其结果须由某些未来事项的发生或不发生才能决定的不确定事项。与或有事项相关的义务同时满足下列条件的,应当确认为预计负债:①该义务是企业承担的现时义务;②履行该义务很可能导致经济利益流出企业;③该义务的金额能够可靠地计量。

企业不应当确认或有负债和或有资产。或有负债是指过去的交易或者事项形成的潜在义务,其存在须通过未来不确定事项的发生或不发生予以证实;或过去的交易或事项形成的现时义务,履行该义务不是很可能导致经济利益流出企业或该义务的金额不能可靠地计量。或有资产是指过去的交易或事项形成的潜在资产,其存在须通过未来不确定的发生或不发生予以证实。

企业应当在附注中披露与或有事项有关的下列事项:

预计负债:①预计负债的种类、形成原因以及经济利益流出不确定性的说明;②预计负债的期初、期末余额和本期变动情况;③与预计负债有关的预期补偿金额和本期已确认的预期补偿金额。

或有负债(不包括极小可能导致经济利益流出企业的或有负债):①或有负债的种类及形成原因,包括已贴现商业承兑汇票、未决诉讼、未决仲裁、对外提供债务担保等形成的或有

负债；②经济利益流出不确定性的说明；③或有负债预计产生的财务影响，以及获得补偿的可能性；无法预计的，应当说明原因。

企业通常不应当披露或有资产。但或有资产很可能会给企业带来经济利益的，应当披露其形成的原因、预计产生的财务影响等。

在涉及未决诉讼、未决仲裁的情况下，如果披露全部或部分信息预期对企业造成重大不利影响的，企业无须披露这些信息。但应当披露该未决诉讼、未决仲裁的性质，以及没有披露这些信息的事实和原因。

在该案例中针对深南电与杰润（新加坡）私营公司之间的纠纷所形成的或有事项有两种观点：

观点一：虽然深南电与杰润（新加坡）私营公司之间的纠纷确实存在，是企业承担的现时义务，但是两份确认书及交易已被交易双方终止，公司尚不知悉任何就期权合约争议提起司法程序的信息或基础证据，事项的进展存在诸多不确定因素，现阶段无法估计期权合约争议事件后续的发展进程、损失的金额及可能的结果，那么应作为或有负债在报表中披露，不确认预计负债（因为不满足预计负债确认条件中的：很可能导致经济利益流出企业和该义务的金额能够可靠地计量）。

观点二：深南电与杰润（新加坡）私营公司之间的纠纷确实存在，是企业承担的现时义务，而且杰润（新加坡）也提出了具体的赔偿数额要求，满足预计负债确认的三个条件（该义务是企业承担的现时义务；履行该义务很可能导致经济利益流出企业；该义务的金额能够可靠地计量），应该作为预计负债确认。一旦在2008年确认该预计负债，那么在2009年、2010年、2011年的年报中也应该对这笔尚未赔付款项的利息确认预计负债。

同时在深南电2008年的季报和半年报中也存在信息披露不真实的问题。根据《企业会计准则第24号——套期保值》的规定，"对确定承诺的外汇风险进行的套期，企业可以作为公允价值套期或现金流量套期处理。如果归属于前者，则套期浮动盈亏计入当期损益，影响当期利润；如果归为后者，则套期浮动盈亏计入资本公积，影响所有者权益"。此外，准则还规定将衍生工具确认为交易性金融资产或交易性金融负债。但是深南电将期权合约的价值包括在其他应收款项下的暂收衍生金融工具合同款下，存在隐瞒套期保值交易的嫌疑。

在深南电这一案例中，公司与杰润公司签订的协议属于卖出看跌期权，并作为公允减值套期保值处理，在2008年4月至10月应确认衍生工具——看跌期权，即：

借：银行存款　　　　　　　　　　　　　　　（2 100 000美元）14 352 083.46
　　贷：衍生工具——看跌期权　　　　　　　　　　　　　　　14 352 083.46

2008年11月6日后，公司与杰润公司对于中止确认书与交易达成一致。这时才可以将收到的这笔款项由衍生工具——看跌期权转入其他应收款项下的暂收衍生金融工具合同款下。

2. 结合案例说明，2007—2011年或有事项对企业的财务影响

结果如表10-2、表10-3所示。

表 10-2 或有事项对 2008 年的财务影响(假设全额确认预计负债)　　　金额单位:千元

项　目	实际会计处理(1)	如表内确认(2)	差异额(3)	差异率(3)/(1)
预计负债	0	546 515[a]	546 515	
负债	3 050 058	3 596 573	546 515	17.92%
管理费用	99 372	645 887	546 515	549.97%
净利润	14 834	−479 212[b]	−456 340	−3 076.31%
资产负债率	0.61	0.72	0.11	18.03%
EPS	0.02	−0.65	−0.67	−3 150%
ROE	0.007	−0.25	−0.257	−3 671.43%

(a)按杰润公司 2009 年 11 月 27 日要求赔偿的损失(不包含利息)79 962 943 美元,和 2008 年 12 月 31 日人民币对美元中间价 6.834 6 元折算。(b)按 2008 年公司的利润总额减去新增的管理费用得到一个负的利润总额,再减去当年的递延所得税费用。

表 10-3 或有事项对 2009 年的财务影响[假设 2008 年确认后再在 2009 年确认利息(c)]

金额单位:千元

项　目	实际会计处理(1)	如表内确认(2)	差异额(3)	差异率(3)/(1)
预计负债	0	25 517[d]	25 517	
负债	2 870 705	2 896 222	25 517	0.89%
管理费用	99 737	125 254	25 517	25.58%
净利润	120 010	94 493	−25 517	−21.26%
资产负债率	0.58	0.587 9	0.007 9	1.36%
EPS	0.12	0.09	−0.03	−25%
ROE	0.058	0.046	−0.012	−20.69%

(c)利息费用暂按 2009 年 11 月 27 日公司收到安理国际律师事务所的信函中要求的截至 2009 年 11 月 27 日的利息 3 736 958.66 美元计量。(d)按杰润公司要求赔偿的截至 2009 年 11 月 27 日的利息 3 736 958.66 美元和 2009 年 12 月 31 日人民币对美元中间价 6.828 2 折算。

从表 10-2、表 10-3 中,我们发现如果在 2008 年对于杰润公司的赔偿要求全额确认预计负债,那么管理费用将增加至原来的 6 倍,进而公司在 2008 年将巨亏 4.8 亿元,而不是报表中所列示的盈利 1 483 万元。同时 EPS、ROE 也都变为负值。另外资产负债率也从 0.61 上升至 0.72,可能会影响公司的长期偿债能力。

从 2009 年的情况来看,确认利息为预计负债虽然没有导致公司由盈利转为亏损,但是公司的净利润也从 1.2 亿元下降到 9 449 万元,同时 EPS、ROE 也会相应的下降。不过,资产负债率的变化却是很微小的,差异率仅为 1.36%。

3. 结合案例说明,预计负债确认与否的影响因素

准则空间。对于或有事项的披露涉及大量的职业判断:极小可能和很可能标准的确认、重大不利影响的判断等。故企业借用或有事项披露上的弹性空间,选择对自己有利的披露方式。如果企业呈现利润下滑的趋势,比如深南电,则很可能选择不确认预计负债,以此来平滑利润。甚至有企业在当年确认预计负债,再在第二年转回,以此实现转移损益的目的。例如,2009 年度*ST 琼花就通过预计负债的转回增加当期收益 8 869.75 万元,而当年*ST

琼花的营业利润为-8 488.75万元,可以看到企业顺利地通过营业外收入的增加使当年扭亏为盈,避免了摘牌的危机,可见*ST琼花在2008年确认的这笔预计负债成功地为企业转移了利润。

高管更换。2008年9月22日公司董事长更换为杨海贤(前任董事长魏文德因退休原因不再担任公司董事会董事)。董事长的变更也很可能是深南电不确认预计负债的动机之一。一旦在2008年确认预计负债,年报中2008年公司的盈利情况就会从2008年第三季报中的盈利变为亏损。

管理人员考评。本案例中,由于公司董事会对高级管理人员的考评及激励仍采用与经营业绩、生产安全等指标挂钩的奖惩方案,可推测管理人员存在向上盈余管理的动机。表10-4列示了2007—2011年深南电的基本财务状况,可以看出2007—2011深南电营业收入呈现下滑趋势,2008—2010年内最甚。同时相对应的成本有大幅上升的趋势,而2008年净利润更是低至1 483万元,如果此时再确认预计负债,那么利润只会更低甚至为负。

表10-4　2007—2011年深南电基本财务状况

	2007年	2008年	2009年	2010年	2011年
营业收入(元)	3 620 124	3 156 552	1 867 830	1 601 730	2 415 818
营业成本(元)	3 788 089	4 514 318	1 939 543	2 239 346	3 589 704
利润总额(元)	94 963	64 760	131 976	-98 646	22 256
净利润(元)	97 546	14 834	120 010	-123 433	9 032
基本每股收益(元)	0.22	0.02	0.12	-0.19	0.03
资产总计(元)	5 552 914	4 985 940	4 926 596	5 278 954	5 452 747

注:2010年亏损主要原因是发电燃料价格大幅上升,发电燃料成本上升、下属深南电中山公司机组大修和LNG技改以及江西新昌公司投资亏损。

防止亏损。从表10-2可以看出,如果公司在2008年全额确认预计负债,那么公司会面临巨额亏损。公司管理层存在为了防止亏损而不确认预计负债的动机。

融资动机。表10-5我们可看出从2007—2008年公司并无从外部进行大量融资的迹象,因此可推测公司不确认预计负债并不是融资这一动机造成的。

表10-5　深南电2007—2011年资产负债率及股本情况

	2007年	2008年	2009年	2010年	2011年
资产总计(千元)	5 552 914	4 985 940	4 926 596	5 278 954	5 452 747
负债总计(千元)	3 686 704	3 050 058	2 870 705	3 346 496	3 564 936
资产负债率	0.66	0.61	0.58	0.63	0.65
股本(千元)	547 966	602 763	602 763	602 763	602 763

注:2008年股本增加是由于深南电在2008年7月3日实施分红派息方案,以2007年12月31日总股本547 965 998股为基数,每10股送1股,实施分配方案后,公司股本增加54 796 598元。经上述股份变动后,本公司的总股本为602 762 596元。

4. 结合案例说明,企业在2008—2011年的盈余管理的迹象、性质与主要手段;在此基础上,讨论或有事项会计政策选择在盈余管理中的作用

1) 迹象和性质

表 10-6 2007—2011 深南电主要盈利指标

年份	2007	2008	2009	2010	2011
基本每股收益(元)	0.22	0.02	0.12	−0.19	0.03
加权平均净资产收益率	6.85%	0.01%	4.09%	−6.39%	1.00%
扣除非经常性损益后加权平均净资产收益率	0.88%	−0.03%	3.07%	−13.40%	−16.55%

表 10-6 列示了 2007—2011 年深南电的主要盈利指标,可以看出在 2008 年深南电微利,因此有保盈的趋势,可推测公司存在向上盈余管理的迹象。

2) 手段

表 10-7 深南电 2007—2011 年的利润表的结构比例图

年份	2007	2008	2009	2010	2011
营业收入(元)	3 620 124	3 156 552	1 867 830	1 601 730	2 415 818
营业成本占营业收入的比例	104.64%	143.01%	103.84%	139.81%	148.59%
销售费用占营业收入的比例	0.06%	0.07%	0.05%	0.05%	0.03%
管理费用占营业收入的比例	2.86%	3.15%	5.34%	5.99%	4.04%
财务费用占营业收入的比例	3.51%	4.97%	6.69%	8.01%	8.46%
资产减值损失占营业收入的比例	0.13%	2.36%	1.21%	0.70%	0.97%
投资收益占营业收入的比例	0.00	0.00	−0.53%	−3.07%	0.97%

从表 10-7 可看出:

(1) 管理费用占营业收入的比重在 2010 年比 2009 年有所上升,而 2011 年又开始下滑,因此我推测 2010 年公司有可能通过管理费用来进行盈余管理。然而查看公司 2010 年年报,发现公司管理费用的总额并没有上升,而是呈现下滑趋势,管理费用占营业收入的比重上升主要原因是由于企业营业收入大幅下滑。并且 2010 年管理费用下滑主要原因是因为聘请中介机构费和董事会费减少,见表 10-8。

表 10-8 2008—2010 年公司董事会费与中介机构费的变化情况   金额单位:元

项目	董事会费	中介机构费	管理费用	董事会费占管理费用的比重	中介机构费管理费用的比重
2008	3 820 150	9 582 477	99 372 070	3.84%	9.64%
2009	6 984 853	946 2211	99 736 599	7.00%	9.49%

(续表)

项目	董事会费	中介机构费	管理费用	董事会费占管理费用的比重	中介机构费管理费用的比重
2010	3 202 198	4 275 658	95 926 428	3.34%	4.46%
2011	4 624 007	3 171 158	97 538 885	4.74%	3.25%

从表 10-8 可以看出，董事会费在 2009 年呈现奇高的态势，可以推测，或许是由于 2009 年董事长辞职更换新的董事长所引发的董事会会费的急剧上升。而中介机构费在 2010、2011 年 2 年和 2008、2009 年 2 年相比有大幅下滑，原因不明。

(2) 投资收益的比重占营业收入的比重在 2010 年下滑后在 2011 年又开始回升，因此推测公司存在利用投资收益进行盈余管理的可能。查看公司年报发现 2010 年投资收益比上年度减少，主要原因是对江西新昌公司按权益法计算本年投资亏损增加，而 2011 年公司转让江西新昌公司与能源环保公司股权导致投资收益上升。

或有事项会计政策的选择：一方面可以帮助企业在业绩不好的年度，少确认甚至不确认预计负债，以此来增加当年的利润；另一方面可以帮助企业通过在业绩好的年份确认预计负债，在未来期间转回以平滑利润。

5. 结合案例说明，该或有事项会计政策选择对利益相关者有何影响

1) 对投资者的影响

在研究对投资者的影响时，分别选取 2008 年 12 月 13 日和 2009 年 4 月 9 日两个时间点，其中前者是深南电发布《深圳南山热电股份有限公司重大事项进展情况公告》的时间，在公告中披露了 2008 年 11 月 6 日杰润的来函及后续事件；后者是 2008 年年报发布的时间。

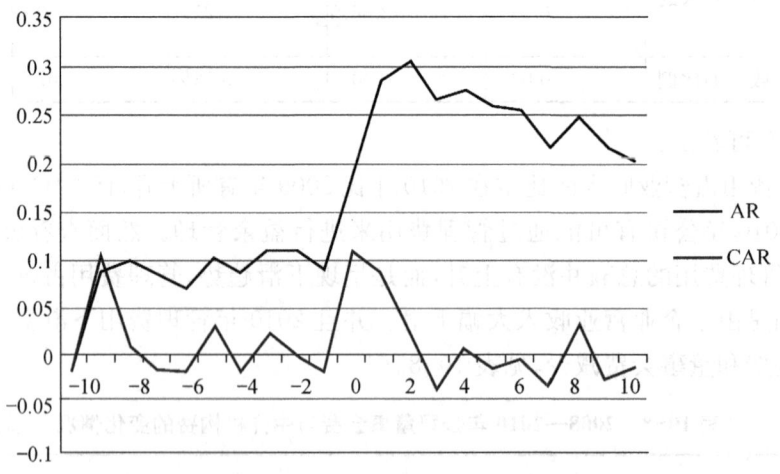

图 10-1 以 2008 年 12 月 15 日为事件日的累计超额收益率

注1：因 2008 年 12 月 13 日和 2008 年 12 月 14 日为周末，股市没有开盘，所以选择 2008 年 12 月 15 日为事件日。

注2：选择 2008 年 12 月 15 日前 60 天(-90，-30)来计算深成指和深南电超额收益率的相关性。

从图 10-1 看出,2008 年 12 月 13 日公司对外公告杰润公司要求赔偿的事项时,公司的 CAR 值并没有受到影响,反而呈现上升趋势。而直到 2008 年 12 月 6 日(第一天),超额收益率才开始下降,可能的原因是:在这一天,《上海证券报》发表题为《对赌协议终止延迟披露深南电存在内幕交易》的文章,文中引用一位市场分析人士的观点称:"深南电的股价波动与公司延迟披露消息的时点如此契合很难解释,其中不排除内幕交易的可能性。"2009 年 12 月 19 日(第四天)公司发布了《深圳南山热电股份有限公司风险提示性公告》对上海证券报的质疑给予回应:不存在内幕信息人员利用内幕信息买卖公司股票的行为,担心轻率披露误导公众。此时超额收益率才有所回升。这说明公司的整体形象会影响股价,进而也会影响投资者的利益。

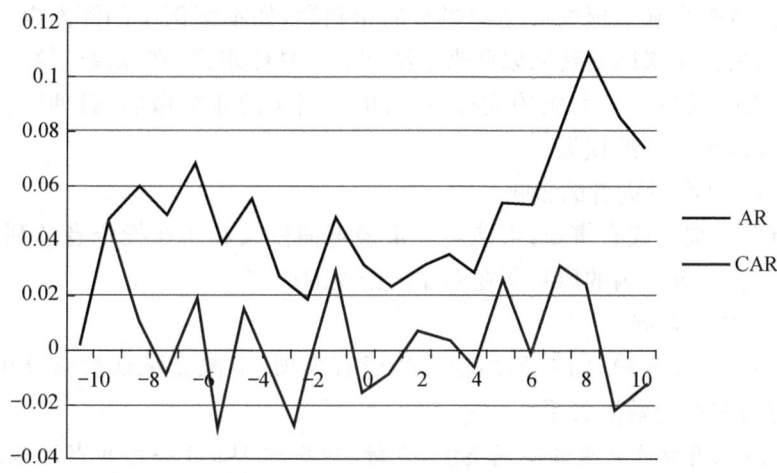

图 10-2 以 2009 年 4 月 9 日为事件日的累计超额收益率

从图 10-2 看出,在 2009 年 4 月 9 日年报公布前后,公司的超额收益率有下降的趋势,虽然公司在年报中没有确认预计负债,但是会计师事务所对其出具了带强调事项的无保留意见审计报告,引起了投资者对公司前景的担忧。

2) 对企业管理层的影响

表 10-9 2010—2011 年管理层报酬增幅/净利润增幅 金额单位:万元

年份	2009	2010	2011
董事长	70.37	77.67	74.13
总经理	61.1	66.47	66.85
CFO	48.96	59.57	59.56
合计	180.43	203.71	200.54
薪酬增幅	62.73	23.28	−3.17
净利润	12 001	−12 343	903

(续表)

年份	2009	2010	2011
净利润增幅	10 518	−24 344	13 246
管理层报酬增幅/净利润增幅		0.22%	0.01%

注:因为公司董事长在2008年9月22日发生了更换,所以选择研究2010—2011年管理者薪酬变动与净利润变动之间的相关性。

从表10-9中可以看出,管理层报酬与净利润的增长呈现正比。可以推断:对管理层而言,高额的利润会带来高额的回报。面对或有事项之类存在弹性的会计制度时,管理层就有可能利用这一制度来少确认损失而增加当年的净利润,如本案例中的深南电。管理层也有可能增加当年损失在未来期间转回以此来平滑利润。具体来说,在深南电这一案例中,公司当年业绩并不理想,又发生了大额的或有事项,出于当年的业绩考虑,管理层就选择不确认预计负债以此来减少当年的损失。

3) 对债权人、潜在投资者的影响

不及时、真实地披露或有事项,可能会严重损害债权人和潜在投资者的利益,使债权人和潜在投资者无法了解公司的风险所在而作出错误的决策。

4) 对审计人员的影响

审计人员为了留住客户,面对弹性较大的或有事项,也愿意承认被审计单位的职业判断,以此来保持与客户的融洽关系。

6. 根据案例说明审计意见的不同类型,分析2008—2011年公司的审计意见是否合适

除了标准无保留意见之外的其他审计意见,称为非标审计意见,包括以下几类情形:

保留意见:当存在下列情形之一时,审计师应当发表保留意见:①在获取充分、适当的审计证据后,审计师认为错报单独或汇总起来对财务报告影响重大,但不具有广泛性;②审计师无法获取充分、适当的审计证据以作为形成审计意见的基础,但认为未发现的错报(如存在)对财务报表可能产生的影响重大,但不具有广泛性。

否定意见:在获取充分、适当的审计证据后,如果认为错报单独或汇总起来对财务报表的影响重大且具有广泛性。

无法表示意见:如果无法获取充分、适当的审计证据以作为形成审计意见的基础,但认为未发现的错报(如存在)对财务报表可能产生的影响重大且具有广泛性。

此外,如果认为有必要提醒财务报表使用者关注已在财务报表中列报或披露,且根据职业判断认为对财务报表使用者理解财务报表至关重要的事项,审计师在以获取充分、适当的审计证据证明该事项在财务报表中不存在重大错报的条件下,应当在审计报告中增加强调事项段。

对于未在财务报表中列报或披露,但根据职业判断认为与财务报表使用者理解审计工作、审计师责任或审计报告相关且未被法律、法规禁止的事项,如果认为有必要沟通,审计师应当在审计报告中增加其他事项段。

作为独立的第三方,审计师出具的标准无保留审计意见可以增进企业财务报表的可信

性;反之,审计师出具的非标意见,则会降低企业财务报表的可信性。因此,对于企业管理层来说,避免非标意见最好的方式是根据审计师的意见调整财务报表数据。

2007—2011年深南电的审计事务所及审计意见、审计收费如表10-10所示。

表10-10 2007—2011年深南电的审计事务所及审计意见、审计收费

年份	2007	2008	2009	2010	2011
事务所	普华永道中天	普华永道中天	德勤华永	德勤华永	德勤华永
审计意见	标准无保留意见	带强调事项段的标准无保留意见	带强调事项段的标准无保留意见	带强调事项段的标准无保留意见	带强调事项段的标准无保留意见
审计费用	130万元	110万元	90万元	90万元	130万元
注册会计师	卢旭蕾、潘耀坚	姚文平、孔昱	未披露	蔡春鸣、肖静华	未披露

相对于深南电的净利润,动辄数亿元的赔偿要求对深南电的财务报表的公允性具有重大影响,从或有事项对企业的财务影响我们发现该事项使得该公司的盈利性质发生逆转,但是根据我们掌握的资料认为在2008—2011年该事项的最终结果不可能合理可靠地估计,因此出具带强调事项的标准无保留意见是合理的。

五、分析题

或有事项会计处理的案例分析:以中国银行为例

中国银行背景:

在国际经济环境的影响下,为了开始克服国际金融危机影响。中国银行开始加大产品创新力度,以不断提升核心竞争能力。2007年财务数据表明,由其表外业务的业务量和手续费收入较上年增长均超过36%。

中国银行努力充分发挥贸易金融产品、境内外机构联动优势,在2008年又研发并相继推出买方付息国内信用证、世界银行下属国际金融公司(IFC)、担保项下福费廷、出口双保理项下第三方融资等新产品。其中尤以保函业务优势突出,2008年中国银行内地机构开出外币保函269.89亿美元,较上年增长38.00%,年末余额490.01亿美元,较上年年末增长45.96%,开出人民币保函1 129.08亿元,较上年增长15.25%,年末余额1 886.79亿元,较上年年末增长17.21%。在国内大型商业银行中占有居高地位,贸易融资创历史新高。

2009年,中国银行继续走出传统业务盈利模式限制,随着中国银行表外业务的份额的逐渐增大,由其表外业务引起的或有事项也越来越多。而国内商业银行的表外业务不在其资产负债表上反映,而是只作为或有事项在表外披露,其运作透明度不高,因此风险也较强,难以预测和评估。或有事项风险作为是银行整体风险的一部分,随时可能转化为表内风险,所以对于中国银行或有事项的处理研究也很具重要性。

中国银行或有事项会计处理:

在中国银行附注中,集团或有事项与承诺包括法律诉讼、质押资产、接受的抵质押物、资本性承诺、经营租赁、凭证式国债兑付承诺和信用承诺等。其中,信用承诺是最主要组成部

分,且在年度报告中有所列示金额。所以根据重要性原则,在中行对或有事项的会计处理中,挑出其或有负债——信用承诺作说明与分析(见表10-11)。

表10-11　中国银行信用承诺披露分析　　　　　　金额单位:百万元

年份	2007	2008	2009
信用承诺(或有负债项目)	1 335 547	1 614 063	2 285 002
负债总额	5 540 560	6 461 793	7 708 278
或有负债与负债总额比例	24.10%	24.99%	29.64%
预计负债	0	2 503	1 423
或有负债与预计负债比例	0	0.14%	0.06%

通过表10-11可知,中国银行在近期连续3年的年报披露中,其或有负债——信用承诺的金额在负债总额一直占有较高比例,且具有逐年上升趋势。而相对的预计负债数额却十分小,占比毫分。中国银行对其或有负债是否予以了谨慎估计?对预计负债的确认是否存在问题?研究得知:

国际上通常把商业银行表外业务分为衍生金融工具、承诺及或有负债。具体有下列五项:①等同于贷款的授信业务,包括一般负债担保、远期票据承兑和具有承兑性质的背书。②与某些交易相关的或有负债,包括投标保函、履约保函、预付保函、预留金保函等。③与贸易相关的短期或有负债,主要指有优先索偿权的装运货物作抵押的跟单信用证。④原始期限不足1年的承诺、原始期限超过1年但可随时无条件撤销的承诺、其他承诺。⑤信用风险仍在银行的资产销售与购买协议。

中央银行有关规定,把我国商业银行的表外业务分为11类进行管理:①等同于直接信用形式。②特定交易项下的或有项目。包括投标保函、履约保函、预付保函、预留金保函等。③短期内可以自动清偿和与贸易有关的或有项目。主要指有优先索偿权的装运货物作抵押的跟单信用证。④回购协议。⑤有追索权的资产销售。⑥买入远期资产。⑦票据发行和循环包销便利。⑧初始期限为1年以下的、可随时无条件取消的承诺。⑨初始期限为1年或1年以上的其他承诺。⑩利率、汇率合约。⑪部分缴付款项的股票。

在巴塞尔委员会发表的《银行表外业务风险管理》中,强调了表外或有债权业务的风险,并拟出了风险加权的计算标准,力求做到表外披露内容与表内列示内容在风险上的挂钩。协议将表外业务按"信用换算系数"从"无风险"到"十足风险"分类,不同级别的风险具有不同的风险权重。表外各或有债权业务金额通过乘以对应的"信用换算系数"所得的风险资产数,直接作为衡量银行财务质量和财务状况的重要指标——"资本充足率"公式中分子的减少数。

国内外都有将银行表外业务核算统一作为银行或有事项类业务核算的想法,并将其系统化。系统将银行不确定经济业务所引起的或有事项处理结合进表内。其中,对于"表外业务"定义的概念相似于一般会计处理中对或有事项的表外披露。而"信用风险转换"这一概念中的"信用风险转换系数"又和预计负债确认中的"可能性划分"相似。系统对银行或有事项类表外业务所带来的风险进行划分的同时,其实也就是对其不确定性程度的划分提供了参考。

"巴塞尔协议"将表外融资工具按其风险程度分为五类,并赋予不同的信用风险转换系数,以便将表外项目转为表内项目,同银行的资本金大小联系起来。信用风险转换系数与表外项目对应关系如表10-12。

表10-12 表外融资工具按其风险程度分类情况

业务分类		信用风险转换系数	主要内容
等同于贷款的授信业务		100%	一般负债担保、远期票据承兑和具有承兑性质的背书
与某些交易相关的或有负债		50%	投标保函、履约保函、预付保函、预留金保函等(非融资类保函)
与贸易相关的短期或有负债		20%	有优先索偿权的装运货物作抵押的跟单信用证
承诺	原始期限不足1年	0	—
	原始期限超过1年但可随时无条件撤销	0	授信意向
	其他	50%	
信用风险仍在银行的资产销售与购买协议		100%	—

所以,中国银行在核算其或有负债——信用承诺时(信用承诺项下主要包含项目有:贷款承诺、开出保函、银行承兑汇票、开出信用证等),应参考相关条文说明,将信用承诺项下各项目归为上表分类中的第(1)(2)(3)项。且风险转换系数依次为100%、50%和20%。而中国银行在其会计报表中,并未参考这些依据结合会计准则要求,将比重不小的或有负债确认为预计负债或鲜有确认。这种做法显然不妥,与谨慎性原则相背离,也严重影响了会计信息的质量。

结论:

由此可见,银行对或有事项的披露中,未决诉讼、纠纷等常规或有事项披露不充分,表现在银行表外业务中的或有事项披露规范不统一,划分随意等问题。我国或有事项会计的引入发展较晚,或有事项在银行业起步更晚,或有事项会计在面对银行业这一庞大的金融机构时,在面对其诸多繁复的表外业务所引起的或有事项的核算披露中,还是有一段很长的路要走。(材料摘选自上海立信会计学院2006级会计学本科生岑艰茹毕业论文《或有事项会计研究——以银行业为例》)

阅读以上材料,回答下列问题:

我国上市公司在或有事项的披露中存在什么问题?应如何改进?

六、案例公司的后续发展

（一）事件后续发展

公司在 2013 年年报中披露：2011 年 3 月 31 日、2012 年 2 月 6 日、2014 年 2 月 20 日，杰润公司自行或委托安理来函主张公司的违约责任，公司分别于 2011 年 4 月 6 日、2012 年 2 月 10 日、2014 年 3 月 28 日回函，明确表示：不认可安理来函中对深南电拖欠杰润 83 699 901.66 美元及利息的主张；要求杰润公司按照公司 2010 年 1 月 25 日的回函承担违约责任，向公司支付 2008 年 10 月份的应付款项 30 万美元及自 2008 年 11 月 7 日起的利息；公司愿意应杰润公司的邀请，在不影响双方权利的基础上进一步商谈以解决此事；同时，确认此回函不构成对任何权利的更改及/或放弃，公司明确保留对此事的所有权利。其后，双方在不构成对任何一方权利更改及/或放弃的情况下进行了一些商谈，但此事项目前尚无新进展。

公司于 2014 年年报披露，报告期内，经多次协商洽谈，公司与杰润公司已于 2014 年 11 月 12 日签署和解协议，在任何一方均不承认任何责任的前提下，最终达成全面和解，并彻底解除各方的所有责任。该和解协议条款未对公司当期财务状况产生重大影响。

（二）案例公司主要财务数据

表 10-13 展示了深南电 2012—2020 年的主要财务数据，图 10-3 展示了深南电 2012—2020 年收入和利润情况，图 10-4 展示了深南电 2012—2020 年的非经常性损益总额。

表 10-13　深南电 2012—2020 年主要财务数据

年份	营业收入（百万元）	归属于上市公司股东的净利润（百万元）	归属于上市公司股东的扣除非经常性损益的净利润（百万元）	基本每股收益（元/股）	加权平均净资产收益率
2012	1 265.45	−204.46	−323.27	−0.34	−19.58%
2013	1 110.43	53.10	−76.95	0.09	−4.88%
2014	1 234.10	−330.51	−329.71	−0.55	−22.96%
2015	1 345.02	−634.62	−737.61	−1.05	−77.38%
2016	1 574.09	1 306.69	−128.99	2.17	−10.00%
2017	2 045.77	15.90	11.41	0.03	0.005 9
2018	1 884.94	19.25	−1.35	0.031 9	0.98%
2019	1 222.58	24.90	14.69	0.041 3	1.25%
2020	985.25	64.02	7.60	0.106 2	3.15%

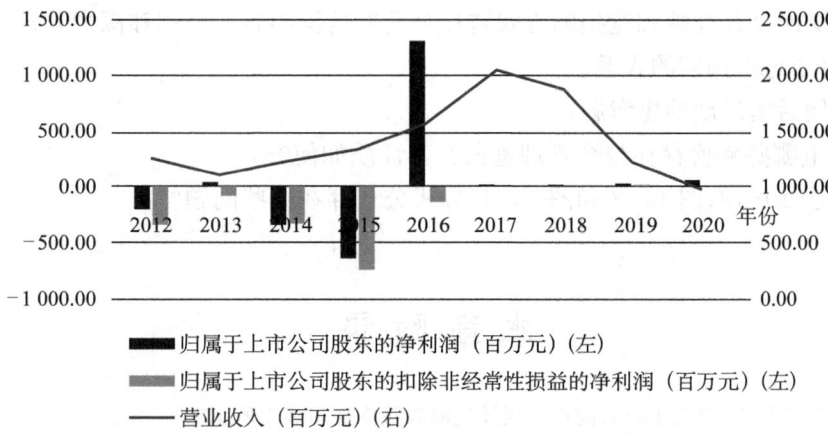

图 10-3　深南电 2012—2020 年收入和利润情况

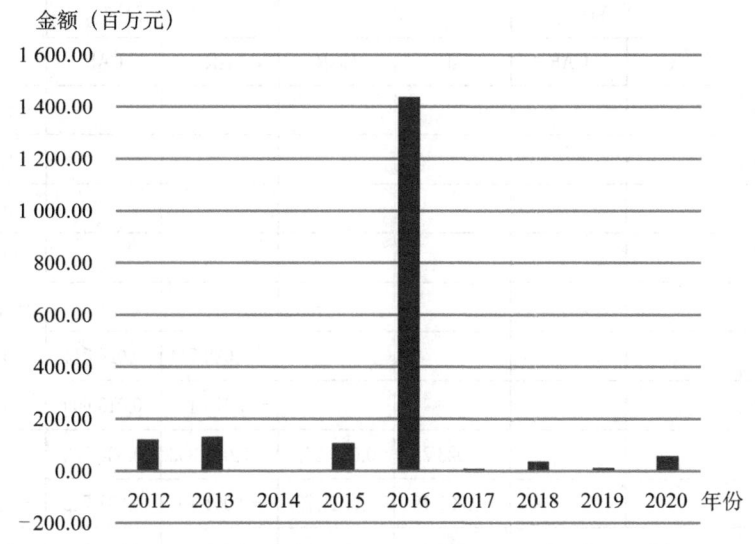

图 10-4　深南电 2012—2020 年非经常性损益总额

由于公司 2014 年和 2015 年连续两个会计年度的净利润为负值，根据深交所相关规定，自 2016 年 4 月 5 日起，对公司股票交易实行退市风险警示，股票简称变更为"*ST 南电 A"和"*ST 南电 B"，股票价格的日涨跌幅限制为 5%。

公司 2016 年年报披露：因 2014 年和 2015 年连续 2 年经审计的归属于上市公司股东的净利润均为负值，公司股票交易被实行退市风险警示，若 2016 年不能实现扭亏为盈，公司股票将被暂停上市。面对严峻的经营形势，公司汇聚各方合力，利用多种资源，在深入挖掘内部潜力的同时，努力寻求外部支持，采取积极有效的措施开源节流：一是狠抓下属发电厂的安全、环保、经济运行，最大限度地争取发电量；二是加强与政府相关部门以及银行等金融机构的沟通，积极争取有利的补贴政策和融资条件，努力提升经营效益，确保资金链安全；三是进一步加强内部的规范化运作和精细化管理，严格控制各项可控成本，力争使整体绩效得到不断的提升，使经营管理风险得到有效的控制；四是依法依规地开展重大资产出售工作，采取在深圳联交所公开挂牌和竞拍的方式转让公司所持深中置业公司和深中开发公司各75%股权,并取得了超出预期的收益。

关于案例后续发展的思考题:

1. 深南电哪些年份存在盈余管理迹象？其性质如何？
2. 根据表10-13、图10-3和图10-4,分析公司存在哪些问题？

本章附录1

以2008年12月15日为中心时间点的累计超额收益率如附表1所示。

附表1 以2008年12月15日为中心时间点的累计超额收益率

时间		(−1, 1)		(−3, 3)		(−5, 5)		(−10, 10)	
		AR	CAR	AR	CAR	AR	CAR	AR	CAR
2008/11/28	−10							−0.014 63	−0.014 63
2008/12/2	−9							0.102 185	0.087 551
2008/12/3	−8							0.010 426	0.097 977
2008/12/4	−7							−0.013 14	0.084 833
2008/12/5	−6							−0.014 91	0.069 921
2008/12/8	−5					0.028 714	0.028 714	0.028 714	0.098 635
2008/12/9	−4					−0.013 1	0.015 609	−0.013 1	0.085 53
2008/12/10	−3			0.023 363	0.023 363	0.023 363	0.038 972	0.023 363	0.108 893
2008/12/11	−2			−0.001 19	0.022 173	−0.001 19	0.037 782	−0.001 19	0.107 703
2008/12/12	−1	−0.017 99	−0.017 99	−0.017 99	0.004 181	−0.017 99	0.019 79	−0.017 99	0.089 711
2008/12/15	0	0.105 361	0.087 369	0.105 361	0.109 542	0.105 361	0.125 151	0.105 361	0.195 072
2008/12/16	1	0.085 472	0.172 841	0.085 472	0.195 014	0.085 472	0.210 623	0.085 472	0.280 545
2008/12/17	2			0.020 475	0.215 489	0.020 475	0.231 098	0.020 475	0.301 019
2008/12/18	3			−0.036 39	0.179 101	−0.036 39	0.194 71	−0.036 39	0.264 631
2008/12/19	4					0.006 695	0.201 405	0.006 695	0.271 326
2008/12/22	5					−0.014 56	0.186 842	−0.014 56	0.256 763
2008/12/23	6							−0.005 47	0.251 294
2008/12/24	7							−0.036 08	0.215 213
2008/12/25	8							0.028 268	0.243 481
2008/12/26	9							−0.027 32	0.216 156
2008/12/29	10							−0.015 14	0.201 012

本章附录 2

以 2009 年 12 月 31 日为中心时间点的累计超额收益率如附表 2 所示。

附表 2 以 2009 年 12 月 31 日为中心时间点的累计超额收益率

时间		(−1, 1)		(−3, 3)		(−5, 5)		(−10, 10)	
		AR	CAR	AR	CAR	AR	CAR	AR	CAR
2009/3/24	−10							0.002 006	0.002 006
2009/3/25	−9							0.046 2	0.048 206
2009/3/26	−8							0.010 532	0.058 738
2009/3/27	−7							−0.008 75	0.049 984
2009/3/30	−6							0.018 192	0.068 176
2009/3/31	−5					−0.028 22	−0.028 22	−0.028 22	0.039 953
2009/4/1	−4					0.014 82	−0.013 4	0.014 82	0.054 772
2009/4/2	−3			−0.027 15	−0.027 15	−0.027 15	−0.040 55	−0.027 15	0.027 625
2009/4/3	−2			−0.008 64	−0.035 79	−0.008 64	−0.049 19	−0.008 64	0.018 982
2009/4/8	−1	0.028 779	0.028 779	0.028 779	−0.007 01	0.028 779	−0.020 42	0.028 779	0.047 761
2009/4/9	0	−0.016 04	0.012 74	−0.016 04	−0.023 05	−0.016 04	−0.036 45	−0.016 04	0.031 722
2009/4/10	1	−0.008 25	0.004 488	−0.008 25	−0.031 3	−0.008 25	−0.044 71	−0.008 25	0.023 47
2009/4/13	2			0.007 054	−0.024 25	0.007 054	−0.037 65	0.007 054	0.030 524
2009/4/14	3			0.004 007	−0.020 24	0.004 007	−0.033 64	0.004 007	0.034 531
2009/4/15	4					−0.005 96	−0.039 61	−0.005 96	0.028 569
2009/4/16	5					0.025 534	−0.014 07	0.025 534	0.054 102
2009/4/17	6							−0.000 92	0.053 186
2009/4/20	7							0.030 651	0.083 837
2009/4/21	8							0.024 022	0.107 859
2009/4/22	9							−0.021 11	0.086 753
2009/4/23	10							−0.013 1	0.073 656

本章附录3　事件经过(见附表3)

附表3　事件经过

时间	公告名称	内容
2008.03.12	未披露	深南电与杰润公司签订期权合约卖出看跌期权
2008.10.17	中国证券监督管理委员会深圳证券监管局下发《关于责令深圳南山热电股份有限公司限期整改的通知》，公司被停牌。《重大事项停牌公告》	通知指出深圳南山热电股份有限公司2008年3月12日与美国高盛集团有限公司的全资子公司杰润(新加坡)私营公司签订的期权合约未按规定履行决策程序、未按规定及时履行信息披露义务及涉嫌违反国家法律、法规的强制性规定，要求公司限期整改
2008.10.21	发布《深圳南山热电股份有限公司重大事项公告》	披露了与杰润公司的两份协议
2008.10.27	公司发布《深圳南山热电股份有限公司重大事项进展情况公告》	披露了(一)董事会对于该事项的认识及采取的措施；(二)关于确认书的执行情况及风险评估。附：(1)2008年10月24日，纽约商品交易所轻质原油期货合约的收市结算价为64.4美元/桶。(2)根据公司有关人员反映，杰润公司累计支付了210万美元到公司全资子公司香港兴德盛有限公司账户，经核查，该款项暂挂往来账
2008.10.31	发布《深圳南山热电股份有限公司股票交易异常变动公告》	(1)公司股票2008年10月27日至10月30日连续三个交易日内收盘价格涨跌幅偏离值达到20%。(2)纽约商品交易所轻质原油期货合约的收市结算价27日为63.22美元/桶、28日为62.73美元/桶、29日为67.5美元/桶
2008.11.06	未披露	杰润来函认为本公司2008年10月21日的公告、2008年10月29日会谈中的表态表明公司有意不履行交易，已构成违约并宣布终止交易。公司复函杰润表明公司从未作出无意继续履行交易的表示，并认为杰润单方面解除合同、拒绝支付第一份确认书项下10月份应付本公司款项构成违约，宣布终止交易。交易终止后，杰润公司致函要求本公司赔偿交易终止损失，同时另函表示希望以商业方式解决争议。本公司回函不予接受杰润公司提出的损失赔偿要求，同时另函同意进行和谈。后双方进行多轮磋商和交涉，未达成一致意见
2008.12.13	发布《深圳南山热电股份有限公司重大事项进展情况公告》	披露了2008年11月6日杰润的来函及后续事件
2008.12.16	《上海证券报》发表题为《对赌协议终止延迟披露深南电存在内幕交易》的文章	文中引用一位市场分析人士的观点称："深南电的股价波动与公司延迟披露消息的时点如此契合很难解释，其中不排除内幕交易的可能性。"该文章在其他多家财经媒体转载
2008.12.19	发布《深圳南山热电股份有限公司风险提示性公告》	对上海证券报的质疑给予回应：不存在内幕信息人员利用内幕信息买卖公司股票的行为，担心轻率披露误导公众

(续表)

时间	公告名称	内容
2009.02.10	湖南金证投资咨询顾问有限公司策略分析师张超发表题为《深南电A：深能源有望再启收购》的文章	文中称：深南电的对赌协议已经全部解除且丝毫无损
2009.02.13	公司发布《深圳南山热电股份有限公司澄清公告》	指出传闻公司与杰润（新加坡）私营公司之间期权合约事宜丝毫无损并不准确。与杰润公司至此双方未能达成谈判一致意见或取得任何实质性进展
2009.04.7	公司被普华永道中天出具带强调事项的无保留意见	
2009.04.09	2009年年报公布	带强调事项段的无保留意见
2009.11.27	公司收到安理国际律师事务所的信函，信函对前述事项进行了描述并要求本公司赔偿杰润公司计79 962 943.00美元的损失及截至2009年11月27日的利息3 736 958.66美元	公司于2010年1月25日回函不予接受杰润公司提出的损失赔偿要求

第十一章 投资性房地产:中航地产的案例

公允价值计量模式是投资性房地产后续计量模式之一,各界对投资性房地产的公允价值计量模式一直存在争议,近几年来对投资性房地产采取公允价值模式的上市公司只有20家左右。投资性房地产公允价值计量模式是指投资性房地产按照会计期末的公允价值计量,公允价值与账面价值的差额部分计入公允价值变动损益,这就为企业进行盈余管理提供了广阔的空间。新会计准则开始实施后,2009年,中航地产上市公司年初公告采用公允价值对投资性房地产进行计量。它采用将自用房地产或存货转为投资性房地产、通过关联方交易出租房地产,以及评估出来的公允价值高于行业平均水平的方式,利用新的会计政策提升报表业绩。本章通过对中航地产投资性房地产案例分析,详细介绍投资性房地产会计准则,并探讨投资性房地产会计准则执行过程中所面临的问题与挑战。

一、案例教学目标与教学操作说明

(一)案例教学目标

通过案例讨论与分析,达成以下教学目标:①熟悉上市公司投资性房地产会计核算及其信息披露要求;②掌握投资性房地产对企业的财务影响;③识别投资性房地产会计中的盈余管理迹象;④了解企业利用投资性房地产会计核算进行盈余管理的目的;⑤了解企业投资性房地产会计政策选择在盈余管理中的作用。

(二)教学操作说明

本章教学操作说明如表11-1所示。

表11-1 教学操作说明

内容	主角	组织与要求	时间
阅读案例资料	学生	熟悉案例资料,补充并收集相关资料	课前
案例讨论	学生	每个案例小组围绕案例思考题,分析讨论案例公司股权投资会计政策选择的动机及其影响	20~30分钟
演讲	学生	每个案例小组推荐1名学生演讲其小组讨论的情况及其达成的共识、产生的分歧	35~45分钟
点评	老师	点评案例小组讨论情况并引导其对问题的正确理解和深入分析	15~25分钟

二、公司背景及案例介绍

1. 公司背景

中航地产(证券代码:000043)成立于1985年,1994年在深圳证券交易所挂牌上市。公司的主要业务集中于地产开发、物业经营与管理、酒店经营与管理。中航地产连续数年在行业综合排名中处于第21位。中国航空技术深圳有限公司对中航地产的控股比例高达50.14%,对中航地产形成了实质控制,中国航空技术深圳有限公司的母公司是中国航空技术国际控股有限公司,而该公司是在香港上市的。中航地产股权结构(2009年)如图11-1所示。

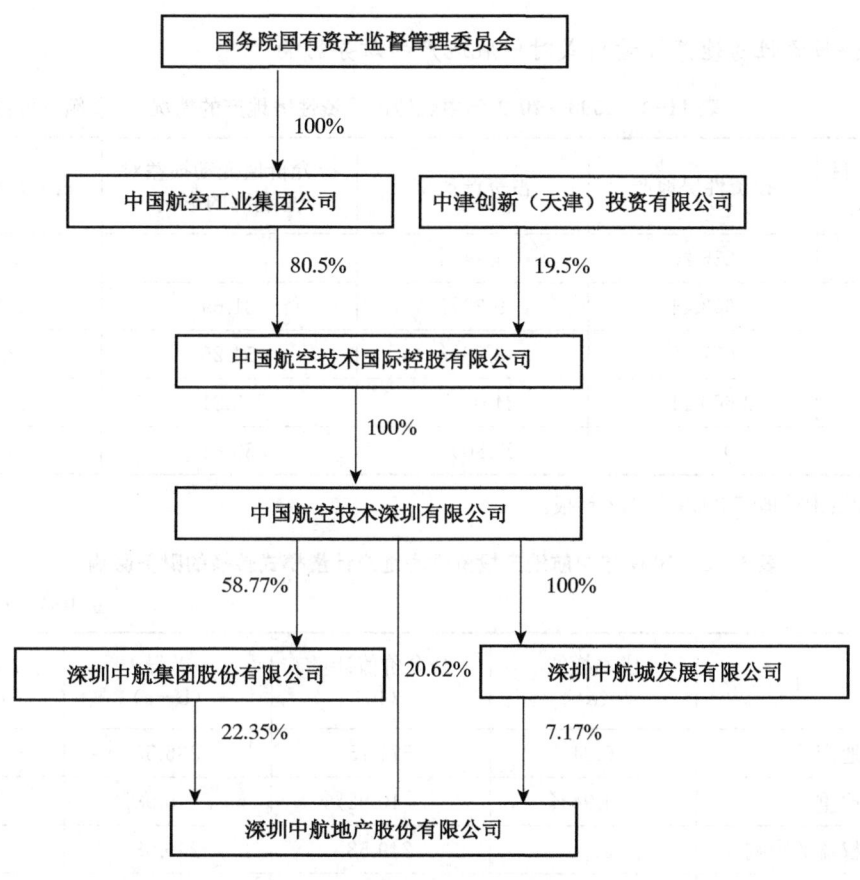

图11-1 中航地产股权结构(2009年)

2. 投资性房地产后续计量方式的改变

中航地产在2007年1月1日至2008年12月31日期间对持有的投资性房地产采用成本模式进行计量,自2009年起改用公允价值模式。

中航地产2008年年报关于成本模式计量的描述如下:①本公司的投资性房地产主要为已出租的建筑物。②投资性房地产按照成本进行初始计量,与投资性房地产有关的后续支出相关的经济利益很可能流入企业且成本能够可靠地计量的,计入投资性房地产成本。

③本公司采用成本模式对于投资性房地产进行后续计量,采用成本模式计量的建筑物,采用直线法平均计算折旧,按估计经济使用年限和估计残值率确定其折旧率。④期末,逐项对采用成本模式计量的投资性房地产进行全面检查,按可收回金额低于其账面价值的差额计提减值准备,计入当期损益。资产减值损失一经确认,无论价值是否得到回升,在以后会计期间不转回。

中航地产2009年年报关于公允价值计量的描述:①投资性房地产包括已出租的建筑物、已出租的土地使用权、持有并准备增值后转让的土地使用权。②投资性房地产按照成本进行初始计量,与投资性房地产有关的后续支出相关的经济利益很可能流入企业且成本能够可靠地计量的,计入投资性房地产成本。③公司采用公允价值模式对投资性房地产进行后续计量。

3. 转换投资性房地产计量模式对中航地产的财务影响

表11-2 2008—2012年中航地产投资性房地产的情况   金额单位:百万元

项目 年份	投资性房地产	占资产比重	公允价值变动损益对总利润的影响	占利润总额比重
2008	235.20	4.94%	—	—
2009	603.44	9.36%	31.69	21.30%
2010	657.70	8.28%	54.26	12.45%
2011	2 660.11	24.00%	233.21	32.25%
2012	4 010.56	27.80%	382.81	56.47%

资料来源:中航地产2008—2012年报。

表11-3 2009年中航地产投资性房地产计量模式转换的财务影响

金额单位:百万元

项　目	成本模式 (a)	公允价值计量 (b)	差异 (b−a)	差异率 (b−a)/a
投资性房地产	0.24	571.75	336.55	143%
占总资产比重	4.94%	10.92%	5.98%	121%
对所有者权益的影响	0	249.58	249.58	—
占所有者权益的比重	0	12.39%	12.39%	—
对总利润的影响	−1.07	31.69	32.76	3 075%
对净利润的影响	−0.80	23.77	24.57	3 075%
占净利润的比重	−2.78%	25.42%	28.21%	1 013%

自2009年以来,投资性房地产总额及投资性房地产在总资产中的比重呈逐年递增的趋势如表11-2所示。其中,总额由2.35亿元增长到2012年的40.10亿元,增长了16.06倍;比重由2008年的4.94%攀升到2012年的27.80%,比重增加了4.63倍。对利润的影响也越来

越大,从 2009 年的 21.3% 上涨到 2012 年的 56.47%,增长了 1.65 倍,如表 11-3 所示。可见投资性房地产占资产的比重越来越大,对利润的影响也越来越大,投资性房地产公允价值计量模式对盈余管理产生了重大影响。

4. 中航地产变更投资性房地产后续计量模式的市场反应

表 11-4　中航地产累积非正常报酬率①

交易日	Ri	R(大盘)	CAR
-1, 1	0.032 882	-0.004 31	0.037 192
-3, 3	0.101 032	0.044 66	0.056 372
-5, 5	0.141 310	0.022 82	0.118 490
-10, 10	0.215 886	0.126 84	0.089 047

资料来源:CSMAR 数据库②。

表 11-4 列示了中航地产 2009 年 4 月 28 日前后 10 个交易日的累积非正常报酬率。前后 5 个工作日的累积非正常报酬率最高,可见中航地产关于投资性房地产(回报率)转换模式的公告在公告日前后对股票市场有积极的短期效应。

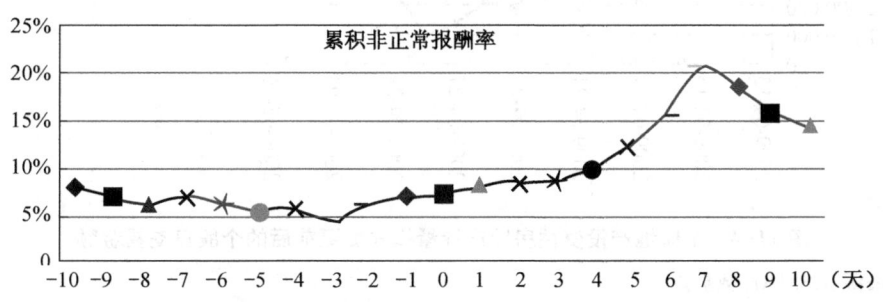

图 11-2　中航地产累计非正常报酬率③

图 11-2 描绘了中航地产 2009 年 4 月 28 日前后 10 个交易日的累积非正常报酬率。由图 11-2 可知,中航地产在发布关于投资性房地产后续计量模式变更的公告前,累积非正常报酬率偏低。公告日后,累积非正常报酬率持续增长,在交易后 7 日攀升到 0.21。虽然之后累积非正常报酬率逐渐趋于下降,但是该事件确实使报酬率在公告日前后得到极大提升,对提升股价、吸引投资者有短期效应。

图 11-3 与图 11-4 选取 2009 年 4 月 28 日前后 10 日的日个股交易股数及日个股交易金额为样本。虽然在公告日当天日个股交易股数及日个股交易金额达到最低值,但在接下来几天,日个股交易数及日个股交易金额大幅攀升,在 2009 年 5 月 5 日达到巅峰。可见在

---

① 累积非正常报酬率的计算方法有三种,分别是基于大盘指数、基于行业指数、市场模型。表 11-4 中的累积非正常报酬率是根据深市大盘指数回报率计算出来的。
② 该数据库中只有深市大盘指数,故只采取第一种方法。
③ 资料来源:国泰安数据库。

投资性房地产采用公允价值计量模式后对其股票市场有积极效应。

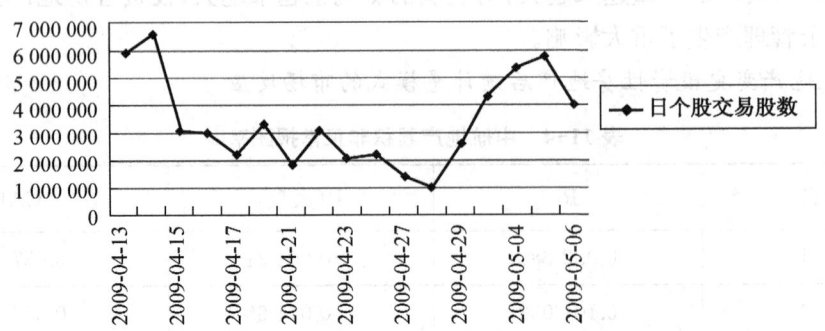

图 11-3　中航地产投资性房地产计量模式变更前后的个股日交易量

数据来源：CSMAR 数据库。

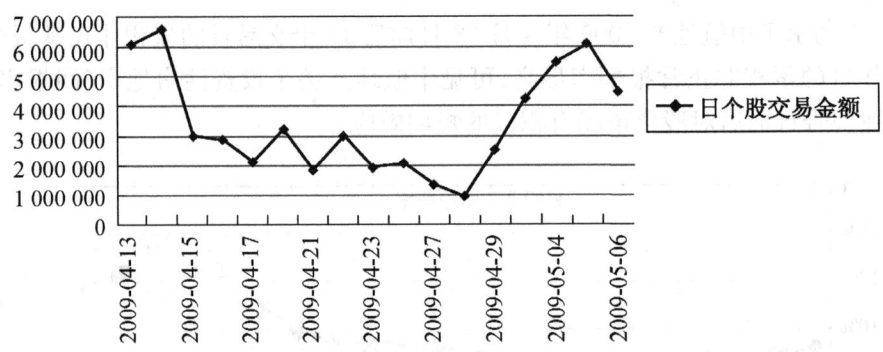

图 11-4　中航地产投资性房地产计量模式变更前后的个股日交易金额

数据来源：CSMAR 数据库。

三、案例思考题

1. 上市公司投资性房地产会计核算及其信息披露要求是什么？
2. 投资性房地产核算方式的改变对中航地产有何财务影响？
3. 中航地产投资性房地产会计中的盈余管理迹象有哪些？
4. 中航地产利用投资性房地产进行盈余管理的目的是什么？
5. 中航地产投资性房地产会计政策选择在盈余管理中的作用是什么？

四、案例分析参考与提示

1. 上市公司投资性房地产会计核算及其信息披露要求是什么

房地产用途广泛，而用途决定了其会计处理的不同。按照用途的不同，房地产大致可以分为三类：固定资产——企业用于自身经营；存货——直接用于出售；投资性房地产——带来租金收入或实现资本增值。根据企业会计准则,投资性房地产是指为赚取租金或资本增值,或两者兼有而持有的房地产,包括已出租的土地使用权、持有并准备增值后转让的土地使用权、已出租的建筑物。

1) 初始计量

公司取得的投资性房地产,应当按照取得时的成本进行初始计量。其中,外购投资性房地产的成本,包括购买价款和可直接归属于该资产的相关税费;自行建造投资性房地产的成本,由建造该项资产达到预定可使用状态前所发生的必要指出构成。

2) 后续计量

成本模式:对于固定资产类的投资性房地产,会计期末要计提折旧,对于无形资产类的投资性房地产,会计期末要摊销。

公允价值模式:房地产公司一般应当在资产负债表日采用成本模式对投资性房地产进行后续计量。在有确凿证据表明投资性房地产的公允价值能够持续可靠取得的情况下,可以对投资性房地产采用公允价值模式进行后续计量。并且必须同时满足以下条件:①投资性房地产所在地有活跃的房地产交易市场;②公司能够从房地产交易市场获得同类或者类似房地产的市场价格及其他相关信息,从而对投资性房地产的公允价值作出合理估计。

采用公允价值模式计量的,不对投资性房地产计提折旧或进行摊销,应当以资产负债表日投资性房地产的公允价值为基础调整其账面价值,公允价值与原账面价值之间的差额计入当期损益。不得从公允价值模式转为成本模式。

3) 披露

企业应当在附注中披露与投资性房地产有关的下列信息:①投资性房地产的种类、金额和计量模式。②采用成本模式的,投资性房地产的折旧或摊销,以及减值准备的计提情况。③采用公允价值模式的,公允价值的确定依据和方法,以及公允价值变动对损益的影响。④房地产转换情况、理由,以及对损益或所有者权益的影响。⑤当期处置的投资性房地产及其对损益的影响。

2. 投资性房地产核算方式的改变对中航地产有何财务影响

根据表 11-3(此段描述数字由表 11-3 中数字四舍五入而来),因该项会计政策变更,公司投资性房地产公允价值在报告期初调增 3.37 亿元,投资性房地产账面价值因此上升 143%,投资性房地产占资产的比重提升 121%,报告期末净利润提升约 0.25 亿元。

对资产的影响。在房价持续上涨的情况下,投资性房地产的价值上升,必然会带来资产价值的上升。2009 年 1 月 1 日,投资性房地产公允价值 5.71 亿元,而账面价值是 2.35 亿元,投资性房地产增加 3.37 亿元,总资产增加 3.37 亿元。

对所有者权益的影响。由于追溯调整,直接影响所有者权益。2008 年年末计提盈余公积 0.23 亿元,未分配利润增加 2.26 亿元。所有者权益共计增加 2.50 亿元。

对利润的影响。由于成本模式对投资性房地产按历史成本计量,且须计提折旧,因而对净利润的影响是 −79.90 万元。会计期末,由于投资性房地产市场价值增加,导致净利润增加 0.24 亿元。对净利润的影响由原来的 −2.78% 增加到 25.42%。

3. 中航地产投资性房地产会计中的盈余管理迹象有哪些

表 11-5　2007—2012 年中航地产盈利能力

年份 项目	2007	2008	2009	2010	2011	2012
净资产收益率－加权(a)	19.86%	1.95%	3.7%	14.58%	23.22%	15.05%
净资产收益率－扣非/加权(b)	18.97%	0.42%	0.33%	12.96%	14.19%	4.96%
差异(a－b)	0.89%	1.53%	3.37%	1.62%	9.03%	10.09%
差异率(a－b/b)	4.69%	364.29%	1 021.21%	12.50%	63.64%	203.43%
总资产收益率(ROA)	0.04	0.01	0.01	0.03	0.05	0.03
每股收益(c)	0.68	0.13	0.28	1.21	1.55	0.62
扣除非经常损益的每股收益(d)	0.65	0.03	0.03	1.08	0.95	0.2
差异(c－d)	0.03	0.1	0.25	0.13	0.6	0.42
差异率(c－d/d)	4.62%	333.33%	833.33%	12.04%	63.16%	210.00%
公允价值变动损益在非经常损益中所占的比重	—	—	55.37%	181.48%	115.88%	137.75%
扣除行业中位数的净资产收益率	17.15%	－6.91%	－7.44%	2.3%	11.49%	6.03%

资料来源：同花顺。

表 11-5 列示了 2007—2012 年中航地产的盈利能力的相关指标。净资产收益率总体呈现增长趋势。2008 年，中航地产净资产收益率只有 1.95%，在采用公允价值模式后，一直保持强劲增长，2011 年高达 23.22%，增长了 10.9 倍。可见在采用公允价值模式后，中航地产盈利能力显著增强。净资产收益率在 2008 年及 2009 年低于行业中位数，扣除行业中位数的净资产收益率分别为－6.91%、－7.44%，2010—2012 年高于行业中位数，2011 年高达 11.49%。由此可见，在投资性房地产转为公允价值模式后，中航地产盈余能力明显高于行业中位水平。

扣除非经常损益的净资产收益率由于不包含投资性房地产的公允价值变动损益，因而与净资产收益率存在差异。净资产收益率与扣除非经常损益的净资产收益率之间的差异率呈显著波动，2007 年两者差异率只有 4.69%。2009 年两者差异显著，差异率高达 1 021.21%。在经历了 2010 年的下降后，2012 年又达到另一个高峰，差异率高达 203.43%。每股收益与扣除非经常损益后的每股收益之间的差异率呈先升后降再升的趋势。其中在 2009 年达到巅峰，差异率高达 833.33%，而 2012 年为 210%。在扣除非经常损益后，净资产收益率及每股收益大大低于包含非经常损益的净资产收益率及每股收益。而在非经常损益中，因为投资性房地产采用公允价值计量模式而导致的公允价值变动产生的损益是非经常损益的主要组成部分，

2009年的比重是55.37%,2010年、2011年、2012年分别高达181.48%、115.88%、137.75%,非经常损益几乎全由投资性房地产公允价值变动损益构成。在剔除非经常性损益后,中航地产的盈余能力大大降低。由此可推断,中航地产盈利能力变好与投资性房地产采用公允价值模式有直接关系,投资性房地产公允价值变动损益是使扣非后的净资产收益率及每股收益偏高的一项重要因素。该企业很有可能通过投资性房地产公允价值计量模式达到盈余管理的目的,提高获利能力。

4. 中航地产利用投资性房地产进行盈余管理的目的是什么

1) 扭亏为盈

表11-6 2009年中航地产投资性房地产计量模式转换对利润的影响

金额单位:百万元

项目	如采用成本模式(a)	公允价值计量(b)	差异	差异率
总利润	32.17	148.76	116.59	362.42%
净利润	−20.32	93.49	113.81	−560.09%

资料来源:中航地产2009年年报。

表11-6列示了中航地产2009年投资性房地产计量模式转换时对利润的影响。2009年中航地产对投资性房地产若采用成本模式,则该年亏损。而采用公允价值模式可以扭亏为盈,使利润高达0.93亿元。对总利润和净利润的影响,投资性房地产成本模式与公允价值模式之间的差异率分别高达362.42%、560.09%。可见,使用公允价值模式实现了扭亏为盈。公允价值模式不仅扭亏为盈,还导致了利润的巨幅增长,然而利润的巨幅增长并非来自公司经营性收入增长。

2) 管理层报酬

表11-7 中航地产2007—2012年高管人员报酬[①]　　　　　　　　　金额单位:万元

年度\项目	总经理	总会计师	净利润	总经理报酬增幅/利润增幅	总会计师报酬增幅/利润增幅
2007	96.00	30.00	27 084	−0.04%	0.24%
2008	90.00	66.00	2 374	−0.04%	−0.04%
2009	100.20	76.74	9 349	0.42%	0.34%
2010	129.38	100.54	29 552	0.17%	0.09%
2011	163.67	118.43	50 080	0.31%	0.15%
2012	228.02	148.58	43 550	3.49%	2.28%

资料来源:中航地产2007—2012年年报。

表11-7列示了中航地产2007—2012年总经理与总会计师的年薪及其与利润的关系

---

① 董事长只于2009年在中航地产领取报酬623 200.00元,其余年度均未在公司领取报酬,在各自单位受薪。

(2007—2012年高管人员没有更换过,董事长只于2009年在中航地产领取报酬623 200.00元,其余年度均未在公司领取报酬,因而未列示其报酬情况)。总经理及总会计师的年薪随着利润的增长呈逐年递增的趋势,分别由96万元、30万元增加到228.02万元、148.58万元,增长了1.4倍、3.95倍。

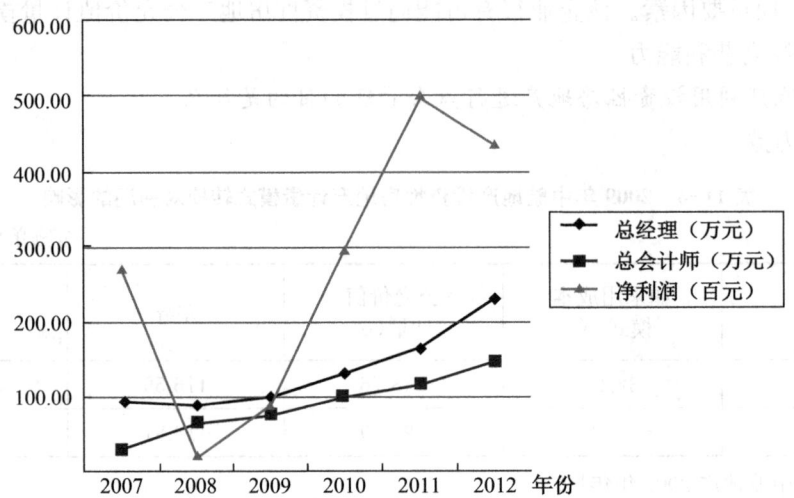

图11-5 中航地产2007—2012高管人员报酬与净利润的关系

资料来源:中航地产2007—2012年年报。

图11-5描绘了中航地产2007—2012年高管人员报酬与净利润的关系。从高层管理人员薪酬来看,年薪呈逐年上涨趋势,其中2012年相比2009年增加了1倍多,与利润联系紧密。总经理与总会计师报酬有很强的相关性,利润越高,高管人员的报酬越高。根据中航地产公告,管理层薪酬与其业绩等挂钩。利润作为衡量业绩的主要指标,管理层有强烈的动机进行盈余管理,提高利润,从而提高管理层薪酬。

3) 债务融资需要

表11-8 中航地产2008—2012年偿债能力

项目	2008年	2009年	2010年	2011年	2012年	行业均值
流动比率	1.52	1.33	1.46	1.38	1.33	1.52
速动比率	0.36	0.45	0.61	0.45	0.45	0.46
资产负债率	0.63	0.68	0.7	0.69	0.72	0.04

资料来源:同花顺。

中航地产资产负债率显著高于行业均值,负债显著高于行业平均水平。2009年,中航地产将航空、捷佳、南光大厦抵押用于短期借款,这几处房产均属于投资性房地产。对于投资性房地产的计量,如果实行公允价值模式,可以使资产负债率降低,从而使企业的财务风险降低①(谢获宝和张亮子,2012)。与行业均值相比,流动比率偏低,而资产负债率偏高,对

---

① 谢获宝,张亮子.投资性房地产后续计量模式的盈余管理研究[J].财务与会计,2012(01):41-42.

投资性房地产使用公允价值计量模式将有助于中航地产取得贷款。我国房价居高不下,给公司再融资提供便利,可使企业更好地发展[①](范红梅,2011)。

表 11-9　中航地产 2007—2012 年抵押情况　　　　　　　　　单位:百万元

项目		2007 年	2008 年	2009 年	2010 年	2011 年	2012 年
固定资产	金额	0	50	100	100	169	100
	变化额		50	50	0	69	−69
	比重		5.25%	13.33%	7.46%	9.65%	4.93%
投资性房地产	金额	300	320	260	340	791.91	681.62
	变化额		20	−60	80	451.91	−110.29
	比重	100.00%	33.57%	34.67%	25.37%	45.23%	33.58%
存货	金额		350	200	410	130	548
	变化额		370	−150	210	−280	418
	比重		36.72%	26.67%	30.60%	7.42%	27.00%
无形资产	金额	0	233.1	190	490	660	700
	变化额		233.1	−43.1	300	170	40
	比重		24.46%	25.33%	36.57%	37.69%	34.49%

资料来源:中航地产 2007—2012 年年报。

表 11-9 列示了中航地产 2007—2012 年用于抵押借款的抵押资产情况。由表 11-9 可见,自 2008 年后,投资性房地产的抵押比例总体趋势越来越高。在房价普遍上升的前提下,投资性房地产公允价值模式的运用有助于提高投资性房地产的账面价值,从而有助于中航地产取得借款,因而投资性房地产的抵押比例越来越高。

4) 与母公司信息披露政策保持一致

其控股母公司中国航空技术国际控股有限公司在香港上市,发行 H 股,应遵循香港会计准则。根据香港会计准则,企业需要披露公允价值的相关信息,成本模式与公允价值模式的信息披露成本几乎无差异[②](张奇峰、张鸣和戴佳君,2011)。为了满足母公司信息披露需求,中航地产采用公允价值计量模式。

5. 中航地产投资性房地产会计政策选择在盈余管理中的作用是什么

中航地产利用投资性房地产实现盈余管理有三大途径。一是当原有投资性房地产对利润的影响较小时,通过将自用房地产或存货转化为投资性房地产的方式来新增投资性房地产,使公允价值变动损益大幅度增加,从而达到盈余管理的目的;二是通过向关联方出租房地产,获取超额租赁收益;三是通过对公允价值的评估来达到盈余管理的目的。

---

① 范红梅.浅析公允价值计量对投资性房地产的影响[J].管理观察,2011(7):36-38.
② 张奇峰,张鸣,戴佳君.投资性房地产公允价值计量的财务影响与决定因素:以北辰实业为例[J].会计研究,2011(08):22-29.

1) 将自用房地产或存货转为投资性房地产

中航地产主要是通过将自用房地产或存货转化为投资性房地产来达到增加利润的目的。利用其他资产转换为投资性房地产,一方面,在转换时使资本增值;另一方面,转换后投资性房地产可能产生损益,为盈余管理提供操作空间①(庄青,2013)。根据中航地产2011年年报,中航地产的赣州中航城九方购物中心等6项房产转为投资性房地产,转换日是2011年12月31日。其中赣州中航城九方购物中心房产及幼儿园增值是投资性房产公允价值变动增加的主要原因,也是2011年利润增加的重要因素。

公司2012年新增三项投资性房地产,分别是赣州格兰云天酒店(转换日是2012年6月30日)、成都中航城市广场项目九方购物中心及地下停车位(转换日是2012年9月30日)、昆山中航城花园项目42号楼房产(2012年12月31日)。其中第三季度末新增的投资性房地产构成了2012年其公允价值提升来源的主要组成部分,从而最终导致了2012年利润巨幅增加。

表11-10　中航地产2009—2012年投资性房地产的权重及对利润的影响

金额单位:万元

时间		公允价值变动损益	净利润	对利润净影响	占全年利润的比重	投资性房地产/当期房地产总额	ROE	EPS
2009	年度	3 169.13	9 348.51	2 376.85	25.42%	67.61%	3.62	0.26
2010	年度	5 425.76	29 552.44	4 069.32	13.77%	58.12%	10.94	0.91
2011	第三季度	26.68	5 855.82	20.01	0.04%	59.24%	1.21	0.07
	第四季度	23 294.57	50 079.86	17 470.93	34.89%	93.12%	19.70	1.35
2012	第一季度	1 346.38	−670.97	1 009.79	2.32%	93.16%	−0.25	−0.02
	第二季度	342.09	404.72	256.57	0.59%	94.92%	0.39	0.01
	第三季度	30 053.79	19 187.73	22 540.34	51.76%	93.56%	7.17	0.29
	第四季度	6 538.63	43 549.52	4 903.97	11.26%	94.70%	7.97	0.33
	二三四季度				63.61%			

资料来源:同花顺。

表11-10列示了中航地产2009—2012年投资性房地产的权重及对利润的影响。2011、2012年度新增投资性房地产对利润的影响比例分别高达34.89%和63.61%。2011年中航地产于2011年12月31日新增了6项投资性房地产,投资性房地产在当期房地产总额中的比例由59.24%上升到93.12%。其中有3项从自用房地产转换而来,公允价值变动使资本公积增加1.12亿元;另外3项由以出租为目的的开发产品直接转换而来,公允价值变动计入公允价值变动损益,使公允价值变动增加2.33亿元,对全年净利润的影响由0.04%增加到34.89%。2012年新增了3项投资性房地产,分别在2012年6月30日、9月30日、12月31日,投资性房地产在当期房地产总额中的比例分别增加到

---

① 庄青.投资性房地产后续计量与盈余管理——基于上海世贸的案例分析[J].中国外资,2013(281):125-126.

94.92%、93.56%、94.70%,公允价值变动损益对全年净利润的影响分别为0.59%、51.76%、11.26%,总计为63.61%。对利润其中第二季度末新增的投资性房地产对全年净利润的影响高达51.76%,使盈利能力大大提升。可见,当其他房地产转为投资性房地产时,投资性房地产在房地产总额中的比例上升,盈利能力也随之增强。中航地产通过投资性房地产公允价值模式成功地进行了盈余管理。

图11-6描绘了中航地产2009—2012年净资产收益率及其构成情况。投资性房地产转为公允价值计量模式后公允价值变动损益对净资产收益率的影响总体来说越来越大。

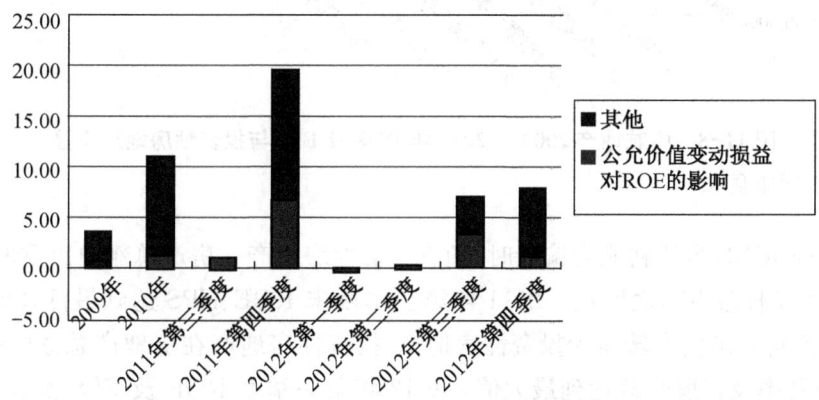

图11-6　中航地产2009—2012净资产收益率及构成情况

数据来源:同花顺。

中航地产出现亏损或净资产收益率、每股收益偏低时,通过将自用房地产或存货转为投资向房地产来进行盈余管理。2011年第三季度ROE及EPS只有1.21、0.07,新增投资性房地产后ROE及EPS巨幅上升,分别增加到19.70、1.35。2012年第一季度亏损,第二季度ROE及EPS只有0.39、0.01,通过新增投资性房地产,第三季度ROE及EPS增加到7.17、0.29,第四季度ROE及EPS增加到7.97、0.33。通过将原有固定资产转为投资性房地产,中航地产成功实现了盈余管理。

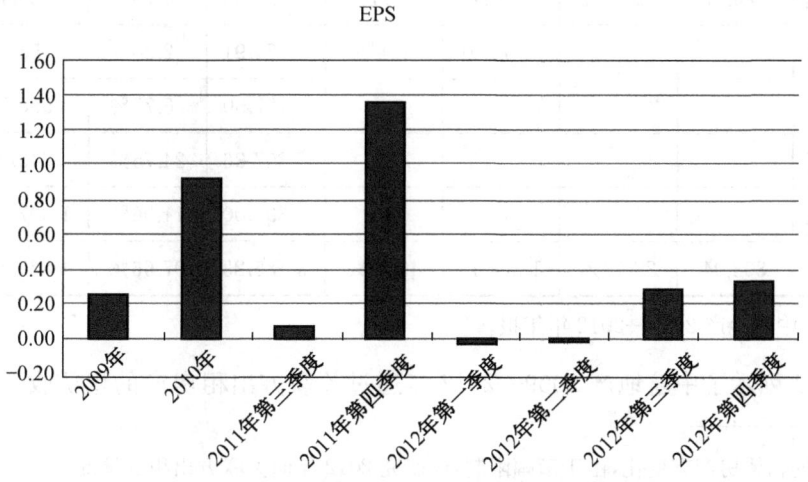

图11-7　中航地产2009—2012年每股收益

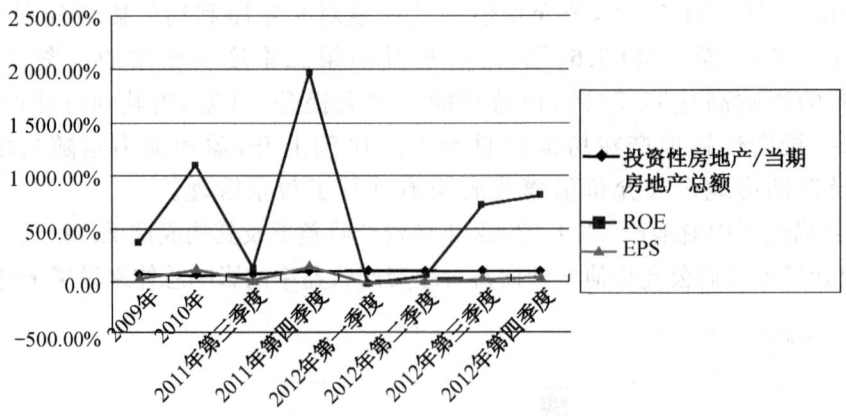

图 11-8　中航地产 2009—2012 年 ROE 及 EPS 与投资性房地产比重

数据来源：同花顺。

由图 11-8 可知，当盈利能力偏低时，随着投资性房地产在房产总额中比重的上升，净资产收益率与每股收益也随之增加。2011 年第三季度末 ROE、EPS 达到最低，2011 年 12 月 31 日中航地产将固定资产转换为投资性房地产，投资性房地产在房地产总额中的比例增加时，净资产收益率及每股收益达到最大值。2012 年第一季度 ROE 及 EPS 偏低，在第二、第三、第四季度末增加投资性房地产时，ROE 与 EPS 也随之上升。可见，中航地产通过将其他房地产转为投资性房地产来达到盈余管理的目的。

2) 通过关联方出租房地产

表 11-11　中航地产 2012 年通过关联方出租房产情况①　　　　　　金额单位：万元

年份 项目	2009		2010		2011		2012	
	租赁收益	比重②	租赁收益	比重	租赁收益	比重	租赁收益	比重
深圳中航观澜	776.47	26.23%	1 269.47	43.11%	1 703.08	52.22%	1 423.70	21.96%
中航物业管理	26.57	0.90%	22.77	0.77%	25.38	0.78%	29.45	0.45%
中航地产股份			71.91	2.44%	71.91	2.20%	55.31	0.85%
江西中航地产					187.50	5.75%	1 580.90	24.38%
格兰云天酒店					807.36	24.75%	643.00	9.92%
观澜格兰云天					390.00	11.96%	1 097.00	16.92%
合　计	803.04	27.13%	1 364.15	46.33%	3 185.23	97.66%	4 829.36	74.48%

资料来源：中航地产 2009—2012 年年报。

表 11-11 列示了中航地产 2009—2012 年通过关联方出租房产的租赁收益情况。关联

---

①　每年的租赁房产有变化，由于篇幅限制，仅研究 2012 年向关联方出租的情况。
②　该比重是租赁收益占营业收入总额的比重。

方租赁收益占租赁收入总额的比重呈逐年递增趋势,由 2009 年的 27.13% 提升到 2011 年的 97.66%,增长了 2.6 倍。中航地产向关联方出租房产,这给盈余管理提供了便利。同时,关联方出租房地产的比例的增大也说明了中航地产将其他房地产转为投资性房地产的比例的增加,进一步拓宽了盈余管理的空间。向关联方出租房地产对盈余管理的影响体现在两个方面:一方面,通过关联方制订的租赁收益进行盈余管理;另一方面,将其他房地产转为投资性房地产,通过公允价值变动损益影响利润。

3) 公允价值的评估方式

表 11-12 列示了 2009—2012 年中航地产房产所在地房屋销售价格指数及其与实际公允价值变动的差异。当时的"新国十条"对中航地产的房地产的公允价值的影响并不大。根据中航地产年报,其房地产分布在深圳、南昌、长沙、赣州、岳阳,其所在地房价普遍上涨,只有赣州地区房产在 2011 年及 2012 年略有下降,但中航地产披露的综合公允价值增值率要普遍高于市场平均增值率,其中 2011 年差异高达 17.55。

表 11-12 2009—2012 年中航地产房产所在地房屋销售价格指数及其差异

房屋所在地	2009 年				2010 年			
	市场	比例	中航地产	差异	市场	比例	中航地产	差异
南昌	104.9				106.1			
长沙	107.2				107.6			
深圳	118.9	100%	129.12	10.22	101.4	100%	108.99	7.59
赣州	102.8				108.3			
岳阳	108.6				115.6			
综合	118.9		129.12	10.22	101.4		108.99	7.59
房屋所在地	2011 年				2012 年			
	市场	比例	中航地产	差异	市场	比例	中航地产	差异
南昌	102.1	14.56%	102.34	0.24	101.1	12.78%	102.00	0.90
长沙	104.6	0.29%	210.84	106.24	100.7	0.26%	100.54	−0.16
深圳	103.1	39.95%	114.88	11.78	100.8	35.07%	123.25	22.45
赣州	99.6	24.61%	149.71	50.11	99.6	33.81%	103.03	3.43
岳阳	100.3	20.59%	101.11	0.81	99.9	18.07%	100.79	0.89
综合	101.52		119.07	17.55	100.27		109.58	9.31

资料来源:国研网。

根据中航地产年报,投资性房地产自采用公允价值计量模式以来,中航地产对公允价值的评估方法有两种:一种是 2009 年参考同类或类似房地产市场价格;另一种是 2010—2012 年采用的专业评估。公允价值在 2009 年是通过中航地产内部自身评估出来的,其公允价值的取得缺乏独立的第三方的鉴定,公允价值不是很可靠。2010—2012 年以来采纳独立的资产评估师——中联资产评估有限公司——评估出来的公允价值,中航地产房地产比较分散,其包括深圳、成都、南昌、赣州、岳阳、昆山等城市。房地产由于受地段、经济用途等因素影响,公允价值评估起来相当复杂,且具有一定主观性。资产评估师与企业关系密切,有利于企业管理盈余,操纵利润[1](孟冰,2009)。因为企业会计准则对如何评估投资性房地产公允价值尚未作出明确规定,企业很有可能为了获得对自身有利的评估报告,与专业评估机构串通,因此难以判断其是否公允[2](孙玉柱,2012)。鉴于中航地产连续3年均使用同一家资产评估咨询机构,其公允价值的可靠性难以辨别。

(以上案例改编自上海立信会计学院2009级会计学(国际会计)本科生刘小珍的毕业论文《投资性房地产公允价值计量与盈余管理——以中航地产为例》)

五、分析题

……投资性房地产……公允价值模式计量没有被普遍采用,与理论界长期存在的围绕公允价值的巨大争议有关。

(一) 支持公允价值模式计量的理由

(1) 投资性房地产的持有目的与交易性金融资产十分相似,均以在投资期间获取固定收益或通过出售赚取买卖差价为目的。同时,投资性房地产所蕴含的风险、报酬以及投资回收方式也与交易性金融资产类似。交易性金融资产在持有期间采用公允价值模式进行后续计量,因此部分学者认为投资性房地产也应该采用公允价值模式进行后续计量。

(2) 投资性房地产所产生的现金流量独立于公司持有的其他资产。通过租金或资本增值产生的独立的现金流量区分了投资性房地产与自用房地产。商品或服务的生产或供应过程中使用的房地产(或为管理目的使用的房地产)产生的现金流量不仅归属于该项房地产,而且还归属于在生产或供应过程中使用的其他资产。这种区分使得公允价值计量模式适合于投资性房地产,但不适合于自用的房地产(I-ASB,2004)。

(3) 公允价值能够向财务报表使用者提供比其他计量(例如,摊余成本)更有用的信息。租金收益和公允价值变动是投资性房地产财务业绩的有机组成部分(IASB,2004)。

(二) 反对公允价值模式计量的理由

(1) 投资性房地产作为一项特殊的资产,不像众多的金融资产那样,存在活跃的交易市场。房地产交易相对于金融资产交易,频率低且存在较大的议价空间。同时他们注意到,每项投资性房地产都是唯一的,价格受到位置、地段、施工质量、成新率、尚可使用年限等诸多因素的影响。这些因素都让企业无法获得可靠的公允价值。相比之下,摊余成本计量提供了更具一致性、稳定性和客观性的计量基础。

(2) 公允价值计量模式成本较高的问题。由于很难找到活跃的交易市场,采用公允价值模式计量往往需要依靠各种资产评估机构相关专家的工作,这就无形中提高了会计核算的成本。同时,采用公允价值模式计量,要求相关的会计人员具有更高的职业胜任能力、更好的职业判断和职业谨慎,企业成本进一步提高。

---

[1] 孟冰.对投资性房地产运用公允价值的思考[J].会计之友,2009(6):76-78.
[2] 孙玉柱.新准则下投资性房地产盈余管理分析[J].财会研究,2012(15):31-33.

(3) 如果投资性房地产按照公允价值计量,那么公允价值模式很快就会过度推广到类似的存货和短期资产,而这将进一步提高企业核算的成本。

总体来看,与历史成本相比,投资性房地产采用公允价值计量模式能够提供投资者更具决策相关性的信息,但是其可靠性和使用成本过高又使其备受争议。理论界的争议又是导致实务界普遍采取保守做法,继续沿用成本模式的直接原因。(摘选自陈盘龙、徐超:《投资性房地产公允价值计量的财务影响与决定因素——以中航地产为例》,载《商业会计》2004年第9期)

阅读以上材料,回答下列问题:

1. 总结投资性房地产历史成本计量模式与公允价值计量模式的差别与利弊。
2. 从本章案例中可知,中航地产关于投资性房地产转换模式的公告在公告日前后对股票市场有积极的短期效应。在我国的市场环境下,您认为投资性房地产采取哪种后续计量方式更合适?结合案例,查找相关文献回答。

参考资料

张奇峰,张鸣,戴佳君:《投资性房地产公允价值计量的财务影响与决定因素:以北辰实业为例》,载于《会计研究》2011年第8期。

刘永泽,马妍:《投资性房地产公允价值计量模式的应用困境与对策》,载于《当代财经》2011年第8期。

六、案例公司的后续发展

(一)案例公司后续重大资产重组事件

2015年7月2日至8月30日,中央第三巡视组对中国航空工业集团进行了专项巡视后,进行了毫不留情地批评:"对中央房地产调控政策置若罔闻,项目开发禁而不止。"从此,中航集团开始其"去房地产化"道路。在被巡视组点名批评后的第二年即2016年,国务院国资委召开中央企业产业重组合作整合座谈会。会上不断针对央企重组整合进行政策吹风。2个月后,中航集团与保利发展控股集团股份有限公司达成协议。中航开始了地产业务大撤退,大批量的地产项目被转卖。

2016年12月,公司实施了重大资产出售,向保利房地产(集团)股份有限公司两家全资子公司转让房地产开发业务相关的资产与负债。根据公司2017年年度报告,公司主营业务已发生变更,物业资产管理业务已成为公司主要收入来源,且未来公司战略将聚焦物业资产管理业务。

2018年,公司名称由"中航地产股份有限公司"变更为"中航善达股份有限公司",证券简称变更为"中航善达",以期与公司的主营业务相匹配,更好地反映公司实际业务情况及未来发展定位。

2019年9月,招商蛇口非公开协议受让中航国际控股持有的全部公司股权过户完成,招商蛇口成为公司第一大股东,原控股股东中航技深圳成为公司第二大股东。2019年12月4日,公司名称由"中航善达股份有限公司"变更为"招商局积余产业运营服务股份有限公司",并取得由深圳市市场监督管理局核准换发的《营业执照》。2019年12月16日,公司证券简称由"中航善达"变更为"招商积余",证券代码由"000043"变更为"001914"。表 11-13 列示了中航地产 2016 年处置的子公司。

表 11-13　中航地产 2016 年处置子公司目录

子公司名称	股权处置价款	股权处置比例	股权处置方式	丧失控制权的时点	丧失控制权时点的确定依据	处置价值与处置投资对应的合并报表层面享有该子公司净资产份额的差额
成都航逸科技有限公司	100 013 000.00	100.00%	经国资委批准协议转让	2016-12-30	资产交割完成日	3 481 367.47
成都航逸置业有限公司	16 844 100.00	100.00%	经国资委批准协议转让	2016-12-30	资产交割完成日	7 487 933.67
江苏中航地产有限公司	427 643 800.00	100.00%	经国资委批准协议转让	2016-12-30	资产交割完成日	179 888 260.81
岳阳建桥投资置业有限公司	325 297 200.00	100.00%	经国资委批准协议转让	2016-12-30	资产交割完成日	−36 634 687.42
九江中航城地产开发有限公司	329 480 600.00	100.00%	经国资委批准协议转让	2016-12-28	资产交割完成日	−20 607 277.44
赣州中航置业有限公司	226 847 900.00	79.17%	经国资委批准协议转让	2016-12-30	资产交割完成日	1 044 019.07
新疆中航投资有限公司	65 343 000.00	100.00%	经国资委批准协议转让	2016-12-30	资产交割完成日	11 658 013.98
赣州中航房地产发展有限公司	188 219 800.00	100.00%	经国资委批准协议转让	2016-12-30	资产交割完成日	121 589 020.27
深圳市观澜格兰云天大酒店投资有限公司	213 838 200.00	100.00%	经国资委批准协议转让	2016-6-30	资产交割完成日	110 975 602.68
赣州中航海宇置业有限公司	6 375 000.00	51.00%	交易各方协商解除合同	2016-11-21	资产交割完成日	1 240 740.93

2017 年,资产剥离还在继续,公司相继将中航城置业(上海)有限公司 100%的股权和子公司持有的深圳市深越联合投资有限公司 27%的股权,出让给中航善达的长期合作伙伴深圳市卓越不动产投资有限公司。

2016 年出售大量资产的后遗症开始显现,中航善达 2017 年利润总额同比下降 12.30%,约为 2.6 亿元;归属于母公司所有者净利润约为 1.5 亿元,同比下降 6.74%;归属于上市公司股东的扣除非经常性损益的净利润则约亏损 3.83 亿元,亏损同比扩大。

2018 年 5 月 11 日晚间,中航地产发布公告称,鉴于公司实施重大资产重组,主营业务已发生变更,未来公司战略将聚焦物业资产管理业务,董事会同意将公司名称由"中航地产股份有限公司"拟变更为"中航善达股份有限公司"。公司的财务收入中房地产开发项目的收入已经腰斩,而公告中涉及的物业资产管理业务项目的收入并没有为其撑起一片新的天空。

(二)案例公司 2012——2020 年主要财务数据

案例公司 2012—2020 年主要财务数据如表 11-14 所示,收入和利润情况如图 11-9 所示,营业收入构成如图 11-10 所示。

表 11-14　案例公司 2012—2020 年主要财务数据

年份	营业收入（万元）	归属于上市公司股东的净利润（万元）	归属于上市公司股东的扣除非经常性损益的净利润（万元）	基本每股收益（元/股）	加权平均净资产收益率	非经常性损益（万元）
2012	418 532.44	41 442.86	13 652.43	0.621 4	15.05%	27 790.42
2013	622 457.37	46 705.92	31 559.81	0.700 3	15.04%	15 146.10
2014	622 624.18	49 250.00	10 449.63	0.738 4	14.56%	38 800.37
2015	551 875.90	40 121.89	9 369.57	0.601 6	10.90%	30 753.51
2016	632 269.36	16 139.09	−36 764.60	0.242	4.02%	52 906.20
2017	589 349.40	15 058.78	−38 396.39	0.225 8	3.64%	53 455.17
2018	665 564.65	85 661.34	−15 035.15	1.284 4	18.77%	100 696.49
2019	607 790.37	28 622.79	28 995.06	0.409	5.57%	−372.26
2020	863 514.75	43 514.24	38 584.73	0.410 4	5.34%	4 929.51

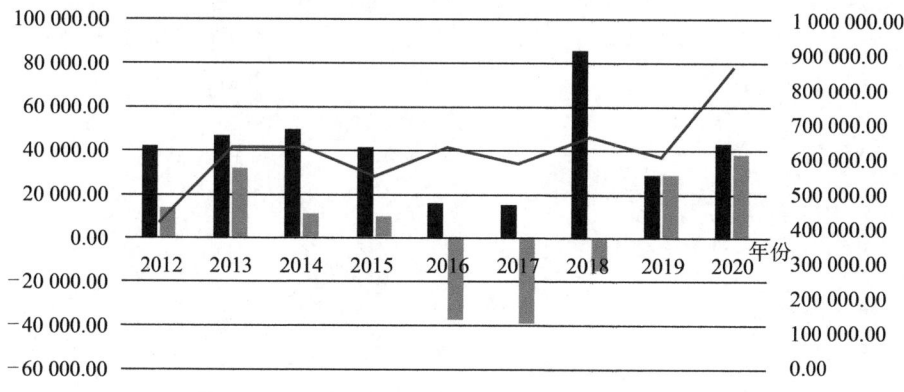

图 11-9　案例公司 2012—2020 年收入和利润情况

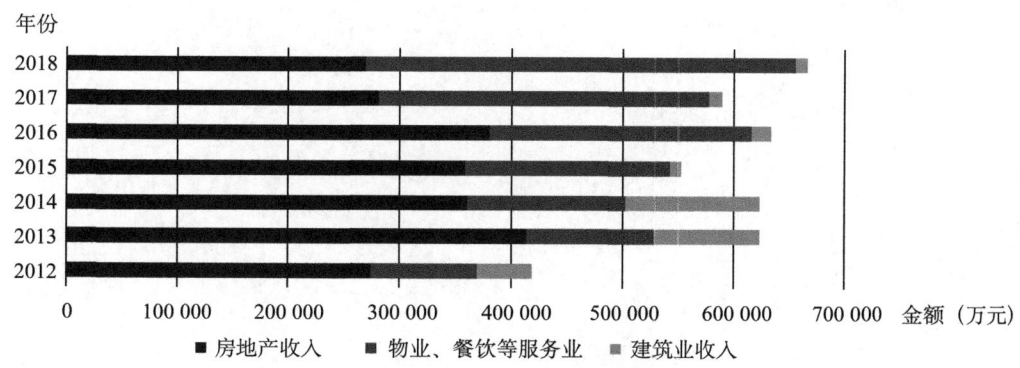

图 11-10　案例公司 2012—2018 营业收入构成

关于案例后续发展的思考题：

阅读关于公司后续发展的文字资料和图表，分析案例公司哪些年份存在显著的盈余管理迹象？其方式如何？

第十二章 企业合并:新希望的案例

2011年,新希望以"资产出售+股权置换+定向发行股份"的交易方式取得了新希望农牧、六和集团、枫澜科技和六和股份4家公司的控制权,4家标的公司的原股东按照《重组办法》的规定进行了业绩承诺。本章结合了2014年财政部新修订的《长期股权投资》和《合并财务报表》准则,重点分析新希望资产重组实例中涉及的主要会计问题,包括合并日的确定、合并类型判断、企业合并会计处理和或有对价的会计核算问题。

一、案例教学目标与教学操作说明

（一）案例教学目标

通过学习本案例,达到以下教学目的:①掌握企业合并日的确定方法;②掌握判断企业合并类型的基本方法;③掌握企业合并的会计处理方法;④熟悉或有对价的会计核算;⑤了解企业合并过程中的盈余管理机会。

（二）教学操作说明

本章教学操作说明如表12-1所示。

表12-1 教学操作说明

内　容	主角	组　织　与　要　求	时间
阅读案例资料	学生	熟悉案例资料,补充并收集相关资料	课前
案例讨论	学生	每个案例小组围绕案例思考题,分析讨论案例公司企业合并类型的认定和会计处理	20～30分钟
演讲	学生	每个案例小组推荐1名学生演讲其小组讨论的情况及其达成的共识、产生的分歧	35～45分钟
点评	老师	点评案例小组讨论情况并引导其对问题的正确理解和深入分析	15～25分钟

二、公司背景及案例介绍

2011年,新希望以"资产出售+股权置换+定向发行股份"的交易方式取得了新希望农牧、六和集团、枫澜科技和六和股份4家公司的控制权,4家标的公司的原股东按照《重组办法》的规定进行了业绩承诺。

(一)合并交易各方简介

1. 报告主体(会计主体):新希望

新希望六和股份有限公司(原名四川新希望农业股份有限公司,在 2011 年重大资产重组完成后更名,以下均简称"新希望")成立于 1998 年 3 月 4 日,成立时注册资本为 14 002.00 万元,主营业务是饲料、原料添加剂、饲料加工机械、农副产品、食品的生产、加工和销售。1998 年在深圳证券交易所上市交易,股票代码为 000876。2011 年重大资产重组发生前新希望的最大股东是新希望集团有限公司,持股比例为 45.7%,前 10 大股东中的其他 9 大股东持股比例均不超过 3.5%,而自然人刘永好是新希望集团有限公司的控股股东,也是新希望的实际控制人。资产重组事件发生前新希望的股权结构如图 12-1 所示。

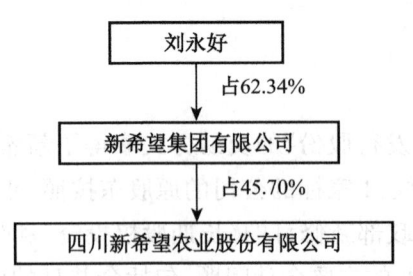

图 12-1　资产重组发生前新希望股权结构

该资产重组交易前新希望的财务状况如表 12-2 所示。

表 12-2　资产重组发生前新希望的财务状况　　　　　　　　　　　单位:元

年份 主要财务指标	2010	2009	2008
营业总收入	7 785 165 151.96	6 797 469 166.01	7 263 061 503.14
归属于上市公司股东的净利润	579 476 821.55	408 609 001.40	228 605 583.33
归属于上市公司股东的扣除非经常性损益的净利润	551 806 346.77	382 170 378.26	221 303 772.14
经营活动产生的现金流量净额	12 249 223.47	156 377 216.11	197 628 548.47

资料来源:新希望年报。

2. 主要交易对方

(1)四川南方希望实业有限公司。四川南方希望实业有限公司(以下简称"南方希望")设立于 2002 年 11 月 21 日,注册资本 4.51 亿元,经营范围涉及饲料研究开发;畜、禽饲养、销售;批发、零售;咨询服务等其股权结构如图 12-2 所示。南方希望是新希望集团的全资子公司,而自然人刘永好作为新希望集团的控股股东,持有新希望集团 62.34%的股权,是南方希望的实际控制人。南方希望是新希望集团下属农牧业务的控股平台,其经营性业务主要集中在六和集团与新希望农牧旗下运营。

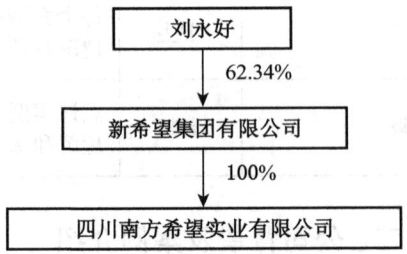

图 12-2　南方希望股权结构

(2)李巍和刘畅。自然人李巍和刘畅分别是新希望实际控制人刘永好的妻子和女儿。

李巍自2007年1月起担任新希望集团监事、南方希望董事,并分别持有新希望集团与枫澜科技1.31%和67%的股权。刘畅自2007年1月起担任新希望集团董事、南方希望董事,并分别持有新希望集团与枫澜科技36.35%和8%的股权。

3. 标的资产的基本情况

这次重大资产重组交易中涉及的注入资产是4家公司的股权,标的公司的基本情况简要介绍如表12-3所示。

表12-3 4家标的公司的基本情况

公司名称	成立日期	注册资本(实收资本)	主营业务
六和集团	1995年7月10日	52 000万元	涉及饲料生产、畜禽养殖、屠宰及肉制品加工三大类业务
六和股份	2001年12月30日	9 010万元	
新希望农牧	2009年7月2日	80 000万元	
枫澜科技	2001年5月9日	500万元	饲料添加剂的生产和销售

资料来源:新希望重大资产重组报告书。

这次交易最终采用收益法来进行评估定价,并选取2010年10月31日为评估基准日。经评估,交易中新希望拟置出资产新希望乳业100%的股权,评估值为55 235.62万元;拟出售资产中成都新希望实业51%的股权,评估值为9 547.84万元,四川新希望实业51%的股权,评估值为10 605.63万元,4家注入标的公司的评估值见表12-4。

表12-4 4家标的公司的评估结果　　　　　　　　　　金额单位:万元

公司名称	账面净资产	评估值	评估增值	增值率
六和集团	219 985.73	526 561.13	306 575.40	139.36%
六和股份	144 815.16	400 219.32	255 404.1	176.37%
新希望农牧	86 511.43	151 788.95	565 277.52	75.46%
枫澜科技	1 146.47	6 761.82	5 615.35	489.80%

资料来源:新希望重大资产重组报告书。

从表12-4可以注意到标的资产的评估增值较大,该评估结果是考虑到我国作为仅次于美国的全球第二大饲料生产国,饲料产销量保持着稳定的增长。再加上2010年各级政府纷纷出台了食品业振兴计划,这将在很大程度上推动食品业的进步,尤其是肉类加工业也会因此而更加蓬勃地发展。从历史趋势分析,拟注入资产处于行业领先地位并且正处在稳定成长期,收入规模与利润稳步增长,预计此发展趋势在未来将得以持续。

(二)交易过程

1. 交易目的与背景

本次重大资产重组交易发生前,新希望集团与六和集团都算得上是行业龙头,本次交易等同于强强联合,目的主要是实施整合,旨在打造更具竞争力的上市公司。在交易完成后,新希望将清除掉房地产业务并剥离出亏损的乳业资产,使主业更加明确,消除南方希望与新希望之间的同业竞争,在经营性业务中形成了饲料生产、畜禽养殖、屠宰及肉制品加工三大模块,使得新希望从此将一举成为我国产业链最完整同时产品种类也最多样化的农牧类上市公司,预计盈利能力会明显增强,经营风险也会大大降低。

2. 交易方案概述

(1) 资产出售方面。新希望将拥有的成都新希望实业投资有限公司(以下简称"成都新希望")51%的股权、四川新希望实业有限公司(以下简称"四川新希望")51%的股权全部出售,转让对方支付现金对价人民币201 534 711元。

(2) 资产置换方面。新希望置出新希望乳业控股有限公司(以下简称"新希望乳业")100%的股权,从南方希望取得四川新希望农牧有限公司(以下简称"新希望农牧")92.75%的股权,置入资产与置出资产的价差由新希望向南方希望发行股份补足。

(3) 发行股份购买资产方面。新希望向南方希望、青岛善诚投资咨询有限公司(以下简称"青岛善诚")、青岛思壮投资咨询有限公司(以下简称"青岛思壮")、青岛和之望实业有限公司(以下简称"和之望实业")和潍坊众慧投资管理有限公司(以下简称"潍坊众慧")发行股份购买其合计持有的山东新希望六和集团有限公司(以下简称"六和集团")100%的股权。

向山东惠德农牧科技有限公司(以下简称"惠德农牧")、青岛高智实业投资发展有限公司(以下简称"青岛高智")购买两家法人合计拥有的六和饲料股份有限公司(以下简称"六和股份")24%的股份。

向成都新希望投资有限公司发行股份购买新希望农牧7.25%的股权。

向李巍和刘畅发行股份购买其合计持有的成都枫澜科技有限公司(以下简称"枫澜科技")75%的股权。

本次交易完成后,新希望农牧、六和集团将成为新希望的全资子公司,同时新希望将拥有枫澜科技75%的股权,将直接和间接控制六和股份100%的股份。交易过程如图12-3所示。重组后新希望股权结构如图12-4所示。

3. 具体实施进度

2011年1月10日,新希望临时股东会通过了重大资产重组交易的议案。

2011年2月10日,2011年度第一次临时股东会决议通过了重大资产重组交易报告书。

2011年7月4日,中国证监会并购重组审核委员会2011年第二十一次工作会议有条件审核通过了该资产重组事宜。

2011年9月9日,中国证监会印发了关于核准此重大资产重组交易的批复。

截至2011年9月26日,南方希望等公司已将持有的六和集团100%的股权、六和股份24%的股权、新希望农牧100%的股权、枫澜科技75%的股权完成了转让,即交易资产交割完毕。

2011年10月14日,新希望在中证登深圳分公司办理完毕股份发行登记手续。

2011年11月3日,公司发布"关于重大资产重组实施完成的公告"。

2011年11月8日,第五届董事会第十四次会议上将公司名称由原来的"四川新希望农业股份有限公司"变更为"新希望六和股份有限公司"。

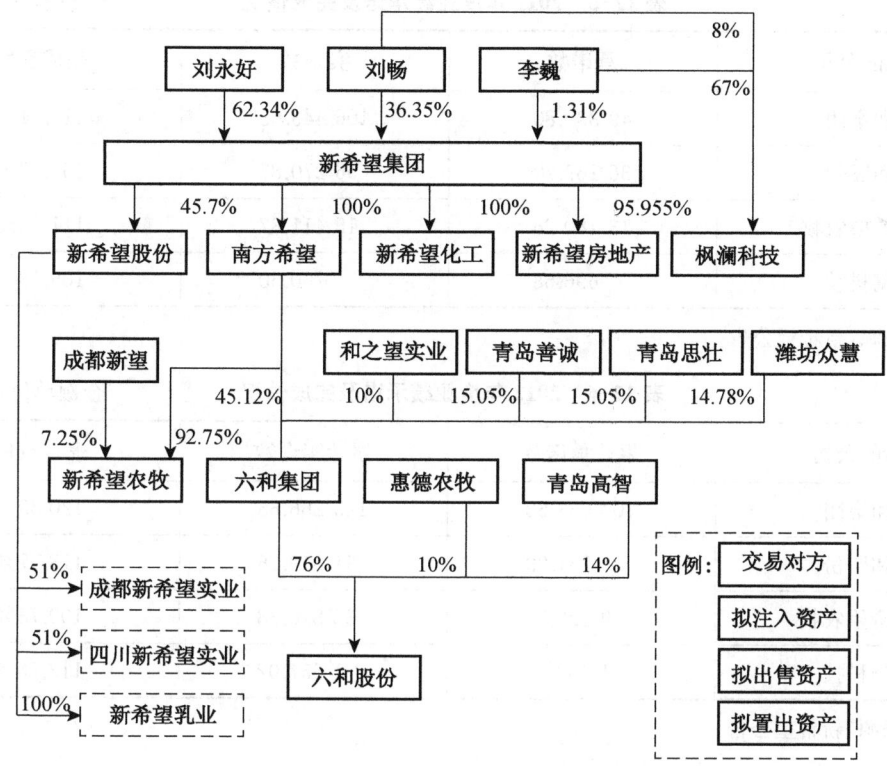

图 12-3 新希望重大资产重组交易过程

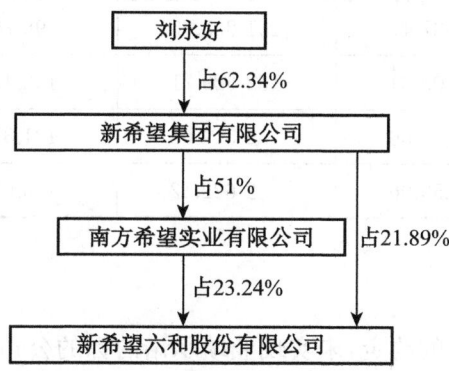

图 12-4 资产重组发生后新希望股权结构

4. 业绩承诺及补偿情况

此次交易完成后,六和集团、六和股份、新希望农牧、枫澜科技的原股东与新希望签订了《盈利补偿协议》,对标的公司 2011—2013 年度扣除非经常性损益后归属于母公司的净利润作出了承诺,若在 2011 年、2012 年和 2013 年任一会计年度的实际利润数未能达到承诺数,则资产出售各方应按照各自持有的标的公司的股权比例对新希望进行股份补偿。具体的业绩承诺数与实际实现的利润数汇总如表12-5 至表12-7 所示。

表 12-5　2011 年度业绩承诺及完成情况　　　　金额单位:万元

标的公司	承诺数	实现数	完成程度
六和集团	49 339.80	106 443.63	215.74%
六和股份	36 169.70	56 270.87	155.57%
新希望农牧	13 780.26	15 411.37	111.84%
枫澜科技	696.58	760.50	109.18%

数据来源:新希望公告。

表 12-6　2012 年度业绩承诺及完成情况　　　　金额单位:万元

标的公司	累计承诺数	累计实现数	完成程度
六和集团	104 053.62	125 266.65	120.39%
六和股份	76 761.99	91 019.16	118.57%
新希望农牧	29 328.03	32 810.88	109.73%
枫澜科技	1 453.98	1 657.02	113.96%

数据来源:新希望公告。

表 12-7　2013 年度业绩承诺及完成情况　　　　金额单位:万元

标的公司	累计承诺数	累计实现数	完成程度	差额
六和集团	163 837.47	161 805.75	98.76%	−2 031.72
六和股份	122 309.34	132 629.71	108.44%	10 320.37
新希望农牧	46 398.56	56 519.08	121.81%	10 120.52
枫澜科技	2 259.06	2 622.52	116.09%	363.46

数据来源:新希望公告。

5. 利润补偿方案

根据《盈利补偿协议》中的约定,未实现业绩承诺的标的公司原股东应以股份形式对新希望进行补偿,具体来说,就是把交易日取得的新希望股份进行退还,而在这一过程中新希望只需支付 1 元的对价。应补偿股份数量的计算公式如下:

应补偿股份数 =(截至当年度末累积承诺净利润数 − 截至当年度末累积实现净利润数)
× 交易日认购股份总数 ÷ 各年的利润承诺数之和 − 已补偿股份数量

由表 12-5、表 12-6 和表 12-7 可知,六和股份、新希望农牧和枫澜科技 3 家公司 2011—2013 年度归属于母公司所有者的净利润累计实现数都完成了业绩承诺数,而六和集团在 2013 年度却未能达标。根据事先的约定,六和集团的 5 位原股东应对新希望进行补偿,根据上述公式计算,各公司需补偿的股份数量如表 12-8 所示。

表 12-8 六和集团原股东需补偿股份数量表

序号	六和集团原股东名称	需补偿股份数量（股）
1	南方希望	3 682 804
2	青岛诚善	1 228 418
3	青岛思壮	1 228 418
4	潍坊众慧	1 206 380
5	和之望实业	816 225
	合计数	8 162 245

数据来源：新希望公告。

三、案例思考题

1. 阅读案例，查阅新希望相关公告，讨论合并日应该如何确定？
2. 下载新希望公告，讨论案例中的合并分别属于哪种类型？不同的合并类型会计处理有何不同？
3. 对案例中的或有对价，合并双方应该作何会计处理？
4. 在本合并的业绩承诺中是否有盈余管理机会？查找资料，寻找是否存在盈余管理的迹象？

四、案例分析参考与提示

1. 阅读案例，查阅新希望相关公告，讨论合并日应该如何确定

根据准则的规定，合并日是指合并方实际取得对被合并方控制权的日期。《企业会计准则讲解（2010）》中指出，企业合并日的确定，即控制权的转移必须同时满足以下五个条件：第一，合并事项要获得股东大会通过；第二，国家有关主管部门批准该合并事项；第三，财产权的转移手续办理完成；第四，合并方已支付了至少50%以上的价款；第五，合并方已经控制了被合并方的财务和经营政策，并享有和承担相应的利益和风险。

本例中，2011年1月10日，临时股东会通过了此次交易的议案，满足了第一个条件；2011年7月4日，资产重组事宜得到了中国证监会的批准，满足了第二个条件；2011年9月26日，交易的股权已经转让，满足了第三个条件；2011年10月14日，公司办理完毕股份发行登记手续，满足了第四个条件和第五个条件。综上，新希望此次资产重组的合并日（购买日）应确定为2011年10月14日。

2. 下载新希望公告，讨论案例中的合并分别属于哪种类型？不同的合并类型会计处理有何不同

企业合并一般被划分为两大基本类型，同一控制下的企业合并和非同一控制下的企业合并。新希望的财务报表中将控股合并六和集团、六和股份与新希望农牧这一交易划分为同一控制下的企业合并，把取得枫澜科技75%的股权这一过程认定为非同一控制下的企业合并。以下将对新希望取得4家公司控制权的企业合并类型分不同观点进行讨论。

1) 控股合并新希望农牧

对于新希望通过资产置换方式实现控股合并新希望农牧这一交易过程的企业合并类型认定存在两种观点,其中争议的焦点主要是确定新希望的最终控制方。由于南方希望持有新希望农牧 92.75% 的股权,所以显然南方希望可以对新希望农牧实施控制,而南方希望又是新希望集团的全资子公司,因而新希望集团可以直接控制新希望农牧。那么倘若新希望集团也能对新希望实施控制,则该交易属于同一控制下的合并;反之,则只能认定为非同一控制下的合并,这两种观点的理由如下。

观点一:非同一控制下的控股合并。

从股权结构看,重大资产重组发生前新希望集团对新希望的持股比例只有 45.7%,交易完成后直接和间接控制的股权比例为 45.13%,均未超过 50%,因此从股东大会的表决权比例来看新希望集团不能对新希望实施控制。

从董事会组成来看,资产重组前新希望董事会的人员构成如表 12-9 所示,在 9 个成员中,即便不考虑 3 名独立董事和在 2010 年 10 月辞职的严虎,在 5 名执行董事中,除董事长刘永好本人外,只有唐勇同时在新希望集团兼任运营总监。

表 12-9　重大资产重组前新希望董事会人员组成情况

姓　名	在新希望任职情况	在其他公司任职情况
刘永好	董事长	新希望集团总裁、董事长
黄代云	董事、总经理	新希望乳业董事长
唐　勇	董事	新希望集团运营总监
曾　勇	董事、副总经理	新希望财务有限公司董事长
赵韵新	董事	新希望乳业行政总监
黄　友	独立董事	
章　群	独立董事	
周友苏	独立董事	
严　虎	董事	已于 2010 年 10 月辞职

资料来源:新希望年报。

而在资产重组后,新希望董事会的 10 个成员如表 12-10 所示,其中即便不考虑 3 名独立董事,在 7 名执行董事中,只有董事长刘永好、刘畅、王航 3 人同时在新希望集团兼任董事长和董事。

表 12-10　重大资产重组后新希望董事会人员组成情况

姓　名	在新希望任职情况	在其他公司任职情况
刘永好	董事长	新希望集团总裁、董事长
张效成	常务副董事长	六和集团董事

(续表)

姓　名	在新希望任职情况	在其他公司任职情况
黄炳亮	副董事长	六和集团董事
黄代云	副董事长	新希望乳业董事长
刘　畅	董事	新希望集团董事,南方希望董事、副总经理
王　航	董事	新希望集团董事、副总裁,南方希望副总裁、总裁
陶　煦	董事、总裁	六和集团总裁
黄　友	独立董事	
章　群	独立董事	
周友苏	独立董事	

资料来源:新希望年报。

显然在资产重组前后,新希望集团在新希望董事会中的表决权均没有过半数,即新希望集团不能控制新希望董事会的表决结果。

综上所述,新希望集团不能控制新希望,该交易应划分为非同一控制下的控股合并。

观点二:同一控制下的控股合并。

虽然重大资产重组发生前后新希望集团对新希望的持股比例均没有超过50%,在董事会中也没有过半数的表决权,但是根据2014年2月新修订的《合并财务报表》准则,判断控制权时还应考虑"投资方持有的表决权相对于其他投资方持有的表决权份额的大小,以及其他投资方持有表决权的分散程度"。本例中,新希望第一大股东新希望集团的持股比例在交易前后分别为45.7%和45.13%,但是第二大股东的持股比例仅为3.49%,而且前10大股东中有7个是基金公司,因此新希望集团可以对新希望的重大决策实施重大影响,表决权比例相对于其他股东而言数量优势明显。

在新希望的公司章程第六节中有这样的规定,"候选董事和由股东代表出任的候选监事在董事会、监事会与持有公司发行在外有表决权股份总数的5%以上的股东协商后,由董事会、监事会提名。"事实上,"公司发行在外有表决权股份总数的5%以上的股东"只有新希望集团1家,也就是说,董事会候选人的提名一定要跟新希望集团协商后确定。这样一来,新希望集团实际掌握了新希望董事会候选人的提名权,因此新希望集团能够对新希望实施控制。新希望控股合并新希望农牧属于同一控制下的企业合并。

在判断控制权时,持股比例是最基本的依据,但实例中还是要更关注经济业务的实质,从实质上看,新希望的经营决策是由新希望集团决定的,所以新希望集团能够控制新希望,该交易属于同一控制下的企业合并。

2) 发行股份购买六和集团100%的股权

南方希望对六和集团的持股比例只有45.12%,未超过50%,但控制关系的存在与否要更关注经济实质。由于六和集团是非上市公司,其董事会组成及人员任免情况难以获取,这里只能通过参考相对控股权以及其他间接证据来进行判断。

从相对持股比例来看,南方希望对六和集团的持股比例远高于和之望实业、青岛善诚、青岛思壮和潍坊众慧的10%、15.05%、15.05%和14.78%,根据2014年2月新修订的《合并财务报表》准则,南方希望持有的表决权足以使其有能力主导六和集团的相关活动,即南方希望对六和集团拥有权力。从经营实质上看,南方希望的主要业务都集中放在六和集团与新希望农牧开展,因此六和集团是南方希望不可或缺的子公司。

基于以上两方面,南方希望能够控制六和集团,又由于南方希望是新希望集团的全资子公司,所以六和集团也受新希望集团的控制。在前文已经讨论过新希望集团能够控制新希望的条件下,这一交易过程应认定是同一控制下的控股合并。

3) 发行股份购买六和股份24%的股权

观点一:不属于企业合并。

单就购买六和股份24%的股权这一交易而言,显然不涉及控制权的转移,因此不属于企业合并准则规范的范畴。应依据《长期股权投资》准则相关规定进行处理,以发行股份的公允价值作为长期股权投资的入账价值。

观点二:同一控制下的控股合并。

发行股份购买六和集团100%的股权与六和股份24%的股权是一个完整的交易,应当结合起来看。由于六和集团持有六和股份76%的股份,因此通过该交易新希望将直接持有和间接控制六和股份合计100%的股权从而对六和股份实施控制,并且资产购买方(新希望)和标的资产的控制方(六和集团)在资产重组前后都受新希望集团实际控制,所以属于同一控制下的企业合并。

发行股份购买六和股份24%的股权和六和集团100%的股权两者同时发生,没有先后早晚之分,故属于同一笔交易,应作相同性质认定,在前文已经讨论了新希望购买六和集团100%的股份属于同一控制下企业合并的前提下,该交易也应认定为同一控制下的控股合并。

4) 发行股份购买枫澜科技75%的股权

观点一:非同一控制下的控股合并。

这一交易中的购买方是新希望,其实际控制人为刘永好,标的资产是枫澜科技75%的股权,出售方是李巍和刘畅。由于在交易发生前自然人李巍持有枫澜科技67%的股权,因此是李巍实际控制枫澜科技。换言之,本次交易双方在并购发生前是两个不同的自然人,显然不属于同一控制,所以这一交易过程应认定为非同一控制下的控股合并。

观点二:同一控制下的控股合并。

这一交易中合并双方的实际控制人分别是刘永好和李巍,虽然是两个不同的自然人,但是两人为夫妻关系,夫妻财产是共同财产,我国《婚姻法》第十九条规定:"夫妻可以约定婚姻关系存续期间所得的财产以及婚前财产归各自所有、共同所有或部分各自所有、部分共同所有。"因此夫妻各自控制的企业,可以认为具有相同的控制方,该交易属于同一控制下的控股合并。

从法律的角度看,由夫妻各自控制的企业可以认定为同一控制,但是在会计实务中不能仅仅根据相关企业由夫妻分别控制,就认为相关的并购重组交易属于同一控制下的合并,也可能由于夫妻之间就婚内财产关系的约定,导致双方在财产权属关系方面互相独立,此外,会计计量要遵循实质重于形式的原则,即会计信息一定要反映经济业务的本质,夫妻关系只是表面现象,在认定是否属于同一控制时,企业的经营状况、合并的动机以及行业特征都是需要综合考虑的因素。

从财务影响上看,如果划分为非同一控制下的企业合并,新希望可以确认更多的资产与负债,而如果划分为同一控制下的企业合并,则被合并方(枫澜科技)在2011年1~10月实现的净利润也要并入新希望当期的合并利润表。显然,划分成同一控制下的合并对当期财务报表影响更大。

实际上,如果夫妻双方已经进行过能明确同一控制关系的书面约定,如签订了一致行动协议、表决权委托协议等,那么将相关的并购事项认定为同一控制下的合并是可取的。而对于没有进行类似上述形式书面约定的,将其划分成非同一控制下的合并更加符合稳健型原则。

5) 合并的会计处理

对于新希望通过资产置换和发行股份购买方式实现控股合并六和集团、六和股份和新希望农牧这一交易,若将该交易认定为同一控制下的企业合并,则在购买日新希望应按所享有3家标的公司净资产账面价值的相应份额作为长期股权投资的初始投资成本,借方为长期股权投资,贷方为置出的新希望乳业100%的股权和发行股份的账面价值之和,借贷方的差额调整资本公积;对于发行股份购买枫澜科技75%的股份这一交易,若将其划分为非同一控制下的企业合并,则应用发行股份的公允价值作为长期股权投资的初始入账金额。

根据前文的讨论,显然会计处理方法会因合并类型的认定不同而不同,不同企业并购类型的认定对购买方(新希望)财务报表的影响也不尽相同,表12-11归纳了两种不同认定对企业财务报表的影响。

表12-11 不同企业并购类型认定对新希望财务报表的影响

报表类型	非同一控制下的控股合并	同一控制下的控股合并
个别报表:		
长期股权投资	付出资产以及发行权益性证券的公允价值	被合并方所有者权益的账面价值×持股比例
置出股权和发行股份的计量	公允价值	账面价值
差额	0	计入资本公积
合并报表:		
被合并方资产、负债的列示	公允价值	账面价值
合并价差	形成商誉	计入资本公积
净利润	不包含被合并方2011年1~10月实现的净利润	包含被合并方2011年1~10月实现的净利润

3. 对案例中的或有对价,合并双方应该作何会计处理

1) 资产购买方(新希望)的会计处理

(1) 初始计量。

根据《企业会计准则讲解(2010)》,企业的合并成本中应包括或有对价的公允价值,如果

或有对价符合权益工具和金融负债定义的,购买方应确认为权益或负债,符合资产定义并满足资产确认条件的,应确认为资产。

在新希望重大资产重组案例中,新希望以股权置出与定向发行股份为支付对价取得了新希望农牧与六和集团100%的股权、枫澜科技75%的股份以及六和股份24%的股份,同时也拥有了在上述4家子公司2011—2013年度净利润未达到承诺数时获得补偿的权利,这种获取补偿的权利即为或有对价。

这种获得补偿的权利是由过去的交易或事项(即股权置换和定向发行股份购买资产)形成的,但是其实现与否是通过未来的不确定事项(即上述4家公司的实际利润实现数是否达到承诺数)来证实的,有可能伴随着经济利益流入,故属于或有资产。而根据谨慎性原则,对于企业发生的或有事项通常不能确认为或有资产,只有当相关经济利益基本确定能够流入企业时,才能予以确认。因此新希望的合并成本中不应包括未来可能得到的这部分补偿,即与业绩承诺相关的或有对价在购买日当天不予确认。

(2) 后续计量。

由于六和股份、新希望农牧和枫澜科技3家公司2011—2013年度扣除非经常性损益后归属于母公司所有者的净利润累计实现数都达到了业绩承诺数,故无需进行利润补偿,新希望也无需作财务处理。

对于六和集团,由于在2013年度实际利润数未能达到承诺数,故其原股东应对新希望进行补偿,补偿的股份数为8 162 245股。根据事先的约定,新希望将用1元的总价回购这部分股票并注销,故新希望应该作以下会计处理:

回购股份:

借:库存股——南方希望   3 682 804.00
  库存股——西藏善诚   1 228 418.00
  库存股——西藏思壮   1 228 418.00
  库存股——潍坊众慧   1 206 380.00
  库存股——和之望实业   816 225.00
 贷:银行存款   1.00
  资本公积   8 162 244.00

股份注销:

借:股本——南方希望   3 682 804.00
  股本——西藏善诚   1 228 418.00
  股本——西藏思壮   1 228 418.00
  股本——潍坊众慧   1 206 380.00
  股本——和之望实业   816 225.00
 贷:库存股——南方希望   3 682 804.00
  库存股——西藏善诚   1 228 418.00
  库存股——西藏思壮   1 228 418.00
  库存股——潍坊众慧   1 206 380.00
  库存股——和之望实业   816 225.00

根据《企业会计准则讲解》,"购买日后12个月内出现对购买日已存在情况的新的或者进一步证据而需要调整或有对价的,应当予以确认并对计入合并商誉的金额进行调整"。在本例中,引发或有对价后续会计核算的事项是六和集团 2013 年度经审计后的归属于母公司所有者的净利润没有达到承诺数,毕竟企业的未来经营状况在购买日看来具有极大的不确定性,我们认为该事项不属于在购买日就已经存在的情况,将该事项认定为并购日后的或有事项显然更合理,因此不应当调整合并成本与合并商誉。

2) 资产出售方(承诺方)的会计处理

对于资产出售方而言,在交易当天应终止确认已出售的股权投资,注销相应的金融资产,同时确认新置入的资产和股权投资,对于未来可能发生的业绩补偿,在交易发生时由于不符合相应负债的确认条件故不予确认,如果日后未涉及业绩补偿,则相应资产的出售方无需进行后续会计处理。接下来将以新希望发行股份购买六和集团 100% 的股权这一过程为例具体讨论承诺方的会计处理。

(1) 初始计量。

对于六和集团的出售方而言,在出售当天首先应终止确认对六和集团的投资,然后同时确认对新希望的投资。由上文分析可知,六和集团的原股东在交易后对新希望的持股比例均未超过 50%(见表 12-12)。南方希望的两位高管(刘畅和王航)进入了新希望的董事会担任董事,但在新希望董事会中的表决权未能过半数,因此在交易发生后六和集团的 5 位原股东中,只有南方希望能对新希望的经营决策产生重大影响,而其他 4 位则不能对新希望进行控制、共同控制或者产生重大影响。根据 2014 年 3 月修订的《长期股权投资》准则,南方希望应把持有新希望的股份划分为采用权益法进行后续核算的长期股权投资,其他 4 位原股东则应确认为可供出售金融资产。

表 12-12　六和集团原股东在重大资产重组后对新希望的持股情况表

六和集团原股东	持股数量(股)	持股比例
南方希望	403 916 262	23.24%
和之望实业	65 820 141	3.79%
青岛诚善	99 059 312	5.70%
青岛思壮	99 059 312	5.70%
潍坊众慧	97 282 168	5.60%

资料来源:新希望年报。

实际上,前述 5 家公司在此次交易中等同于置出了持有的六和集团股份,然后换入了对新希望的股权投资,所以该过程属于非货币性资产交换。由于此次交易换出的是非上市公司的股份,换入的则是上市公司(新希望)股权,并且还是国内规模最大的农牧类上市公司,换入资产的未来现金流量在风险和金额方面与换出资产显著不同,因此我们认为该项交易具有商业实质,加上换入的上市公司股份因在二级市场上流通,其公允价值能够可靠地计量,故各出售方(六和集团的原股东)在交易当天应以换入股权的公允价值入账,同时注销原持有六和集团股权的账面价值,两者之间的差额计入投资收益。对于未来可能发生的业绩补偿,在交易发生当日不作处理。

(2) 后续计量。

由于六和集团在2013年度未能兑现承诺的利润数,故其原股东应对新希望进行股份补偿。其中,南方希望应按减持股份的比例调减对新希望的长期股权投资账面价值,该过程视同对长期股权投资初始入账价值的调整,故调减长期股权投资的金额宜采用与初始计量时相同的处理原则,即计入当期的投资收益,同时对于减少部分的长期股权投资在持有期间按权益法核算计入其他综合收益和资本公积的金额也应转出,我们认为进行股份补偿属于日后事项,故以前年度按权益法核算计入其他综合收益和资本公积的金额也不应调整以前年度损益,应计入当期损益。

六和集团的原股东中除南方希望之外的其他4家公司,进行股份补偿的会计处理原则与南方希望类似,补偿时按减持股份的比例调减可供出售金融资产的账面价值,并计入投资收益,减少部分在持有期间因公允价值变动而计入其他综合收益的金额应予转出,调整当期损益。

4. 在本合并的业绩承诺中是否有盈余管理机会?查找资料,寻找是否存在盈余管理的迹象

1) 业绩承诺实现情况的合理性分析

新希望农牧和枫澜科技稳步向前。在4家标的公司中,新希望农牧和枫澜科技在2011—2013年之间各个年度的利润实现数都达到了事先的预测数,并且利润实现数逐年递增,符合资产定价和评估时的预期。其中,新希望农牧因地制宜,靠在农业大省设立公司建立起地域优势,同时逐步形成了从农牧行业上游、中游到下游的产业一条龙格局,企业效益实现了不断提升。而枫澜科技属于高科技企业,其主要产品具有质量稳定和性价比高的优势,再加上公司拥有自己的核心专业技术,又能不断研发改进产品,因而保持了较好的发展势头。

六和集团和六和股份举步维艰。六和集团与六和股份没能像前2家公司那样实现预期,虽然这2家公司在2011年度超额完成了业绩承诺指标,但是在2012年和2013年两个年度却均未能达标,其中六和股份在2012年和2013年度业绩承诺分别完成了85.6%和91.36%,凭借2011年度超额完成指标奠定的好"基础",最终累计实现利润数达到了承诺数,故无需进行股份补偿。与此同时,六和集团在2012年和2013年度业绩承诺却分别只完成了34.4%和61.12%,最终累计实现数也受业绩明显下滑的拖累未能达标。

究其原因,2012年之后中国GDP增速显著回落,在宏观经济整体下行、内需不足的大背景下,2012年年末"白羽肉鸡"舆情事件与"H7N9流感"又接踵而至,使发展原本就步履蹒跚的养殖行业走入了更深的困境,由于消费者对禽肉的信心不足,造成了市场上相关禽肉产品的销售情况持续低迷,于是养殖业出现了产能过剩的问题,鸡苗、鸡肉的价格一直处于低谷,但与此同时饲料等原材料和人力成本又在不断升高,这些都让养殖行业遭遇了史无前例的挑战。在此形势下,上市公司的养殖板块遭重创,屠宰及肉制品业务的销售额大幅减少。而在六和集团的主营业务中,这部分业务所占的比重较高(约为35%),因此在行业不景气的情况下出现业绩下滑在所难免,并直接导致了盈利预测承诺未能如期实现。

2) 六和集团与六和股份之间是否在进行利润转移

不难发现,六和股份作为六和集团的子公司,其母公司因未完成业绩承诺而需要进行利润补偿,但是六和股份在自身业绩也有所下滑的情况下最终却无需作出利润补偿,那么六和集团是否通过关联交易来向六和股份转移利润来避免后者进行利润补偿?我们认为,通过内部关联交易来转移利润的可能性不大,原因如下:

六和集团的主营业务涵盖了饲料生产、畜禽养殖、屠宰及肉制品加工三大业务,六和股份作为六和集团旗下一个重要的子公司,其经营重点主要集中于饲料生产和销售方面,在这次重大资产重组发生前的3年里,它的饲料销售收入不仅长期保持在主营业务收入的92%以上,同时还能占到整个六和集团饲料销售收入的88%以上。

2012年后经营业绩受舆论和疫情影响大幅受挫的主要是畜禽养殖和肉制品加工行业(最主要是肉鸡养殖和鸡肉加工),而饲料生产和销售并未受此影响,尽管也面临着原材料成本上升等困境但业绩仍相对稳定。换言之,当时造成六和集团整体业绩跳水的"罪魁祸首"并不是以饲料生产和销售为主业的六和股份,净利润大幅减少更有可能是受六和股份外的其他子公司(可能主要是从事畜禽养殖、肉制品加工的子公司)的"拖累"。这点能从一项数据中反映出来,2010年和2011年度六和股份实现的净利润在整个六和集团的净利润中的占比大约在50%~60%之间,而在2012年和2013年度中这一比重分别为184.61%和113.88%,这一比重的大幅上升说明六和集团内除六和股份外的其他子公司业绩下滑比六和股份更严重。

此外,从上市公司新希望的角度来看也能得出类似的推论,表12-13列示了重大资产重组交易涉及的4家标的公司2011—2013年归属于母公司所有者的净利润,并以同一会计年度中新希望合并利润表中的净利润数为基准,计算了4家标的公司对集团合并报表净利润数的贡献情况,从中能够看出,在重大资产重组完成后的三个会计年度里,尽管上市公司新希望及其下属子公司的业绩有所起伏,但是六和股份实现的净利润占上市公司合并报表中净利润的比重相对稳定,稳定在21%上下。如果六和集团存在向六和股份转移利润的行为,那么六和股份对上市公司合并利润表中的净利润的贡献很难保持如此稳定。

表12-13 2011—2013年4家标的公司与新希望实现的净利润比较表

公司名称	2011年度		2012年度		2013年度	
	归属于母公司所有者的净利润(万元)	比重	归属于母公司所有者的净利润(万元)	比重	归属于母公司所有者的净利润(万元)	比重
六和集团	106 443.63	40.28%	18 823.02	11.03%	36 539.10	19.25%
六和股份	56 270.87	21.29%	34 748.29	20.35%	41 610.55	21.92%
新希望农牧	15 411.37	5.83%	16 769.51	9.82%	24 338.20	12.82%
枫澜科技	760.50	0.29%	896.52	0.53%	965.50	0.51%
新希望(合并报表数)	264 281.45	100.00%	170 728.65	100.00%	189 850.65	100.00

数据来源:新希望年报。

3) 为了实现业绩承诺是否进行盈余管理

由于在业绩承诺未能实现的情况下,标的公司的原股东要对新希望进行股份补偿,因此这使标的公司的管理层具备了盈余管理的动机。本例中涉及的 4 家标的公司均不是上市公司,其财务数据的获取难度较大,但是考虑到盈余管理行为会对上市公司的合并报表产生影响,故可选取新希望的合并报表为研究对象,通过横向和纵向对比来间接判断是否存在大规模的盈余管理行为。

(1) 同行业公司横向比较。

在农产品加工行业中,选取最近 2 年里营业收入总额位列前 4 的上市公司在 2009—2013 年的业绩增长率和销售毛利率进行对比(见表 12-14)。可以发现,各公司主营业务收入和净利润的增速在 2011 年之后均有明显放缓,这说明业绩承诺未能达标的确有受行业不景气这一因素的影响。此外,以 2011 年度为分界线,在 2011 年之前新希望的销售毛利率大体与行业平均值持平,而在 2011 年之后却明显低于行业平均,毛利率的下降反映了饲料原料和劳动力成本等的上升,说明新希望在成本控制方面做得并不理想。总的来说,新希望业绩增长率的变化趋势与同行业的几大上市公司基本相同,其业绩下滑的原因可能与销售毛利率的降低有关。

表 12-14 同行业前 4 名上市公司 2009—2013 年的相关财务指标比较表

年度	主要财务指标	新希望	海大集团	大北农	正邦科技
2009	营业收入(万元)	679 746.92	525 044.51	397 537.75	445 853.07
	主营业务收入增长率	−6.410 4%	15.895 6%	10.207 4%	65.352 8%
	净利润(万元)	53 087.55	16 198.93	28 110.97	6 224.99
	净利润增长率	83.775 2%	13.487 4%	95.424 3%	27.480 2%
	销售毛利率	10.444 1%	8.307 3%	24.087 7%	7.269 6%
2010	营业收入(万元)	778 516.52	769 769.23	524 838.48	742 727.13
	主营业务收入增长率	14.530 3%	46.610 3%	32.022 3%	66.585 6%
	净利润(万元)	79 739.97	22 123.67	31 399.45	7 998.77
	净利润增长率	50.204 6%	36.574 9%	11.698 2%	28.494 4%
	销售毛利率	8.511 4%	8.634 4%	22.906%	7.125 1%
2011	营业收入(万元)	7 164 004.72	1 197 572.19	783 599.98	1 069 009.31
	主营业务收入增长率	820.212 3%	55.575 5%	49.303 1%	43.930 3%
	净利润(万元)	334 439.21	36 697.45	52 787.27	17 652.65
	净利润增长率	319.412 3%	65.874 1%	68.115 3%	120.692%
	销售毛利率	7.105 6%	9.256 9%	21.502 2%	6.957 9%

(续表)

年度	主要财务指标	新希望	海大集团	大北农	正邦科技
2012	营业收入(万元)	7 323 832.64	1 545 145.39	1 063 957.01	1 362 673.58
	主营业务收入增长率	2.231%	29.023 2%	35.778 1%	27.470 7%
	净利润(万元)	219 398.88	45 458.49	70 701.74	8 066.57
	净利润增长率	-34.398%	23.873 7%	33.937 1%	-54.303 9%
	销售毛利率	5.355 1%	9.399 1%	21.445 5%	5.800 9%
2013	营业收入(万元)	6 939 524.79	1 793 041.25	1 666 112.40	1 558 249.36
	主营业务收入增长率	-5.247 4%	16.043 5%	56.595 8%	14.352 4%
	净利润(万元)	249 145.49	33 801.50	78 291.79	-3 133.16
	净利润增长率	13.558 2%	-25.643 2%	10.735 3%	-138.841 3%
	销售毛利率	5.884 9%	—	20.735 8%	—

数据来源：新浪财经网。

(2) 新希望财务指标纵向比较。

通过观察重大资产重组后三个会计年度新希望的合并利润表，如表12-15所示。可以发现，新希望的三个期间费用占营业收入的比重基本保持稳定，而净利润在营业收入中的占比与营业成本所占比重的波动大体相当，即造成净利润减少的主要因素可能是营业成本的上升，这又与饲料等原材料和人力成本不断升高的行业背景吻合，也符合中国经济步入结构性减速期后"实体通缩依然、消费增幅下降"的宏观经济形势。

综上所述，通过对新希望在重大资产重组后三个会计年度内的财务指标进行横向和纵向对比，未见明显异常，故可推断4家标的公司不存在大规模的盈余管理行为，但不能就此认定企业管理层不存在任何形式的盈余管理行为，毕竟行业的不景气会成为完成业绩承诺指标的阻碍，为企业进行盈余管理提供了动机。

表12-15 新希望2011—2013年合并利润表有关财务指标比较表

财务指标	2011年度		2012年度		2013年度	
	金额(元)	比重	金额(元)	比重	金额(元)	比重
营业收入	71 640 047 189.22	100.00%	73 238 326 400.88	100.00%	69 395 247 910.83	100.00%
营业成本	66 549 609 444.68	92.89%	69 316 363 438.76	94.64%	65 311 400 749.74	94.12%
销售费用	1 355 495 838.19	1.89%	1 315 598 633.48	1.80%	1 314 262 695.42	1.89%
管理费用	1 194 257 054.19	1.67%	1 391 179 976.19	1.90%	1 511 417 899.14	2.18%
财务费用	397 324 433.63	0.55%	365 944 940.43	0.50%	500 021 281.10	0.72%
归属于母公司所有者的净利润	2 642 814 487.90	3.69%	1 707 286 466.62	2.33%	1 898 506 488.91	2.74%

数据来源：新希望年报。

五、分析题

上海三湘投资控股有限公司由黄辉和万春香夫妻共同出资于2007年7月成立。三湘控股主营业务涉及的领域包括投资,资产管理,贸易,货物及技术的进出口业务,房地产开发、经营等,该公司持有三湘股份58.464%的股权和上海炎帝全部股权,股权结构及企业结构如图12-5所示。

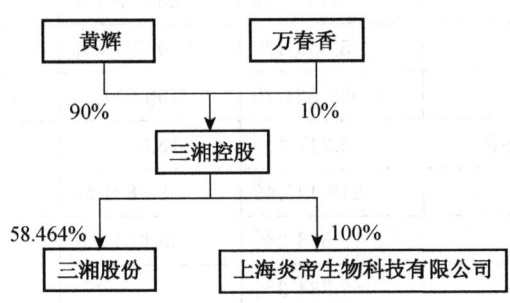

图12-5 三湘控股股权结构

1. 三湘股份股权变化情况

上海三湘股份有限公司(以下简称"三湘股份",前身为上海湘桃房地产发展有限公司),成立于1996年9月,注册资本为1 500万元,该公司成立至今经历过多次股权转让和公司名称的更改。2001年12月股权转让给了黄辉和万春香夫妇,在2002年的增资以后,三湘股份的注册资本变为15 000万元,而实际控制人变为黄辉,并更名为上海三湘(集团)有限公司,增资后的股权结构如表12-16所示,而在2007年7月黄辉和万春香成立三湘控股以后,三湘股份变更为一人有限公司,成为三湘控股的全资子公司。

表12-16 三湘股份股权结构

股东名称	金额(万元)	比例
黄 辉	135 000.00	90.00%
万春香	1 500.00	10.00%
合 计	15 000.00	100.00%

同年,三湘控股对三湘股份的管理人员等实施了股权激励,并于10月份将其改制为股份公司,即上海三湘股份有限公司,2009年4月第十次股权转让后的股权结构如表12-17所示。2009年6月26日,为了本次交易的顺利进行,三湘控股与深圳市和方投资有限公司(以下简称"和方投资",其在本次资产重组中承接壳公司*ST商务的金融债务)签署《股份转让协议》,和方投资以1元的价格受让三湘控股持有的三湘股份1 800万股份,即在本次重大资产重组前,三湘股份产权结构如图12-6所示。

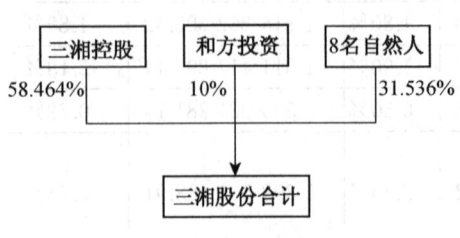

图12-6 三湘股份股权结构

表 12-17　三湘股份股权结构

股东名称	金额（万元）	比例
上海三湘投资控股有限公司	12 323.56	68.464%
8 名自然人	5 676.44	31.54%
合　计	18 000.00	100.00%

不难看出，三湘股份其实是黄辉和万春香夫妻俩控制，而占三湘控股 90% 股份的黄辉是实际控制人。

2. 三湘股份的经营概况

三湘股份属于房地产开发行业，其主要产品是商品住宅，也有写字楼、商业、酒店式公寓等产品，目前在中国房地产行业中属于百强企业，也是进入上海市房地产 50 强的公司。三湘股份的战略计划中重要的一步是实现在长三角、珠三角和环渤海的全国布局，其在 2011 年取得了燕郊国家级高新技术开发区 542 亩土地使用权，可见其发展雄心，而房地产行业的融资困境使其不得不考虑 IPO 上市或者借壳上市以获得更广阔的融资渠道。此外，三湘股份的产品有其独有的特色。近年来，它在全国率先实施高层住宅"太阳能与建筑一体化"等一系列高新技术。这次能够成功借壳上市与其"太阳能绿色建筑专家"的市场形象是有一定的关系的，与其坚持绿色低碳科技地产发展之路也是密不可分的。该项交易提出时，即至 2009 年 4 月为止三湘股份 2 年一期的财务状况如表 12-18 至表 12-20 所示。

表 12-18　三湘股份资产负债表主要数据

项　目	2009-4-30	2008-12-31	2007-12-31
资产总额	1 406 209 416.07	1 607 701 531.19	1 538 948 528.36
负债总额	894 658 788.12	1 237 392 430.69	1 173 018 334.71
净资产	511 550 627.95	370 309 100.50	365 930 193.65

表 12-19　利润表主要数据

项　目	2009 年 1~4 月	2008 年度	2007 年度
营业收入	613 773 641.47	226 176 992.69	840 613 149.08
利润总额	186 009 178.78	117 114 489.45	130 197 400.30
净利润	138 822 609.89	86 817 326.20	73 067 192.54

表 12-20　盈利状况

项目		2009 年 1~4 月	2008 年	2007 年
负债水平	资产负债率	63.62%	76.97%	76.22%
盈利能力	净资产收益率	27.14%	23.44%	19.97%
	销售利润率	30.31%	51.78%	15.49%

三湘股份2009年4月月底资产负债率为63.62%,但其2008年年末及2007年年末资产负债率均为76%以上,相对于其他上市公司而言拥有较高的资产负债率。正如大部分中小房地产商一样,其以往的融资来源主要是通过银行借贷,自有资金远远不能满足三湘股份的发展规划,若能成功上市,则可以顺利解决资金问题,使三湘股份业务能力得到提升,尽快实现其全国布局。

3. *ST商务的股权变动情况

*ST商务,即深圳和光现代商务股份有限公司(以下简称"和光商务"或"*ST商务",前身系沈阳北方商用技术设备股份有限公司)于1994年1月20日注册成立,并于1997年9月25日在深圳证券交易所上市。从2000年年末到2008年,该公司经历了三次第一大股东的更迭,图12-7为*ST商务控股股东及第一大股东变更情况。

图12-7 *ST商务第一大股东变更情况

2009年6月18日,为了此次交易的顺利进行,*ST商务的第一大股东利阳科技指定孔炫柯和潘小玉作为利阳科技的代表设立了深圳和方投资有限责任公司。该公司无具体经营业务,也不控股或者参股其他公司。在本次交易正式实施之前,*ST商务的股权及企业结构如图12-8所示,郭英为实际控制人。

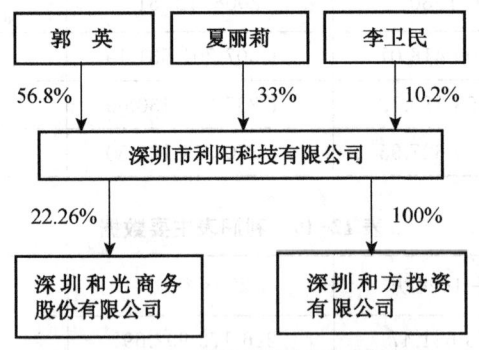

图12-8 *ST商务的股权及企业结构

4. *ST商务的经营概况

该公司主营业务为计算机软、硬件及网络产品的销售、系统集成,商业服务平台(BSP)的运作,电子产品及通讯产品的开发、生产与销售。自成立以来,曾是与神州数码齐名的国内三大IT分销商之一。然而在2004年,由吴力实际控制的和光集团在2000年入主和光商务后,公司首次出现亏损,之后便连续3年亏损,导致该公司自2007年5月15日起被暂停上市。而2007年和2008年度的利润主要依靠债务重组收益,这说明在本次重组之前公司的主营业务还未恢复,因此,如何摆脱困境实现公司的长远发展成了*ST商务迫在眉睫的问题。

借壳上市的实施进程：

2007/05/15：深圳证券交易所决定对*ST商务股票实施暂停上市。
2009/06/18：利阳科技指定人士设立和方投资。
2009/06/26：三湘控股与和方投资签署《股份转让协议》。
2009/06/28：三湘控股、和方投资、利阳科技分别召开股东大会审议通过此次重组的相关议案。
2009/09/23：利阳科技与三湘控股签署《股份质押合同》。
2009/09/23：和光商务与三湘控股、利阳科技、和方投资等分别签署了《重组框架协议》《资产出售与金融债务重组协议》《发行股份购买资产协议》等相关协议。
2009/09/24：*ST商务董事会决议通过了此次重组相关议案。
2009/10/09：*ST商务临时股东大会审议通过了此次重组相关议案。
2011/08/03：此次重大资产重组事项获得证监会并购重组审核委员会有条件通过。
2011/10/12：重大资产重组及发行股份购买资产事项、收购报告书并豁免其要约收购获得证监会核准。
2011/12/17：发行股份完成证券登记托管，股权变更的工商登记工作完成。
2012/03/09：*ST商务发布公司名称、经营范围等事项完成工商登记变更的公告。
2012/08/03：*ST商务股票简称变更为"三湘股份"，在深圳证券交易所恢复上市交易。

借壳上市会计处理：

借壳上市的会计处理实质是一种特殊的企业合并。借壳上市合并会计的处理方法大致经过了三个阶段：第一阶段为权益结合法和正向购买法并行的阶段，此时的会计处理并没有反映出借壳上市的经济实质；第二阶段为购买法时代，废除了权益结合法在企业合并中的应用；第三阶段为提出了反向购买，首次考虑到借壳上市的法律形式与经济实质的不同，同时规定反向购买应当区分上市公司（壳公司）构成业务（非净壳）和不构成业务（净壳）两种情况，并针对两种情况分别采用权益性交易法和反向购买法进行会计处理。

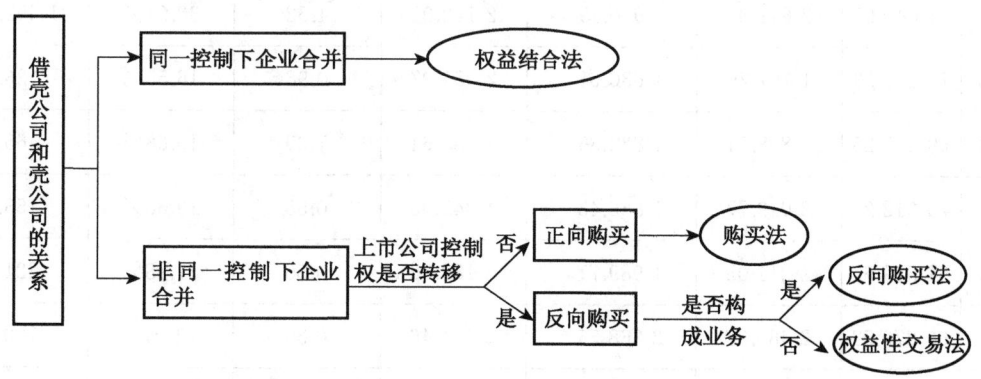

图12-9　借壳上市会计处理方法的选择程序

（以上材料根据上海立信会计学院2009级会计学本科生薛乔的毕业论文《我国房地产企业借壳上市动因及会计处理分析——以三湘股份借壳*ST商务为例》改编。）

阅读以上材料,查找相关会计准则和文献,回答以下问题:

1. 了解借壳上市的会计处理方法、基本思想和主要争议点。
2. 利阳科技、三湘控股、*ST 商务三方个别报表应如何进行会计处理？合并报表层面应如何进行会计处理？
3. 查找资料,总结借壳方和让壳方各自行为的动因。

参考资料

财政部会计司:《中国企业会计准则讲解 2010——企业合并》。

张维宾,郑先弘:《借壳上市及其会计处理》,载《财务与会计》2008(5)。

叶沣滢:《论借壳上市的几个未明会计问题》,载《财会月刊》2011(6)。

六、案例公司的后续发展

（一）案例公司后续事件

后续期间,案例公司未发生重大资产重组事件。

（二）案例公司后续主要财务数据

表 12-21 展示了新希望 2011—2019 年主要财务数据,图 12-10 展示了新希望 2011—2019 年营业收入和利润情况,图 12-11 展示了新希望 2011—2019 年经营活动现金流量。

表 12-21　新希望 2011—2019 年主要财务数据

年份	营业收入（百万元）	归属于上市公司股东的净利润（百万元）	归属于上市公司股东的扣除非经常性损益的净利润（百万元）	经营活动现金流量（百万元）	基本每股收益（元/股）	加权平均净资产收益率	非经常性损益（百万元）
2011	71 640.05	2 642.81	950.19	2 122.01	1.52	30.94%	1 692.62
2012	73 238.33	1 707.29	1 680.61	2 051.97	0.98	16.55%	26.68
2013	69 395.25	1 898.51	1 832.86	1 583.64	1.09	15.68%	65.64
2014	70 012.23	2 019.77	1 866.43	1 343.95	0.55	13.68%	153.34
2015	61 519.65	2 211.05	1 989.71	3 187.76	0.55	11.98%	221.34
2016	60 879.52	2 469.07	2 368.55	3 111.46	0.59	12.19%	100.51
2017	62 566.85	2 280.00	2 275.78	2 712.19	0.54	10.81%	4.22
2018	69 063.23	1 704.65	2 031.06	3 336.99	0.4	7.87%	−326.41
2019	82 050.54	5 042.00	5 272.13	4 436.89	1.22	20.63%	−230.13

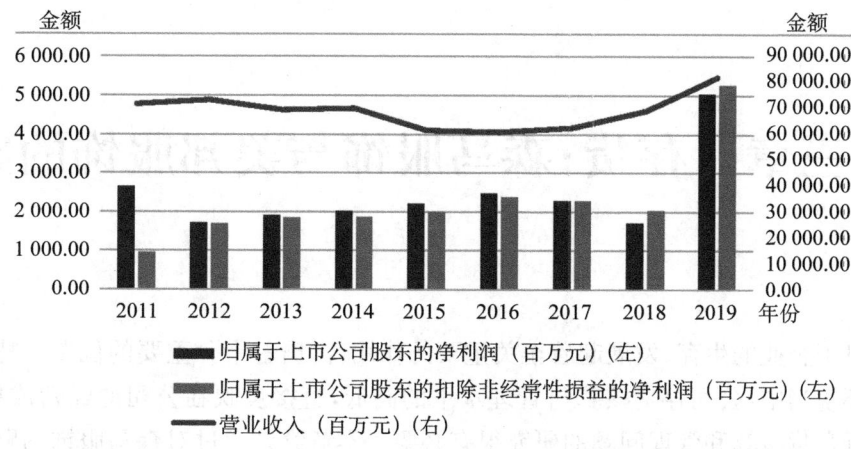

图 12-10　新希望 2011—2019 年营业收入和利润情况

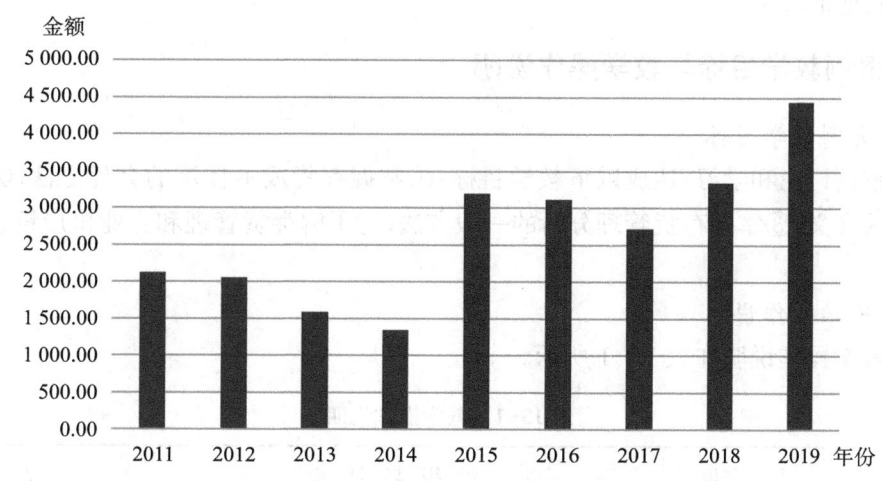

图 12-11　新希望 2011—2019 年经营活动现金流量(单位:百万元)

关于案例后续发展的思考题：

1. 从表 12-21、图 12-10 和图 12-11 中,试分析案例公司哪些年度存在着盈余管理的迹象？其性质如何？

2. 试讨论企业合并对绩效的长期影响。

第十三章 存货:森马服饰与美邦服饰的案例

存货对于企业的生存、发展起着至关重要的作用,占据着十分重要的位置。特别是在现代的市场环境当中,公司存货核算与管理水平的高低,直接反映在公司的经营成果里,因此对公司进行存货核算和管理问题的研究很有必要。本章尝试通过对森马服饰的财务报表分析,深层挖掘财务数据背后隐藏的公司在存货核算和管理方面存在的问题,引导学生思考存货管理对企业的意义。

一、案例教学目标与教学操作说明

(一)案例教学目标

通过案例讨论和学习,达成以下教学目标:①掌握存货成本核算的会计方法;②掌握存货周转率的含义;③掌握存货管理分析的一般方法;④了解存货管理和企业供应链管理之间的关系。

(二)教学操作说明

本章教学操作说明如表 13-1 所示。

表 13-1 教学操作说明

内容	主角	组织与要求	时间
阅读案例资料	学生	熟悉案例资料,补充并收集相关资料	课前
案例讨论	学生	每个案例小组围绕案例思考题,讨论并评价案例公司存货核算会计方法、存货管理情况	20~30 分钟
演讲	学生	每个案例小组推荐 1 名学生演讲其小组讨论的情况及达成的共识、产生的分歧	35~45 分钟
点评	老师	点评案例小组讨论情况并引导其对问题的正确理解和深入分析	15~25 分钟

二、公司背景及案例介绍

目前,世界经济仍面临诸多不确定因素,国内经济增速放缓,服装消费市场相对疲软。伴随着市场全球化和互联网、互联网技术、特别是移动互联网技术和创新的商业模式迅速崛起,传统的服装零售业迎来了前所未有的机遇与挑战。以电视购物和网上购物为主的电子商务新兴渠道的产生与发展,给以店面式为主的销售模式带来了强烈的冲击。以上的行业背景对于服装行业的发展产生了巨大的影响。

浙江森马服饰股份有限公司(简称森马服饰)的注册地址为温州市瓯海区娄桥工业园南汇路98号,经营地址为上海市闵行区莲花南路2689号。公司属于休闲服饰行业。森马服饰创建于2002年,该公司主要经营休闲服饰,并随着公司的发展逐渐开拓儿童服装领域,拥有由成人和儿童的休闲服饰为主的森马服饰,其代表品牌是巴拉巴拉品牌服装和森马服饰两个集群。森马品牌创立于20世纪90年代中期,定位是年轻,时尚,充满活力的,高质量的休闲服装,产品主要为青少年所崇尚的时尚、新潮产品。经过多年的努力,森马全国各地连锁店已经达到4 000余家,被评为中国名牌,中国驰名商标,获得中国服装的竞争力十大品牌奖,森马品牌知名度及市场规模位列中国休闲服装前列。巴拉巴拉品牌创立于2000年年初,倡导专业、时尚、充满活力,满足14周岁前的儿童这一消费群体,并经过年多的努力,巴拉巴拉是荣获中国著名品牌的第一批品牌,且获有中国著名品牌,中国十大童装品牌等荣誉,巴拉巴拉在全国的门店达3 471家,相比于国内市场的童装品牌,巴拉巴拉品牌已经占有了一定的影响力。表13-2列示了森马服饰持股前10名的股东持股情况。

表13-2 2013年森马服饰持股前10名的股东持股情况

股东名称	持股比例
森马集团有限公司	62.69%
浙江森马投资有限公司	8.96%
邱光和	7.16%
邱坚强	4.78%
邱艳芳	2.69%
周平凡	2.69%
中国银行——富兰克林国海潜力组合股票型证券投资基金	0.64%
戴智约	0.6%
科威特政府投资局	0.57%
同益证券投资基金	0.35%

1. 浙江森马服饰经营情况回顾

2013年,公司持续推进阿米巴经营体制,优化组织机构及工作流程,加强内部审计,完善内控机制,积极加强管理,关闭不盈利的店铺,增加研发投入,提升供应链系统,提高产品的能力,并加强对代理商和合作服务,扩充业务范围及规模,实现了公司管理水平、竞争能力、经营业绩的全面提升。

2013年,公司营业总收入为729 371.76万元,较2012年增长约3.26%;营业利润达到了

123 601.38万元,比2012年同期增长了24.93%;实现公司股东的净利润达到了90 200.38万元,比上年同期增长了18.56%。截至2012年年底,所有者的净资产达到了8 084百万元。

2. 竞争对手美邦服饰简介

上海美特斯邦威服饰股份有限公司(简称美邦服饰)注册地址为上海市浦东新区康桥东路800号,公司经营地址为上海市虹口区东大名路588号。与浙江森马服饰有限公司一样,同属于休闲服装行业。上海美特斯邦威服饰股份有限公司于公司成立后自主研究创设了"美特斯·邦威"这一独立的服装品牌,该品牌主要研发制作符合时尚需求的休闲服装。目标消费群体是充满活力和时尚的年轻人群。美邦服饰以"一个年轻活力的领导品牌,流行时尚的产品,大众化的价格"为宣传口号,打造充满个性兼具青春活力的品牌符号,向消费者传达轻松、愉悦的休闲服饰理念。表13-3列示了美邦服饰持股前10名的股东持股情况。

表13-3 2003年美邦服饰持股前10名的股东持股情况

股东名称	持股比例
上海华服投资有限公司	80.60%
胡佳佳	8.96%
交通银行——华安策略优选股票型证券投资基金	2.19%
东证资管——新睿1号集合资产管理计划	0.42%
东证资管——灵活配置集合资产管理计划	0.25%
全国社保基金——四组合	0.25%
东证资管——积极成长集合资产管理计划	0.2%
中国银行——易方达深证100交易型开放式指数证券投资基金	0.18%
中国银行——华泰柏瑞盛世中国股票型开放式证券投资基金	0.13%
中国工商银行 融通深证100指数证券投资基金	0.12%

3. 森马服饰与美邦服饰存货计价情况(见表13-4)

表13-4 存货占资产比重　　　　　　　金额单位:百万元

	2013年年末		2012年年末		2013—2012年年末	2011年年末		2012—2011年年末
	金额	占总资产比例	金额	占总资产比例	比重增减	金额	占总资产比例	比重增减
森马服饰	921.92	9.49%	1 084.87	11.7%	−2.21%	1 096.47	12.05%	−0.35%
美邦服饰	1 579.75	23.55%	2 005.95	28.63%	−5.08%	2 559.84	28.82%	−0.19%

4. 森马服饰与美邦服饰存货计价情况（见表13-5至表13-8）

表13-5　2011—2013年森马服饰存货分类明细　　　　金额单位：百万元

项目	年份	账面余额	跌价准备	账面价值	计提率
库存商品	2013	1 163.87	243.57	920.31	20.93%
	2012	1 232.58	152.42	1 080.15	12.37%
	2011	1 200	107.7	1 092.31	8.98%
周转材料	2013	1.62		1.62	
	2012	4.72		4.72	
	2011	4.16		4.16	
合计	2013	1 165.49	243.57	921.93	20.93%
	2012	1 237.3	152.42	1 084.87	12.37%
	2011	1 204.16	107.7	1 096.47	8.98%

表13-6　2011—2013年森马服饰存货所占比重　　　　金额单位：百万元

项目	2013年			2012年			2011年		
	账面价值	占存货比重	占资产比重	账面价值	占存货比重	占资产比重	账面价值	占存货比重	占资产比重
库存商品	920.31	98.24%	9.47%	1 080.15	99.57%	11.65%	1 092.31	99.62%	12%
周转材料	1.62	1.76%	0.02%	4.72	0.43%	0.05%	4.16	0.38%	0.05%
合计	921.93	100%	9.49%	1 084.87	100%	11.7%	1 096.47	100%	12.05%

表13-7　2011—2013年美邦服饰存货分类明细　　　　金额单位：百万元

项目	年份	账面余额	跌价准备	账面价值	计提率
原材料	2013	35.11		35.11	
	2012	42.64		42.64	
	2011	58.2		58.2	
库存商品	2013	1 682.11	141.12	1 541	8.39%
	2012	2 049.22	88.51	1 960.7	4.32%
	2011	2 547.06	47.96	2 499.09	1.88%
周转材料	2013	3.64		3.64	
	2012	2.61		2.61	
	2011	2.55		2.55	

(续表)

项　目	年份	账面余额	跌价准备	账面价值	计提率
合计	2013	1 720.86	141.12	1 579.75	8.2%
	2012	2 094.47	88.51	2 005.95	4.23%
	2011	2 607.81	47.96	2 559.84	1.84%

表 13-8　2011—2013 年美邦服饰存货所占比重　　　　金额单位：百万元

项　目	2013 年			2012 年			2011 年		
	账面价值	占存货比重	占资产比重	账面价值	占存货比重	占资产比重	账面价值	占存货比重	占资产比重
原材料	35.11	2.22%	0.52%	42.64	2.14%	0.61%	58.2	2.27%	0.65%
库存商品	1 541	97.53%	22.98%	1 960.7	97.76%	28%	2 499.1	97.66%	28.15%
周转材料	3.64	0.25%	0.05%	2.61	0.1%	0.02%	2.55	0.07%	0.02%
合计	1 579.75	100%	23.55%	2 005.95	100%	28.63%	2 559.85	100%	28.82%

5. 森马服饰与美邦服饰存货减值问题

表 13-9　2011—2013 年森马服饰存货跌价准备　　　　金额单位：百万元

存货种类	2013 年				2012 年				2011 年			
	本期计提额	本期减少		期末账面余额	本期计提额	本期减少		期末账面余额	本期计提额	本期减少		期末账面余额
		转销	转销率			转销	转销率			转销	转销率	
库存商品	247.86	156.72	102.82%	243.57	175.77	131.04	121.61%	152.42	126.34	96.9	123.82%	107.7

表 13-10　2011—2013 年森马服饰存货计提对资产和利润的影响

项　目	2013 年	2012 年	2011 年
货跌价准备率	20.93	12.37	8.98
存货跌价准备计提率	27.01%	20.03%	8.8%

表 13-11　2011—2013 年美邦服饰存货跌价准备　　　　金额单位：百万元

存货种类	2013 年				2012 年				2011 年			
	本期计提额	本期减少		期末账面余额	本期计提额	本期减少		期末账面余额	本期计提额	本期减少		期末账面余额
		转销	转销率			转销	转销率			转销	转销率	
库存商品	74.39	21.78	24.61%	141.12	60.88	20.33	42.39	88.51	31.09	2.84	14.41%	47.96

表 13-12　2011—2013 年美邦服饰存货计提对利润的影响

项　目	2013 年	2012 年	2011 年
存货跌价准备率	8.2%	4.23%	1.84%
存货跌价准备计提率	34.8%	10.42%	3.98%

三、案例思考题

1. 森马服饰采用何种存货成本核算的方法？分析该公司选择这种方法的原因。
2. 比较两家案例公司的主要财务指标差异，并分析导致差异的原因。
3. 比较两家公司存货周转率的差异，并找出导致差异的原因。
4. 比较两家公司去库存策略，并提出改进建议。

四、案例分析参考与提示

1. 森马服饰采用何种存货成本核算方法？分析该公司选择这种方法的原因

森马服饰存货分类为周转材料、库存商品等。存货发出时按全月一次加权平均法计价。存货可变现净值的确定依据及存货跌价准备的计提方法：期末对存货进行全面清查后，按存货的成本与可变现净值孰低提取或调整存货跌价准备。

加权平均法。加权平均法也称月末一次加权平均法，是指以期初存货数量和本月购进存货数量作为权数来确定本期存货发出成本和期末存货成本。这种方法只需在月末计算一次，比较方便。但只能在期末确定存货成本，无法随时从账面上提供存货的金额，不利于加强存货的日常管理。这种方法在实地盘存制下才可用。

移动加权平均法。移动加权平均法是指以本批购进数量加账面结存数量的权数，滚动计算加权平均单价，并据以确定存货发出成本与期末存货成本。其优点在于能使管理人员及时了解存货的结存情况，并且每次购入存货的平均单位成本和购入前库存存货的单位成本对发出存货成本的影响，分别与购入数量加购入前库存数量的多少呈正比，因而成本计算较为客观可信，但与市价仍有一定差距，而且频繁地计算移动单位平均成本，使存货核算繁琐。对于储存在同一地点性能相同的大量存货一般采用加权平均法或移动平均法。

先进先出法。先进先出法是指根据先购进的存货先发出的成本流转假调，对存货的发出和结存进行计价的方法。在物价持续上涨情况下，采用此法使存货发出成本降低，从而使账面利润虚增，导致资本分派过度，对企业的长期经营不利。

后进先出法。后进先出法是指根据后购进的存货先发出的成本流转假调，对存货的发出和结存进行计价的方法。采用该方法计算的发出存货成本接近近期市场价格，使现时成本与收入得到配比，从而较合理地确认了当期收益。在物价持续上涨情况下，可使当期发出材料成本升高，利润降低，延迟企业缴纳所得税，减少通货膨胀带来的不利影响。但该方法有可能会造成成本虚增或虚减。并在实地盘存制和永续盘存制下，这种方法计算的发出存货的成本不相等。

2. 比较 2 家案例公司的主要财务指标差异,并分析导致差异的原因。

查找 2 家公司 2011—2013 年的简化财务报表(见本章附录一),包括资产负债表、利润表与现金流量表的主要项目。通过财务指标对比可以发现:

(1) 在营业收入方面,森马服饰 70 多亿元,美邦服饰 90 多亿元,基本都保持在一个较高的水准。2 家公司所处的服装行业有其特定的集中性特点,领先的企业会有一种良性的发展优势,形成一定的市场影响力。但是森马服饰在近些年巨大的市场竞争压力下,营业收入开始出现略微的下滑趋势。

(2) 在毛利率方面,森马服饰的毛利率低于美邦服饰,这主要是由于森马的营业模式中,加盟比例较高。

(3) 在净资产收益率方面,森马服饰的 ROE 为 11.41%,在同行业内相对较高,主要是由于森马轻资产经营策略。

(4) 在销售规模和净利润方面,森马服饰的销售规模略小于美邦服饰,但它的净利润却远高于后者。通常来说,在普通行业里销售净利率达到 5% 是正常表现,20% 以上则是很出色的表现。不过连续 3 年,森马服饰的销售净利率在连续缓慢下降,美邦服饰则还没有形成向好的稳定趋势。

有两个可能性导致美邦服饰较低的销售净利率,或是较低的毛利率,或是过高的中间费用。美邦服饰毛利率高出森马 10 个点左右,可推测问题或许出在美邦服饰的中间费用过高。2 家公司管理费用基本持平。销售费用则是美邦服饰更高,因为美邦服饰有更多的直营店,人员工资及店面租金要高出很多;森马服饰主要是经销,自营比率很低,导致租金和销售人员工资较低。但从长远来看,美邦将具有更强的控制终端的能力,更有利于销售的稳定性。财务费用方面,美邦在 2010 年的大量生产导致库存激增,大量借款维持运营,产生了 2 亿元的利息费用;森马服饰却有大笔存款收息。可以看到的发展趋势是:美邦服饰的中间费用在逐渐下降,但过程缓慢;森马服饰的中间费用连续几年上涨,且募投资金逐渐使用完毕,可以推测森马服饰中间费用占比将很难维持之前的出色表现。

3. 比较 2 家公司存货周转率的差异,并分析导致差异的原因

采用杜邦分析法对森马服饰和美邦服饰的财务数据进行再分析,结果如表13-13 所示。

表 13-13　森马服饰和美邦服饰 2011—2013 年杜邦分析

项目		森马服饰			美邦服饰		
		2011 年	2012 年	2013 年	2011 年	2012 年	2013 年
盈利能力分析	销售净利率	15.76%	10.77%	12.36%	12%	8.93%	5.14%
	毛利率	37.38%	34.07%	35.6%	43.96%	44.47%	44.84%
	费用比率	13.74%	16.45%	13.8%	29%	34%	36.18%
	销售费用率	11.61%	15.03%	12.63%	23%	29%	31.45%
	管理费用率	2.85%	3.21%	3.58%	3%	3%	3.31%
	财务费用率	−0.72%	−1.79%	−2.41%	2%	2%	1.43%

(续表)

项目		森马服饰			美邦服饰		
		2011年	2012年	2013年	2011年	2012年	2013年
运营效率分析	总资产周转率	1.23	0.77	0.77	1.14	1.2	1.15
	应收账款周转率	16.06	10.15	11.49	9.5	11.69	20.11
	存货周转率	4.19	6.48	7.27	3.89	4.17	5.28
	固定资产周转率	1.51	5.59	4.62	5.45	4.75	3.92
财务风险分析	权益乘数	1.17	1.18	1.19	2.15	1.7	1.78
	流动比率	5.98	5.24	4.9	1.21	1.29	1.7
	速动比率	5.12	4.22	3.92	0.66	0.38	0.66
	负债比率	14.75%	15.35%	16.79%	54%	41%	44%

森马服饰存货的周转率低于美邦服饰，毛利率也低于美邦服饰，推测美邦服饰在去存货的工作比较有效。但美邦服饰的费用比率却远大于森马服饰，不难看出这与美邦服饰的经营方式有关，美邦服饰在面临高存货问题是选用了扩充直营店的方式，选用更多的渠道去削减存货。

4. 比较2家公司去库存策略，并提出改进建议

1) 产品策略

表13-14展示了2家公司的产品布局。

表13-14 案例公司产品布局

项目	森马服饰	美邦服饰	战略意义
休闲服饰	森马品牌	Meters/bonwe ME&CITY	树立鲜明的休闲服饰品牌形象，传达品牌所蕴含的内在精神文化。满足不同群体的消费者的消费需求，使产品的市场占有率可以稳步提高
儿童服饰	巴拉巴拉品牌	—	随着消费群体购买的增强，以及市场需求的加大，快速抢占儿童服饰这一市场

为了满足不同消费群体的需要。抢占服装行业的市场份额，2家公司都采用了拓展产品种类这一方法。根据不同消费者的不同需求应运而生各类新兴品牌。在销售方式上，为适应更多人的购买习惯，开始尝试从传统的直营店方式拓展为直营与加盟店相结合，并结合网络销售、送货上门等不同的销售方式。相比于销售市场之下，森马服饰着力于二三线城市的市场，而美邦服饰通过在重点一线城市建立销售子公司并开设直营店的方式，打造自身的品牌影响力，并且能够集中快速反馈品牌的各类信息，从而辐射二三线城市的服装市场。

2) 库存消化状况

在销售收入方面，2013年森马服饰的销售收入有所回升，同比增长了约3.26%，而美邦服饰则大幅下降了17.03%。不难看出，森马服饰继续维持其销售的低毛利率，降低毛利率

激发消费者的购买欲,使得存货的周转率得到了加快,以减轻高库存带来的压力。

在应收账款方面,森马服饰的应收账款在 2011 年之前一直表现很好,周转很快,但 2011 年突然大增。结合 2011 年预收款的突然降低,可以推测森马经销商已经严重压货,2012 年销售仍旧不乐观,已然成为寄望经销商去库存的 1 年。而美邦服饰的应收款周转率之前就表现平平,2011 年继续降低,因为 2010 年的错误的市场计划,美邦存货激增。且因为有一半左右的销售是自营,基本上现款现货,因此情况更加严峻。

3) 销售费用状况

在销售费用方面,美邦服饰要远高于森马服饰。由于美邦直营店约占其总店面的 20%,而森马直营店所占比率最高也没超过其店面的 10%。虽然美邦费用率较高,但在经过一阶段的调整,它的优势即将凸显出来,和森马服饰相比它拥有更多的渠道来解决高库存的压力。

4) 营销策略

追溯森马服饰存货周转率变缓背后的原因,除了服装行业整体低迷外,也与森马服饰的盈利模式有着重要的联系。不同于传统的服装企业资产所占比例较重的模型,森马服饰一直以来都是采用轻资产经营的模式。公司本身没有自己的工厂,所有的产品都是通过订单的形式向外包厂家进行定制。图 13-1 展示了 2 家公司的销售渠道。

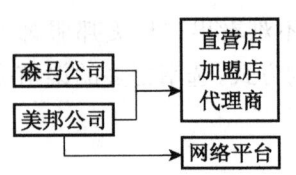

图 13-1 案例公司销售渠道

森马服饰拥有 7 000 多家店铺,其中公司直营店只有 500 余家,92%～93% 的店铺为加盟店,这些加盟店通过复制直营店的销售方式进行布局销售,并快速繁衍、加快占领市场份额,其间的弊端随着公司的发展也在逐步凸显。

首先,森马服饰为扩大市场占有率,加大加盟店的市场份额,就势必要给加盟店或者渠道商更多的优惠政策,这其中渠道商往往获利更多。森马服饰不但要背负较大的存货压力,而且利润也会被渠道商大量瓜分。

其次,大量的加盟商的存在增加了森马服饰的中间成本。以在中国畅销的外国品牌的例子来说,来自日本的优衣库、来自西班牙的 ZARA 所采用的营销方式都与森马服饰出入甚多。国外的品牌大多会选用直营店的经营模式,最快捷直观地掌握自身的销售情况。森马服饰和美邦服饰与其他国内的快速销售服装的公司大多采取直接接洽或共同经营,甚至代理的营销模式。这种营销模式会使在存货问题上的公司、加盟商与代工工厂三方不能形成有效的库存管理模式。再加上问题的不断累积,森马服饰的高库存情况就愈演愈烈。

在森马服饰的运营模式中,轻资产商品依赖于代工工厂,且门店中 90% 以上都是加盟店。这使森马服饰根据市场的变化情况自主调节公司产品的生产能力较差。除非有股权激励等事件来催化,公司业绩在短期内大幅改善的可能性不大。而在巴拉森马童装这一森马服饰的最大亮点上,儿童服装仍处于成长期,市场规模大,品牌集中度不高,儿童服装市场增长将会比预期来得要高。但就目前的情况来看,儿童服饰行业随着竞争对手的增多,也开始面临较大的冲击,在 2012 年中之前一路叫好的儿童服饰领域也开始出现负增长的情况。

作为国内主要竞争对手,从森马服饰与美邦服饰的营运效益分析可以看出,森马服饰的存货周转率仍旧小于美邦服饰。原因是前几年,美邦服饰加大对其直营店面的投资,因此直营店的收入占比要远高于森马服饰。

5) 供应商策略

相比于美邦服饰,森马服饰的供应商更为分散。在森马服饰的经营中,是根据上年的销售情况和对于市场的预估进行商品生产的规划,并直接向供应商订购商品,已经生产的商品全部归为森马服饰自己的存货,直至加盟店有发货的需求才由森马服饰发货。由此可见在整个存货的销售过程中森马服饰所处的位置十分被动且要承担较大的存货滞销风险,极易出现高库存现象。由于这些原因,森马服饰也在积极寻求解决的办法,对于加盟店的销售情况,可以根据其所需的存货向供货商进行定制,通过这样的方式来降低高库存所带来的压力。随着消费者个性化需求的快速变化,森马服饰的订货次数从1年4次提高到次1年8次。但即使存货的库存量有所下降,森马服饰存货问题仍然没有从根本上得到解决。

(本案例根据上海立信会计学院2010级会计学(辅修)本科生张梦帆的毕业论文《森马公司存货会计核算与管理问题研究》改编。)

五、分析题

材料一

森马谋变:寄望电商清库存

迟有雷,万晓晓:《经济观察报》2012年12月17日。

12月12日,走进浙江森马服饰(002563.SZ,下称森马)上海公司,办公楼外拉着鲜红的大横幅"走出冬天,拥抱春天"。森马服饰董事长邵光和对本报表示,这是森马一年一度主题月的活动主题。不过,"走出冬天"或许也是森马的心声,"森马一直保持着每年大约40%以上的业绩增速,但今年确实遇到了挑战。"邵光和坦言,"今年森马业绩增速可能会出现首次放缓。"

森马在线下缩减门店扩张的速度,开设折扣店,并开始玩电商,但收效甚微。今年前三季度森马首次出现了负增长,利润同比下滑了41.4%,积压了14.39亿元的库存。"今年是转型变革年。"邵光和说。创立16年的森马正在谋变。

1. 尴尬的库存与电商

在过去15年中,依靠轻资产和代理模式的森马一直保持着每年大约40%以上的业绩增速,但在今年确实遇到了挑战。

三季报显示,截至9月底,森马存货为14.39亿元,较年初增加了31.28%,这是森马上市以来遇到的最多的库存。"今年服装业存货问题确实比以往更为严重,而森马存货也较往年有所增加。"森马副总裁、董事会秘书郑洪伟表示。

消费推动下的外延式增长再也行不通了,紧跟着国内制造业的出口也大打折扣。

中华全国商业信息中心统计显示,2012年1~10月,服装零售额、零售量同比增速分别为14.2%、2.4%,较之于2011年的20.4%、4.9%下滑幅度明显;1~10月,纺织品服装的累计出口额2 099亿美元,同比增长2%,与2011年24.99%的增速相距甚远。

电子商务企业的崛起,更是给了传统服饰零售企业当头棒喝。截至11月30日,阿里巴巴旗下淘宝和天猫的交易额本年度突破10 000亿元。"电商崛起的这几年,我们明显感到手里传统企业的代运营单子多了起来。"上海悠迪服饰商务有限公司CEO刘美宁透露。

事实上,不仅是森马,今年上半年42家上市服装企业存货总量高达483亿元。不过,郑洪伟认为外界对财务报表中的库存解读会存在一定的误差,上市服装业公司报表反映的公司存货可以分为两部分:过季产品和待售待发产品。待售待发产品未来是可以实现盈利的。

为了快速消除库存,森马开设线下折扣店,同时加大电子商务的投入。森马前三季度仅实现净利润4.73亿元,比去年下滑了41.4%,毛利率持续下降,目前为35.04%。森马股价从60多元一路跌至19元,市值也大幅度缩水。

森马目前依赖的主要渠道是门店,其中10%是自营店,90%是加盟店,而自营店业务的库存是由森马来消化的,加盟店的库存自行处理。这使得加盟店业务越来越不好做。"中国服饰公司的供应链管理很差,早期受益于人口红利的影响,"一位不愿具名的服饰投资人表示,"如今服饰企业面临严重挑战。"

"我们今年重在调整产品结构和提升原有门店质量。"郑洪伟称。

为了减少库存压力,森马从第三季度开始,开设折扣店与工厂店,同时加大电子商务上的投入。"今年电商这块的收入有望达到2亿元。"郑洪伟说。

在刚过去的天猫和淘宝的"双十一"活动中,森马当天销售额达到6 000万元,是18家过5 000万元销售规模中的一员,美特斯邦威、GXG等线下休闲服饰品牌商也在其中。

"电子商务就是传统服饰品牌清理库存的下水道。"刘美宁表示。森马将浙江范狄亚服饰有限公司变更为浙江森马电子商务有限公司,注册资本由人民币3 000万元增资至1.3亿元,全面向电子商务迈进。

森马在电商上的具体做法是,进驻各个电商平台,通过参加促销、团购和打折的手段迅速出货。"今年年底到明年年中,存货将会得到快速处理。"郑洪伟说。

和森马一样有着同样想法的企业不在少数。GXG服饰副总经理李淑君强调,虽然电商只占到整体营收的10%,但是还是需要"顺势而为"。

近3年来,中国服装网购交易规模逐渐增长。中国电子商务研究中心预计到2013年将达4 076.1亿元。"清库存还是传统服装电商的首选,森马的电商也是100%的清库存渠道。"电子商务观察员鲁振旺表示。

2. 谋变

森马选择了多品牌突破。截至目前,森马旗下已经拥有两大品牌服饰。一个是定位在16～30岁的青少年服饰品牌"森马",一个是定位在0～14岁的儿童服饰品牌"巴拉巴拉"。前者每年的销售额在150亿元左右,跻身国内休闲服饰品牌的第一梯队;而后者的年销售额在40亿元左右,已成为国内最大童装服饰品牌。此外,森马还持有GML服饰品牌30%的股权。

一位专注服饰投资的资本人士认为,中国服饰企业集体遭遇库存困扰,是源于公司缺乏科学的供应链管理,企业上市之初依靠人口红利利好的时代已经过去。反观一些外国公司,科学化的供应链管理使其业务在全球增长迅速,尤其是在中国。例如,与森马定位类似的优衣库在中国销售业绩就大相径庭。优衣库的母公司迅销集团此前公布的2012财年报告显示,该集团在销售和收入方面都有明显的增长。

而借助互联网渠道发展起来的自有服饰品牌凡客也正在告别"烧钱"走向"盈利"。凡客诚品CEO陈年透露,凡客诚品前三季度的销售额同比增长近30%,第四季度是旺季,整个网站的盈利目标正在靠近。

"服装业的转型升级势必会淘汰众多中小品牌,服装品牌上市公司因品牌效应和雄厚的资金实力势必会占领更多市场份额,中国6 000亿的休闲服装市场还有很大的空间留给我们。"郑洪伟说。

基于这样的乐观预期,森马已在谋划对其他品牌的并购。11月26日,森马在香港设立全资子公司"香港森马投资有限公司",注册资本5 000万港元,寻求资本层面的投资和并购。"我们有充足的现金流可以考虑与其他品牌进行合作,未来森马将坚持走多品牌发展战略的路子。"邵光和说。

郑洪伟透露,目前森马已与部分服装品牌展开并购的谈判,不排除未来做高端男装、女装和更高端童装的可能。不过,公司不会考虑介入服装制造业环节,未来仍将采用生产外包的模式发展多品牌战略。

材料二

森马和美邦是怎样拉开差距的

钱玮珏:《南方日报》2016年3月4日。

同样是温州起家、创建于20世纪90年代中期,都曾占据各大城市商圈的黄金地段、也同样面临国际快时尚品牌和互联网的冲击,作为本土两大指标性的休闲服品牌,美邦和森马不但是市场上"你争我夺"的竞争对手,也因为这诸多的共性时常被拿来比较。但从近期公布的业绩数据看,这2家选择不同发展路径的企业开始越走越远,拉开了明显的差距。

1. 美邦和森马业绩差距逐渐拉大

美邦服饰近日发布的业绩快报显示,2015年,美邦服饰实现营业收入62.85亿元,同比下降5%;营业利润1.5亿元,同比下降184%;归属于上市公司股东的净利润-4.31亿元,同比下降396%。

对于如此业绩表现,美邦服饰方面称,2015年公司直营零售状况继续改善,童装业务和线上渠道增幅明显,但由于加盟渠道经营调整仍滞后于直营渠道,加盟批发收入有一定幅度下滑,因此公司总体业绩出现亏损。

而同期森马服饰公布的业绩快报显示,公司2015年1~12月实现营业收入94.3亿元,同比增长15.74%,远高于服装家纺行业8.97%的平均营业收入增长,归属于上市公司股东的净利润13.45亿元,同比增长23.16%。

森马方面称,业绩增长主要得益于其公司加强产品研发,改革销售体系,推动全渠道布局,休闲装业务和儿童业务的持续发展以及线上业务的快速增长促进了公司销售收入增长,此外随着公司品牌影响力的提升以及去库存化卓有成效,也提高了营业利润。

对比之下发现,美邦和森马的差距被进一步拉开。事实上,在去年上半年森马就以5亿元净利差距将美邦甩在身后,到年终这个净利差距扩大到了18亿元,美邦的营收也比森马少了31亿元,而就在2年前,2013年森马的营收比美邦还要少6亿元。

而美邦过去的辉煌还不仅于此,靠着自主设计、生产外包的轻资产模式和精准的明星代言营销,美邦逐渐发展成为本土休闲服的领军品牌,创始人周成建甚至在2009年、2010年两次登上内地服装业首富宝座,2011年他更是喊出上半年净利润增长600%的目标,当年营收达近百亿元。此后,虽然电商快速发展带动的淘品牌服装的兴起,加之ZARA、H&M、优衣库等国际快时尚品牌开始发力中国市场,美邦和其他本土休闲服品牌都受到了冲击,面临转型的压力。但在之后转型的路径上,美邦和森马选择了不同路径,让它们如今的发展状况相形渐远。

2. 美邦"转型焦虑"效果难如预期

自2011年业绩攀上高峰后,美邦就一路向下。但事实上,美邦在面临行业变化和新态势时,都积极进行了转型的尝试,包括在快时尚、电商、O2O、移动互联网APP等方面,都走在行业的前列,但这些转型的动作并未能够获得理想的回报。

业内有观点认为,这是因为美邦的这些转型尝试都停留在形式上,而没有触动到公司运营、供应链、渠道等各个方面,也就是说并没有解决本质问题,所以才在转型道路上越走越不畅快。

以向快时尚转型为例,服装行业分析师马岗就直言,美邦作为本土品牌应该更了解中国市场,但在供应链、管理模式、款式设计等方面和国际品牌差距明显,根本快不起来。

记者了解到,美邦以加盟代理制为主,在这种代理机制下,通常是加盟店向美邦进行订货,而加盟店为了减少销售风险,往往只局限于订购畅销款,这造成美邦制作的一些个性化服装难以分销,加重了公司库存。

美邦还有一点为业界诟病的是其多产品线的问题,被认为是"看似在创新,其实是品牌动摇、自我消耗",以其模仿ZARA的高端都市品牌ME&CITY为例,在一二线城市难敌快时尚品牌的竞争,在三四线城市又缺乏性价比,并没有为更广泛的消费者所接受。

在服装行业转型互联网的大潮中,美邦也是动作颇大。2010年就上线了自己的电商平台邦购网,但并没有为公司业绩发展带来较多起色,反而加剧了公司渠道的内斗。2013年美邦开始在全国大力兴建O2O体验店,打造情景式购物体验,不过消费者不买账。2015年美邦发力移动互联网,推出支持一键购买的穿衣搭配平台有范APP,并视其为互联网转型的关键,但尽管在营销方面不遗余力,冠名热门网络综艺节目等,但也难以为有范APP带来有效支撑。

马岗分析指出,去年美邦的亏损除了服装业务的销售下滑外,原因也包括在互联网转型上的巨额投资尚未获得相应回报以及激进的转型风格带来的高风险。因此业内有一种评价称"美邦走在转型前列却因转型焦虑症而'试错过度'"。

3. 森马瞄准儿童产业实现突围

相比之下,虽然森马拥抱互联网的动作不算多,但颇有成效。去年4月,森马以1.15亿元成为韩国时尚品牌电商及跨境电商企业ISE第二大股东,双方还在中国境内成立合资公司发展跨境电商业务,目前合作已经逐步落实,APP也上线经营,券商分析师预计森马未来有可能继续收购符合其战略布局的海外综合性品牌。在电商方面,去年森马电商销售同比增长了83%。

虽然去年森马品牌的收入、利润、可比同店增长都有提升，逐渐复苏。但森马最大的成功还要算其在童装领域的布局，从业绩来看，业绩改善也主要是依托于童装业务。森马早在2002年就进军童装领域，推出了巴拉巴拉品牌，之后相继又推出了多个子品牌包括马卡乐、梦多多等，但仍处于培育期，巴拉巴拉品牌是绝对主力，去年门店净增300余家，可比同店增长约10%，市场占有率提升到了4.5%，去年其电商渠道17.6亿元的销售中有7.3亿元就是巴拉巴拉品牌贡献的。目前童装业务的收入已经占到了集团营收的40%。

童装被戏称为服装业的最后一块蛋糕，尤其随着二孩政策的全面放开，童装市场的潜力也在为越来越多的企业所看中，而森马的"野心"不仅是童装市场，森马集团董事长邱光和曾经表示"儿童产业是森马转型的唯一出路"，按照他的规划，森马将利用巴拉巴拉品牌在童装市场的领导地位，通过对动漫、儿童教育、互联网服务等方面的投资，从儿童产业提供商向儿童产业综合服务商转型。比如，2014年森马就通过收购儿童教育企业育翰上海70%股权布局早教培训市场。

阅读以上材料，回答下列问题：

对于服装企业而言，如何通过优化供应链管理来提高存货管理水平？

六、案例公司的后续发展

表13-15和表13-16分别列示了森马服饰和美邦服饰2013—2019年的主要会计数据，图13-2至图13-5分别列式了案例公司收入和利润情况以及存货和流动资产情况。

表13-15 森马服饰2013—2019年主要会计数据

年份	营业收入（百万元）	归属于上市公司股东的净利润（百万元）	归属于上市公司股东的扣除非经常性损益的净利润（百万元）	经营活动产生的现金流量净额（百万元）	基本每股收益（元/股）	加权平均净资产收益率
2013	7 293.72	902.00	856.59	1 392.42	1.35	11.41%
2014	8 147.13	1 092.26	1 011.86	761.99	0.41	13.35%
2015	9 454.45	1 349.24	1 267.38	871.58	0.5	15.43%
2016	10 667.17	1 426.51	1 330.58	857.31	0.53	14.92%
2017	12 026.30	1 137.93	1 025.23	2 190.73	0.42	11.51%
2018	15 719.13	1 693.63	1 334.24	954.97	0.63	16.03%
2019	19 336.77	1 549.40	1 484.08	1 676.84	0.58	13.60%

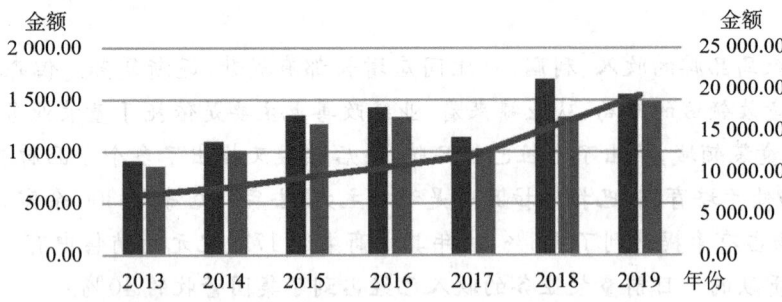

图 13-2 森马服饰 2013—2019 年收入和利润情况

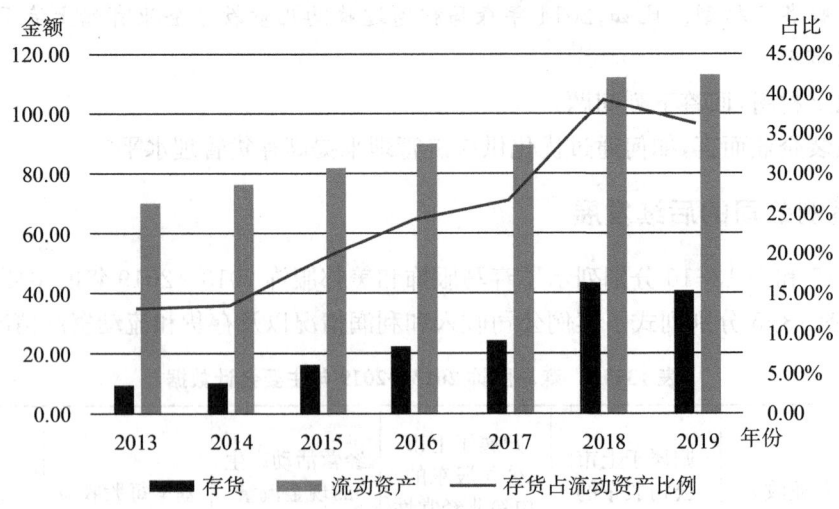

图 13-3 森马服饰存货和流动资产

表 13-16 美邦服饰 2013—2019 年主要会计数据

项目/年份	营业收入（百万元）	归属于上市公司股东的净利润（百万元）	归属于上市公司股东的扣除非经常性损益的净利润（百万元）	经营活动产生的现金流量净额	基本每股收益（元/股）	加权平均净资产收益率
2013	7 889.62	405.48	428.21	984.20	0.40	11%
2014	6 620.77	145.64	94.04	1 322.17	0.06	4.00%
2015	6 294.78	−431.92	−445.13	−185.00	−0.17	−13.00%
2016	6 519.19	36.16	−517.74	327.66	0.01	1.00%
2017	6 472.36	−304.80	−321.08	−319.38	−0.12	−10.00%
2018	7 677.37	40.36	12.69	621.92	0.02	2.00%
2019	5 463.29	−825.47	−822.79	116.61	−0.33	−40.00%

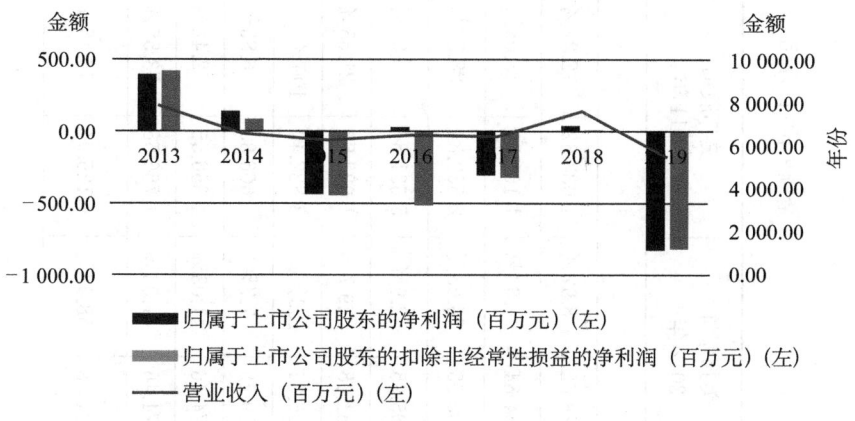

图 13-4 美邦服饰 2013—2019 年收入和利润情况

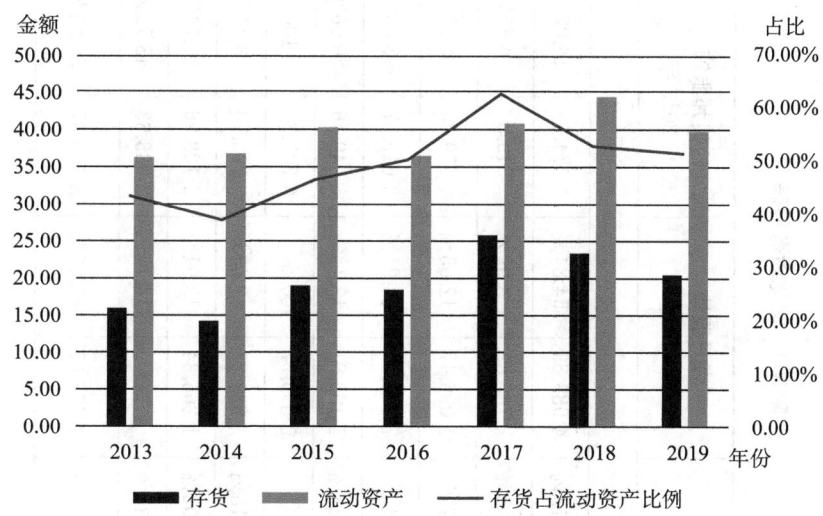

图 13-5 美邦存货及流动资产分析

关于案例后续发展的思考题：
1. 对比 2 家公司财务数据，分析哪家盈余管理迹象更为明显，其性质如何？
2. 对比 2 家公司的存货情况，分析美邦服饰在存货管理方面有什么风险？

本章附录 背景资料：简化财务报表（见附表1）

附表1 简化财务报表

金额单位：百万元

	森马服饰 2013年		森马服饰 2012年		森马服饰 2011年		美邦服饰 2013年		美邦服饰 2012年		美邦服饰 2011年	
资产负债表												
货币资金	5 021.25	51.69%	4 832.76	53.13%	4 989.83	54.84%	1 074.6	16.02	628.62	8.97%	1 087.63	12.24%
应收账款	615.96	6.34%	656.07	7.08%	735.88	8.09%	319.8	4.76%	464.84	6.63%	1 161.86	13.08%
存货	921.92	9.49%	1 084.87	11.7%	1 096.47	12.05%	1 579.75	23.55%	2 005.95	28.63%	2 559.84	28.82%
流动资产合计	7 036.38	72.43%	6 804.61	73.4%	7 571.51	83.21%	3 619.07	53.95%	3 705.95	52.9%	5 631.8	0.06%
固定资产	1 729.89	17.8%	1 425.5	15.38%	1 100.51	12.1%	1 949.16	29.06%	2 081.08	29.7%	1 922.98	21.65%
资产总计	9 714.47	100%	9 271.16	100%	9 099.57	100%	6 707.3	100%	7 006.34	100%	8 882.49	100%
应付账款	710.3	7.31%	572.68	6.18%	639.27	7.03%	208.76	3.11%	539.26	7.7%	606.39	6.83%
流动负债合计	1 437.13	14.79%	1 299.46	14.02%	1 265.34	13.91%	2 128.96	31.74%	2 874.46	41.03%	4 656.55	52.42%
负债合计	1 630.48	13.78%	1 422.69	15.35%	1 341.9	14.75%	2 933.33	43.73%	2 874.46	41.03%	4 756.56	53.55%
所有者权益合计	8 084	83.21%	7 848.47	84.65%	7 757.67	85.25%	3 773.97	56.26%	4 131.88	58.97%	4 125.94	46.45%
利润表												
营业总收入	7 293.72	100%	7 063.47	100%	7 760.58	100%	7 889.62	100%	9 509.55	100%	9 945.06	100%
营业成本	4 715.44	64.65%	4 678.55	66.24%	4 859.59	62.62%	4 368.32	55.36%	5 272.8	55.45%	5 552.26	55.83

销售费用	921.15	12.62%	1 062.14	15.04%	900.82	11.61%	2 481.23	31.44%	2 772.17	29.15%	2 305.13	23.18%
管理费用	261.27	3.58%	226.61	3.21%	221.34	2.86%	261.09	3.3%	265.1	2.79%	340.91	3.43%
财务费用	−176.14	−2.41%	−126.5	−1.8%	−55.6	−0.72%	112.52	1.42%	167.93	1.77%	206.61	2.08%
营业利润	1 236.01	16.94%	989.33	14.01%	1 617.95	20.85%	517.72	6.56%	894.25	9.4%	1 445.6	14.54%
营业外收入	66.41	0.91%	74.91	1.06%	3.05	0.04%	55.27	0.07%	227.71	2.4%	159.14	1.6%
营业外支出	31.45	0.43%	7.63	0.11%	3.85	0.05%	85.57	1.08%	18.49	0.2%	28.67	0.29%
利润总额	1 270.97	17.42%	1 056.61	15%	1 617.16	20.84%	487.42	6.17%	1 103.47	11.6%	1 576.06	15.85%
所得税费用	369.15	5.06%	295.8	4.19%	393.74	5.07%	81.94	1.03%	253.89	2.67%	370.06	3.72%
净利润	901.82	12.36%	760.8	10.77%	1 223.42	15.76%	405.48	5.13%	849.58	8.93%	1 206	12.13%
现金流量表												
经营活动产生的现金流量净额	1 392.42	377.19%	1 034.4	135.96%	378.33	30.92%	984.2	242.72	2 856.48	336.22%	976.66	81%
投资活动产生的现金流量净额	−652.27	−9.82	−416.43	−5.559	−925.33	11.92%	−175.51	−3.18	−386.36	−4.06	−438.37	−4.41
筹资活动产生的现金流量净额	−649.43	−9.78	−777.32	−10.37	4 533.1	58.41%	−354.48	−6.41	−2 859.12	−30.07	−524.92	−5.28

第十四章　固定资产:南方航空的案例

随着中国经济的持续稳定增长,中国航空业也得到快速发展。民航业属于资本密集型行业,固定资产(尤其是飞机资产)数额巨大,而固定资产的核心是折旧。折旧方法和年限的选择影响着每年的折旧额,进而对公司经营业绩产生重要影响。因此,航空公司如何选择最佳的折旧政策以便在激烈的市场竞争保持不败,应对激烈的市场竞争和挑战是有现实意义的。本章通过南方航空的案例,对航空业固定资产折旧政策进行讨论,分析折旧政策的发展及航空业的现状,讨论影响折旧政策的因素,并且分析这些影响因素与盈余管理的关系。

一、案例教学目标与教学操作说明

（一）案例教学目标

通过案例讨论与分析,达成以下教学目标:①掌握折旧的概念;②了解影响固定资产折旧的影响因素;③了解折旧方法选择对企业造成的财务影响;④了解折旧政策变化对我国航空企业造成的影响;④了解影响飞机折旧年限的影响因素。

（二）教学操作说明

本章教学操作说明如表 14-1 所示。

表 14-1　教学操作说明

内　容	主角	组织与要求	时间
阅读案例资料	学生	熟悉案例资料,补充并收集相关资料	课前
案例讨论	学生	每个案例小组围绕案例思考题,分析讨论南方航空折旧政策变化的财务影响、飞机折旧年限的影响因素等问题	20~30 分钟
演讲	学生	每个案例小组推荐 1 名学生演讲其小组讨论的情况及其达成的共识、产生的分歧	35~45 分钟
点评	老师	点评案例小组讨论情况并引导其对问题的正确理解和深入分析	15~25 分钟

二、公司背景及案例介绍

1. 南方航空概况

南方航空在其基地广州运营着 330 架以上的飞机,机型主要是波音和空客。从飞机数量、每周航班数、载运旅客数量角度看,它都是中国大陆最大的航空公司。其主要的子公司包括厦门航空、汕头航空、珠海航空、贵州航空和重庆航空。国内的客运业务占收入的约75%,而亏损的国际航空业务仅占15%。公司采取了非常激进的扩张策略,拥有200架以上飞机的订单量。南方航空于2007年加入了天合联盟。

为了达到上市所要求的业绩水平。南航多次采用改变固定资产折旧政策来改善盈余。首先。公司1997年发行H股时,按企业固定资产性质和实际使用情况,估计飞机的折旧年限为8～15年,估计残值率为28.75%(飞机折旧的核算是以其原值减去28.75%预计残值后,按8～15年的预计可使用年限以直线法计提折旧)。而南航有关负责人透露,公司实际执行的折旧年限是10～15年。据此推断的年折旧率是7.13%～4.75%,实际降低约两个百分点,年折旧费用相应下降;其次,南航自2001年6月变更了其飞机和高价周转件的折旧会计政策和会计估计,导致年折旧率分别下降了1.75个百分点和13.33个百分点。相应净利润大幅增加;再次,为配合境内公开发行A股,该公司从2002年7月1日起变更所执行的会计制度。由最先执行民航总局发布的《运输(民用航空)企业会计制度》变更为执行财政部发布的《企业会计准则》《企业会计制度》及其补充规定和相关具体会计准则规定,并就此相应调整了以前年度会计报表。虽然南航会计政策变更前后的折旧计提方法均为直线法。但变更后的残值比率和折旧率却大有不同。变动结果更倾向于选用较低的折旧率4.75%和较高的残值率28.75%。通过变更会计政策。达到降低本期成本、增加报告期利润和高估资产价值的目的。

2008年年报显示,报告期内南方航空2008年实现归属于上市公司股东的净利润-48.29亿元,同比下滑365.33%,扣除非经营性损益后净利润下滑506.53%,每股收益-0.74元。这一状况同2002年年末折旧政策更改前更加惨淡。2002年公司利用更改飞机折旧年限,使利润扭亏为盈。而如今飞机折旧年限为15～20年,这已与国际趋同,若想再通过更改折旧年限来提高利润必定会影响飞行的安全。但在2009年,南航却实现了3.58亿元的净利润,为何前后2年利润会相差如此之多?这同他的折旧政策又有何关系?

表14-2列示了南航的固定资产状况。表14-3中进一步将其固定资产细分为土地使用权及建筑物、飞机、其他飞行设备包括高价周转件、机器设备及汽车等四个部分,2006—2009年固定资产中,其中一项飞机占固定资产总额比重的72%以上。南航作为一个航空公司其最主要的固定资产就是飞机。

表14-2　2006—2009年南方航空公司的固定资产状况　　金额单位:百万元

项　　目	2006年	2007年	2008年	2009年
固定资产	56 081	58 204	52 575	63 193
总资产	76 177	82 453	83 003	94 736
固定资产占资产比重	73.62%	70.59%	63.34%	66.70%
固定资产折旧计提(发生额)	4 626	4 588	5 734	4 864

(续表)

项目	2006年	2007年	2008年	2009年
营业收入	47 257	55 873	56 427	56 043
利润总额	306	2 893	(4 748)	457
所得税费用	154	854	48	−97
净利润	225	2 039	(4 796)	554
固定资产折旧计提/总利润	20.56	1.59	−1.20	8.78
固定资产周转率	—	—	1.02	0.97
固定资产周转天数	—	—	352.9	372.1

表14-3 2006—2009年我国南方航空公司的固定资产的类别　　金额单位：百万元

项目		2006年	2007年	2008年	2009年
土地使用权及建筑物		7 409	6 788	6 409	6 991
飞机	自置	33 099	37 389	41 367	54 736
	以融资性租赁持有	23 533	25 659	22 075	21 889
其他飞行设备包括高价周转件		10 832	10 667	11 097	11 933
机器设备及汽车		3 750	3 438	3 717	4 116
飞机及其设备占总资产折旧的比重		72.03%	75.11%	74.93%	76.88%

南方航空公司固定资产的折旧政策如表14-4所示，飞机及其发动机的折旧年限在15～20年，预计残值率为5%，该折旧政策是自2001年6月变更了其飞机和高价周转件的折旧会计政策后沿用至今。

表14-4 2006—2009年南方航空公司的固定资产折旧年限、预计残值率及年折旧率

类别		折旧年限（年）	预计残值率	年折旧率
自置及以融资性租赁持有的飞机	飞机	15～20	5%	4.75%～6.33%
	机身及发动机替换件	3～8	0	12.50%～33.33%
其他飞行设备	飞机发动机	15～20	5%	4.75%～6.33%
	其他，包括高价周转件	3～15	0～5%	6.33%～40.00%
建筑物		30～35	5%	2.71%～3.17%
机器设备及汽车		4～10	5%	9.50%～23.75%

根据各固定资产的年折旧率计算得出表14-5中各固定资产每年计算的折旧额。飞机的年折旧额占据了总资产额的83%以上，而且2006—2009年这个比例呈递增趋势，预计未来几年还会保持增长趋势。南方航空公司每年由飞机产生的折旧额巨大，因此飞机的折旧费用就成了影响公司的净利润的重要因素。南航在2008年亏损后扭亏为盈，固定资产折旧政策没有发生变更，且每年的折旧额都保持正常的速度增长并未发生异常。如果此次南航扭亏为盈并不是利用了变更折旧政策来提高利润，那它又是通过何种手段来达到这个局面的呢？

表14-5　2006—2009年南方航空公司的固定资产折旧计提（发生额）的类别

金额单位：百万元

项　　目		2006年	2007年	2008年	2009年
土地使用权及建筑物		270	286	231	234
飞机	自置	1 847	2 554	2 752	3 259
	以融资性租赁持有	1 058	1 324	1 560	1 260
其他飞行设备包括高价周转件		967	1 037	831	844
机器设备及汽车		484	348	360	339
飞机及其设备占总资产折旧的比重		83.70%	88.57%	89.69%	90.35%

2．折旧费用在航空业的地位

航空业是高资本投资额、高负债率，融合全球性业务，并且竞争相当激烈的一个行业。飞机作为航空公司最主要的固定资产，同普通工厂里的机器一样，也要计提折旧。但由于航空业的特殊性，它的折旧也有一定的特殊性，在相同的行业内也可能有不同的折旧政策。

影响飞机折旧政策的因素很多，其中较为突出的是成本因素。我国航空公司的成本费用可分为主营业务成本与期间费用两大部分。航空公司的主营业务成本也称运输成本，是指民航运输企业在执行航空运输业务过程中所发生的各项费用，包括能直接计入机型成本的直接营运费和不能直接计入机型成本、需按照一定办法进行分摊的间接营运费。2001年我国民航全行业成本费用构成如14-1、图14-2所示。

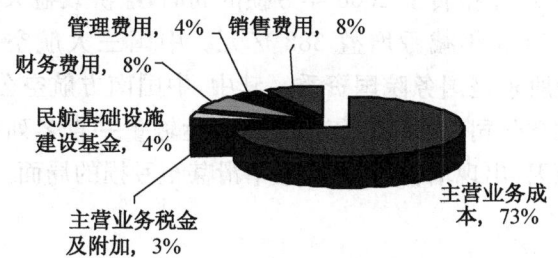

图14-1　2001年民航全行业成本费用构成（定价成本）

资料来源：张维宾．财务会计案例分析［M］．上海：立信会计出版社，2008．

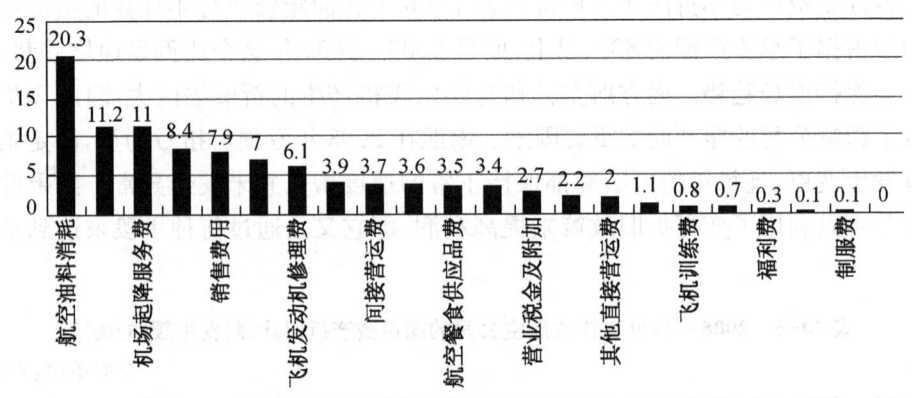

图 14-2　2001 年航空业成本费用排序图

从图 14-1、图 14-2 中可以看出：航空业主营业务成本占全部费用成本的比例高达 73%，而飞机及其发动机的折旧又是其中一项重要的成本。在整个行业成本费用支出排序中，飞机及其发动机的折旧费用仅次于航空油料消耗而排名第二，这说明折旧费用在整个航空成本费用支出中的地位举足轻重。

3. 航空业的折旧政策的发展

财政部 1993 年 1 月 8 日发布了《运输企业财务制度》。该项制度在"附件一：运输企业固定资产分类折旧年限表"规定了运输飞机的折旧年限：起飞全重小于 100 吨：8～10 年；起飞全重大于（或等于）100 吨：10～15 年。

2002 年东方航空（600115）发布公告说，公司董事会决定将公司飞机及发动机的折旧年限进行调整，该调整公告中说，"东方航空"于日前召开董事会，会议决定从 2001 年 7 月 1 日起将公司飞机及发动机的折旧年限由原来的 10～15 年调整为 20 年，残值率由原来的飞机原值的 3% 调整为 5%，备用发动机折旧年限随同飞机折旧年限确定。随后财政部在财建函正〔2002〕24 号文《关于同意调整航空公司部分资产折旧年限的复函》中，同意在飞机及发动机达到规定的适航标准，确保飞行安全的前提下，对飞机及发动机的折旧年限作适当调整：飞机最大起飞全重小于 100 吨，飞机、发动机（含备份发动机）折旧年限为 8～15 年；飞机最大起飞全重大于 100 吨，飞机、发动机（含备份发动机）折旧年限为 10～20 年。

4. 我国航空业发展概况

中国民航全行业 2009 年扭转了 2008 年亏损的局面，经济效益大幅度提高，实现利润总额 122 亿元人民币，比 2008 年减亏增盈 382 亿元。中国三大航空公司（国航、东航和南航）均为国有企业，控股股东是国务院国资委。其中，中国南方航空公司（以下简称南航）一直是国内发展最快的航空公司，到 2008 年为止旅客运输量一直名列国内第一。近年来，由于民航业的价格战等原因，出现增长放缓、效益下滑甚至亏损的局面。

三、案例思考题

1. 影响固定资产折旧的因素有哪些？
2. 结合案例分析，折旧方法在南方航空历次亏损和扭亏过程中起了什么作用？

3. 结合案例分析,我国航空业折旧政策变化对航空企业带来什么财务影响?
4. 结合案例分析,影响飞机折旧年限的因素有哪些?

四、案例分析参考与提示

1. 影响固定资产折旧的因素有哪些

(1) 税收方面。不同的折旧方法对不同纳税企业会产生不同的纳税影响。首先,不同的折旧政策对于固定资产价值的补偿时间早晚造成影响。其次,不同折旧方法导致的年折旧额提取直接影响到企业当年的利润和应纳税所得额,因而造成累进税制下纳税额的差异及比例税制下纳税义务的时间性差异。最后,对享受减免税优惠政策的企业,不同的折旧政策影响企业在优惠期间的减免税总额。因此,企业应考虑企业所适应的税制,并系统分析企业未来收益情况来选择最佳政策。

(2) 投资方面。影响固定资产投资决策的一个重要因素就是可利用的资金规模,由于折旧政策影响着企业内部筹资量,因此它也就间接地影响着企业的投资活动。可利用的资本越多,而且成本相对较低时,就会刺激企业的投资活动。折旧政策不仅从规模上影响投资活动,它还会影响固定资产更新投资的速度,从而影响投资效率。这是因为不同的折旧政策会造成企业现金流量在现值上和时间上的差异。因此,企业的投资决策在一定程度上影响折旧政策的选择。

(3) 盈余管理。折旧政策的选用直接决定了进入产品和劳务成本中的折旧成本的多少,在其他因素不变的情况下,不同的折旧政策会使企业同一期间的可分配利润金额有所不同,从而影响企业的盈余管理。当公司需要提高当期盈余时,会选用能够降低折旧费的年限平均法或工作量法;而当公司需要降低当期盈余时,会选用能够增加折旧费的双倍余额递减法或年数总和法。

2. 结合案例分析,折旧方法在南方航空历次亏损和扭亏过程中起了什么作用

2008年年末的经济危机,被部分分析人士认为是继20世纪30年代大萧条以来最严重的全球性经济衰退。全球航空业在经济危机的打击下出现了"集体后撤"的局面,中国民航亦没能幸免。南航出现巨额亏损的一个原因是受金融危机的影响,而另一个原因则是因为当年南航计提了高额的减值准备。

根据《企业会计准则》的要求,公司在编制2008年财务报告时需对资产进行减值测试。由于2002年将飞机折旧年限更改为15~20年,所以每年计提旧率分别下降了1.75%,那么就2008年来看折旧共累计少提10.5%。那么年末在对飞机进行减值测试时,由于之前计提折旧减少,所以这些折旧中的一部分必定转嫁到了固定资产减值准备。而南方航空又对少数老旧飞机进行置换,受国际金融危机,飞机市场价格急剧下跌,因此当年公司需要对这部分固定资产计提巨额的减值准备。受这些因素影响,2008年年末净利润为-48.29亿元。

2009年南航并未调整飞机折旧政策,但实现3.58亿元净利润。其中除了国家对南航注资30亿元,有力补充了南航的资本金,还受多个利好因素的影响。

首先是航空煤油进口关税由原来的2%下调至1%。航空燃油消耗在航空公司的成本中名列第一。国内航空公司航油30%左右来自进口,此次税率的降低大大减少了南航的运

输成本。而税率是影响飞机折旧政策的重要因素，正是这一税收上的利好因素使南航在现行折旧政策不变的情况下，大幅度降低成本，扭亏为盈。

在航空市场低迷的形势下，南航同各大航空公司一样通过内部产业整合来提升盈利能力。南航旗下成立了相关产业整合平台来专门从事航空相关产业投资和管理，主要有：广州南联航空食品有限公司、广州白云国际物流有限公司及南龙国际货运有限公司。从年报上看，这些业务都为南航获得了盈利。而投资对于折旧政策的影响也是不容忽视的。南航在折旧政策不变的情况下，通过内部其他产业的投资增加企业现金流量，因此获得了巨额的盈利。

面对2008年巨额的亏损，南航为何不再变更折旧政策来提高利润呢？首先，其飞机折旧年限已是在保证安全飞行下的最大年限。其次，2008年实行的新准则中短期利润计入损益，这在短期内会增加航空运输企业的会计利润，后续会计期间则相反。在企业盈余管理时，对于航空业这一资产密集型行业的企业，制定好合理的飞机折旧政策尤为重要。若随意变更折旧政策，可能给企业带来暂时性的利好，但从企业长远来看，以后各期可能出现各期利润的大幅波动甚至下滑，不利于企业的长期发展。

3. 结合案例分析，我国航空业折旧政策变化对航空企业带来什么财务影响

2003年，由于受非典影响，民航业的业绩出现了较大的下滑。其中，东方航空亏损8亿余元；南方航空虽然微有盈利，但扣除非经常损益后其亏损达到5.27亿元；上海航空情况稍好，但净利润也滑落了35%。天同证券研究所张伟在《调整折旧年限航空公司受益》中指出："我国航空公司近年来经营业绩不佳，主要原因在于成本居高不下，而飞机折旧数额巨大是其中一个主要原因。据民航总局有关方面统计，在成本构成中，国外航空业飞机折旧平均占5.97%，而国内航空业则达到13%。"

财政部出台财建函正〔2002〕24号文《关于同意调整航空公司部分资产折旧年限的复函》后，航空业折旧政策的变更在一定程度上减去了相当大的成本支出。在航空公司的成本核算中，飞机折旧是航空公司最大的一笔费用，成本支出相对减少，利润也相应增加。

4. 结合案例分析，影响飞机折旧年限的因素有哪些

影响航空业固定资产折旧的因素众多，其核心问题是折旧年限的选择，选择固定资产折旧年限应考虑多个因素，如成本因素、安全因素、航空公司自身的地位、税收因素、投资因素和盈余管理因素。

（1）成本因素。由于航空产业的固定资产——飞机占总资产数额特别巨大，折旧额占总成本的比例较高，折旧年限数字上的轻微调整对航空公司的影响非同小可。2002年东方航空公司，折旧年限从原来的10～15年调整为20年，残值率由原来的飞机原值的3%调整为5%。据此推算的年折旧率是4.75%，比此项会计估计变更前的飞机年折旧率6.47%～9.7%，虽然仅仅低了3个百分点左右，但对于航空公司成本和利润的影响是巨大的。假设某航空公司有价值58亿元的飞机及飞机发动机，发生上述会计估计变更，可以推算出影响年折旧费约为0.9976亿～2.871亿元，每年几乎过亿元的利润差额。延长飞机的折旧年限，提高净残值率，会导致折旧费用大幅下降，利润显著提升。

（2）安全因素。飞机为什么要设置折旧年限？除了其与普通机器一样有其自己的使

用寿命外，人们考虑更多的是安全因素。2005年8月25日，秘鲁国家航空运输公司一架波音737客机当天在秘鲁普卡尔帕市附近坠毁，造成至少70人死亡。据悉，这架失事飞机已使用了22年。有消息称，飞机严重老化以及当天的恶劣天气可能是导致这次空难的主要原因。老化的机器设备可能导致产品质量低下，但老化的飞机可能带来空难等惨痛后果。

国际经验表明，目前国际上已投入运营的同类型飞机及发动机实际使用年限普遍超过20年，能够保证飞机及发动机保持持续安全飞行。"美国平均事故率为每百万飞行小时0.30次左右。在1994—2003年这10年里，欧美发达国家的事故率仅为每百万小时0.2次。"因此，在比较国内各其他航空公司，以及参考国际航空业的相关折旧政策后，在充分考虑安全因素的前提下，适当延长飞机折旧年限可以认为是合理的。一味地缩短飞机折旧年限，并非是提高安全因素的唯一途径，而且这样的措施会使公司在严峻的经营期间，经营成本大大提高，盈利能力下降，同时造成资源的不必要浪费。

（3）航空公司自身的地位。确定飞机的折旧年限时，影响一般固定资产折旧年限的因素固然需要考虑，但还应当考虑公司在市场上的定位，着重参与哪个市场，吸引哪些客户群，才能确定合理的折旧年限。

随着经济的发展，乘飞机旅行，已经不是只属于富有阶层的专利了，该市场对于大众的"门户开放"政策也使其获得了前所未有的发展，美国的西南航(Southwest)、欧洲的轻松喷气机公司(EasyJet)、瑞安航(Ryanair)和维尔京快运(Virgin Express)，澳洲的维尔京蓝色航(Virgin Blue)，加拿大的西方喷气机航(WestJet)等航空公司其本身的市场定位就是低档的平民阶层，靠低廉的价格与同行竞争。自然要求其要非常有效地控制成本，而它们的方法之一也就是在可能的范围内，延长飞机折旧年限，提高其残值率，以降低成本。

而阿联酋航空公司(Emirates Airlines)，其本身的市场定位就是高档的富有阶层，靠优质的服务和高质量的安全保障与同行竞争。通过缩短飞机的折旧年限加速飞机更新换代，阿联酋航空公司的机型几乎都是最新款的，机群结构非常"年轻化"，从这些航空公司获得了加速折旧带来的滚滚现金流：一是飞机年限越短，工艺越新，燃油利用效率越高，也越省油；二是通过加速更新飞机，航空公司的维修保养成本大幅降低。

（4）税收方面。航空燃油消耗在航空公司的成本中占据了主导地位。自2010年1月1日起，航空煤油进口税率上调至6%，而之前航煤进口税率为1%。进口航油税率上调主要影响各航空公司国内航线的用油成本。当时国内航油30%左右来自进口。据此测算，新加坡航煤到岸价为5 190元/吨(含关税及增值税)，进口税率上调5个百分点，导致每吨油价上涨260元，这大大增加了航空公司的运输成本。因此，很多航空公司纷纷通过延长飞机的折旧年限来降低成本，但这又直接影响了纳税额的差异及比例税制下纳税义务的时间性差异，所以航空公司应根据最优的税收筹划方案来选择适当的折旧政策。

（5）投资方面。在航空市场低迷的形势下，各大航空公司正通过内部产业整合来提升盈利能力。例如，多个航空公司成立了自己的相关产业整合平台来专门从事航空相关产业投资和管理。而航空公司这方面的投资会影响企业现金流量。而不同的折旧政策会造成企业现金流量在现值上和时间上的差异，因此，企业的投资决策在一定程度上影响了折旧政策的选择。又如,中东航空也一直以最先进、最舒适、最安全的飞机来吸引乘客,他们始终把投资放在飞机的更新换代上,这些航空公司就会对飞机选择加速折旧的政策。

(6)盈余管理。旧准则中要求直接计入资本公积并最终只能用于转增资本的项目,在新准则中大多被要求计入当期损益,因此现行的新会计准则增加了航空公司的短期利润有利于航空公司贷款融资,对航空公司产生了永久性的增利影响。换而言之,新准则在短期内会增加航空运输企业的会计利润,后续会计期间则相反。会计利润和损益表对企业的融资贷款和取得资金的成本影响很大,对于需要大量外部资金的航空运输企业而言,在盈余管理时,航空运输企业应在准则允许的范围内,合理制定会计政策。对于航空业这一资产密集型行业的企业来说,制定好合理的飞机折旧政策尤为重要。同时作出恰当的会计估计,避免各期利润的大幅波动甚至下滑,以利于企业的长期发展。

(本案例改编自上海立信会计学院2006级会计学本科生黄丽君的毕业论文《航空业固定资产折旧研究》。)

五、分析题

长期资产的寿命期虽然可跨越若干期间,但总是有限地根据收入与费用配比的原则,长期资产的取得成本必须通过折旧(或是对不可再生资源的各种矿藏的折耗)与寿命期内的收入相配比及进行收益计算。

折旧的含义:在财务会计理论中,折旧通常被视为把长期资产的原始(或现行)投入价值在其预期提供服务的期间进行分配的过程。折旧的核心问题是,如何正确确定应计入各期费用或产品成本以便和当期收入相配比的长期资产投入价值。所以,根据一般"静态定义",折旧就是把资产的成本分配给各受益期间的一种系统和合理的方法。这里的合理与否主要取决于分配额是否与预期的受益一致。但是近年来,FASB试图从动态角度来解释折旧,它在SFAC No.3中提出,长期资产使用过程中的磨损或损耗是折旧的主要原因。但由于通常无法精确地记录资产的磨损和损耗价值及其与特定受益期间的收入之间的关系,折旧才被定义为:在资产使用期间系统和合理地分配其成本的过程。

具体来看,对折旧的理解主要有下述几种基本观点。

(一)资产服务潜能的递减

AAA的概念与准则委员会认为,这就是对长期资产服务潜能的递减的计量。这种递减可能来自资产的物理损耗和使用消耗,或者是由于过分陈旧或需求变动而导致的经济损失。根据这种观点,资产的原始成本就代表资产服务潜能存贮量的价值,这些潜能将在整个寿命期内逐渐地释放出来。所以,如果这种潜能已通过使用或其他原因而部分消失即递减,长期资产的成本就要转给有关的费用、其他资产或损失账户。折旧计算就等于确定资产的原始价值在各受益期内服务潜能的递减额。但是,长期资产的服务潜能又有两种不同的含义。

1. 净收入贡献价值的递减

长期资产的服务潜能在任何时候都可以通过对其获取或使用过程中的预期现金流收入(或现金节约)的折现值来计量。

……

2. 在用资产重售价值的递减

通常,也可以利用资产的现行市价来计量折旧额,即折旧可视为在用资产按二级(旧货)市场重售价格计算的现行价值的递减。这样可以避免成本分配程序或较为主观的未来现金流入预期的不确定性。但是,这种折旧也有其缺陷。如果无法证实资产的可使用年限,可能导致在资产取得之时就要全部注销,或者仍然运用一定的摊销程序。此外,还有一些学者反对的意见是:如果资产要长期使用,则它们的现行市价对经营预测或投资人和债权人或其他外部人士对决策模型是不相关的。而且,重售价值并不能代表企业对该资产将要支付的金额。如果企业已经拥有这种资产,它可能购买其他新资产而不是旧资产。所以以重售价值的递减作为折旧额就显得不充分。

(二) 配比成本和预期收益的过程

在大多数情况下,折旧程序都是明确或含蓄地基于一个假设,即长期资产的成本转移给各受益期的份额应代表与预期的收入或各该期间净收入贡献相对应的份额。从理论上说,这种投入价值与预期收益的配比又可以采取时间调整折旧、基于成本对净收入贡献比率分配折旧、作为资产提供服务的计量等三种不同形式。

1. 时间调整折旧

这种折旧概念是利用长期资产在整个寿命期内平均内含报酬率和资产的现值公式分别计算各期的折旧额。

……

2. 基于成本对净收入贡献比率分配折旧

在这一概念中,折旧被理解为每年按固定比率把资产的成本(或其他投入价值)与有关的净收入贡献以相配比形式加以分配。这一比率就是资产的原始成本(应扣除残值)除以整个寿命期内的预期净收入贡献总额。

……

3. 作为资产提供服务的计量

折旧也可以表示为对使用资产可获得的预期服务的一种实物计量,即用预期可获得效益的非货币计量来代替对净收入贡献的货币计量。例如,以产出产品数量、可使用工作时数、可供耗用的天数或月份等生产投入与产出的中间性实物量度来确定资产的折旧。这一折旧分配模式可以根据预期产出量进行分配,或者是按预定的单位分配率对在各期间使用资产服务的实际单位数量进行分配。

(摘自葛家澍,林志军:《现代西方会计理论(第三版)》,厦门大学出版社 2011 年版,第 271-275 页。)

阅读以上材料,回答下列问题:

南方航空 2008 年后采用的折旧核算方法与以上哪种折旧观点更加契合?有无改进的空间?

六、案例公司的后续发展

(一) 重大资产重组事件

南方航空后续期间未发生重大资产重组事件。

（二）南方航空 2010—2019 年主要财务数据

表 14-6、表 14-7 和图 14-3 至图 14-5 分别展示了南方航空 2010—2019 年主要财务数据，收入和利润情况、固定资产情况、固定资产变化、净利润和固定资产减值准备。

表 14-6 南方航空 2010—2019 年主要财务数据

年份	营业收入（百万元）	归属于上市公司股东的净利润（百万元）	归属于上市公司股东的扣除非经常性损益的净利润（百万元）	经营活动产生的现金流量净额	基本每股收益（元/股）	加权平均净资产收益率
2010	77 788	5 805	4 990	12 858	0.7	38.74%
2011	92 707	5 075	4 812	13 485	0.52	17.22%
2012	101 483	2 628	2 471	13 384	0.27	8.15%
2013	98 130	1 895	1 834	11 128	0.19	5.67%
2014	108 313	1 773	1 421	15 116	0.18	5.09%
2015	111 467	3 851	3 315	25 713	0.39	10.33%
2016	114 803	5 056	4 425	26 390	0.51	12.28%
2017	127 489	5 914	5 212	21 404	0.6	12.84%
2018	143 623	2 983	2 342	19 585	0.28	5.51%
2019	154 322	2 651	1 951	38 122	0.22	4.22%

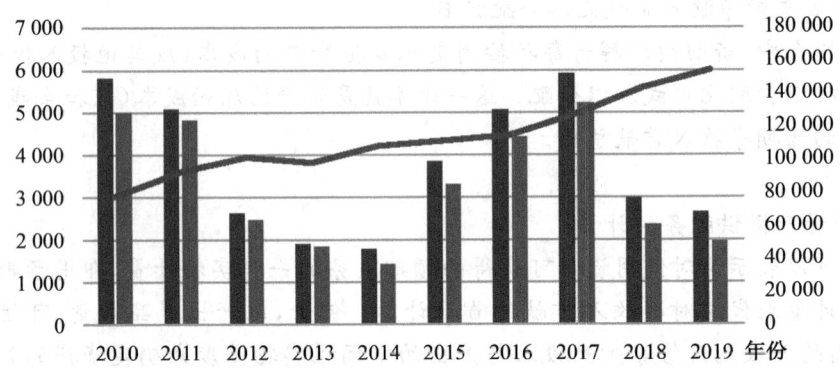

图 14-3 南方航空 2010—2019 年收入和利润变化

表 14-7 南方航空 2010—2019 年固定资产情况   单位：亿元

年度	原值	累计折旧	减值准备	净额
2010	1 218.25	401.7	19.73	796.82
2011	1 330.56	442.4	16.64	871.52
2012	1 519.26	507.19	16.16	995.91

(续表)

年度	原值	累计折旧	减值准备	净额
2013	1 786.4	575.04	18.87	1 192.49
2014	1 986.54	629.19	17.34	1 340.01
2015	2 157.93	716.41	16.98	1 424.54
2016	2 281.37	799.81	17.68	1 463.88
2017	2 463.58	864.82	16.21	1 582.55
2018	2 620.68	909.92	10.37	1 700.39
2019	1 618.52	764.9	9.88	843.74

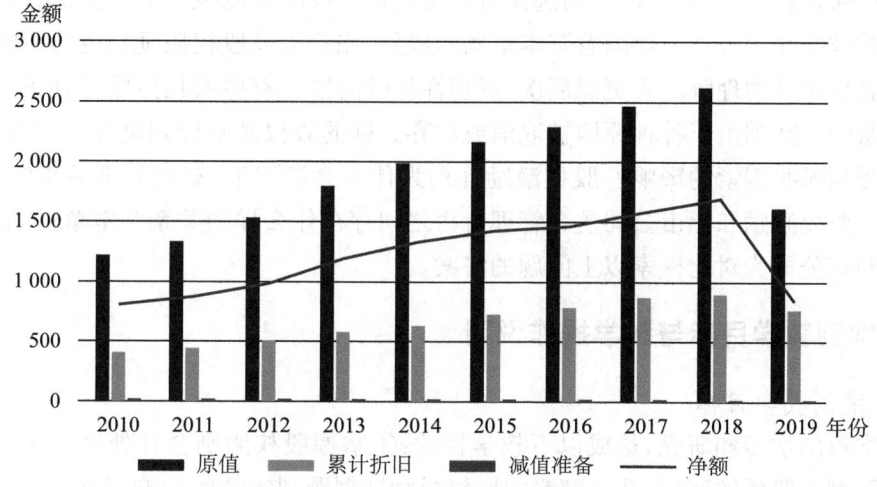

图 14-4　南方航空 2010—2019 年固定资产情况

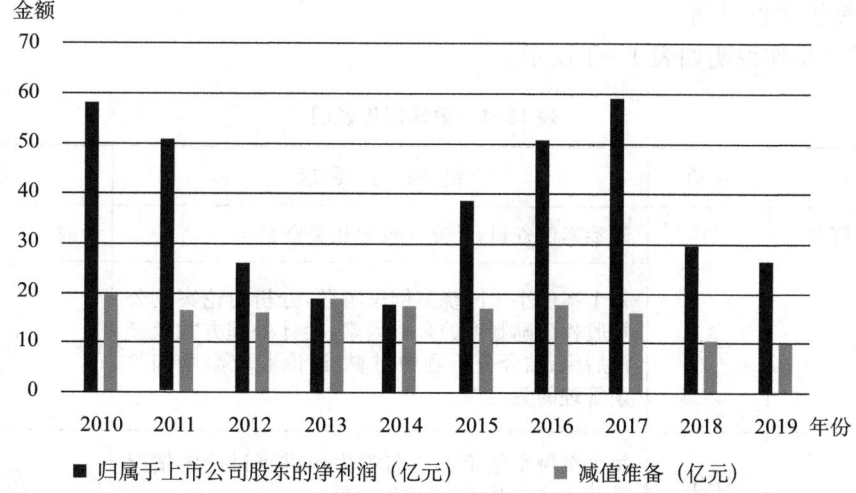

图 14-5　南方航空 2010—2019 年净利润和固定资产减值准备情况

关于案例后续发展的思考题：

航空公司的管理者可能如何利用固定资产的核算进行盈余管理？

第十五章 股权激励:勤上光电和茂硕电源的案例

近几年来,越来越多的上市公司选择对员工进行股权激励以吸引或挽留优秀人才、提升员工工作的效率和积极性。伴随着资本市场的成熟、完善以及股权激励制度的不断实践,上市公司对股权激励的理解步入更深层次、更理性化的阶段。有些股权激励计划正常实施,而有些股权激励方案则由于种种原因被取消或放弃。好的股权激励计划是什么样的?它的制定和实施受到哪些因素的影响?股权激励计划为什么会被取消,有何经济后果?如何进行会计处理?股权激励和上市公司盈余管理行为之间存在什么样的关系?本章以勤上光电与茂硕电源两家公司为对比探索以上问题的答案。

一、案例教学目标与教学操作说明

(一)案例教学目标

通过本章的学习和研究,达成以下教学目的:①掌握股权激励会计处理方法;②熟悉股票期权和限制性股票的区别;③了解影响股权激励计划顺利实施的影响因素;④了解取消股权激励计划可能的经济后果;⑤了解股权激励和盈余管理的关系。

(二)教学操作说明

本章教学操作说明如表15-1所示。

表15-1 教学操作说明

内 容	主角	组 织 与 要 求	时间
阅读案例资料	学生	熟悉案例资料,补充并收集相关资料	课前
案例讨论	学生	每个案例小组围绕案例思考题,分析讨论案例公司股权激励制度的影响因素、会计处理方式及经济后果;结合分析题中材料,讨论股权激励和盈余管理的关系	20~30分钟
演讲	学生	每个案例小组推荐1名学生演讲其讨论的情况及其达成的共识、产生的分歧	35~45分钟
点评	老师	点评案例小组讨论情况并引导其对问题的正确理解和深入分析	15~25分钟

二、公司背景及案例介绍

1. 公司背景介绍

东莞勤上光电股份有限公司(以下简称"勤上光电",股票代码 002638),1994 年 11 月 7 日首次在东莞市工商行政管理局注册。根据证监会"证监许可〔2011〕1745 号文"《关于核准东莞勤上光电股份有限公司首次公开发行股票的批复》的核准,2011 年 11 月 25 日深圳证券交易所中小板挂牌上市,并于 2011 年 12 月 25 日完成工商变更登记手续。法人代表李旭亮。截至 2011 年年末,公司控股股东为东莞勤上集团有限公司(控股 25.9%),实际控股人李旭亮、温琦夫妇直接或间接持有公司 27.01%的股份。此外公司没有其他持股 10%以上的法人股东。2011 年归属于上市公司股东扣除非经常性损益后净利润为 11 257.49 万元,经营活动产生现金流量净额为 11 561.33 万元,资产总额 239 276.56 万元,归属于上市公司股东的所有者权益为 200 640.50 万元,基本(稀释)每股收益 0.86 元/股,扣非后加权平均净资产收益率 11.61%,资产负债率 15.49%。主营业务为 LED 功能照明。经营范围:LED 照明产品及 LED 驱动电源等生产与销售。主要产品及劳务:LED 道路照明、景观等各类照明、特种照明等产品。公司目前拥有多项授权专利,在配光、控制、热管理三方面一直保持行业内领先地位。公司是广东省 LED 产业联盟主席单位,承担国家、省级的众多科研任务,如"十二五"半导体照明应用系统技术集成与示范项目。此外,与清华大学等高校展开 LED 应用的产学研合作。

茂硕电源科技有限公司(以下简称"茂硕电源",股票代码 002660),所处行业为"电气设备制造业",经营范围:LED 智能驱动电源,高密度模块电源,高频变压器的研发、生产和销售。主要产品及提供的劳务:消费电子类电源、LED 驱动电源的生产和销售。公司在 LED 驱动电源方面获得多项专利授权,逐步完善公司单个功能电源到智能系统的整个产品线。另外,公司在半导体照明工程研发方面荣获多项奖项,巩固了茂硕品牌在行业中的地位。根据证监会"证监许可〔2012〕186 号"文《关于核准深圳茂硕电源科技股份有限公司首次公开发行股票的批复》核准,公司股票于 2012 年 3 月 16 日在深圳证券交易所中小板挂牌交易,并于 2012 年 3 月 26 日完成了工商变更手续。

我国的 LED 产业起步于 20 世纪 70 年代,现已形成深圳、上海等多个国家半导体照明产业化基地,产品广泛应用于景观照明和普通照明领域。行业发展迅速,企业数量众多,但规模普遍较小,产业链不完整。核心技术和专利基本被国外垄断,国内企业只能将目光集中在技术含量较低的下游应用市场。2012 年,国内外经济形势复杂,全球 LED 照明需求低于预期,产能过剩,导致行业价格竞争加剧,整个行业的净利润水平同比 2011 年有一定程度的下滑。尽管如此,在国家政策的扶持和推动下,我国 LED 产业热潮不减,加大技术研发力度,在低利润中创增长。而面对行业中的竞争无序,市场扩张过快,产品质量参差不齐,未来行业整合将继续扩大,市场份额将越来越向少数品牌企业集中。两家案例公司主要业务为 LED 产品生产、销售。

2. 勤上光电股权激励计划——股票期权

勤上光电股权激励计划制定、颁布、实施与取消的过程见表 15-2 所示。

表 15-2　勤上光电股票期权激励计划过程

时　间	会　议	内　容
2012 年 5 月 16 日	第二届董事会第十一次会议、第二届监事会第九次会议	首期计划草案
2012 年 7 月 9 日	第二届董事会第十三次会议、第二届监事会第十次会议	由于公司首期股权激励计划对象中 5 人已经不在公司任职,故激励对象从原 119 名变更为 114 名,拟授予的股票期权数量由原 470 万份调整为 455.8 万份
2012 年 7 月 25 日	2012 年第二次临时股东大会审议	授权董事会在公司出现资本公积转增股份、派送股票红利、配股、缩股或派息等事项时,按照股票期权激励计划规定的方法对股票期权数量和行权价格进行调整,在激励对象符合条件时向激励对象授予股票期权并办理授予股票期权所必需的全部事宜等
2012 年 7 月 25 日	第二届董事会第十四次会议、第二届监事会第十一次会议	鉴于公司于 2012 年 5 月 29 日实施 2011 年度"10 转 10,10 派 1"权益分派方案,按照股票期权激励计划规定的方法对股票期权数量和行权价格进行调整,公司股票期权激励计划授予期权数量由 455.8 万份调整为 911.6 万份,股票期权行权价格由 29.40 元调整为 14.65 元;确定授予日为 2012 年 7 月 25 日
2012 年 8 月 24 日	—	公司于中国证券登记结算有限公司深圳分公司完成了股权激励计划并授予股票期权登记工作
2012 年 12 月 28 日	第二届董事会第十八次会议	终止实施公司首期股票期权激励计划,并注销已授予的股票期权 911.6 万份
2013 年 2 月 27 日	2013 年第一次临时股东大会	—
2013 年 5 月 29 日	—	经中国证券登记结算有限责任公司深圳分公司审核确认,公司日前已完成全部已授予股票期权注销事宜

资料来源:巨潮资讯网。

3. 茂硕电源股权激励计划——限制性股票

茂硕电源股权激励计划制定、颁布、实施与取消的过程见表 15-3 所示。

表 15-3　茂硕电源限制性股票激励计划过程

时　间	会　议	内　容
2012 年 8 月 13 日	第二届董事会 2012 年第六次临时会议、第二届监事会 2012 年第四次临时会议	首期计划草案
2012 年 9 月 21 日	—	公司获悉草案经中国证监会备案无异

(续表)

时间	会议	内容
2012年10月26日	第二届董事会2012年第十次临时会议、第二届监事会2012年第七次临时会议	调整激励计划对象从72名变更为46名
2012年11月23日	第二届董事会2012年第二次定期会议和第二届监事会2012年第二次定期会议	确定授予日为2012年11月23日,并开始实施限制性股票的授予工作
2012年12月26日	—	公司完成了第一期股权激励计划登记工作,上市时间为2012年12月28日
2013年2月1日	第二届董事会2013年第一次临时会议、第二届监事会2013年第一次临时会议	原激励对象张爱花等3人因个人原因离职,已不符合激励条件,同意公司回购注销其持有的公司限制性股份共计15.7万股,回购价格为9.2元/股,回购注销后,公司总股本变更为9 863.18万股
2013年5月30日	2012年年度股东大会	以总股本9 863.18万股为基数,"10派1,10转10"进行利润分配,并对激励计划股票数量和价格进行调整,数量变更为310.36万股,授予价格变更为4.55元/股
2013年9月9日	第二届董事会2013年第八次临时会议、第二届监事会2013年第八次临时会议	原激励对象皮远军等4人因个人原因离职,已不符合激励条件,公司回购注销其4人持有转增后的公司限制性股票共计56万股,回购价格为4.55元/股,由此公司总股本将变更为19 670.36万股
2013年11月5日	第二届董事会2013年第十一次临时会议、第二届监事会2013年第十一次临时会议	公司拟终止目前正在实施的限制性股票激励计划,以每股4.55元的价格回购并注销26名激励对象已授予但尚未解锁的限制性股票254.36万股,占目前公司总股本19 726.36万股的1.29%,由此本公司总股本将变更为19 416万股;预留部分限制性股票自动取消
2013年12月27日	—	公司已完成回购注销上述限制性股票

资料来源:巨潮资讯网。

4. 勤上光电与茂硕电源股权激励计划比较

表15-4 勤上光电与茂硕电源激励计划比较表

公司名称	勤上光电	茂硕电源
激励模式	股票期权	限制性股票
股票来源	定向发行	定向发行
授予日	2012-7-25	2012-11-23
有效期	4年	5.5年

(续表)

公司名称	勤上光电	茂硕电源
行权/解锁条件	组合业绩条件：净利润增长率＋加权平均净资产收益率（以2011年归属于上市公司股东扣除非经常性损益后的净利润为基数，2012、2013、2014年净利润增长率分别不低于20%、45%、75%；2012、2013、2014年加权平均净资产收益率分别不低于6.5%、7%、7.5%）	组合业绩条件：净利润增长率＋净资产收益率（以2011年归属于上市公司股东扣除非经常性损益后的净利润为基数，2013、2014、2015年净利润增长率分别不低于25%、50%、80%，2013、2014、2015年净资产收益率分别不低于8%、9%、10%）
期间是否进行利润分配	是	是
行权价格/授予价格	—	—
① 利润分配前价格	29.40	9.20
② 利润分配后价格	14.65	4.55
终止时股价（除权后价格）	10.60	8.06
终止时股价/行权价格	0.723 549 488	1.771 428 571
终止时间	2012-12-28	2013-11-5
终止前进度	首次授予登记完成	首次授予登记完成
终止原因	外部原因导致公司业绩增长受影响（经济证券市场环境变化大，公司业绩增长受影响，股价明显低于行权价格）	外部原因＋内部原因导致经营业绩增长不如预期（市场竞争激烈、产品毛利率下降，受企业用工成本、外汇损失、新设总部办公场所、新增租金等期间费用影响）
是否加速行权	是	是
期权总成本(元)	35 814 900.00	3 993 486.97
终止前已经计提的股份支付费用(元)	9 305 500.00	147 341.09
加速行权的费用(元)	26 509 400.00	3 846 145.88
对报表影响	仅在等待期以及终止计划影响资本公积、管理费用，在行权后才能对股本产生影响	授予日影响货币资金、股本、资本公积；等待期以及回购注销影响货币资金、股本、资本公积、费用、现金流

资料来源：公司公告。

5. 勤上光电与茂硕电源股权激励计划差异说明

通过表15-4对比，两个方案存在以下差异：首先，勤上光电的股票期权计划的有效期比茂硕电源的限制性股票计划有效期短1.5年，实际有效期长度差为0.5年（茂硕电源计划设有预留股，将在激励计划首次授予日起1年内授予技术员工），有效期长度差异以及分批行权方式直接导致茂硕电源计划等待期比勤上光电计划的等待期长0.5年；其次，从行权/解锁条件来看,两个方案均采用业绩组合条件,主要差异在于茂硕电源对指标要求更加严格,达到指标难度更大;对比期权总成本,可以追溯到两方案的授予规模,明显地,勤上光电授予数量更多,对技术员工的激励强度更大;两个方案最终取消都存在外部因素影响,勤上光电直接受资本市场的影响而股价表现不佳,茂硕电源基于市场环境变动使公司经营受到影响,公司内部成本费用不良,我们认为其取消计划的直接原因是公司自身经营问题导致业绩增长受影响(外部市场仅仅作为导火线,并不直接作用在茂硕电源经营额业绩上)。

三、案例思考题

1. 总结2家公司股权激励计划设置的区别,你认为哪个计划更优?
2. 2家案例公司股权激励计划授予日、等待期(锁定期)内资产负债表日、取消计划日(回购注销日)应如何进行会计处理?对财务报表有何影响?
3. 结合案例分析,股权激励计划的制定和实施,可能受到哪些因素的影响?
4. 结合案例分析,公司取消股权激励计划可能的原因有哪些?
5. 结合案例分析,取消股权激励计划有何经济后果?

四、案例分析参考与提示

1. 总结2家公司股权激励计划设置的区别,你认为哪个计划更优

1) 有效期

计划有效期包含等待期(锁定期)与行权期(解锁时期)。为了避免套现行为,《上市公司激励股权激励管理办法(试行)》规定等待期长度应该大于等于1年。而在行权(解锁)时,绝大部分的公司选择分批行权(解锁)。勤上光电股票期权计划有效期为4年;茂硕电源限制性股票计划最长有效期为5.5年(首次授予计划有效期4.5年,预留股在本计划首次授予起1年内授予)。若为股票期权,激励对象在等待期内实际上未从企业获得股票期权;若为限制性股票,激励对象认购的限制性股票在锁定期内禁止转让。案例公司有效期结构的描述如表15-5所示。

表 15-5 案例公司有效期结构的描述

公司	激励模式	可行权方式	等待期(锁定期)构成	行权期(解锁期)构成
茂硕电源	限制性股票	分3期解锁	1.5年、2.5年、3.5年	1年、1年、1年
勤上光电	股票期权	分3期行权	1年、2年、3年	1年、1年、1年

根据向琳(2012)[①]的研究,电子制造行业股权激励有效期平均值为4年。合理的有效期既可以避免经理人的短期行为、实现长期激励作用,又可以避免时间过长带来的负面影响。若有效期过长,在我国股权激励计划相关法律、法规尚不成熟完善的情况下,可能遇上政策的变动带来的负面影响。有效期过长对公司未来经营业绩预测也存在一定困难,制定的股权激励行权条件可能跟不上现实条件的变化。

---

① 向琳.股权激励模式的选择[D].华东师范大学,2012.

2) 授予规模

股权激励计划设计的时候,应该考虑经理人的目标效用,通过赋予其一定数量股权使其通过个人努力享有企业的剩余索取权。在分析授予规模的时候,应确切把握股票的绝对量与激励额度(激励额度是指激励对象授予的股票数量占总股本的比例),观察其对股东财富的稀释作用,是否存在过度激励或者激励不足的情况。Morck(1998)研究指出:"当管理层持股比例在0~5%区间内时,管理层持股有助于降低代理成本,从而改善企业业绩,股权激励会出现正效应,管理层持股越接近5%,激励效果越好。"

从数量和占公司总股本比例来看,两公司的激励额度在0~5%上区间内,并且符合"全部激励计划占总股本不超过10%,个人激励份额不超过1%"的有关规定,如表15-6、表15-7所示。单从规模和额度上看两个激励计划都是合理的。勤上光电的总股本为37467万股,茂硕电源总股本为9863.18万股,总股本的规模导致了授予股票数量上的巨大差异的错觉。从管理层与技术人员的持股比例来看,勤上光电对技术人员的激励强度更大一些。通过简单计算,勤上光电激励计划中技术人员人数多,分配到个人的股票数量也多于茂硕电源。

表15-6 茂硕电源限制性股票分配情况

姓名	职务	实际认购限制性股票数量(万股)	占授予限制性股票总数的比例	占目前总股本的比例
皮远军	董事、总经理	10	4.978%	0.103%
秦传君	董事、副总经理、财务总监	9.88	4.918%	0.102%
涂洪滨	副总经理	10	4.978%	0.103%
程春金	副总经理	8	3.982%	0.082%
方吉槟	副总经理、董事会秘书	5	2.498%	0.051%
中层管理人员、核心业务(技术)人员(28人)		128	63.720%	1.319%
预留限制性股票		30	14.978%	0.309%
合计(33人)		200.88	100%	2.069%

资料来源:《茂硕电源关于限制性股票授予完成公告》。

表15-7 勤上光电股票期权分配情况

类别	姓名	职务	授予股票期权数量(万份)	占本次授予股票期权总数的比例	占《激励计划(草案修订稿)》签署时公司总股本的比例
董事、高级管理人员	黄冠志	董事、总经理	26	2.852%	0.069%
	毛晓斌	副总经理兼财务总监	30	3.291%	0.080%

(续表)

类别	姓名	职务	授予股票期权数量（万份）	占本次授予股票期权总数的比例	占《激励计划（草案修订稿）》签署时公司总股本的比例
董事、高级管理人员	祝炳忠	副总经理	24	2.633%	0.064%
	李保亭	副总经理	10	1.097%	0.027%
	孙伟华	副总经理	16	1.755%	0.043%
	徐来添	副总经理	8	0.878%	0.021%
	黄锦波	副总经理	20	2.194%	0.053%
	韦莉	董事会秘书	18	1.975%	0.048%
核心业务（技术）骨干	—	共106人	759.6	83.326%	2.027%
总计			911.6	100.00%	2.433%

资料来源：《东莞勤上光电股份有限公司关于公司首期股票期权授予登记完成的公告》。

3）行权/解锁条件与激励效果评价

茂硕电源限制性股票激励计划和勤上光电股票期权激励计划均采用了"净利润增长率+净资产收益率（加权平均）"模式作为业绩评价标准。

茂硕电源限制性股票激励草案在2012年8月推出，此后的9月至12月间加权平均资产收益率呈上升趋势，如图15-1所示，并且稳定在8.6%左右，由于净利润的下降，2013年资产收益率大幅下降，2013年3月31日降至1.02%，之后虽然逐渐上升，但幅度不大，预计无法实现"2013年资产负债率达到8%"的解锁条件。

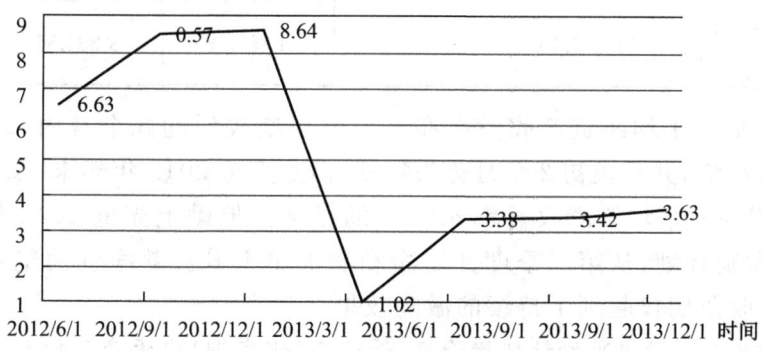

图15-1 茂硕电源2012—2013年加权平均净资产收益率

可见，在计划推出的初期起到了激励效应，但激励作用维持时间不长。茂硕电源公司净利润自2011年至2013年，波动较大，2012年第三、第四季度呈上升趋势，但2013年表现平平，尤其是第一季度降至844.8万元。由此观察以2011年为基数的净利润增长率，一直总体呈下降趋势，在2012—2013年度任何的时段，从未达到"25%"。从解锁条件的业绩要求来看,茂硕电源的限制性股票计划只有短暂的激励效果。

表 15-8　茂硕电源 2011—2013 年扣非后归属于母公司股东的净利润

时间 项目	2011-12-31	2012-6-30	2012-12-31	2013-6-30	2013-12-31
扣非后归属于母公司股东的净利润(万元)	5 379.02	2 930.89	4 721.94	2 312.59	2 359.56
以 2011 年净利润为基数,增长率	—	−45.51%	−12.22%	−57.01%	−56.13%

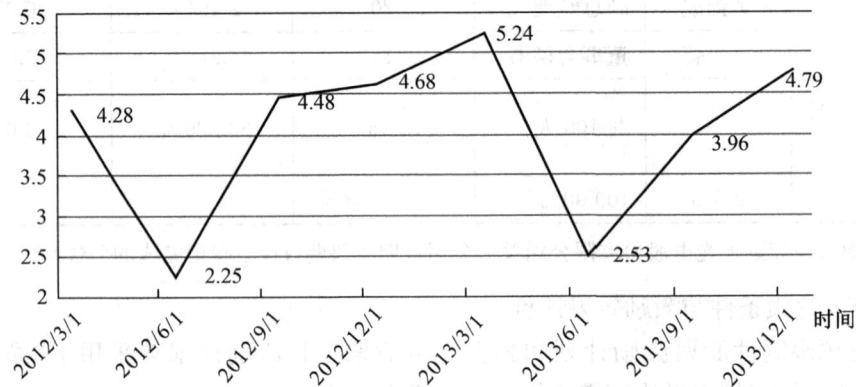

图 15-2　勤上光电 2012—2013 年加权平均净资产收益率

表 15-9　勤上光电 2011—2012 年扣非后归属于母公司股东的净利润

时间 项目	2011-12-31	2012-6-30	2012-12-31	2013-6-30	2013-12-31
扣非后归属母公司股东的净利润	11 257.49	1 366.13	3 759.46	8 231.31	8 901.40

勤上光电加权平均净资产收益率在推出股票期权后的几个月内(2012 年 7 月至 12 月)呈上升趋势,并且最初 2 个月势头猛烈,但是直至 2012 年年末,该指标仍未达到"2012 年实现加权平均资产收益率 6.5%"的目标。但勤上光电 2012 年 5 月首次提出股票期权激励计划,从第二季度开始净利润稳定上升。就净利润绝对值和发展而言,勤上光电股票期权起到了持续的激励效果。

2. 2 家案例公司股权激励计划授予日、等待期(锁定期)内资产负债表日、取消计划日(回购注销日)应如何进行会计处理? 对财务报表有何影响

1) 勤上光电股票期权会计处理

① 授予日(2012 年 7 月 25 日):

授权日不能行权,无需进行会计处理。

② 等待期内资产负债表日(2012 年下半年按月摊销):

选择 Black-Scholes 估值模型对股票期权的公允价值进行计算,得出每份股票期权公允

价值为 4.38 元,可行权人数 101 人,期权数量 816.2 万股,期权总成本为 3 581.49 万元,2012 年下半年需要确认费用为 930.55 万元。会计分录如下(单位:万元):

借:管理费用——股权支付费用　　　　　　　　　　　　　　　　　　　930.55
　　贷:资本公积——其他资本公积　　　　　　　　　　　　　　　　　　　　930.55

对财务报表影响:资本公积与费用同时增加 930.55 万元,净资产增加 930.55 万元,利润减少 930.55 万元。

③ 取消计划日:

根据准则规定,对于 2012 年已经计提的 930.55 万元股份支付费用不予转回;对应在剩余等待期内确认的股份支付费用 2 650.94 万元进行加速提取;由于激励对象离职不再符合激励条件而导致股权自动作废的股份支付费用不再计提。会计分录如下(单位:万元):

借:管理费用——股份支付费用　　　　　　　　　　　　　　　　　　　2 650.94
　　贷:资本公积——其他资本公积　　　　　　　　　　　　　　　　　　　2 650.94

对财务报表影响:资本公积与费用同时增加 2 650.94 万元,净资产增加 2 650.94 万元,利润减少 2 650.94 万元。

④ 综上,本次股票期权激励计划对 2012 年度公司财报影响:净资产增加 3 581.49 万元(资本公积),利润减少 3 581.49 万元(管理费用)。基本每股收益下降。股票期权激励计划对股本和现金流量的影响在行权时产生,取消股票期权计划对其不产生影响。

2) 茂硕电源限制性股票会计处理

① 授予日:

确认股本和资本公积。会计分录如下:

借:银行存款　　　　　　　　　　　　　　　　　　　　　　　　　　15 720 960
　　贷:股本　　　　　　　　　　　　　　　　　　　　　　　　　　　　1 708 800
　　　　资本公积——股本溢价　　　　　　　　　　　　　　　　　　　14 012 160

对财务报表影响:货币资金增加 15 720 960 元,本次募集的资金全部用于补充流动资金,本报告期筹资活动现金流入较上年同期增加 237.21%,是由 2012 年 3 月公司公开发行股票及推出限制性股票计划而筹集到的资金;股本增加 1 708 800 元,变更后股本为 98 788 800 元;资本公积(股本溢价)增加了 14 012 160 元,截至 2012 年 12 月 31 日,公司资产负债率为 25.48%,较期初下降 23.29%。本次限制性股票授予完成后,股本变更为 98 788 800 股,2012 年扣除非经常性损益后归属于公司普通股股东的基本每股收益为 0.46 元(摊薄)。

② 锁定期内资产负债日(2012 年):

在限制性股票授予日,激励对象取得了公司支付的兑现权利受到限制的权益工具,每份权益工具在授予日的价值为 6.49 元。授予日权益工具公允价值总额为 536.567 9 万元,限制性股票费用总成本将在股权激励计划的实施过程中按照解锁比例进行分期确认。2012 年限制性股票成本摊销金额为 162 248 元,2013 年 1 月公司 3 位激励对象离职,公司收回已经对此 3 位员工的 15.7 万股限制性股票,自动失效。同时调整 2012 年费用摊销金额为 147 341.09 元。会计分录如下:

借：管理费用——股份支付　　　　　　　　　　　　　　　　　　　　　　　147 341.09
　　贷：资本公积——其他资本公积　　　　　　　　　　　　　　　　　　　　　147 341.09

对报表影响：净资产增加 147 341.09 元（资本公积——其他资本公积），利润减少 147 341.09 元（管理费用）。

③ 回购注销（因员工离职不再符合激励条件）：

员工离职不再符合激励条件。公司应将已授予其但尚未解锁的全部股份回购并注销。"回购"仅作相应的减资程序，不影响限制性股票计划实施。会计分录如下：

借：股本(157 000＋560 000)　　　　　　　　　　　　　　　　　　　　　717 000
借：资本公积——股本溢价　　　　　　　　　　　　　　　　　　　　　　 3 275 400
　　贷：银行存款(157 000×9.2＋560 000×4.55)　　　　　　　　　　　　　 3 992 400

对财务报表影响：货币资金减少 3 992 400 元，股本变更为 196 703 600 元（由于 2013 年 7 月进行 2012 年度利润分配，在第二次回购前股本为 19 726.36 万股，已授予的限制性股票数量变更为 310.36 万股）。

④ 取消计划：

回购并注销 26 名激励对象尚未解锁的限制性股票 254.36 万股，回购价 4.55 元/股，公司新股本为 19 416 万股；预留限制性股票自动取消。公司本次回购资金 2 543 600×4.55＝11 573 380（元），系公司自有资金。根据准则规定，对已经计提的股份支付费用不予转回，对于原本应在剩余等待期内（2014—2016 年）确认的期权费用（1 140 996.17 元、1 140 996.17 元、449 742.95 元）在 2013 年加速计提，于是预计在 2013—2016 年摊销的费用合计 3 846 145.88 元，均在 2013 年确认，计入当期损益，并确认资本公积。

会计分录如下：

① 借：股本　　　　　　　　　　　　　　　　　　　　　　　　　　　　　2 543 600
　　借：资本公积——股本溢价　　　　　　　　　　　　　　　　　　　　　 9 029 780
　　　　贷：银行存款　　　　　　　　　　　　　　　　　　　　　　　　　11 573 380
② 借：管理费用——股份支付　　　　　　　　　　　　　　　　　　　　　 3 846 145.88
　　　　贷：资本公积——其他资本公积　　　　　　　　　　　　　　　　　 3 846 145.88

对报表影响：货币资金减少 11 573 380 元，股本减少 2 543 600 股，资本公积减少 5 183 634.12 元，费用增加 3 846 145.88 元，对净资产和利润均产生影响。

⑤ 综上，从茂硕电源本次限制性股票激励计划全过程来看，货币资金增加 155 180 元，股本从 9 708 万股变更为 19 416 万股，公司本次终止实施限制性股票激励计划并回购注销已授予限制性股票，累计应确认的激励费用为 3 993 486.97 元，其中 2012 年度 147 341.09 元，2013 年度 3 846 145.88 元。

3. 结合案例分析，股权激励计划的制定和实施，可能受到哪些因素的影响

从逻辑上应该对文中两个案例公司的特征以及公司治理进行分析，确切把握两个公司的异同。就公司特征分析，将探讨公司规模、资本结构、公司成长性、自由现金流量；同时，从股权集中度、货币薪酬角度描述公司治理状况。

1) 公司特征

表 15-10　2011—2013 年茂硕电源与勤上光电主要财务指标　金额单位：万元

时间	2011-12-31		2012-12-31		2013-12-31	
公司名称	茂硕电源	勤上光电	茂硕电源	勤上光电	茂硕电源	勤上光电
收入	55 457.17	76 930.42	55 003.07	82 166.83	60 675.65	114 051.37
资产总计	43 796.26	239 276.56	91 711.56	299 067.38	103 365.03	318 017.70
负债总计	21 361.46	37 053.21	23 365.85	85 375.56	34 134.06	95 841.60
归属母公司股东权益	22 389.38	200 640.50	68 234.37	212 867.64	68 568.33	221 402.31
经营活动产生的现金流量净额	3 541.41	11 561.33	467.58	10 665.02	587.75	1 332.57
期末现金及现金等价物余额	8 873.74	132 581.59	38 783.56	169 526.93	19 287.94	159 657.54
资产负债率	48.77%	15.49%	25.48%	28.55%	33.02%	30.14%
营业总收入同比增长率	13.84%	39.3%	−0.82%	6.81%	10.31%	38.8%
资产总计相对于年初增长率	5.55%	95.69%	109.41%	24.99%	12.71%	6.34%
经营性现金净流量/营业总收入	6.39	15.03	0.85	12.98	0.97	1.17

资料来源：Wind 资讯。

从两个案例公司的主要财务指标，如表 15-10 所示。可以看出存在以下差异：

在公司规模方面，勤上光电公司大于茂硕电源，主要体现在资产总额的大幅差距上。两个公司分别于 2011 年 11 月和 2012 年 3 月上市，目前 2 家公司致力于成长扩张，相应地，对风险也较为偏好。公司资产规模庞大为其进行风险决策、投资提供有力保障。

在资本结构方面，茂硕电源 2011 年资产负债率将近 50%，勤上光电 2011 年由于收到向社会发行股票募集的资金，资产负债率仅 15.49%。随着两公司的陆续上市，两者资产负债率的差额相对稳定，并且该指标都在增大。

在公司成长性方面，勤上光电收入比茂硕电源多，同比增长率高。Wind 资讯数据显示，从 2011—2013 年年底，行业整体表现低迷，总体销售接单量下降，2 家企业也受到一定程度影响，茂硕电源 2012 年营业收入同比增长率为−0.82%。2013 年回暖，勤上光电反应较快，各季度营业收入同比增长率均高于茂硕电源。从企业成长性来看，勤上光电未来前景占优。

在现金流量规模以及现金流质量方面，两者资金充裕，勤上光电优于茂硕电源，尤其是 2011 年上市募集资金后，资金充足。茂硕电源于 2012 年 3 月公开向社会发行股票募集资金，限制性股票推出后定向从激励对象处募集资金，丰富了公司的现金，同时为日后可能存在的回购储备资金。因此推测，定向发行的限制性股票计划具有筹集资金作用；当公司现金流量充足的时候，上市公司更倾向于选择股票期权。

2）股权集中度

表 15-11　勤上光电 2011—2013 年股东持股比例

年份	2011	2012	2013
第一大股东持股比例	25.90%	26.06%	26.94%
前 5 名股东持股比例之和	37.39%	37.38%	35.26%

茂硕电源公司实际控制人顾永德,总控股比例 37.55%。勤上光电公司实际控制人李旭亮夫妇,总控股比例 28.05%。2 家公司第一大股东持股比例均在 30% 左右,并且前 5 名股东持股比例较高,其中茂硕电源前 5 名股东持股比例接近 50%,勤上光电为 35% 左右。就股权集中度而言,茂硕电源略高于勤上光电,如表 15-12 所示。

表 15-12　茂硕电源 2012—2013 年高管薪酬表

年份	2012	2013
薪酬	254.33	355.24
高管持股比例	19.83%	15.88%
期末总股数	9 878.88	19 116.00
薪酬与高管期末持股市值合计	32 951.21	29 077.17
薪酬占薪酬与期末持股市值合计比例	0.77%	1.22%

3）高管持股比例与货币性薪酬

茂硕电源根据公司年度财务预算、经营管理目标和生产经营指标制定薪酬制度,将高管薪酬回报与绩效目标完成情况挂钩,实施限制性股票激励计划,不断地完善激励机制,参见表 15-12 所示。勤上光电在报告期内根据公司的经营状况和个人的业绩及综合表现,对高级管理人员采取"年薪＋绩效"的方式实施考核,如表 15-13 所示。同时实行首期股票期权激励计划,不断优化适应市场需求的薪酬体系和业务管理制度,吸引行业中高端人才。吕长江等(2011)通过实证检验,得出高管的货币薪酬总额影响公司股权激励的选择[①]。

表 15-13　勤上光电 2011—2013 年高管薪酬表

年份	2011	2012	2013
薪酬	376.80	370.80	323.05
高管持股比例	4.46%	4.29%	2.94%
期末总股数	18 733.50	37 467.00	37 467.00
薪酬与高管期末持股市值合计	22 900.80	17 393.45	12 717.85
薪酬占薪酬与期末持股市值合计比例	1.65%	2.13%	2.54%

---

① 吕长江,郑慧莲,严明珠,许静静.上市公司股权激励制度设计:是激励还是福利[J].管理世界,2009(09).

4. 结合案例分析,公司取消股权激励计划可能的原因有哪些

1) 市场反应

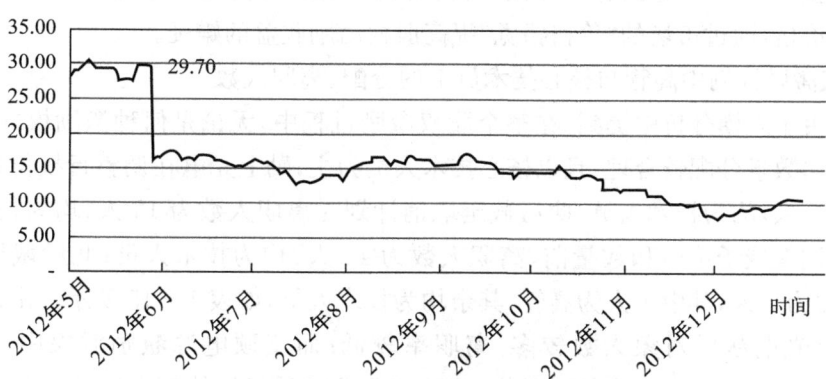

图 15-3　勤上光电股价走势(2012.5 — 2012.12)

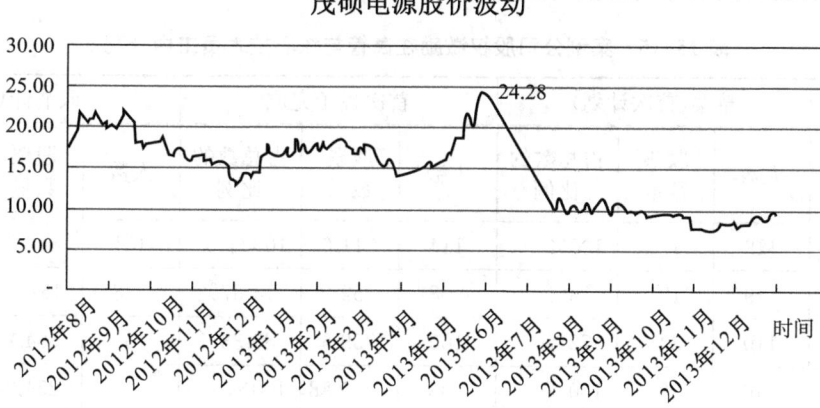

图 15-4　茂硕电源股价走势(2012.8 — 2013.12)

表 15-14　事件日股价/行权价格

公布日股价/ 行权价格	草案公布日/ 行权价格	修订稿公布日/ 调整后行权价格	终止时股价/ 调整后行权价
勤上光电	1	0.960 409 556	0.723 549 5
茂硕电源	2.294 565 217	3.582 417 582	1.771 428 6

通过对 2 家企业在股权激励计划实施全过程中的股价波动情况分析,发现:

① 利用钱龙证券分析软件对 2012—2013 年 LED 电子制造行业股价趋势进行分析,发现市场环境不好,股价表现普遍较低迷。

② 在股权激励全过程内,2 家公司的股价总体下滑,勤上光电股价极差为 21.94 元(29.88—7.94);茂硕电源股价极差为 16.67 元/股(24.28—7.61);市场对两公司的股权激励计划表现出极大的负面反应。

③ 2家公司都进行了派、转股分配方案,股票价格大幅下降,但从此后的波动情况来看,市场反应仍略显平淡,如图15-3、图15-4、表15-14所示。基于股利分配方案,公司对股权激励计划调整了行权价格和数量,降低了行权价格或授予价格,存在经理人利用提高送、转股降低行权价格,通过市场的"价格错觉"提高股权激励收益的嫌疑。

2) 股权激励计划中高管与核心技术员工的分配、离职人数

上文在授予规模分析中提到,在整个股权激励过程中,无论是何种激励模式,高管与技术人员的股票数量分配较合理,且以核心技术人员为主;勤上光电在调整行权价格和数量前离职人数为5人,均为技术人员,此后截至取消计划时离职人数为13人,均为技术人员;茂硕电源在为调整授予价格和数量前,离职人数为11人,均为技术人员;此后截至取消计划时,离职人数为7人,其中1人为高管,其余均为技术人员,如表15-15所示。由以上数据看出,基于勤上光电激励对象人数较多,离职率较低;而茂硕电源激励对象中离职率高达43.48%,甚至出现了高管人员离职现象,离职情况尤其明显地体现在因利润分配而调整回购价的时候。离职率的提高表明,股权激励计划不仅没有起到挽留员工的效果,从某种程度上也成为取消股权激励计划的推动因素。

表15-15 案例公司股权激励在高管与核心技术员工中分配

项目	草案(首次计划)			首次授予完成			取消计划时		
	人数	股票数量	占总数的比例	人数	股票数量	占总数的比例	人数	股票数量	占总数的比例
勤上光电	119	470	100%	114	911.6	100%	101	816.2	100%
高管	9	132	28%	8	152	16.67%	8	152	18.62%
技术人员	110	338	72%	106	759.6	83.33%	93	664.2	81.38%
茂硕电源	46	336	100%	33	200.88	100%	26	254.36	—
高管	5	72	21.43%	5	42.88	21.35%	4	—	—
技术人员	41	234	69.64%	28	128	63.72%	22		
预留股	—	30	8.93%	—	30	14.93%			

3) 公司业绩

两个案例公司均未能达到行权条件中关于业绩的要求,结合行业环境,可以估计公司未来业绩未能达到预期要求,股权激励计划的预期激励效果难以实现,因此取消股权激励方案。

5. 结合案例分析,取消股权激励计划有何经济后果

取消股权激励计划事件本身可能会引起上市公司股票价格波动;主动取消股权激励计划和放任失效的激励计划会计处理有所不同,对企业当年的利润指标有直接影响。我国资本市场还在逐渐完善的过程中,股权激励计划的取消通过其事件本身的信息含量,以及对利润表的作用,可能对投资者决策产生影响。

(本案例根据上海立信会计学院2011级会计学本科生翁明星毕业论文《勤上光电与茂硕电源取消股权激励计划比较研究》改编。)

五、分析题

材料一

根据国外已有的文献,股权激励具有协同效应,有助于强化公司治理并提高公司业绩,但股权激励也可能诱发盈余管理,破坏经理人与股东之间利益共享和风险共担的良性机制,因此研究股权激励与公司业绩之间的关系,必须考虑盈余管理对业绩的影响。本文……发现:未使用盈余管理修正业绩前,CEO 股权和期权占总薪酬比率与经行业均值调整的总资产报酬率之间呈显著的正相关关系,同时,实施股权激励计划的公司,其平均业绩显著高于尚未实施的公司;而通过盈余管理调整业绩后,CEO 股权和期权占总薪酬比率与总资产报酬率之间的正相关关系变弱,同时,实施股权激励计划的公司,其平均业绩与尚未实施的公司并不存在显著差异。上述实证结果表明,股权激励总体上有助于加强股东与经理人之间的协同效应并提高公司业绩,但也引发了高管的盈余管理行为。

[摘自林大庞,苏冬蔚:《股权激励与公司业绩:基于盈余管理视角的新研究》,载《金融研究》2011(09)。]

材料二

伊利股份股票期权激励:是股票期权激励还是福利

1. 股票期权激励的股份数量"大"、分配"集中"。伊利股份股票期权激励方案确定的股票激励数量达到公司总股本的 9.681%,接近了证监会规定的上限。而且,激励对象主要集中于公司总裁、总裁助理等高管人员。这说明在"内部人控制"的国有控股上市公司实施股票期权激励制度,股票期权激励成为少数经理人谋取福利的工具。

2. 股票期权激励授权的时机选择得"巧"。2006 年 12 月 28 日为公司股票期权激励的授予日,但公司 2007 年业绩出现了严重亏损,这为以后管理层行权时公司业绩达到行权要求埋下了伏笔,使 2008 年及以后年度公司管理层可以"轻而易举"达到激励方案规定的业绩要求。正是公司管理层"巧妙"地选择了有利于行权的时间,导致管理层不需要努力工作也能轻易行权而获得巨大的收益。

3. 股票期权激励行权的门槛较"低"。根据伊利股份股权激励的行权条件,首期以后的行权不考虑净利润增长,即使是发生严重亏损的 2007 年,由于主营业务收入与 2005 年相比的复合增长率达到了 15%,仍然符合行权条件的要求。由于缺乏对控股股东的有效监督,目前我国国有控股上市公司经理人利用股票期权激励的方式,通过设定较低的股票期权激励"门槛",使上市公司经理人可以轻而易举地获得股票期权激励。

4. 行权时间安排得"短"。公司股票期权激励对象可以在首次行权后,在第二年就将所有的股票期权都行权,从而导致后期对管理层的激励不足。管理层在股票期权激励方案中作出这种安排的目的:一是管理层希望尽早行权实现股票期权激励带来的收益;二是担心在授权之后股票市场出现长期"熊市",导致管理层不能行权,或者因为股票价格不高影响股票期权激励行权的收益。

5. 盈余管理的手段"妙"。公司在股票期权激励授权之后,巧妙地利用会计准则对股票期权激励费用会计处理规定的漏洞进行盈余管理。我国 2006 年颁布的新《企业会计准则》

规定,股票期权激励费用可以费用化。伊利股份利用其行权条件和行权安排的便利,将股票期权激励费用在初始的2年内按照25%、75%的比例全部摊销完毕,使2007年管理费用剧增,直接导致了当年利润的损失。此外,伊利股份采用加速摊销法,为期8年的行权期在2年内全部摊销,伊利股份有利用摊销期的调整来操作利润的嫌疑。这一系列的会计处理都为后期经理人顺利行权创造了条件。

[摘自章涛:《股权激励:经理人的"盛宴"——再评伊利股份股权激励案例》,载《会计之友》2014(22)。]

材料三

但是我国无论是《股权激励有关事项备忘录3号》《企业会计准则讲解2008》还是《企业会计准则解释第3号》《企业会计准则讲解2010》,都一再强调上市公司的股权激励计划的预案一旦披露之后,不得作任何的修改。例如,2008年9月《股权激励有关事项备忘录3号》当中对于股权激励计划的变更与撤销进行了明确规定:股权激励计划备案过程中,上市公司不可随意提出修改权益价格或激励方式。上市公司如拟修改权益价格或激励方式,应由董事会审议通过并公告撤销原股权激励计划的决议,同时上市公司应向中国证监会提交终止原股权激励计划备案的申请;上市公司董事会审议通过撤销实施股权激励计划决议或股东大会审议未通过股权激励计划的,自决议公告之日起6个月内,上市公司董事会不得再次审议和披露股权激励计划草案。表明公司不能立即使用新股权激励计划代替原有的股权激励计划。而如果不具备行权条件,公司有两个选择:一个是主动取消;另一个是自然终止。

在现实经济生活中,我国很多公司处于竞争比较激烈的行业,公司需要吸引和激励人才,股权激励计划对于公司的长远发展比较重要,但是外部经济环境的变化可能使公司原有的激励计划不再适用,公司无法花4~5年时间来等待激励计划自然失效,公司短时间内就需要制订切实可行的新计划。另外《上市公司股权激励管理办法》第十二条明确规定:上市公司全部有效的激励计划所涉及的标的股票总数累计不得超过公司股本总额的10%,原有不适用的股权激励计划占公司总股本的一定比例,比如卧龙地产和东百集团的3%左右,这些不适用的股权激励计划有可能会影响公司后续新股权激励计划的实施。

以上因素都使得很多公司更倾向于立即取消现有的激励计划,而公布新的激励计划。但是公司要主动取消原有的股权方案,就要加速计提股权激励费用,……这种加速计提费用的做法会给公司带来巨大的负担,无论是利润指标还是管理费用指标,甚至可能会影响企业未来的融资计划和发展。与国际会计准则相比,我国关于终止股权激励计划的规定过于苛刻,监管部门可以适当考虑放松某些规定,比如允许(立即)使用新激励计划代替原有的激励计划等。

[巩娜:《股权激励计划取消与终止会计处理及准则漏洞》,载于《财会月刊》,2013(6)。]

阅读材料并查找资料,回答以下问题:

1. 尝试总结公司利用股权激励制度谋取福利的常见手段。

2. 如何避免材料二中情况的发生?请关注证监会《上市公司股权激励管理办法》的更新,并为监管者提出1~2条建议。

3. 在我国,公司取消股权激励方案,会计处理时需要加速计提股权激励费用,导致降低公司当年利润指标,对公司造成不利影响。然而任由失效的激励计划自然终止则不会造成此类负担。为什么仍有很多公司选择这样的前者的会计处理方法?请查阅2~3家取消股权激励计划的上市公司相关公告,尝试总结其原因。

六、案例公司的后续发展

(一)案例公司的后续重大事件

1. 勤上光电后续重大事件

2016年7月至8月,勤上光电以发行股份及支付现金的方式购买广州龙文100%的股权。本次交易中,公司以发行股份及支付现金方式购买标的资产的总交易对价为200 000万元。其中,公司向杨勇支付现金对价50 000万元,剩余差额150 000万元由公司以发行股份的方式向9名交易对方支付对价。根据调整后的发行价格5.67元/股计算,本次发行股份及支付现金购买资产的股份发行数量为264 550 260股。此后,广州龙文已成为勤上光电的全资子公司。

2020年7月1日,由于东莞勤上光电股份有限公司(以下简称"公司")2018年度、2019年度连续两个会计年度经审计的归属于上市公司股东的净利润为负值,根据《深圳证券交易所股票上市规则》的相关规定,公司股票交易将于2020年6月30日停牌一天,自2020年7月1日复牌,深圳证券交易所将对公司股票交易实施"退市风险警示"的特别处理。

2. 茂硕电源后续重大事件

2015年3月,茂硕电源以非公开发行股份及支付现金相结合的方式购买方笑求、蓝顺明分别持有的方正达27.5%的股权,合计55%的股权,同时上市公司向特定对象非公开发行股份募集配套资金,用于本次股权收购的现金对价支付以及支付与本次交易相关的中介机构费用、交易税费等并购费用,剩余部分将用于向方正达增资。本次交易标的资产方正达55%的股权的评估值为19 205.68万元,经交易各方商议确定的交易价格为19 166.4万元。其中,本次交易对价的84.3%,即16 156.8万元,将以上市公司非公开发行股份的方式支付;本次交易对价的15.7%,即3 009.6万元,将以配套融资募集的现金支付。交易完成后,茂硕电源直接持有方正达55%的股权,方正达将成为上市公司的控股子公司。

2016年10月24日,茂硕电源召开第三届董事会第五次临时会议、2016年11月10日召开2016年第四次临时股东大会,审议通过了《关于〈公司第一期员工持股计划(草案)〉及摘要的议案》等相关议案。同意实施公司第一期员工持股计划并委托国民信托有限公司设立的"国民信托茂硕电源1号集合资金信托计划"对员工持股计划进行管理,通过二级市场购买等法律法规许可的方式取得并持有公司股票。现将公司员工持股计划的实施进展情况公告如下:截至本公告日,"国民信托茂硕电源1号集合资金信托计划"已购买茂硕电源股票2 430 103.00股,占公司总股本的0.877%,成交均价约为人民币15.404元/股,成交金额为人民币37 433 306.612元。截至年报披露日,公司本次员工持股计划已完成股票购买,购买的股票将按照规定予以锁定,该计划所购买的股票锁定期为2017年1月3日至2018年1月2日。2018年11月7日,公司第一期员工持股计划所持有的本公司股票2 430 103.00股已全部出售完毕。

2020年12月30日,茂硕电源收到中国证券登记结算有限责任公司出具的《证券过户登记确认书》,顾永德及其一致行动人德旺投资协议转让给产发融盛的无限售流通股合计11.90%的股份(数量为 32 651 540 股)已于 2020 年 12 月 29 日完成了过户登记手续。同时,根据顾永德先生、德旺投资与产发融盛签署的《股份转让协议》及《表决权委托协议》约定,顾永德先生、德旺投资将合计持有公司 11.90%的股份转让过户完成后,由顾永德将其持有的茂硕电源 14.60%股份(数量为 40 045 302 股)的表决权无条件不可撤销地委托给产发融盛行使。

(二)案例公司后续主要财务数据

表 15-16 和图 15-5 分别展示了勤上光电 2014—2019 年主要财务数据、收入和利润情况。表 15-17 和图 15-6 展示了茂硕电源 2014—2019 年主要财务数据、收入和利润情况。

表 15-16　勤上光电 2014—2019 年主要财务数据

年份	营业收入（百万元）	归属于上市公司股东的净利润（百万元）	归属于上市公司股东的扣除非经常性损益的净利润（百万元）	经营活动现金流量（百万元）	基本每股收益（元/股）	加权平均净资产收益率	非经常性损益（百万元）
2014	905.79	12.29	−13.80	−2.96	0.03	−0.62%	26.08
2015	849.66	20.74	9.73	−20.44	0.06	0.93%	11.02
2016	842.74	−427.48	−437.65	131.80	−0.43	−8.42%	10.17
2017	1 608.99	84.20	90.82	−108.74	0.06	1.63%	−6.63
2018	1 297.61	−1 248.91	−1 250.21	−141.93	−0.82	−31.74%	1.30
2019	1 252.63	−372.81	−202.53	−216.51	−0.24	−10.49%	170.28

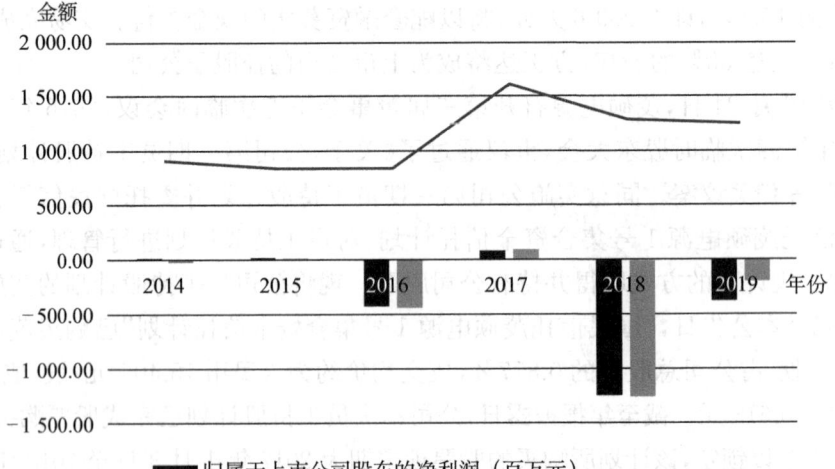

图 15-5　勤上光电 2014—2019 年收入和利润情况

表 15-17　茂硕电源 2014—2019 年主要财务数据

年份	营业收入（百万元）	归属于上市公司股东的净利润（百万元）	归属于上市公司股东的扣除非经常性损益的净利润（百万元）	经营活动现金流量（百万元）	基本每股收益（元/股）	加权平均净资产收益率	非经常性损益（百万元）
2014	628.22	−47.86	−51.40	−22.91	−0.19	−8.06%	3.54
2015	922.19	16.05	−19.68	37.90	0.06	1.95%	35.73
2016	1 292.96	−1.79	−20.48	2.18	−0.01	−0.21%	18.69
2017	1 652.08	13.07	−10.97	196.24	0.05	1.51%	24.03
2018	1 337.78	−255.76	−255.79	77.84	−0.93	−35.40%	0.03
2019	1 247.85	66.53	44.08	41.76	0.24	11.30%	22.45

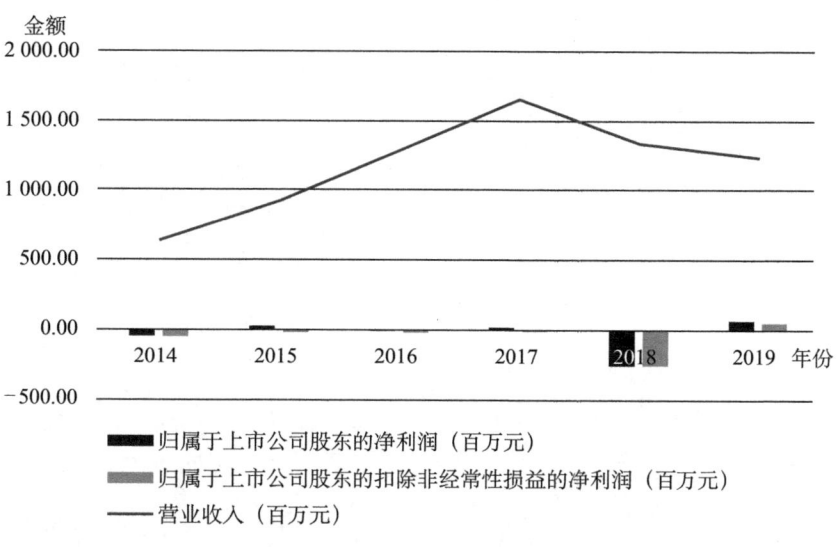

图 15-6　茂硕电源 2014—2019 年收入和利润情况

关于案例后续发展的思考题：
1. 识别 2 家公司盈余管理迹象，总结其特点。
2. 查询茂硕电源相关公告，了解其员工持股计划详情，总结其与之前股权激励计划的异同。

教师反馈及课件申请表

　　立信会计出版社以"服务会计事业,繁荣会计文化"为目标,主要为广大高等院校师生服务。为更有针对性地为广大教师服务,提升教学质量,在您确认将本书作为指定教材后,请您填好以下表格并经系主任签字盖章后寄回,我们将免费向您提供相应教学课件。

书号/书名	
所需要的教学资料	教学课件、教学素材
您的姓名	
系	
院/校	
您所讲授的课程名称	
每学期学生人数	_____　　_____ 年级　　　　学时 _____
您目前采用的教材	作者:_____　　出版社:_____ 书名:_____
您准备何时用此书授课	
您的联系地址	
邮政编码	联系电话（必填）
E-mail(必填)	
您对本书的建议:	系主任签字 盖章

我们的联系方式：

立信会计出版社高教编辑室
上海市徐汇区中山西路 2230 号 2 号楼 2 楼
联　系　人：孙勇
电　　　话：021-64683248
Q　　　Q：401426874
传　　　真：021-64683248
电子邮件：pastwater11@163.com
网　　　址：http://www.lixinaph.com